布依族的亲属制度与社会组织

曹端波　杨元丽　刘倩倩　著

中国社会科学出版社

图书在版编目(CIP)数据

布依族的亲属制度与社会组织 / 曹端波, 杨元丽, 刘倩倩著. —北京: 中国社会科学出版社, 2019.1
ISBN 978-7-5203-3077-0

Ⅰ.①布… Ⅱ.①曹… ②杨… ③刘… Ⅲ.①纳西族—亲属制度—研究—中国 Ⅳ.①K286.8

中国版本图书馆CIP数据核字(2018)第200474号

出 版 人	赵剑英
责任编辑	冯春凤
责任校对	张爱华
责任印制	张雪娇

出　版	中国社会科学出版社
社　址	北京鼓楼西大街甲158号
邮　编	100720
网　址	http://www.csspw.cn
发行部	010-84083685
门市部	010-84029450
经　销	新华书店及其他书店
印　刷	北京君升印刷有限公司
装　订	廊坊市广阳区广增装订厂
版　次	2019年1月第1版
印　次	2019年1月第1次印刷
开　本	710×1000 1/16
印　张	23
插　页	2
字　数	375千字
定　价	98.00元

凡购买中国社会科学出版社图书,如有质量问题请与本社营销中心联系调换
电话:010-84083683
版权所有　侵权必究

目　　录

前　言 …………………………………………………………（ 1 ）
第一章　北盘江流域的村落 ………………………………（ 1 ）
　第一节　月亮河布依族村寨及其地理概况 …………………（ 1 ）
　第二节　月亮河布依族分布及其人群 ………………………（ 6 ）
　第三节　扁担山布依族村落布局及社会生活 ………………（ 9 ）
第二章　布依族亲属制度的基础 …………………………（ 21 ）
　第一节　身体表征系统 ………………………………………（ 21 ）
　第二节　血缘观念 ……………………………………………（ 32 ）
　第三节　亲属称谓 ……………………………………………（ 40 ）
　第四节　亲属网络 ……………………………………………（ 43 ）
　第五节　丧葬中的亲属网络 …………………………………（ 49 ）
第三章　布依族的赶表与情感 ……………………………（ 65 ）
　第一节　赶表的形成 …………………………………………（ 66 ）
　第二节　姐妹与结群策略 ……………………………………（ 77 ）
　第三节　恋爱中的情感 ………………………………………（ 86 ）
　第四节　赶表的规则和特征 …………………………………（ 95 ）
　第五节　赶表的现实功能及影响 ……………………………（100）
第四章　布依族的婚姻制度 ………………………………（104）
　第一节　婚姻缔结过程 ………………………………………（104）
　第二节　婚姻规则与制度 ……………………………………（122）
　第三节　婚礼仪式 ……………………………………………（169）
第五章　巫蛊指控与婚姻阶层 ……………………………（200）
　第一节　洋叉鬼与婚姻圈 ……………………………………（200）

第二节　北盘江布依族"洋叉鬼"根源 …………………（202）
   第三节　洋叉鬼的指控机制 ……………………………（225）
   第四节　废除"洋叉鬼"习俗尝试 ………………………（228）
第六章　布依族的社会组织 …………………………………（234）
   第一节　个体与群体 ……………………………………（234）
   第二节　布依族社会聚合的组织纽带 …………………（269）
   第三节　布依族社会的檐光组织 ………………………（295）
附录1　布依族碑刻文献 ……………………………………（319）
附录2　月亮河流域布依族民歌与器乐 ……………………（339）
后　记 …………………………………………………………（357）

前　　言

　　孔子非常强调"诗经"："诗三百，一言以蔽之，曰'思无邪'"，并认为"不学诗，无以言"。《诗经》开篇为"关雎"：

　　　　关关雎鸠，在河之洲。
　　　　窈窕淑女，君子好逑。
　　　　参差荇菜，左右流之。
　　　　窈窕淑女，寤寐求之。
　　　　求之不得，寤寐思服。
　　　　悠哉悠哉，辗转反侧。
　　　　参差荇菜，左右采之。
　　　　窈窕淑女，琴瑟友之。
　　　　参差荇菜，左右芼之。
　　　　窈窕淑女，钟鼓乐之。

　　汉代学者郑玄对《诗经·关雎》进行了详细解读，认为"关雎"是"后妃之德也"，"风之始也，所以风天下而正夫妇也。故用之乡人焉，用之邦国焉"。"关雎"不同于"郑卫之音"，"乐而不淫，哀而不伤"，郑玄关于《关雎》正解为：

　　　　是以关雎乐得淑女以配君子，忧在进贤，不淫其色，哀窈窕，思贤才，而无伤善之心焉。是关雎之义也①。

---

①　郑玄笺、孔颖达正义：《毛诗注疏》，上海古籍出版社2013年版，第26页。

宋代朱熹也强调《关雎》对"心"及其"人格"的培养："愚谓此言为此诗者，得其性情之正，声气之和也。盖德如雎鸠，挚而有别，则后妃性情之正，固可以见其一端矣。至于寤寐反侧，琴瑟钟鼓，极其哀乐而皆不过其则焉，则诗人性情之正，又可以见其全体也。独其声气之和，有不可得而闻者。虽若可恨，然学者姑即其词而玩其理，以养心焉，则亦可以得学诗之本矣。"①

任何社会均存在对"性"的制约。"性"作为一种禁忌，既具有多样性，且成为人类社会的普遍现象。蔡华认为，对人类性行为的多样性的理解，是认识和解释亲属关系的逻辑起点②。如何控制和约束"性"，涉及该社会的构成及该群体的政治经济学。福柯关注"性"与社会、权力的关系，认为："一方面，人们要求特别关注性实践、它对机体的影响、它在婚姻中的地位和作用、它在成年男子与男童之间的关系中的价值和困难。但是当人们就此止步时，当人们对性的兴趣趋强时，性活动很容易变得危险，并且可以损害到人们着手建立的自我关系。因而越来越有必要怀疑它和控制它，并且尽可能把它局限在婚姻关系之中——即使在这种夫妻关系中赋予它更加强烈的意义。问题和不安是成对出现的，既质疑又警惕。因此，一种性行为的风格就被这种道德的、医学的和哲学的反思运动提出了。"③布莱恩·特纳指出"性"是约束和管理人类行为的一种文化制度：

> 不仅发挥着规范的作用，而且产生管理身体的一部分约束实践，即，性的约束力量明显是一种再生产力量，一种生产——划分、传播、区分——它控制身体的力量④。

---

① 朱熹注：《诗集传》，中华书局2011年版，第3页。
② 蔡华：《人思之文：文化科学和自然科学的统一性》，云南人民出版社2009年版，第3页。
③ ［法］米歇尔·福柯：《性经验史》，佘碧平译，上海世纪出版集团2005年版，第473页。
④ ［英］布莱恩·特纳：《身体与社会》，马海良等译，春风文艺出版社2000年版，第42页。

"性"即是一种"生育资源",人种的生物性延续和家庭社会的再生产均需要对"性"的占有和控制。从而,对"性"资源的配置直接体现了人与人之间的关系,同时也是该社会构成的基石。蔡华认为姻亲关系亦由两类社会联系组成:性联系(含感情联系)和经济联系。同样,也存在两类姻亲:具有完整权利的姻亲,当他们生活在一起时,如夫妻;具有部分权利的姻亲,当他们在经济上相互独立时,例如己身与其舅子或姨姐妹。这里具有部分权利的姻亲之间的团结互助联系与具有部分权利的血亲之间的联系完全相同,因为己身与其舅子或小姨妹之间的这种团结互助联系是出于以下事实:己身的配偶是他们的血亲[①]。

汉人社会,很早就确立了婚姻制度,以将"性"资源的配置整合其中。中国古代对婚姻较重视,不仅制定了一套复杂的婚姻仪式,而且强化婚姻"合二姓之好"的社会伦理体系。《礼记·昏义》对婚礼进行了恰当的解释:

> 昏礼者,将合二姓之好,上以事宗庙,而下以继后世也。故君子重之。是以昏礼纳采、问名、纳吉、纳徵、请期,皆主人筵几于庙,而拜迎于门外,入揖让而升,听命于庙,所以敬慎、重正昏礼也。
>
> 郑氏曰:娶妻之礼,以昏为期,因名焉。必以昏者,取其阳往而阴来之义。日入三商为昏。
>
> 吕氏大临曰:物不可以苟合,必受之以贲。盖天下之情,不合则不成,而其所以合也,敬则能终,苟则易离。必受之以致饰者,所以敬而不苟也。昏礼者,其受贲之义乎?故自纳采至亲迎,皆男先乎女,所以别疑远耻,成妇之顺正也。
>
> 朱子曰:男女居室,人之至近,而道行乎其间。幽暗之中,衽席之上,人或亵而慢之,则天命有所不行矣。然非知几慎独之君子,其孰能体之?易首乾坤,而中于咸恒,礼谨大昏,而诗以二南为正,其以此矣[②]。

[①] 蔡华:《人思之文:文化科学和自然科学的统一性》,云南人民出版社 2009 年版,第 91 页。

[②] 孙希旦:《礼记集解》,中华书局 1989 年版,第 1416 页。

布尔迪厄认为婚姻的价值具有两种维度,即一定程度的对团结的加强和一定程度的对联姻关系的扩大。上述两种婚姻在两个维度上分别达到了最高值,所有婚姻都试图将两大维度最大化,要么最大化小群体的团结和安全感,要么最大化联姻和威望,也就是最大化对外、对外人的开放。裂变和聚变之间、内和外之间、共同资源分享的互助性和各自占有但对等的资源的交换的互惠性之间、安全与开拓之间的选择,是每桩婚姻必须考虑的事。因此,婚姻战略的选择,"取决于集体战略自我设定的目标,而集体战略则是这桩婚姻的各种利益有关者赋予婚姻的目的和他们为实现战略可动用的手段的总和。"[1]

列维-斯特劳斯以"交换"为基础,提出"亲属制度的普遍理论":由于对生物血亲性关系的禁忌具有普世性,这种禁忌使联姻成为必要,两性的劳动分工使婚姻须臾不可缺少。依据当时大致确定的婚姻和家庭的普世性,他甚至推断:没有联姻,任何社会都不可能维系,没有家庭,甚至人类本身都将无法存在[2]。蔡华以喜马拉雅东麓的"纳人"为个案,通过分析和比较辩驳了以列维-斯特劳斯的四个常数(生物血亲之间的性禁忌、两性的劳动分工、婚姻以及家庭)为基础而提出的假设,继而提出了一些普遍命题,其中有一个概念和一个基本定律在我们的理论化过程中占有首要的地位。它们是"社会血亲"或者"社会血亲关系",以及"社会血亲性排斥定律"。它们才是亲属关系场域的两个真正的常数,甚至可以确认,它们是两个不变量[3]。

涂尔干认真考察了乱伦禁忌的起源,认为:我们现在禁止乱伦的名义是其为道德所不容,但是,这种与道德的不相容性本身却是这种禁忌的一个后果,而这种禁忌的最初存在一定是另有原因的。这种原因,便是产生了外婚制的一整套信仰和仪式。其实,一旦有关血的偏见导致人们禁止亲属间的所有结合,性的情感也就不得不到家庭的圈子之外去寻找一处能够令其满足的地方;于是,这便造成了性的情感很早就与亲属之间的情感发

---

[1] [法]皮埃尔·布尔迪厄:《实践理论大纲》,高振华、李思宇译,中国人民大学出版社2017年版,第150页。
[2] 蔡华:《人思之文:文化科学和自然科学的统一性》,云南人民出版社2009年版,第4页。
[3] 同上书,第18页。

生了分化。从此，由两个不同的领域向着人类的活动与感情敞开。其一是氏族，也就是家庭，它是并且始终是道德的源头；其二是氏族的外部，这个领域只有在影响到家庭利益的时候才会附带上一些道德特性。氏族是宗教生活的中心，一切氏族关系都带有某些宗教的色彩；也正是由于这一点，各种性关系才一直收缩在其外部，它们存在于宗教领域之外，并被划归为凡俗的事物。于是，所有在这边由于纪律的严格管辖而未得施展的激情活动，在那边却可以随心所欲、放任自流了。因为只有在必要的时候，个体才会屈从于集体的束缚；自然欲望一旦发现在面前有一个它们可以自由随顺的斜坡，就会一泻而下①。

布依族对不合规范的"性"进行严密控制，其"性"禁忌有四种类型：（1）未婚性行为；（2）婚外性行为；（3）白天性行为；（4）婚床外性行为等。布依族社会对于"性"越轨者根据破坏禁忌的程度进行严格惩罚。如对婚床外性行为，主要是认为晦气，碰见了就不吉利；白天性行为对后代不利，会生白种孩子；然而针对未婚性行为和婚外性行为则不同，对于男性越轨者称为"奢达"（布依语"奢达"中的"奢"指巫蛊附体，可能会释放可怕的妖术，"达"即分离、区隔、界分等之意）；女性越轨者为"奢"。凡成为"奢"和"奢达"的人因具有"巫蛊"之术，成为社会的潜在"危险"，被视为"不干净"，而且会代代遗传，从而被社会所"隔离"，不与之"开亲"。

布依族"独奢"（北盘江月亮河支流各布依族村寨称为"洋叉鬼"，即头顶长角的"活人鬼"）指控即是布依族内部对"性"的一种控制机制，在此基础之上的婚姻制度也严格制约了布依族男女双方的情感。

布依族保留有青年男女"恋爱"的"赶表"，可以尽情寻找自己的情人，但婚姻需要规则。列维-斯特劳斯指出："不管婚姻是一夫一妻还是多配偶（后一种情况下含一夫多妻和一妻多夫，或二者兼有），不管是自由选择，遵循某种规定或偏好，还是服从长辈的意愿，在各种情况下，都会有一种界限，它强制地区分社会承认的合法婚姻和因暴力或两相情愿形成的暂时的或长久的同居。群体进行公开的或暗含的干预并不重要，重要

---

① ［法］爱弥儿·涂尔干：《乱伦禁忌及其起源》，汲喆等译，上海人民出版社2006年版，第58页。

的是每个社会都有区分事实婚姻与合法婚姻的手段,这可以通过不同的方式实现。"①

布依族社会属于稻作农耕民族,强调内部婚姻群体的纯洁与团结,对于跨越婚姻圈和"性禁忌"的"越轨者"必然进行严格惩罚,而这一惩罚往往借助于"文化约束"的"巫蛊"指控来进行。

本书主要从布依族"社会如何可能"出发,思考布依族"家庭""家族""婚姻""村寨"等社会机体建立的基础。也就是从布依族社会"性禁忌"起源开始探讨其亲属制度与社会组织如何构建。本书成书主要得力于杨元丽和刘倩倩两人,她们进入贵州大学从事民族学研究,均对北盘江流域的布依族文化感兴趣,刘倩倩深入镇宁县扁担山腹地进行调查,而杨元丽则在自己家乡六枝的月亮河进行调查。2014 年夏,我与杨元丽等一同前往北盘江流域进行田野调查,搜集整理到了较多的文本资料。本书系与贵州大学民族学硕士研究生刘倩倩、杨元丽共同完成,月亮河流域部分主要由杨元丽撰写,扁担山部分主要由刘倩倩撰写。附录 2 部分为 2008 年曾雪飞在月亮河搜集整理杨喜安讲述的古歌与音乐资料。我本人因精力有限,仅提出论文的基础框架和主要观点。

限于我们的水平和精力,本书稿定有不少疏误和缺点,敬请读者批评指正。

---

① [法]克洛德·列维-斯特劳斯:《遥远的目光》,邢克超译,中国人民大学出版社 2007 年版,第 50 页。

第一章　北盘江流域的村落

第一节　月亮河布依族村寨及其地理概况

对于一个没有生活在北盘江流域这样多民族聚居社会的人来说，不同语言、不同地域的群体构成的社会显然是复杂且令人眼花缭乱的，因此群体的划分显然是非常必要的，用语言、服饰等特点将他们分门别类，有助于人们清晰地了解整个流域的布依族社会状态。

布依族在我国是历史悠久的民族之一，布依族这一族称于1953年正式确定。我国的布依族根据语言的差别被分为黔南、黔中、黔西三个土语区，即第一土语区、第二土语区和第三土语区。第一土语区自称"布雅依"（音译），第二土语区自称"布育依"（音译），第三土语区自称"布依"，综合三个土语区的语音特点，取与三个土语区自称都较为相近的"布依"，于1953年全国统一将布依族的族称定为"布依"。

目前居住于北盘江流域的族群众多，河谷地带多为布依族人，该区域内布依族属汉藏语系壮侗语族壮傣语支中的第三土语区（黔西土语）。该区域内布依族人自称"布那"。"布那"的"布"是"人""族"的意思；"那"在布依语中则指"水田、稻田"。因此布依族自称"布那"或有"耕作稻田、种植水稻的民族"之意，"布那"亦可汉译为"田间人"。

但是"布那"的称谓在史籍中较少出现，乾隆《贵州通志》记载："仲家、补纳、补侬皆以五月第一寅日（虎日），杀狗祭寨，名曰'祭水口'。六月六日为大年，十二月除夕为小年。在过去自称曰'夷'或称'水家'……"，第一次提到了"补纳"（同"布那"）。民国《贵州通志·土民》记载："补纳苗，在安顺府境内。男女装束与仲家同。"

布那与布农的区分是布依族内部的划分，这种分类与语音差异、地理位置、生活习性等有关。

布那与布农的区别首先在于语言上。布依族内部根据语音语调的不同加以区分，互称布那和布农。从语音特点上看，"布那"的语调更为平缓，"布农"的语调较为复杂且儿化音与翘舌音更多。

其次，布那和布农是区分地理位置不同的互称。在北盘江流域内，处于中上游河段的陇脚、捞河等地的布依族称下游阿志、河尾巴、毛口等地的布依族为"布农"，而陇脚、捞河、阿志、河尾巴、毛口等居于六枝境内的布依族又称相对于自己较远的镇宁地区的布依族为布农。这些地区的布依族人都各自认为自己是"布那"，而不认为自己是"布农"。这种互称还存在于安顺、关岭、普定、贞丰、紫云等县广大地区。在镇宁、安顺、普定、关岭、六枝、晴隆等地自称"布那"的布依族支系的口中，"布农"还有"下方人"之意，常把河流下游或地理位置较低的其他布依族支系称为"布农"，在词语方面也常用"下方"一词代替"布农"使用。

第三，布那和布农可作一对褒贬相对的词语，"布那"为褒义词，自称"布那"，意为自身较为斯文开化；"农"有"野蛮、粗鲁"之意，称他人"布农"则意为该群体行为较为野蛮、粗俗。在这里，布那与布农的区分略微附有些贬义，但这些互称，都随着各地交往日趋密切、彼此互相了解而逐渐消失，在生活中不再被提及。据民国《贵州通志·土民志》所载，布依人是明时奉调来黔，并以披龙甲而得名。表明被称为"布农"的群体可能是一个地位相当高而被明朝廷所倚重的武力集团，那么"布农"的称谓以"野蛮、粗鲁"来解释便行得通了。

无论是从语音差异、地理概念还是生活习性来对布那与布农进行区分，都是各个支系以自我为中心的一种互称。之所以有此区分，根本在于地域的差别，但在族群的认同上，都承认对方与自己同样属于布依族，这是毋庸置疑的。在这里，我不想用布那与布农将他们加以区分，而是对布依族内部社会总体结构进行研究。

相对于"布那"和"布农"的区分，从服装式样特征来对布依族群体内部进行区分显得更为直观。各具特色的服饰，是各民族独特的政治、经济和文化生活的主要内容，也真实地反映了各民族政治、经济、文化的发展状况，在不同程度上，反映着民族的生活方式、历史传统和民族情感。

布依族内部众多分支，服饰上也有差异，但有一个共同的特点：各地男装基本相同，一般穿青、蓝色对襟短上衣和长裤，头戴青色或花格头帕，少数老年人穿大襟短上衣或长衫。布依族女性的服饰各地差别较大，但都是以青布为主要材料所制作的短衣长裙（裤）。这一点上，无论是布那还是布农同样遵守，因此青色短衣长裙裤是布依族服饰的显著特征，同时也是布依族人的标志。

大致来说，第一、二土语区的妇女，一般穿青、蓝色带布扣大襟半长上衣和长裤，领、襟、袖口和裤脚镶有丝织"栏干"花边，系绣花围腰，头戴青色或花格头帕，少数戴白色花头帕。第三土语区的妇女，一般穿青色无领无扣大襟短上衣和储或白底蓝花蜡染百褶长裙，袖口、衣襟镶以织锦和蜡染图案，系花边围腰、头戴方形织锦花帕。布依族崇尚青色的习惯，布依族妇女的服饰"长裙细褶"的特点一直沿袭至今。

笔者所要研究的北盘江流域布依族人群居住于北盘江河流沿岸地区，这个群体大都自称"布那"，使用基本可交流的布依族语言，河流沿岸不同河段地域文化差别不大，但在服饰上存在较大的不同，人们根据不同的服饰特征在族群内部又将其细分为不同的类别，大致可以分为三类："喜鹊布依""长尾布依""黑布依"。

有人说此种分类方法也许包含着贬义，但我们认为如果只单纯从服饰特征上来理解是不带异样的感情色彩的。这三种分类同时也可清晰地对应北盘江流域布依族支系的地域分布情况。

一 "喜鹊布依"

"喜鹊布依"的说法首先来源于该群体内妇女的服饰，如民国《定番州志》所描写的一样："仲家多衣青衣，其妇女短衣长裙，裙制两截，多上紫下红，细褶状。"其服饰由上衣及长裙构成，上衣为长袖衣配以马甲，窄口衣袖小而紧，马甲多以黑色为主，衣襟、衣服下摆、袖筒均绣有花，长袖衣配以马甲形似喜鹊。喜鹊头绿脚红，身体黑白相间，相应地，布依族的头帕如同喜鹊绿色的头，黑色马甲配长袖白衫上衣如喜鹊的身体，而红底的百褶裙摆则对应喜鹊红色的脚趾。故而称为"布若枸"（音译），即"喜鹊服"（"布"即衣服，"若枸"指的是"喜鹊"）。下身着百褶长裙，裙制两截，裙底一截多为绛红色，用一T字形腰带系于身后。少女头带"包真"（音译），即绣花方巾，以一条镶满圆锥形银片的布带固定；妇女则"将高"，将妇女的头发都收入头饰之中。

喜鹊布依主要分布在北盘江流域支流月亮河全段，即上、中、下游的陇脚片区、捞河片区、阿志片区均有分布。

二 "长尾布依"

北盘江支流月亮河下游阿志段至河尾巴段居住着服饰上与中上游区别较大的布依族支系。这个布依族群体亦喜着青色，头包青黑色布帕，妇女下身着宽口长裤，上身着窄袖紧身短衣配立领马甲，马甲后片较前片长，形似燕尾服，故称为"长尾布依"。这个支系的布依族，在口音上与上中游的喜鹊布依有着明显的差别，即前文提到的"布农"翘舌、儿化音较多等特点的口音，他们就是上中游的喜鹊布依眼中的"布农"。

三 黑布依

月亮河支流汇入北盘江之后，两岸居住的布依族支系又与前两者有所不同。其妇女上身着蜡染青色斜襟长衫，衣长过膝，下身着宽口长裤，头包长青布，有时可作面纱之用，衣裤边缘时常镶有绣花边。据资料记载，民国初年起布依族"妇女渐改汉装"，易裙为裤，妇女的服饰发生了巨大变化，北盘江流域的布依族妇女也是这一时期开始"易裙为裤"。该支系布依族主要分布在月亮河支流入北盘江主干道后的河尾巴段至毛口段，且由于其服饰面料以自制蜡染青布为主，因此称为"黑布依"。

综上所述，布依族在漫长的历史过程中形成了一套独特的自我与他者的区分方法，并通过族群认同加强自我与他者的界限。在自我认同方面，布依族通过世代相传的历史记忆与口头传说，众口一词，印证了布依族人为身着重甲调北征南的军民后裔之"仲家"传说，并用族谱等方式反映了布依族先民由江西入黔的历史。共同的历史记忆，形成了布依族人对自我的认同与对他者的排斥。文化认同方面，可从语言与文化认同的关系以及服饰与文化认同的关系两方面加以分析。

地形地貌是形成人们的空间与方位概念的重要因素。北盘江流域属于典型的云贵高原喀斯特地貌，沿河地带为峰丛洼地与峰林谷地相结合的形态特征。笔者的田野调查所涉及人群居住在北盘江支流月亮河——捞河——阿志河及汇入北盘江后部分河段的河流沿岸河谷地带①，河流长60余公里，该区域位于贵州省西南地区，隶属贵州省六盘水市六枝特区陇脚乡、中寨乡、毛口乡等多个乡镇辖区。

该区域地势起伏大，毛口乡辖区内的老王山，海拔2126.9米，是区域内的最高处，也是六枝特区最高峰；最低处在毛口乡境内，即最南端与晴隆县交界处的北盘江虎跳岩，海拔581米，不仅是六枝特区的最低点，也是六盘水市的最低点，在北盘江库区建成后已被淹没于江水之中。

从北盘江支流月亮河发源地龙分水起，沿岸地区地形由河谷低地逐步向高原山地及陡峭山崖转变，河谷低地地势较为平坦，远离河道处为山地地形，离河越远，地势越为陡峭。且由于区域内地势东南较之西北高，因此，北盘江支流月亮河—捞河—阿志河，其流向为东南至西北流向，因此，该区域沿岸的人们常把西北方向称为"下方"。

具体来说，上游河段月亮河位于陇脚乡，陇脚乡地势东高西低，平均海拔1200米，河水自东向西流经中寨乡进入晴隆县汇入北盘江，形成"东水西流"的独特流向，因此月亮河流到中游河段，又被人们称为"倒河"，也叫"捞河"。陇脚乡地处亚热带湿润气候，水量充足，植被茂密，森林覆盖率达53.7%。月亮河中下游河段流经中寨乡，地处云贵高原东斜坡，位于苗岭山脉和乌蒙山的交接地带，由于地势高差悬殊，乡内气候类型多样，呈垂直分布状态，同时具有南亚热带气候、北亚热带气候以及中亚热带气候特征。当月亮河于晴隆县境内汇入北盘江后，河流交汇处与北盘江主干道毛口河段沿岸东、西、北三面多高山，且沿岸茅草丛生，故毛口乡也得名"茅口"，即"毛口"。毛口乡地处云贵高原斜坡，地形复杂多样，其南部为北盘江河谷冲积坝田和丘土，地势低矮平缓，与盆地相连的是缓坡溶丘地带；再往上，是大冲、小田、板亭、半坡一带，是中山山地，高山林立，如西北面有老王山，东北面有九层山，西南面有梯子岩、狗爬岩，南面有云盘山，这些山峰使毛口盆地山峦叠起，山外有山，

---

① 即包括由陇脚乡自东向西流经中寨乡进入晴隆县汇入北盘江的月亮河全段以及与月亮河交汇后的北盘江主河道至毛口河段。该支流在上游时被称为"月亮河"，在中游时被称为"捞河"，在下游时被称为"阿志河"，后在下游"河尾巴"处与"一字河"交汇，最终汇入北盘江干流之中。

山上有山，形成毛口典型的低热河谷区，使其具有南亚热带季风气候特点，独特的气候条件，适宜亚热带水果及早熟蔬菜、西瓜的种植，为毛口乡的农业生产发展提供了有利条件。毛口乡在北盘江水库移民搬迁之前，以甘蔗种植而闻名遐迩，年产甘蔗5万吨以上，产红糖5千多吨。

"一山有四季，十里不同天"真实描绘了北盘江流域的气候环境状况。横向上看，月亮河沿岸地区上游河段植被覆盖率高于中下游河段，上游河段通常被茂密的植被所覆盖，而中下游河段降雨量较小，沿岸地区多高山，山上植被多为灌木、杂草及次生林，且越往下游地势越低，气温越高。纵向来看，由于巨大的海拔差异使得气候呈垂直分布，河谷低地土地肥沃，有利于植被生长，沿岸居民以水稻种植业为主；河谷以上山地地带，地势较高，较为干旱，土壤肥力低，因此次生林、灌木丛、杂草遍布，适宜种植旱地经济作物。

第二节　月亮河布依族分布及其人群

北盘江流域沿岸一带为多民族杂居地区，区域内的村落包括多个民族群体，因此，对布依族社会的研究必须结合考察与之相邻近的其他少数民族及汉族群体的交往，才能在某种程度上完整地了解有关北盘江流域整个布依族社会系统的运行规则。

河流两岸分布着多个少数民族群体，有布依族、苗族、彝族、仡佬族、汉族等，其中少数民族人口占区域内总人口85%以上。且由于地形、气候条件等自然因素的影响，以及不同族群居住地域特点，呈现出山地与河谷农业生产、经济组织等方面的差异。从分布地域特点上看，正应了流传在当地的那句俗语："高山苗，水仲家。"

本次调查区域包含三个乡镇，多个民族聚居于此，但分布特点大致相同，苗族、彝族、仡佬族为山地民族，喜居高山之上，以旱作农业为主；而布依族依照传统傍水而居，是以水稻农业为主的稻作民族，历来享有"水稻民族"之称。

该区域是典型的传统农业区，农业生产种类总体上可分为两种：

（1）耕田。稻作农业是该区域内布依族的传统农业生产方式。布依族是个古老的农耕民族，世代居住于亚热带水乡地区，气候温暖湿润，雨量充足，适于水稻作物的生长。稻米是布依族的主食之一，因而布依族在漫长的历史进程中形成了古老而深厚的稻作文化。

（2）种地。由于海拔及气候的巨大差异，区域内农作物品种及产量也显示出巨大的不同。粮食作物主要为水稻和玉米；经济作物主要是甘蔗、花生、马铃薯等。从这几个品种的差别来看，高山地区主要种植玉米、马铃薯等较耐旱耐寒的旱作物，如湾龙坡等沿岸的苗族、仡佬族村寨，玉米及马铃薯的产量较高；而河流沿岸的布依族村寨则以水稻种植业为主，玉米种植为辅。

山地民族与稻作民族的区别在于生存地域的生态环境的差别，从而引起区域内的苗族、彝族、仡佬族、布依族、汉族不论是语言，还是文化、生活习惯上都存在极大差异，各少数民族在这样的状况下求同存异，和谐生活。举个例子来说，该流域内布依族种植水稻，而苗族则种植玉米、马铃薯等作物，两方常在自给自足之余将己物于赶集日拿到市场上交换，互通有无。

多民族共生共存的局面构成了北盘江流域的乡民社会，并且当地多民族聚居的格局自古就已经形成，关于苗族、布依族、汉族的关系，在布依族地区流传有这样一个故事。

传说洪荒时代，天地间还没有人，只有一位仙女。一日，她降落凡间在湖边喝水，忽然看见自己水中的倒影，觉得很有趣，便随手用手边的泥土照着那影子捏了些泥人，吹一口气，泥人变得鲜活起来，却不会说话。于是，仙女将手边的竹子一节一节地掰断，第一个响声发出的是"nai"，所以第一个小人叫母亲为"nai"，这个小人即是后来苗族人的祖先，也因其是仙女所创造的第一个人，布依族人日常里常称苗人为"苗大哥"；而竹节折断的第二个响声发出的是"mie"，所以第二个小儿称母亲为"mie"，第二个人即是布依族的祖先，排行老二；老幺是汉族的祖先，他是仙女所创的第三个人，第三节竹节发出"ma"的声响，他从此便如此称呼认为是母亲的仙女。布依族古歌中唱道："denge bainou yaonai, denge bailing yaomie, wanwenyao leng biedangnei"，译为"先响时叫nai，再响时叫mie，我们的人种才砸到这里来生根"。传说中，三兄弟相亲相爱，苗大哥和布依二哥谦让幼弟，便说"我们就说话来将就他吧"，于是苗族、布依族便依着他所说的话学习汉语、说汉话。

然而，许多年过去了，三兄弟的子孙后代繁盛，却不像先祖从前那般亲密了。相传，三兄弟开荒时，各自圈地为营，苗家人喜好扎草为疆，布依族则偏爱垒石为界。

苗族人用稻草拧成一团一团，如他们的发髻那般样子的草堆走到哪里便把它放在田间作为标记，提醒别人这已经是他们的土地了，好让布依族没有理由再去占有。然而，苗族被野火烧山，烧掉了所有标记的稻草，什么都没剩下，没有了田地，不得已只好离开河谷地带平坦的坝子，在高山上开垦旱地。且因苗族扎草的习惯，使得苗族至今在高山上的山地都是没有界线之分的。

而布依族垒的石块在那场山火中得以保存。不论是过去还是现在，逐水而居，依山而住是布依族村寨分布的显著特点，月亮河一带，离河流一二里的沿岸除了个别的其他民族村寨，其余大部均为布依族村寨。当苗人上山后，河谷平坦的地带又相继来了其他人，他们看到布依族生活的地域土壤肥沃，心生妒忌，便谋划着如何霸占了布依族的土地。于是他们对布依人说："你们布依人那么喜欢水，那么你们就去隔河一丈的河边建房定居吧！"这些人打算让布依族住到水边去，在河边建房子好让河水涨水时把他们冲走淹死。布依人一听，觉得他们不怀好意，思虑再三，想出了一个办法。布依人反问传话的人："你说什么？是说要让我们建房子在河边，那要离河多远呢？"传话的人说："隔河一丈。"然而布依人故意假装听错了，说："隔河一趟啊？"没等对方回答，布依人便从河边往岸上跑，一口气跑出一二里直到累的时候才停下来，后来便在歇脚的地方安了家、建了寨，即"隔河一趟"。如今布依族的村落依旧是建在隔河不远处，却不会被水冲走的地方。

在北盘江流域，从布依族的传说中可以知道，仡佬族才是当地的原住民，布依族的祖先是后来迁入的。

从前北盘江流域的居民，不论是苗族、仡佬族、彝族，还是布依族，因生活条件的限制，其房屋建筑都还是用茅草搭盖的茅草屋。盖房用的茅草在当地被称为"芦猫"。原本，仡佬族作为当地的原住民，其实是居住于水边的。然而，布依族的先民到来之后，用强势的手段将仡佬族的祖先赶走了，赶到了半坡之上。布依族先民则开始逐水而居，并以水稻种植为生。布依族先民将仡佬族先民赶走之后，自觉理亏，因此双方达成了一个协议：那就是布依族人不准干涉仡佬族人下山来割芦猫。虽然如今布依族人和仡佬族人都不需要再割芦猫来搭盖房子，但这个不成文的规定至今仍然为人们津津乐道。并且，仡佬人被赶上山后，觉得气不过，每当布依族的水稻收获时，仡佬族人路过田边总是会顺手将田边的稻穗收在口袋里带走。布依族人自觉理亏，每当收割水稻时，便总是自觉留下田埂边那一排的稻穗，权当给仡佬族人的补偿。这个习惯很多布依族人至今也仍在遵守着。

时至今日，各民族在该流域内和谐共处，密切联系。因此，他们都面临着同样困境。由于地处山区，地势起伏大，交通不甚便利，虽然乡镇与乡镇之间早已通了公路，但乡镇下属少数民族村落没有通公路的也仍存在。例如月亮河由陇脚乡往下游，沿岸乡村公路沿河最远可通往上游与中游的交界处中寨乡下属的大阿志村。由大阿志顺流而下便是小阿志，可直达中游捞河一带，只是大阿志与中游捞河一带之间尚有小阿志村无法通车，就连平日里人们出入的通道在雨季也常因为河水暴涨及山体滑坡而无法与外界沟通。因此，要从上游的陇脚乡去到中游的中寨乡必须绕道，原本沿河步行只需两小时的路程，绕道得花费将近三个小时的车程。2008年，人们曾试图沿河为小阿志修通村公路，通过上级政府支持以及村民自筹，通村公路修建完成并投入使用，但不到两年的时间，路面因河水侵蚀以及山体滑坡大量损毁，至今未再重修。类似这样没有通村公路的少数民族村寨在北盘江流域山区相当普遍。

第三节 扁担山布依族村落布局及社会生活

扁担山乡隶属贵州省安顺市镇宁布依族苗族自治县。它位于县城西北部，西与六枝特区和关岭县接邻，南临黄果树风景区。裸戛和孔马村的两座小山之间有一条山梁，整体形似扁担，扁担山因此得名。全乡33个自然村寨分布在可布河和麻元河周围，总面积50平方公里。布依族人口占全乡总人口的95%以上，是典型的布依族聚居的民族乡。

革老坟村位于镇宁自治县的最北端，东接夜郎洞，西接关岭自治县坡贡镇的平寨村和六枝特区落别乡的可布、卡棒等村，北邻六枝特区落别乡，东北连接丁旗镇的西农庄村，有县际公路通过，距离镇宁县城25公里。村子占地面积18平方公里，其中水田30公顷，旱地35公顷，荒山荒坡300公顷，林山四座，村口有碧泉河方便村民饮用灌溉。村子分7个村民组，现在有309户1366人，都是布依族居民。村子中95%为王姓，另有伍姓、罗姓、杨姓、韦姓。

一 革老坟村

（一）开寨传说

革老坟村地处扁担山中心，建村立寨历史久远。关于祖先来历，村民普遍称是明朝从江西随军迁至贵州，并在此繁衍生息。革老坟村祖先祖籍江西省吉安县（今井冈山市）豆腐街杀猪巷，明朝洪武二年（1369年）"调北征南"而来，至今600多年历史。刚来时，这里洪水猛兽很多，条件艰苦。本地有布依族先民，南迁而来的汉人和这些先民争夺地位，男性先民被杀，汉人娶女性先民为妻。有12弟兄一起来到贵州，正在艰难寻找水源时，一只野田鸡飞来站在一人肩膀上鸣叫，田鸡引领众人往前走，找到了水源（"yang gai"，秧鸡井）。为了感激田鸡的恩情，后人不食田鸡肉；随行军队带有一头白色水牛在革老坟村落脚，因长途跋涉水牛劳累而死，人们将其安葬，后人不食白水牛肉。水牛角被分成12块，每个兄弟一块，方便以后认亲团聚。12人分别居住在望谟县，镇宁县的长脚村，马厂乡，丁旗镇，大山乡，关岭，普定，革老坟村，六枝特区。革老坟村的开寨人是王恶，和革拱、卡棒的二人是三个亲兄弟。

（二）环境格局

革老坟村开寨时，寨子中间有个仡佬族的大坟墓，寨子后有个独特的山坡，上面长满了树。除此土山外，周边都是石头山。后山有个"窝"（大坑），当地人认为寨子的宝从后山的"窝"里出来，寨子有了山宝（山灵）靠山。革老坟村的先祖们围绕大坟修建房屋，在此生活。革老坟村和周边的卡棒、可布、裸嘎、红运、布依郎村一样在马路沿线建寨,村寨周围有良田水源,相传这些村寨都是第一批"调北征南"的军队迁址建立的。革老坟村原名"仡佬坟","文化大革命"时期改名"革新村"。但是"革新村"体现不出其历史渊源,后又改名为"革老坟",一直沿用至今。

当地人信奉"风水",他们认为人的气数和命运和"风水"有关,"风水"影响着人的气运。"气"生世界,世间万物在一个大的"气"①场内,从胎卵阶段到死后尸身,"气"能影响人一生。人周围的山川河流和居住宅地、死后坟墓都会影响人的"气"。建造房屋和坟墓都寻找"龙脉"(雄伟的山脉)和"紫气萦绕的风水宝地"。生前的宅子决定居住者的祸福,死后的坟墓决定鬼魂的安宁和福禄,保佑其子孙后代不受祸害。革老坟村的先祖依靠宝山"ba nuai"(汉意:陡坡,前文中的"宝窝")发家,在"ba nuai"东侧寻得"龙脉","龙脉"所在的山当地人称"be la mo"(汉意:山下坟墓)。老人讲这里是龙神休息的地方。

　　个案:寨子里的人上 be la mo 干活,拿两个树枝插到地下就有力气上山,因为那里有龙洞(龙脉"气"的发源地)。龙脉的"紫气"最多,坟墓修在这里,死的人收到"紫气"后传给子孙,子孙行大运。祖坟冒青烟,祖坟修得好就是这个道理。

革老坟村被"ba nuai"和"be la mo"环绕,西南又有"se bin"(汉意:碧泉河,源头在落别乡的"上可布寨","可布"即"水源头")环绕,依山傍水。龙脉所发的"气"要有水环绕,"气"才能聚集在这里,类似风水学中的"依山傍水有福地"。当地流传的民歌反映出村民在此"宝地"生活的场景。

　　个案:冬天一到"惊人洞"(龙洞)里就冒青烟,老人讲这是神龙吐雾。"神龙一呼烟出洞,神龙二呼洞出水,神龙三呼保我小寨农家乐,神龙四呼保平安,呼出布依小寨的清凉水井,井边围绕团团樱

---

① 祥瑞的紫气,给人带来好运;凶煞的黑气,给人带来厄运。

花树，四有杨柳长叶红，七月十五农家井边漂染绣花，吹木叶唱情歌。"

村寨向外扩建，逐渐发展为"蝴蝶"形，老寨中心多是三合院、四合院，当地说这里是村寨的福地，山宝就在老寨中心，院落呈"ma"即"蝴蝶"形状和当地的人的"世界观"有很大联系。太阳、花草树木和人都是从"ma"里面生出来的，ma生人，人变太阳，变成世界万物。房屋修建格局寓意"寨子里的人从ma里繁衍生息，长住于此"。

个案：历代村民被灌输"维护福地"的观念，只有保护好当前生活的环境，村里的人才能得到"天神"、龙神的保佑，"吸收的'紫气'多，人的魂完整，妖魔鬼怪不来打扰"。清代（天命十一年，公元1616年）所立的"护水护林碑"记载："窃思于地之钟灵诞生贤哲，山之毓秀，代产英豪；水之清碧，人寿年丰，城内之河流通江达海，灌田无数，济夷民苍生……足以维岳降神，赖此补禾或之气，所郁结而成也。故山深，必因乎水茂；而人杰，必赖乎地灵。"

老寨中心有座神庙，当地人受汉文化影响，都认为这是"土地庙"，是"寨神"，"六月六"等节庆每家每户要派代表来这里敬祭。老人讲这是"报更忒"（pao geng tei，"pao"是男性的意思，"geng"是天，"tei"是神），是寨神，是"吭本"①（ken ben，天）的"代理"神。上古时期没有天地，"气"生万物，清"气"上升为天，浊"气"下沉为地，与此同时产生了管理世界的"吭本"。"吭本"管理世间万物，"报更忒"帮"吭本"管理村寨，而具体的人则由其祖宗（pao ta）管理。当地人真正意义上所信奉的"神"只有"吭本"和自己的祖宗。二者属于两个不同的系统管理着在此生活的人。村民六月六和龙灯节等重大日子"祭天"即祭"吭本"，在"报更忒"神庙进行；家家户户要"拜家神"，就是祭

---

① 祖先管具体的家，"吭本"管全寨及世间万物。村寨里的"神庙"是"报更忒"，"报更忒"帮"吭本"管理村寨，村民节庆祭天（吭本）就在"神庙"进行，"报更忒"将人们的祈愿传达给"吭本"。

祀自己的祖宗。

　　我们这里相信"万物有灵"，风雨雷电、山石草木甚至镰刀米舂都有"灵"，都是神。平日里我们都敬畏这些神，如果打扰得罪了他们就会有苦难。所以这里的人上山祭山神，砍树祭树神，修桥要祭河神。和他们打交道打扰了他们，要事先供奉"通报"，算是"赔礼道歉"，这样他们就不会找你麻烦。

　　这里能管人的只有"吭本"和祖宗，其他的山神、树神、石头神都没有权利管人，他们和人是平等的关系。有的地方"千年古树成神""石头显灵"都是被"神化"了，这些"神"通通归"吭本"管。现在很多人不知道拜那些神是什么意思，其实那些神只是有神通，供养祭祀只是对他们的一种敬畏，求他们办具体的事他们也办不成。比如不会生小孩，很多人都去拜石神，拜树神，祈求他们赐子，他们没办法帮你，但是他们可以帮你转达给"吭本"，"吭本"管生育的神给你子嗣。你去拜祖宗也行，祖宗看见你做好事就赐福添"气"，看见你做坏事就惩罚你添"气"，他们也能传"孩子气"给你，这样就有小孩了。

　　世界上的各种山神、苗神、雷神这些都是自然神，他们有威力，虽然不能管理人，但是他们可以替"吭本"执行管理。我们这里犯"十恶不赦"的大罪行是要遭雷劈死的，这是最严重的惩罚，是雷神替"吭本"清理做坏事的人。"死的不好的"都是做坏事遭"吭本"惩罚，上坡干活摔死是山神帮忙执行、女人难产死是生育神帮忙执行、出车祸死是路神帮忙执行……这些死的不好的都是坏人，死后连祖宗都不收留。

　　这里祭"龙"就是祭"天"，"龙"像你们汉族说的是"天子"，求它就是求"吭本"。

二　革老坟村的生产生活

　　革老坟村的布依族居民一直保留着自己自足的自然经济，农业是其重要的经济来源，布依族有"水稻民族"之称，以种植水稻为主的农业生产，在布依族的经济生活中占极为重要的地位，此外还种植高粱、红薯、土豆、荞麦及油菜及其他蔬菜等。由于气候和耕作技术限制，农作物产量较低，"菜菜稻"①生产模式保证了村民的基本生存。这些农作物以"核心家庭"的小户生产方式进行，主要目的是满足家庭自身的生活需要，并不是为了商品交换。"耕地为糊口，养牛为种田，养猪为过年"，家家户户养鸡养鸭，在自留地里种葱、姜、蒜等供日常食用。

  1988年后，村里居民开始慢慢接触大山外面的世界，出现了首批外出务工流；进入21世纪后，基础设施建设得到进一步加强，革老坟村村民不断受同村及旁村影响，外出打工的明显增多。这些人大多是小学或初中文化，在家辛苦种田一年也赚不到钱，而外出到浙江、福建、云南、广东等地打工平均一个月能挣3000—4000元，除去自己的开销，还可以寄钱回家。在走出传统"自给自足"的劳作模式之后，他们在城市体验过现代文明，眼界也开阔，外出打工成了该村的主要经济来源。2000年村居民年人均纯收入1261元，是1978年的12.6倍。2012年村民年人均纯收入4666元，比2000年增加3405元。但是在调查中发现，他们外出打工大部分是从事体力劳动，比如小型五金器材的加工，收入较低；村民在期盼走出大山的同时又对外界充满了恐惧，他们一般跟随熟人集体外出，而且大部分不会离家太远。外出打工虽然提高了家庭收入水平，但是随着社会发展，生活成本也随之增多，物价上涨，子女教育费用开支加大，尤其是攀比心理下结婚彩礼的高要求，使得他们的生活和城镇比起来仍有很大差距。如果家里没有出去打工的青壮年，他们的生活状况堪忧。

  革老坟村不断发展建设，村落不断向外扩展，为了满足村民日常生活需求，村内出现许多小卖铺，住户在自家做起了生意，但物品没有外界齐全，每隔三两天，周边村寨有"场"卖鲜猪肉、水果、蔬菜等。妇女多买日用品、水果、衣服和家居用品，男人大多买一些农具、肥料、家电等大物件。他们也会带着自家养的鸡鸭和兔子等到集市上去卖，有的妇女会卖一些自己织的布和绣的背带、腰带等，传统的一件上衣要卖到400元左右，整套衣服差不多要2000元以上，过年期间外出的年轻人回来办酒，这些衣物很热销。现在每天都有城郊客车往返于革老坟村和镇宁县城之间，车程约一个小时，票价10元钱；沿途还有私人面包车接送拉货。扁

---

  ① 秋收后种大白菜，冬季以白菜为生，春天种早熟蔬菜，4月底育秧苗，种植水稻。

担山乡政府（大抵拱场所在地）在两地之间，从革老坟村过去车程约二十分钟。村民可在沿途招手上下车，大大方便了出行。而且现在很多人家都买了摩托车，方便日常出入。

村民经常去的集市场共有6个，场名及赶场日期等如下：

场名	日期	距离	所属县
大抵拱	周六	8.7公里	镇宁
红运	周四	3.6公里	镇宁
落别	赶甲子	5.7公里	六枝特区
六枝坝湾	赶甲子	3.5公里	六枝特区
镇宁	周日	24公里	镇宁
坡贡	周二	10公里	镇宁
革老坟	解放后已停止		镇宁

注：关岭县的坡贡镇，六枝特区的落别乡和镇宁县的安西区生活着同扁担山区生活习俗相同的布依族。

三 村民的衣食及民居

本民族内部日常生产生活交流都使用布依语（属于第三土语区[①]）。同时，村民们长期以来和汉族杂居，与当地汉族人民交往密切，为交流需要，许多人既会布依语，又学会了汉语，可以"双语"交流。儿童和少年在学校学习汉语语文，许多走出去的青壮年村民在打工过程中学会了汉语，村里只有一些年纪较大未出过远门的妇女听不懂汉语。

村里的饮食一般以大米为主。一日三餐，闲时上午9点，中午2点（吃响午），晚上七八点左右吃饭。农忙的时候早上要6点起床，起床以后年纪大一些的村民先去割草喂马干些农活，一般回来之后饿了才会吃饭，而年轻人尤其是上学的小孩和外出打工的青年，早饭是必须按时吃

[①] 布依族语属于汉藏语系壮侗语族壮傣语支。第一土语区即贵州省的望谟、册亨、罗甸、独山、贞丰、安龙、兴义、兴仁等县和惠水的一部分地区，第二土语区即贵阳市郊、龙里、贵定、清镇、平坝、安顺等县和惠水、长顺的大部分地区，第三土语区即镇宁、晴隆、普安、普定、六枝、盘县、水城等县和关岭的大部分地区。在各个土语区内的每一类型的服饰，也有不同的样式和特点。

的。部分农家种有玉米,以及其他小米、小麦、红稗和薯类等杂粮。春耕农忙的时候会把油炸粑带到田里充饥。油炸粑的做法是以糯米面为主,掺和米面、黄豆面、红苕面、麦芽面等,用"粑粑花"泡成的金黄色水拌和均匀,捏成鸡蛋大小,然后用芝麻油、花生油等香油炒黄。

传统的男子服装多是青和靛蓝两种颜色的粗布衣褂,样式各地基本相同。青壮年包头帕("kang"),头帕多是纯青色和方格两种;衣服是对襟短褂,裤子为长裤,老年人多穿青色的大袖长衫。妇女喜欢大襟短衣,底色为藏黑,袖子和襟边绣有织锦("kui")和蜡染("ka zang")图案。下装为百褶长裙,衣裙穿戴好后套上围腰。日常穿的裙子为蓝色,印有颇富寓意的花纹。裙子分"裙头"和"裙身"两部分,"裙头"多是对称的回钩纹和三角形图案,"裙身"上多是圆点纹路。另一种裙子是由"kui sai"(红色植物)红布做的红裙。年轻人大多穿花裙,老年人常穿红裙;在喜事场合多穿花裙,红裙在丧事或其他严肃场合穿。这里的女性一般要穿5条裙子,穿少了不好看。当地妇女从小就学做传统服饰,挑最好的留在结婚时穿戴。当地女性头饰分为顶花帕、戴假壳、戴考帽三个阶段。顶花帕为头戴方形织锦花帕,把发辫(马鬃或丝线)和头发合编为一条辫子缠在头上,发尾长丝垂在右侧。"戴假壳"当地称为"cang kan kao","戴假壳"是区别女性"坐家"与否的标志,如果戴上"假壳"就要戴到老。这些服饰大部分是当地妇女手工缝制,衣服造价昂贵,一套嫁衣要上万元,所以人们日常很少穿盛装,只在婚丧嫁娶和重大节日的时候才会穿。现在,随着汉文化深入,村民尤其是男性很少穿传统服装,中年妇女大多穿集市上买来的成品小褂,青年男女更多选择样式新颖的工厂成衣。目前穿服装厂成衣的人已达77.8%,60岁以上的老人则偏向于传统粗布。衣料除棉布外,还有化纤布、混纺布等,化纤布成为主流布料。

村里的老房多是石木结构,石头围铸,石头奠基、砌墙,石板盖房,木料作为屋架子,屋顶盖瓦。一般房屋都有矮墙围起的院落,一些靠山的住房因受地形限制,有院落的很少,大多因地制宜,上层住人,下层圈养牲畜,当地称为"干栏"(汉译:中间的房子)。现在保存的老建筑多为三大间。石头台阶入门,房屋中间为堂屋,设有神龛供奉祖先,婚丧嫁娶和宴请宾客都在这里进行。神龛后面的火塘既是做饭的"厨房",也是家庭成员交流的主要场地，妇女们围着火塘烤火炒瓜子，聊天对歌。中堂左右房间被隔成一、二、三小间。左前第一间是子女读书和接待客人的房间，婚礼时当作新娘的洞房；第二间是当家夫妇居住的主卧；第三间多储放蔬菜和锅碗杂物。右前第一间是女儿们的闺房，过去家里的织布机放在里面；中间是公太的卧房；第三间存放镰刀、米舂等农具。房屋的门和窗户都特别狭小，老人们说是为了起到防盗效果。随着经济的发展，外来文化影响，他们深知木房子容易起火，不如砖瓦楼敞亮干净，而且在当地修建水泥砖房是一种财富的象征。现在村里新修的房子90%都是砖瓦房。

四 娱乐交往

革老坟村的娱乐方式很多，除了邻里聊天，过去周围相往来的村寨之间会组织各种唱歌比赛和铜鼓表演。到了婚嫁喜事和大型节日，诸如春节、元宵节、三月三、四月八、六月六等，扁担山地区的布依族人都会穿上盛装一起赶往集市和山坝玩耍，男女青年"浪冒浪哨"。20世纪80年代初，县里的流动电影小队来到革老坟村，每月两次的电影放映成了当时村民们的主要娱乐方式，许多青年男女把看电影作为一种约会方式。随着打工人流的增多，这些传统的习俗渐渐被淡化，只剩老人和留守儿童的村庄原有的喜庆气氛荡然无存。只有在象征团圆的春节，在外打工的人才会回家。此时的村庄才有热闹和活力的气氛。而过年对于未婚的青年来说还有更为重要的意义，由于他们一年之中大部分时间在外打工，过年期间也是青年人回乡办婚礼和集体交流的时间。手机等通信工具的使用，大大方便了家人、朋友之间的联系，这里90%的村民都有手机。卫星电视让人们对外界有更加直观的认识，他们在闲暇之余都会打开电视看一些喜欢的节目。尽管有些妇女听不懂普通话，她们仍然能看懂一些剧情。村里的青少年都接触过网络，他们通过QQ聊天交流，讨论流行歌曲和正在热映的青春偶像剧，青少年对外界新鲜事物的接受程度普遍高于村里的中老年人群。假期和闲散之余，村里的男女青年会结伴骑摩托车或者坐客车到落别、大抵拱和县城吃饭、上网。

我们可以看到交通的便利和外出打工人数的增多使得革老坟村的村民不断地接受新鲜和外来文化的洗礼，传统的文化必然发生了改变；但是由于长期的封闭和经济基础、教育水平的薄弱，村民们并不会完全离开自己的家乡，他们大部分最终选择守着自己的故土。一些风俗习惯也是他们民族身份的一种标识，一些传统在现实生活中并没有完全被抛弃。

五 家庭结构和社会组织

在传统的农耕民族中，"核心家庭"是最基本的生产单位，血缘作为纽带将家里的成员联合起来形成了传统社会中最基本的管理系统和政治体系，其地位和村寨、宗族一样不容忽视。"树大树分桠，儿大儿分家"，家中男子只有生育以后才有资格从大家庭中分裂出来，和妻子以及未婚子女另外组成新的"核心家庭"，拥有独立的财产和祭祀权。"主干家庭"是村子里另一种常见的家庭形式。另外村寨里也有父母和已婚的众多儿子住在一起的大家庭，祖孙三代或更多人共同生活，即我们所说的联合家庭。我们分析走访的村民家庭，4人户家庭比例高达46%，5人户家庭占26%，3人户家庭24%，2人户家庭和7人户以上家庭各占2%。核心家庭是其主要的家庭形式。

扁担山地区布依族家的观念源于"祖先崇拜"。他们认为家是祖先创造的，向其子孙延续，依靠父系血缘连接成为各代家庭的连续体。"家"是父系子孙后代们生活和寄托情感的地方，家庭成员理所应当要维系它的延续和发展。婚姻是家庭的基础，布依族社会，父亲作为一家之长拥有至高的权力来处理家庭大小事务。他们参与主持和处理家产的分配和子女的婚配，生产劳作和日常生活的安排等。父母在家庭中担任抚养和教育子女的角色，儿女对父母有赡养的职责。家庭成员在生活中履行家庭义务的时候受传统"道德观"影响，他们会自觉遵守祖先传承下来的习俗和禁忌规则；当然，作为独立的个体他们拥有一定的自主权决定关乎自己利益的事宜。婚姻的选择必然和其亲属社会组织、家庭形态结构有不可忽视的联系，许多人在研究婚姻时都会牵涉这些因素。

"一家人"的成员组成在布依族人们眼中并不仅仅只有父母、兄弟和子女，它还包括同一个祖先的父系血亲，也就是我们常说的"家族"。家族是由同一在世或者近世的父系祖先的所有成员组成的一个集体，这些成员可能属于不同的家庭。在传统的布依族社会，同一血缘系统的人一定同属于一个家族，但并不是同一家族内的所有成员都具有血缘关系，他们以收养、过继或是结拜兄弟联盟的方式来组成扩大家族。姓氏不再是划分一个家族的标志，一个家族中会出现异姓氏族的成员，而且不同的家族可能会出现共用一个姓氏的情况，他们并非同一宗族，有共同的祖先。同一家族的人们一般都有自己的家族组织，聚族而居，形成一个姓氏独立的村寨，比如革老坟村就是一个"王"姓村寨；也有家族子孙分居周边数地另立村寨的情况。家族内所有成员有义务团结互助保护家族利益，免受外来侵犯，所有成员都是自己的家人，必须同等对待。每年的节日庆典，宗族成员几乎都要回来团聚，到共同的祖先坟前祭祀。而且同宗同族内部严禁通婚。

一般来说，同一血缘的家族以及不同血缘的亲戚组成了村寨。一个村寨一般会有几十户或上百户人家，很多村寨会有两个以上不同的家族。如果是一个宗族独立形成的村寨，村民在生活中严格按照辈分称呼，家族的荣誉和家族的利益是他们作为子孙必须自觉维护的。两个或两个以上家族组成的村寨，即使不同宗，一般也有亲戚关系。他们因生存聚集到一起，世世代代生活在一起，他们有共同的需求和利益。家族与家族之间来往密切，比较团结。在革老坟村，血缘关系占据主导地位，地缘关系不断发展，他们主要通过婚姻建立姻亲网络来吸纳外姓人。

> 个案：革老坟村95%的村民姓王，属于同一血缘的亲属群体，明朝"调北征南"时从江西来此落户；村里罗姓共有四户，光绪年间因和同村人打架来革老坟村的外家躲避，就此安家落户；伍姓一共有6户，解放前祖辈来革老坟村做上门女婿，三代返宗后改回原姓，在此安家；杨姓有四户，20世纪60年代来革老坟村投奔亲戚做木工，后来在此居住；韦姓只有一家，现在已经发展到第三代了，解放初期因饥荒流落到革老坟村，被村民收留。虽然姓氏不同，家族与家族之间团结互助，韦家儿子结婚时，新娘就住在隔壁邻居王 TF 家里，村民来吃酒都送了礼物。

村寨不仅仅是他们的生产和生活居地，还是最基本的社会组织，是血缘和地缘的叠合。有着共同利益的群体通过这一社会组织不断调试，在生产、调解纠纷和维护社会稳定上发挥重大作用。随着时代的发展，居住环境不断改变，人口迁移和外来文化冲击着它的权威。虽然在一定范围内它还有些积极作用，但如其他民族一样，影响力逐年减弱。

第二章　布依族亲属制度的基础

"亲属制度是以婚姻家庭为中心的包括家族亲属和族外亲属在内的社会关系秩序化规范制度。它以血缘或者姻缘为体系，指代家庭各亲属关系之间的称谓制度，因此也称为'亲属称谓制度'"[1]。"每一种亲属制度表现了该制度建立时所存在的家族（家庭）的实际亲属关系，家庭形式与亲属制度之间有着本质的联系。婚姻形态是家庭形式的基础，家庭形式又是亲属制度的基础。亲属制度不仅反映实际的亲属关系，还反映当时社会所流行的婚姻形态和家庭形态"[2]。扁担山地区的亲属制度深刻地影响着其婚俗文化和婚姻制度，在人们的日常生活中占据重要地位，所以在研究当地的赶表和婚姻习俗前，首先要了解他们的亲属制度。恩格斯认为："父母、子女、兄弟、姐妹等称谓，并不是简单的称号，它们是完全确定的、有相互义务的称呼。这些义务的总和便构成这些民族的社会制度的实质部分，对维护整个社会秩序起着决定性的作用。"[3]

第一节　身体表征系统

在很多社会，某些人之间的关系总比他们与其他人的关系更为亲密。许多人类学者研究发现，那些关系紧密的人之所以联系密切，是因为他们有了某一共享物质，那些没有和他们共享此物质的人关系就不如共享了某种物质的人亲密。在生育过程中亲子两代里有了某种共有的物质传递，亲

---

[1]　[美] 路易斯·亨利·摩尔根：《古代社会》，杨东莼等译，商务印书馆1977年版，第375页。
[2]　同上书，第390页。
[3]　恩格斯：《家庭、私有制和国家的起源》第四卷，人民出版社，第26页。

子两代间有了同质性。我们会思考"生育中亲子两代之间传递了什么?""父母谁是同质物的传递者?"在汉族社会,父母和子女之间以"血"相连,"血浓于水"的俗语体现了父母和孩子间的紧密联系,传统观念认为孩子从父亲身上得到了骨血,"滴血认亲"表证子女和父亲的文化血缘是同一的,因此他们的文化身份也参照父亲的文化身份而定。那么"其他民族的生育观念和亲子之间共享的物质是什么?""谁传递这种同质物?""人是从哪里来的?"在不同的民族文化情景中,人们对此做出了不同的文化解释。蔡华就此提出了"身体表征系统"(或"身体再现系统")的概念,并将其定义为:"表达身体来源和所属的地方性观念。所谓'地方性',就限定我们要在当地特殊的文化系统内部陈述和讨论这个问题。"[①]比如我们在讨论布依族的"身体表征系统"时,要时刻围绕其特有的民族文化和表达,将它与其他民族文化背景下的定义概念区别开来。

"身体表征系统"回答了"新生命如何孕育"这一问题,"它是个体生命来源的文化观念集成,包括对人体器官和体液的认识;男女在生育过程中各自的角色和作用;新生命从哪儿来;对于新生命的形成,男女各自给予了它什么"[②]。马林诺夫斯基《野蛮人的性生活》描述了美拉尼西亚人的身体表征系统。通过对身体表征系统的学习了解,我们可以进而挖掘出,在某个特定文化里血亲是如何继承延续的,社会血亲和社会血亲排斥定律如何共同发挥作用,决定社会中的个体在亲属制度范围内的行为。

一 人从哪儿来

人们将两性的生殖和繁衍看成是神灵的旨意。关于人的"创造",布依族创世歌里记述"勒嘎"兄妹生了个肉团,他们把肉团砍成无数的肉丁,撒向大地,这些肉丁就变成了人。过去相信天命的人认为一个人的"命"是"吭本"给的,在问"小孩子是怎么来的"问题时,村里的老人都羞于回答这个问题,她们只是在讲述"不落夫家"时提到一些:

没有小娃娃,结了婚的女人也不能一直住丈夫家,她怀了小娃娃以后

[①] 蔡华:《人思之人:文化科学和自然科学的统一性》,云南人民出版社2009年版,第26页。

[②] 刘宏涛:《不熄的火塘——彝族腊罗巴支系的亲属制度》,云南人民出版社2009年版,第18页。

才能和丈夫住一起，天神给了女人小娃娃，她有这个资格做母亲，男人女人才能住一起。村里人不能在庙前小便，这样做不尊重，天神生气了就没有小娃娃。

而一些尊崇"气运"的人认为生命的诞生是生命之"气"（精子和卵子里）碰到生命之"运"（受精的机会）产生的。世界万物由"气"（生命之"气"蕴含在"紫气"中）生，人也是如此。人生命的诞生需要"气"，在世上存活受"气"影响，人的命运与"气"的种类（吉祥的"紫气"和凶煞的"黑气"）有关，生命的长短和"气"有关。

村里有个不怀孕的女人，找法师看过后法师说她命里没有儿子，祖先没有把生小孩的"命"传给她，法师告诉她要把祖坟周围的杂草除干净，祖先才能把有"小孩"的"气"续给她。

马XC的姑太结婚6年没有孩子，法师做了求子仪式。后来还告诉她新房修在马路边环境不好，聚不住"气"（生命的"气"），最好搬到老寨子住；不要去一些不好的地方，"黑气"沾身不容易怀孕；平日里还要做好事，这样"紫气"就跟着她，"紫气"多了，里面的"孩子气"就有了。

伍忠纲讲："人的死是因为他们'吃'尽了'衣禄'。'衣禄'是人生来所带的'紫气'里的'寿命气'。做好事可以加'紫气'；人吃糯米粑可以加'衣禄'，所以过年过节这里都送粑粑。人断气的时候，子女拿一块白布沾死者嘴里的口水，即'接福'，后代保存白布，表示接下长辈留下的'衣禄'。大儿子给死者喂米饭，是死者最后的'衣禄饭'。"

"气"能生人，也能影响人品质的好坏。当地排斥婚前性行为和未婚生子或许和"气"有关。

精卵自身的好坏已经确定，但是结合时"气"的好坏也会影响人。正常的小孩都是在家里，有祖先的"气"影响，夫妻要在自己家同房；私生子都是在隐蔽的地方，男女两人在外面私会同居会引"黑气"，外人碰到要倒霉，如果"黑气"钻到精卵里，女人怀下来的小孩都是"坏"的，是怪胎、妖魔，生下来的就是独奢，出来就害人。

另外，一些禁忌和习俗表明生命的诞生由"龙神"决定。"龙"除了保佑村寨风调雨顺，还"造人"。上文介绍"龙"在当地文化语境里被看成是"吭本"，求"龙"即求"吭本"。

> 老婆婆教育孙子孙女，天上的彩虹是"龙"变的，不能用手指它，不然会惹"龙"不高兴；也不能在彩虹下面小便，否则"龙"会不给子嗣。

正月十五"龙灯节"和六月六期间，村里要耍龙祈请"龙神"保佑来年丰收，村寨太平。在河边祭龙后要挨家挨户串寨子，扯下"龙须"戴在小孩的手腕上保平安，没有子嗣的人家准备酒席和祭祀物品接"龙宝"①，求"龙神"赐子。

当地亦有神话故事传说人是虫蛹羽化成蝶，然后蝴蝶变成了人。他们认定"巴"（ba）即蝴蝶，是世界万物的源头，太阳（tan wan）是"巴"孕育的，花草树木是"巴"生成的，人也是从"巴"里生出来的。当地妇女的裙装围腰上有织锦花纹"巴土文"（ba tu wen），"巴"是蝴蝶的意思，"土文"即人，"巴土文"翻译成汉语就是"蝴蝶人"。"巴土文"的花纹是五个点，中间的点代表"人"的头，四周的四个点表示"人"的四肢。这五个点表示"蝶"转化为"人"之前的状态，即"魂"的状态。精卵结合后就有了一个新的生命，这个生命有了"魂"，但此时的生命体在十二岁之前还不是真正的"人"，而是"蝴蝶人"，即当地称作的"小人"。当地人的观念："人"死后如果没有喝天上铜井（人死后魂魄飘到第十二层天上找祖宗，第五层有个铜井铁井，喝了之后变成鬼）里的水，他既不是鬼，也不是完整的人，只是"魂"状态的"小人"。因此"人"从出生到死亡的阶段可以通过灵魂概述为"小人"（受精卵到12周岁）→ "人" → "小人"（人死后，喝天上铜井里的水之前）→鬼。

有些人认为人是猿猴生出来的，年纪大的人给笔者讲了猿猴的故事。

> 天地之间有海，海上漂着猴子，猴子长大了就是人的老祖先，老

---

① 包裹彩色布花的铜球。

祖先生了小伙，生了姑娘，就有了男人和女人。

当地外家给外孙做的背扇①上有绿色的菱形图案"独永"②（tu yong），它是天上的鹤鸟，"独永"上有四个红点"dan"代表天上的星星，"独永"说明了祖先们在天上的位置（当地人认为天有十二层，人死后亡灵要前往第九层祖宗所在地回归，"从哪儿来到哪儿去"）。背扇不仅具有护身符作用，也有传递香火的意义。因为背扇在孩子出生之前制作，所以外婆并不知道新生儿的性别，她们会在"独永"的周围绣上蓝色菱形红纹，即"汪龙"（wang long，水龙），代表男孩；"独永"里的玫红色图案是凤凰，代表女孩。背扇上的图案表示人从"独永"那里来，"那里造人命"寓意人的生命是祖宗给的。

二　父母与生育

精子在当地的布依语发音为"sai"，翻译成汉语是"麝"，即"麝香"。"麝香"是雄性麝鹿的生殖腺分泌物，"古谢"③ 经中有词记载，过去布依族和苗族住在深山里以打猎为生，平日里交往布依族送苗族斗笠，苗族送给布依族麝鹿的"sai"。麝香在当地是珍贵的中药，"sai 是男人的，和麝香一样少见"。

女人的卵子布依语发音为"kai"，意思是"鸡蛋"。当地男女定亲时，男方送给女方家一只公鸡、一只母鸡，公鸡杀之祭祖，母鸡留在女方家喂养，"母鸡生蛋，代表子孙发达，留下母鸡是想姑娘以后和母鸡一样多生子"。

问及"小孩子的出生，男女双方谁的作用更重要"时，人们都说"父母两个人都很重要"。当地有一句很形象的话叫"一个人一半的头发来自外家"，表达了"必须两个人在一起才能生出小孩子"和"男女共同影响生命的产生"的观念。

---

① 扁担山地区布依族背小孩的布袋。
② 伍忠纲、伍凯峰：《镇宁布依族》，贵州大学出版社 2014 年版，第 227 页。
③ "ku sei"，汉语直译为"亡灵去祖宗那里做客"，布依族传统丧葬仪式，摩公唱经帮助亡灵升天归宗，由"鬼"取得"神"位成"神"。

没有男人和女人，怎么有小孩子呢。人好比一粒种子，没有种子长不出庄稼，石子在土地里永远长不出芽；有好的种子，但是没有合适的土地，同样也长不出品质好的庄稼，玉米种到水田里不但长不出玉米，种子还会烂掉。

伍忠纲："一个生命的'气运'在其还没有成人的时候就被他的父母决定了，爹妈的种（血脉，精子和卵子）好，他的命就好。人身上有三种气，紫气，黑气，白气。父母身上的气通过的血脉（精子和卵子）给了孩子，他身上也有这三种气。种和地越好，庄稼长势越好，'紫气'多则优，'黑气'多则劣。"

在问及为什么不和上坝（革老坟村上坡的苗寨）的歪梳苗结婚时，一个爷爷很隐晦地说那些女人不好，"那些都是下流的话，你一个女孩子我不好讲，大概的意思就是说她们没那个（子宫和阴道），身体有缺陷，娶回家养不出小娃娃。"

这些个案并没有表明孩子在形成过程中男性和女性有着同等重要的作用，而实际生活中人们认为"父亲"这一角色在生育中占主导地位，男性是个体生命的主要给予者，母亲扮演了"装"小孩的角色。

乡里的杨老师给我讲他们村里一个光棍娶傻妻的故事。光棍的父亲想抱孙子，晚上把夫妻两人关在屋里，第二天傻妻到处跟村里的婆娘说丈夫欺负她："××尿我身上咧。"杨老师告知笔者当地人不会轻易讨论"性"相关的话题，过去都是父亲在儿子结婚期间教儿子"进去尿一泡，小孩就塞进去了"。

人们讲小孩在母亲的肚子里可以"看到"外面世界。怀孕的女人即使不能参与生产劳动，她们也要在一旁看着，"小孩子在老妈肚子里跟着学，长大了才能干活"；"怀孕的女人不能去有死人和病人的地方，即使是内亲去世也不可以去吊丧，邪气会传到她肚子里害小娃娃"；"夫妻不能同房，孕妇看到动物在一起（性交）也要避讳，不然小孩子看到会学坏"。

老人讲八月十五一些寨子也有偷老瓜的习俗。"有的年轻人结婚几年都没有怀小孩，外家就'偷'了老南瓜来，把它当成小孩用背扇背到女儿家，女儿吃了'偷来'的老南瓜以后就容易怀孕了。女人的肚皮里装了南瓜，就像南瓜一样多子。"

当地人主张孩子的天资完全是父亲遗传来，而生命的诞生像种地一样，男人是种子，女人是土地，玉米种子长玉米，水稻种子长水稻；女人为胎儿的发育提供了保护性的场所，男人在生育中起决定性的作用。

> 种瓜得瓜种豆得豆，我家老三能考上大学，还不是像我一样聪明。不是有句老话说"老子聪明儿智慧，糟好酒才醇"嘛。
> 即使是双胞胎，哪怕是同卵的双胞胎，因为精虫不同，不同的精虫身上带的"气"不同，双胞胎的命也不一样。小娃娃在妈妈的肚子里被保护着，因为他现在还是"半人半魂"，要10个月才能成型，这里都说孕妇的丈夫不能打猎杀生，就是怕那些动物的魂过来报仇，跑到女人肚子里把小娃娃搞死。

在人们的日常生活中，也有观念表明子嗣血脉的传承由父亲决定，孩子的血来自父亲。"子孙后代"当地布依语称为"勒兰"（lə la：n），"勒"汉语译为"儿子"，"兰"汉语译为"孙子"。后代血脉的传承以父系"儿子"和"孙子"为载体。

首先，当地将一小部分族群称为"独引"，也叫"考林"（布依语，即红字头①）。村里人讲不清"独引"究竟是什么，只是说他们这类人要比"正常人家"低一级，过去可能是仆人、奴隶、下等人。"正常人家"不和"独引"开亲，如果有"独引"人家的姑娘嫁为人媳，她们不能给老人送葬，做的饭菜也不能供奉祖先，这类人群被"正常人家"歧视，但是又不能公开歧视。"独引"媳妇生的孩子不再是"独引"，而如果"独引"娶了"正常人家"的姑娘，生下的孩子就是"独引"。"独引"的祖宗是"独引"，他的家门后代身上流着"独引"的血，还是"独引"。

其次，传统丧葬习俗"古谢"仪式中有一项吸收汉族丧葬文化引用来的"圈神点主"，天神"更闷"对亡灵授予"神"位。歌侍者轮歌

---

① 裙头，女性裙装上方的蜡染布带，一般人用蓝色"man"蜡染，"独引"这一人群的裙头是红色。

《蓼莪》，歌词："父兮生我，母兮鞠我。抚我畜我，长我育我，顾我复我，出入腹我。欲报之德。昊天罔极！"其中"父兮生我，母兮鞠我。"表明人的生命是父亲给的，母亲负责抚养。

而"圈神点主"仪式中摩公①颂布依语的"摩荡"②经，要孝子扎指刺血（红布红绳捆住其左手中指，用针刺破手指，将血滴入盅里）。大宾手拿笔蘸血，在刻有"十"字的牌位上画圈，形成"申"字；在内神牌位上的"王"字上加一点成为"主"字……这里有个传说：如果孝子不是男性亡灵亲生的，圈点上去的血就会散开，死去的男性和成神的祖先都不承认孝子的身份，亡灵和孝子不是同一血脉，"圈神点主"从侧面反映出人的血是从父亲身上来的。

三 12个"魂"

扁担山地区的布依族传统观念里，一个人的灵魂［布依语"欢"（huan）］由12个魂组成，12个魂分别代表人的健康、事业、子嗣、财富等。一个人的一生中，按照"魂"的活动分为四个阶段，"小人"（受精卵到12周岁）→"人"→"小人"（人死后，喝天上铜井里的水之前）→"鬼"。成年人（12周岁以后）的灵魂依附在他的身体（魄）上，老话说"魂和魄在一起人才不生病"。如果一个人的12个"魂"有一部分游离体外，他就会生病，12个"魂"全不在的时候，人就会死亡。所以当地人生病的时候会喊来摩公作法招魂，把游离的"魂"接回来，病就好了，而那些事业财富运气不好的人也会找摩公作法，把"丢"掉的魂找回来。

小孩子在12周岁之前还不是真正的"人"，他的12个魂由12个"乜王"（mie wang 母神）掌管，因此12岁之前的小孩其魂并不属于自己，他处于"小人"状态。

小娃娃12岁以前都不算家里的人，他还没有魂，死了也变不

---

① pu mou，也叫布摩、摩师，在摩教活动"库摩"（ku mou）时，担任人与鬼神交流的媒介。

② 布依语经文，与"神"的对话。

了鬼，到不了祖先那边。以前村里有个 8 岁死了的小娃，直接抬出去找个山包包就埋了，如果是更小一点的直接丢到后山没人管，家里有家谱的也不写上去。只有过了 12 岁，剃头之后算是大人了，他的 12 个魂就是自己的了，死了以后喝了天上铜井里的水就能变成鬼。即使死之前没成家，家里的人也要给他做丧事，家谱上写了他的名字，后辈们都要祭拜他。比如弟弟 15 岁就死了，他没有成家也没有孩子，因为他已经有完整的魂了，死了以后就可以去找天上的祖宗，他兄弟的后辈过年过节都要祭拜他。

上面提到人在 12 岁前其 12 个魂被 12 个"乜王"掌管，人降生到世间前，还会受 12 个妖魔的 12 道阻碍。为了确保小孩顺利出生，当地人会进行"卡独丫"（ka tu ya，杀死妖魔）仪式，请摩公破除妖魔的 12 道障碍。怀有"鬼胎"的孕妇，在"卡独丫"之前，摩公要先为其破胎。

  孕妇生小孩之前都要请法师来过竹门，还要找外公外婆和舅舅姑婆来吃酒。外家拿些带叶子的金竹来，摩公剪些彩色的小人挂在孕妇卧房里，那些小人就是卫兵，卧房的门要挂金竹门，上面也要挂彩色小人，妖魔看见卫兵就不敢来害孕妇肚子里的小娃娃了。摩公在堂屋摆上香案供桌，供有公鸡、公鸭、猪头、羊，烧香念经请神灵来降妖除魔。摩公还在堂屋做一个竹门，上面挂彩纸剪的小人，这道门就是妖魔设的障碍。摩公一边念经一边拉着孕妇过竹门，一共要走 12 次，走完了，12 道障碍就破了。肚子里的小孩才能平安。有的人还进行"射箭"，桃枝、柳枝做弓，芦苇做箭，射出去以后表示把妖魔杀死。

  王 TF 的女儿曾经怀有"鬼胎"，"这边讲的'鬼胎'就是死胎，孕妇肚子里的小孩被鬼围住了，外面的魂投胎不到孕妇肚子里，我们讲不来这是什么，都是法师算出来的，有的小孩生下来就是死的，还有的刚生下来不久要死了，没有魂就是死人。摩公把小孩从鬼那里破出来，才是正常的活胎。活胎才能做'卡独丫'。除了'卡独丫'用到的鸡鸭羊，破胎还要一条大狗，妖魔害怕黑狗。"

小娃娃平安降生并不代表他可以平安长大，因为他的 12 个魂还没有完全由自己掌控，而且当地观念认为小孩从出生到12岁"剃头"之前还要经历12道磨难，"小孩子的命有大有小，魂不在就生病，命大的熬过去这12道关，命小的过一关就受一次难，生病出意外，还有的熬不过就死了。"所以一般家庭的父母都会在小孩出生几个月后为其做"库果光"（ku gu kuang）仪式，逢年过节供奉"乜王"求其保佑。

笔者在调查期间经历了一次"库果光"仪式。三岁的LS给摩公看过"八字"后被告知很难过关，而且他命里"断桥"（命里的路断了、河上的桥断了，过不去），有早夭的危险，所以在"库果光"时进行了"达交"（da jiao 搭桥，补命里的缺陷）。"库果光"的过程：

> 家门和村里有福的人来帮小孩过难关。这时也需要外家送来的金竹在堂屋中间做一个拱形的彩门（类似"卡独丫"仪式中的门），彩门中间挂有"十"字形的麻线。摩公点香念经，摆供桌（煮熟的公鸡、羊、猪头和酒、饭）请神灵帮忙过关，桌上放装满米的斗，米上插有彩纸剪出的伞、马、小旗子，象征保护小孩的队伍。用一杆秤，一头挑着小孩和米，一头挑着大公鸡。摩公念经，过后剪断彩门上的麻线，表示这道关卡已过。此时摩公问："什么人过关？"大家答道："富贵长命的人过关"，与此同时，小孩、米、木秤和公鸡一同被抱着通过彩门，彩门外一端那些有福的长者接住孩子，代表小孩平安过关。做"达交"就是要在彩门外放两个凳子，凳子上架一块木板，象征桥。"达交"就在过关后小孩子被一个人抱着从桥的一端递给另一端的人，摩公问："什么人过桥？"大家回答："富贵长命的人过桥。"接着重复过第二道关卡，如此循环12次，小孩才能平安长大。仪式结束后，家里摆酒席庆祝LS过关，父母带着LS给观礼的客人敬酒，客人送来碗、帽子、衣服等礼物，讲吉利话祝福LS长命百岁。

除了"库果光"和"达交"，村民还会找摩公给小孩"看八字"，命里缺什么就要做好事来补救，常见的有修路搭桥、修指路牌等。确保孩子能平安长到12岁。

这里小河沟上很多石板都是大人给自己孩子做善事搭的"小桥",过去人家没多少钱,修路也是往路上铺点石子就行。最多见的是十字路口的路碑。路碑上的箭头是古时候打仗的"将军箭",有的小孩命里被"将军箭"指,被指的就会被箭射死。小孩的父母在路口立碑指路,意思是"箭给人指路了,不要指我家小孩",这样小孩就能活命。

四 成人礼

男孩 12 岁的时候,家里会给他们办"保福酒",请内亲朋友来家里做客;女孩相对简单,家门内亲一起吃饭就好,不用刻意办酒。通过仪式宣告小孩自此成为真正的"人",也就是我们所说的"成人礼"(梳头)。传统的仪式很简单,分为洗发、理发、戴帽、拜祖、入册。

洗发:分管小孩 12 个魂的 12 个"乜王"平时附着在小孩的头发上,洗发会把"乜王"洗去,没有"乜王"的保护,小孩很容易生病夭折。所以以前小孩子 12 岁以前不剪发不洗发,后来发展成可以洗发,但是不能剪发。现在很多小孩都会在头根处留一撮长发,其余都剪短,一直保留到 12 岁。12 岁以后魂会归属到本体上,"乜王"也会离开人体,不再需要头发的依附,所以这天要把象征"乜王"的头发剪去。

笔者在村小学代课时见到一个扎马尾的小孩,紫薇告诉我说那是一个男孩,我问紫薇为什么男孩留长发,紫薇说:"他家的奶奶不给剪,小时候他去河边玩水差点淹死,留头发就有神保护他。"

理发:请村里命好的人给小孩梳头修剪(男孩剪发,女孩盘发),男孩请男性,女孩请女性。

戴帽:男孩戴帽子或包头帕,女孩戴花巾头帕。

拜祖:小孩在堂屋神龛前跪拜祖先,给祖先磕三个头。家长在旁说:"某某今天年满 12 岁,已长大成人,希望祖宗保佑"等等。拜了祖宗代表得到祖宗的认可,死了以后可以到天上找祖宗,如果喝了井里的水就能变成"鬼"。

入册:当地小孩有奶名和学名。12 岁以前旁人唤小孩的奶名,12 岁当天,法师或者村里有福气的人给小孩取一个正式的学名。法师会把小孩的学名和"八字"写在家谱上,从此小孩就是可以上祖宗台的"成人",

他有了真正的家族身份，死后可以接受后代的祭祀。

通过仪式现象和村里人的表述我们可以得知，这里的"成人礼"并不是我们传统观念中的"成年礼"，而是成为"人"的礼。当地的小孩只有进行这个仪式之后其"人"的身份才被当地社会承认，才有了"人"所有的权利。虽然那些18岁以下的未成年人在外界看来依然是孩子，但他们在本社会已然是完整的"人"。

五 对不孕的解释

关于"不孕"，传统观念里有两种原因。一是认为已婚男女被妖魔鬼怪纠缠造成的，"管子嗣的那个魂被妖魔纠缠住"。妖魔鬼怪的纠缠有可能只纠缠一方，有可能双方都纠缠，但是多以纠缠女方为主；另外一个原因是夫妻命中没有子嗣，他们通过做好事做善事或者把房屋迁到"紫气"萦绕的福地，希望可以得到"生命之气"。关于求子仪式，各地不尽相同，主要的内容就是把纠缠女方的妖魔鬼怪驱除，然后把子嗣的魂接来装在女方身体里；或者拜祖宗、拜"吭本"求子嗣。当地社会男人和女人结婚后如果没有后代，通常责任归咎于女人，他们的观念里肯定了男性在子孙繁衍中有毋庸置疑的重要性，我在村里听人讲过一个不孕的女人改嫁后又怀孕的个案，男人的解释说："种子要有好的土地才能生根发芽，玉米种到水田里当然长不出玉米，种子还会烂掉。"这个观念肯定了生育中男性精液的作用。

第二节 血缘观念

一 生育观念

在田野调查过程中，笔者尽可能地收集了当地布依族的神话传说与故事。布依族的传统观念中，将人的产生与繁衍都看作是神的旨意。关于布依族人的创造，布依族有如下的神话传说：

> 古时洪水滔天，人间只剩下兄妹二人，为了人类的繁衍，神仙要求兄妹俩结为夫妇。然而，兄妹成婚是违背布依族道德的，兄妹俩坚决反对，于是神仙决定让天意来决定二人是否能够成婚。几种方法测

试下来，都有意让兄妹俩成婚，兄妹俩无法拒绝，便结为夫妻了。没多久，妹妹有了身孕，出乎意料的是，生下的孩子无手无脚，是一个好似大南瓜般的肉球。哥哥很悲痛，愤而将肉球砍了一百二十块，撒向四面八方。神奇的事发生了，肉块所落之处，竟成了人。当时，人们还根据当年肉块落地时所碰到的物体来定其姓氏。如被挂在苦李树上的就姓李，掉进河里的就姓何，挂在柳树上的就姓柳等。至于肉团的内脏，则化成猪、牛、羊、马等牲口和家禽。

结合该神话传说，可以知道：在人类遭遇灭绝之际，兄妹奉神的旨意结合。然而，布依族传统观念中坚决反对同姓同宗的男女结合，更遑论同父同母的兄妹成婚，唯一能打破这种规则的只有"天意"。过去人们相信，人是上天创造出来的，人的命运也是天定的。此外，由天命令兄妹成婚，也就是说，必须有男人和女人才会有孩子，缺一不可。但是，在布依族社会中，人们羞于谈论有关性话题，那么新生命如何通过男女的性行为产生的，男女在这过程中分别起到了什么作用呢？

观点一认为，孩子是天神赐予的。这与布依族"不坐家"的有关。"没有小娃娃，结了婚的女人也不能一直住丈夫家，她怀了小娃娃以后才能和丈夫住一起，'天神'给了女人小娃娃，她有这个资格做母亲，男人女人才能住一起。"等到孩子降生，外家外婆会给小外孙送来背扇，背扇上绣在菱形图案中间的是一只鸟形的图案，布依族人称之为"独荣"（音译），它代表者祖先神灵，可护佑新生儿，亦有传递香火的意义。该种观念同时也反映了布依族社会对神灵的信仰，对自然的敬畏与依赖；人们把自身的行为与人类的繁衍归结于上天的恩赐，从而规范自身行为，然而这未能说明血缘延续的脉络。

那么，孩子出生前在哪里？身为土生土长布依人的笔者一时间忽然想到母亲经常调侃的一句话："嘿嘎迷阅蒙浪又更门顾翰拉的包雅大哦"（音译），译为"那时候不知道你还在天上做哪家的老祖宗哦？"按照这个说法，在女子怀孕前，孩子以祖灵的形式存在于布依族的信仰体系中。布依族神话传说中，有多个描写到女子"感天受孕"，孩子被认为是上天赐予的。

观点二则认为，男女同房称为"seibie"（音译），从字面上看，"sei"

是指男性生殖腺分泌物精子，"bie"则是女性生殖器。这两个与男女身体表征系统有关的词汇，合起来即有男女共同参与，协作才能完成之意。男子与女子同房后，会在女子的肚子里"dongwan"，即种下种子，孩子便会在女子肚子这片土壤中孕育成长。因此，布依族人认为，父方与母方对于孩子来说同样重要，孩子的"种"来自父亲，是以父亲是孩子的拥有者和管理者；孩子的"血肉"则由母亲孕育，因此母亲同样也是孩子的所有者。

但通常人们会认为孩子像父亲比较多，不论是外显的长相，还是内在的行为方式、品行等。当一个孩子做出某种和父亲相似的行为时，人们会说"ianmadaoyanma"，意思是"什么种生出什么东西"。这反映了布依族社会父系制度的实行。

此外布依族语中，人们把女子经血称作"mai"。一个方面来说，月经初潮的少女和停经的老妪，都不会再怀孕；另一方面，认为经血是不干净的，女子经期无法怀孕，人们把这个过错归结于经血。因此，布依族民间常用"menmai"（音译）来骂人，意指"蠢笨、憨包"。而女性卵子被称为"gai"，与"鸡蛋"的布依语发音一致，布依族人认为，女性肚子里的孩子就像母鸡肚子里的蛋。也因此由血缘而产生了责任，正如布依族母亲们常对子女说这样一句话："蒙迭了箦梗囊吗嘚的杜尔婵啊，了箦迷进蒙，布拉进蒙？"（音译），意为"你是老娘身上掉下来的一坨肉，娘不疼你，谁疼你呢？"在孩子成长的过程中，对孩子的管教便也与父母双方的家庭，乃至更大的家庭网络密不可分了。

二　新生儿仪式

布依族对每个新生儿降生都异常重视，新生儿出生前，产妇的母亲就要来亲家家里陪伴和照顾女儿了。为了确保孕妇能够平安顺利地生产，家人就要为她举行"给帮"仪式。"给帮"直译为"解身上"，这是布依族的一个传统仪式，它虽然是专门为孕妇举行的，但与新生儿的出生有密切联系，因此笔者将其归入新生儿仪式中进行描述。

案例：采访杨 XA（小 AZ 寨布光，即寨主）。他给笔者讲述了从前寨中一户人家举行的"给帮"仪式的故事。这项仪式开始前，家

人拿着女子的衣服放进布袋里,随着仪式的开始,布袋里会出现很多跳蚤。于是布摩对着跳蚤念道:

"笃很笃庸,笃邦笃北,笃跟耐,勾是马㖦布缅给。雅缅有楞。"

(爬上爬下的,胖的瘦的,能吃的,我是来给彝族人解煞。彝族人有孕了。)

这时,站在旁边的伙伴就笑了。布摩便接着念道:

"蒙噶优蒙拜拉往,蒙噶跟蒙拜拉当,勾顾罔蒙内马 Duang!"

(你想笑你到一旁去笑,你想吃就到下面去吃,我做好了粽子你再来吃。)

仪式结束。后来,女子果真生下了男孩。

"给帮"解身上仪式,既是祈求孕妇顺利生产的仪式,也是求子的仪式。

21 世纪以前,孕妇生产都在自己家里进行,产妇的母亲或有经验的老人都可为其接生,直到医学普及才开始送去医院生产,但还有在家生产的情况。在新生儿降生之后,家人会为其举行一系列的仪式。

(一)报喜

首先,产妇的夫家就得着手差人在两三天左右去外家报喜,布依语称"boxi"。这时夫家会准备一只鸡,如若生的是女孩就要带草鸡(未下蛋的母鸡);如若生的是男孩儿就要带公鸡。鸡有雄鸡报喜之意,告诉大家那一家人喜添贵子,而草鸡和公鸡的区别是为了区分孩子的性别。这报喜的鸡和酒会拿到外家与产妇最亲且辈分最大的亲人家中,如若祖父母还在,就拿到祖父母家中;祖父母不在,父母还在世,就拿到父母的家中;如若父母已逝,则拿到产妇的兄弟家中。外家接到通知之后,会设宴款待报喜的人,把报喜的人带来报喜的鸡杀了,请与产妇同祖的叔伯兄弟一起享用。之后,外家那些已分家的叔伯兄弟都要拿出一升米和母鸡、鸡蛋让报喜的人带回给嫁出的女儿吃。从外家带回的米布依族语里叫"haobueilang",即外家米。而每家必须出一升米,是由于从前人们生活困难,所谓"舀水不上锅"的时期,庄稼青黄不接,这样做能够保证产妇营养,共同将孩子养育成人。

（二）出门

孩子出生的第三天，对于孩子来说是一个重要的日子，这天要让孩子"we yuang"，汉语直译叫"出门"。孩子的父亲会去请来寨子里德高望重的男性老人，根据孩子的生辰八字在房屋的屋檐下摆上椅子，有时是坐北向南，有时是坐西向东。老人打着一把伞抱着孩子坐在摆好的椅子上，一边拿着一把米撒了喂鸡，一边说着吉祥话。吉祥话表达对孩子未来生活的期许与祝愿，唱道：

> Beinggaiyiengyi
> 鸡鸭满仓
> beingjianggaiyiengsong
> 鸡和鸭满场坝跑
> gejiweiyeyiengguong
> 喂的牛马也满圈
> haoneduangyeyiengyi
> 田坝的稻谷也满仓

如果生的是女孩，就把针和剪刀挂在女孩身上，寓意女孩子长大之后心灵手巧，会做针线活；如果生的是男孩，就把书本和钢笔放在他的身上，寓意孩子长大之后能入举高中。在这个仪式过后，表明孩子见了天了，以后就随便哪里都可以去了，取得了与外界接触的通行证。用布依族语来说就是："三天出门，带小孩去喂鸡咯！"

（三）满月酒

接下来很快就到了孩子满月的日子了，家里人忙前忙后为新生儿的满月酒做准备。满月酒布依语为"送月米"（音译），孩子出生后满月那日，家中会为孩子举办满月酒。这一天，亲朋好友都会带着礼物来看新生的婴儿，礼物可以是米，可以是草鸡或背扇，来人只能是女性，男性是不能代表个人家庭带着礼物出席满月酒的。

案例：2015 年底，捞河 ZL 寨杨家办喜事。是杨家女儿出嫁的日子，有意思的是，嫁女儿酒的后一天也是这杨家女儿所生的孩子的满月宴。原来，这杨家女儿一直没有举行结婚仪式，等到孩子生下来了，娘家人也不想亏待她，就将结婚酒与满月酒放在一起来办了。女方家办的是结婚酒，男方家则办满月酒。满月酒和婚礼规模差不多，都是好几十桌，亲朋好友满堂。由于男方家说办的是满月酒，因此去参加酒席的以妇女为主客，出席的男子为随客，妇女去不了也可让孩子代替，并占有一个坐席。其实说起来，孩子的满月宴即是孩子的母亲与其娘家中姐妹、姑嫂等女性亲属的聚会。此外，除了头天从女方家拿来的嫁妆与亲朋送的礼品外，男方家这天收到的礼物以孩子的背扇、毛毯等礼物居多。

（四）取名

布依族称取名为"wezhue"，孩子满月后一般先取昵称（小名），昵称不做特别要求，人们常从日常生活中所触及的事物为孩子命名，也有根据孩子自身的特点等加以命名。孩子出生八字不好的，或是出生后爱哭闹的，长辈会为其取"丑名"，才好养活。

如有位姓王的男子小名叫"小牛"，他小时候特别爱哭闹，总生病，长辈便给他取了这个名字。采访中，LJ大寨檐光家的大儿子小名叫"毛毛"，只因他出生在医院中，当时接生的医生是北方人，而在北方人们称刚出生的婴儿都为"毛毛"，于是家人就也跟着医生的叫法，直接为孩子取小名为"毛毛"，说："只要跟着医生叫就可以了，有医生的祝福孩子一定可以健康成长。"

孩子的学名一般由爷爷取，"学名"顾名思义"上学用的名字"，按照"姓氏＋字辈＋名"的方式，也有取单名的，即"姓氏＋名"，孩子的名字不可与父辈重复。从前孩子入学的年纪大约在六岁左右，因此孩子的学名大约到五六岁时才会取，而现在孩子入学早，于是在孩子两三岁时就会将学名取好。学名中一般寄予了长辈对孩子的期望与祝福。

当地有位男子名"安"，是爷爷替他取的名，"安"是希望长大之后他能学到治国安邦的本事，成为一个厉害的人；同时他的小名叫

"百岁"，小时候有摩公给他算命，说他能够长命百岁，活到九十九。

（五）坐月子

坐月子在布依语中为"央囡"（音译）。新出生的孩子当仁不让成为了焦点，但辛苦生育的母亲更是功不可没。而对于产妇而言，生产之后的一个月也是极其重要的。产妇生产之后，不论是饮食还是行为都需要特别的注意与照顾。坐月子期间女人只能食用清淡的米粥配以母鸡为主的肉食，猪肉也可以吃，但特别忌讳吃牛、羊、母猪肉等发物。产后三十天内忌出门、忌生冷、不能干活、不能吹风、不能洗头。

三　成长

在布依族传统观念中，人的灵魂被称为"丸"（音译），由12个魂组成。人的一生，按照"魂"的活动分为四个阶段，"小人"（受精卵到12周岁）→"人"→"小人"（人死后，喝天上铜井里的水之前）→"鬼"。成年人（12周岁以后）的灵魂依附在他的身体（魄）上，老话说"魂魄在一起人才不生病"。一个健康的人，如果他的12个"魂"有一部分游离体外，人就会生病，12个"魂"全不在的时候，人就死亡。所以当地人生病的时候会喊来摩公作法招魂，把游离的"魂"接回来，病就好了。小孩子在12周岁之前还不是真正的"人"，他的12个魂由12个"乜王"（母神）掌管，因此12岁之前的小孩其魂并不属于自己，他处于"小人"状态。并且按照老人们的说法，在12岁以前死亡的孩子即为"少亡"，不能算作真正的"人"，更不能成为祖灵。因此，人们不会为少亡者举办葬礼，也不会为其立碑，用一块草席裹着便草草下葬，有的甚至使用火葬。少亡者死后连称呼都不能用其生前的名字，必须用"那短命的""没福气的"等词汇代替。因此伴随着孩子的成长，其间会有诸多种大大小小的仪式，这些仪式通常是为爱哭闹、总生病的孩子做的。如家里人会将买来的新衣服先拿给狗穿，再给孩子穿，希望孩子能和狗一样身体健康，活蹦乱跳。

（一）"duəlaoʒʌ"（敬送生妈妈）

逢年过节要为孩子祭拜"送生妈妈"（布依语"miə"，意为"母亲"），在节日时用一个碗装上当日做好供奉祖先的菜品来供奉，门边供奉的是"门外的母亲"（布依语"miəduəujuɔŋ", "dəujuɔŋ"即"门外、外面"），床边供奉的是"床上的母亲"（布依语"miəgʌŋwʌn", "gʌŋwʌn"即"床上"）。这种仪式从孩子出生之日起要进行到孩子大约十一二岁的年纪，即进入青少年才结束。布依族的信仰中认为，孩子在孩提时代都有一位守护神，就如母亲一样陪伴孩子成长，如果没有"送生妈妈"的守护，孩子会容易生病、不听话，难以健康地长大成人。

（二）"dɔja：ŋ"（添力）

家中有小孩不乖、身体虚弱、爱哭闹，是因为没有"守护神"的保护而遭受邪灵的侵害，这时长辈们会邀请"雅耶"来放弥拉，为小孩"添力"。其间，"雅耶"用布依歌唱的方式请来八方"送生妈妈"为孩子添福加寿，保驾护航。

（三）"gendʒi"（拜干爹）

舀一碗水放在神龛上，三天之后第一个走进家门的人，便认为干爹。有的还会以干爹的姓氏来取名，就连学名也用干爹的姓氏。

（四）"daigau"（剃头）

剃头仪式是给孩子除煞、求太平的仪式，一般为男孩举行，女孩仅在出生三天后，在新生儿仪式中用剪刀象征性地剪三剪刀。给孩子剃头需要看日子，根据孩子的八字算一个吉日，一般在孩子 3 岁、6 岁、12 岁时都可以举行剃头仪式，最多不超过 12 岁。

剃头这天，主人家要杀猪办酒席，邀请外家与寨上的人一同为孩子祝福。外家会给外孙准备帽子、衣服等庆贺，根据小孩的八字，外家还会送一件由八种颜色拼成的"八宝衣"给小孩穿。主人家用一个猪头、三只公鸡、素 baofu 和一些香蜡纸烛等祭祀祖先，其中粑粑、豆腐、刀头等都是要给布摩的，三只鸡中，其中一只用来祭祖，祭完祖后杀来吃，另外两只给布摩，一只用作请师鸡，一只用来送"茅哥"（音译，指"作为苦力的用人"）。

掐一下用来请师的鸡的鸡冠，掐出的血点在牌位上，再拔几根鸡毛粘在牌位上，然后拴在祭祀的桌子角，最后由先生带走。接下来要为小孩请"十二太保"，分别为"阴保"六名，"阳保"六名，其中"阴保"由过去有威望的人担任，"阳保"则由现任的村官等官员担任。布摩将这些人名写在祭文上，将十二张烧纸用锤子打成十二个人的形状，用烧纸打的人有头、项圈、手、脚连在一起，拿给孩子背在背上，意为"背金神"，还要拿一根红线拴在孩子的左手上。

剃头仪式中，摆一张椅子放在祭祀桌前，邀请一位寨上德高望重的长寿者给孩子剃头，边剃边念一些吉利话、祝福语，保佑小孩健康成长，平平安安、快快乐乐等。剃完头后，举行"解绳子"仪式，布摩先用几根茅草搓成一根绳子，有规律地搓一根放一张纸钱固定在茅草上，放三张纸钱，搓好后，拿一根长细树枝把树皮剥掉做成一跟白棒，将茅草绳拴在白棒的一端，将茅草绳摆成一个弧形，让小孩绕着茅草绳转三圈，每转一圈，布摩从绳上抽一张纸钱出来，转完三圈后，将白棒折断，放在一个簸箕里送出门，纸钱与金神解好后拿在堂屋中烧掉。最后送茅哥，有什么坏的不好的东西都跟着 maoguo 走，先生带上一只鸡、纸钱、簸箕等物品来到十字路口或坎边，将鸡在此地杀掉，将簸箕中的白棒等东西倒到坎下，送茅哥出门，将一切煞气都倒掉。此外，成年人若诸事不利，也可做"十二太保"添力，小孩剃头是用十二张烧纸打成人的形状，而成人添力是一岁增加一张纸，也是打成人的形状。

第三节 亲属称谓

摩尔根在《古代社会》中写道：亲属制度是"以血缘或者姻缘为体系，指代家庭各亲属关系之间的称谓制度，因此也称为'亲属称谓制度'。"[①] 亲属制度除了描述亲属之间的关系之外，还代表了这些亲属关系相互的称谓，称呼是从名词里派生出来的一种亲属间的行为。

一 父方的亲属称谓

布依族的亲属称谓，对父方的上下三代亲属都有较为具体的称谓。如果以 0 代表示自己所处的世代，则有：

（1）+3 代中，己身称父方的男性为 guɔŋdʌ，称其配偶为 naidʌ，称其同辈男性均为 guɔŋdʌ，称其同辈女性均为 naidʌ。己身称母方的男性为

[①] ［美］路易斯·亨利·摩尔根：《古代社会》，杨东莼等译，商务印书馆 1977 年版，第 375 页。

dʌmeŋ，称其配偶为 dæmeŋ，称其同辈男性均为 dʌmeŋ，称其同辈女性均为 dæmeŋ。"dʌ"在这里表示辈分。

（2）+2 代中，己身称父方的男性（爷爷）为 ʒə 或 eguɔŋ，称其配偶（奶奶）为 enai，称其兄弟为 guɔŋ + 排行，称其兄弟的伴侣为 nai + 排行，称其姐妹（姑奶）为 gunai，其姐妹的伴侣均为 eguɔŋ。己身称母方的男性（外公）为 buaudɔ，称其配偶（外婆）为 ʒɔ dæ，称其兄弟为 buaudʌ，称其兄弟的伴侣为 ʒʌ dæ，称其姐妹（姨奶）为 inai，其姐妹的伴侣均为 buaudʌ。称谓中，当爷爷或外公的兄弟或姐妹不止一个的情况下，可将具体的称谓对象在同辈中年龄大小的数字排行加入称谓，即"称谓 + 排位"。

（3）+1 代中，己身称父方的男性（父亲）为 buə 或 ʒe，称其配偶（母亲）为 mjə，称其兄弟（叔伯）为 ʒe，称其兄弟的伴侣为 maː，称其姐妹（姑姑）为 nieaːŋ，其姐妹的伴侣（姑父）均为 bueuːɔ。己身称母亲的哥哥为 eluɔŋ，称其伴侣为 mjəbaː；己身称母亲的弟弟为 ejiəu，其伴侣为 jiəumaː；己身称母亲的姐妹为 ʒ. niaːŋ，其伴侣为 bueuːɔ，与父方称谓规则相同。这里我们可以看出，己身对父亲和母亲的哥哥与弟弟都有单独的称谓，且如果哥哥弟弟、姐姐妹妹不止一个的情况下，同样也是将具体的称谓对象在同辈中年龄大小的数字排行加上入称谓，即"称谓 + 排位"。

（4）于己身而言，与己身同父同母的兄弟姐妹之间辈分是相同的，与己身叔伯、姑母、姨母、舅舅等所生育的儿女辈分也是相同的。己身自称为"gəu"，对于自己的配偶，直接称呼时用配偶的奶名代替，只有对他人谈及配偶时，才会称配偶为"ʒaː"，己身称哥哥为"gue"，其配偶为"ebei"，称弟弟为"waːŋnuaːŋ"，其配偶为"nuaːŋ"，称姐姐为"dʒ jiə"，其配偶为"bauluɔŋ"，称妹妹为"meinuaːŋ"，其配偶同样为"bauluɔŋ"。同辈分的堂兄弟姐妹称谓规则相同，同辈分的称谓中以年龄为界，比自己年长的通常会严格遵守称谓规则，即"名 + 称谓"或"称谓 + 排位"，对于辈分相同但年纪比己身小的人，则通常都直呼其名。

（5）-1 代中，己身可称自己的儿子及其同辈男性均为"leŋsei"，称自己的女儿及其同辈女性均为"leŋmeŋ"，但除此之外也有特定的称谓。己身与其兄弟是叔侄关系，与自己的儿子是父子关系，但己身称呼其兄弟的儿子与自己的儿子相同，即"leŋsei"；己身与其兄弟的女儿是叔侄关系，兄弟的女儿是己身的侄女，己身与自己的女儿是父女关系，但己身称呼其兄弟的女儿也与自己的女儿相同，即"leŋmeŋ"。

实际生活中，对于或辈分相同但年纪比己身小的人，通常都直呼其名；对于辈分比己身小一代，即 -1 代的人，用"leŋ"指代所有 -1 代的男子，用"mei（leŋ）"指代所有 -1 代的女性。

（6） -2 代中，己身称自己的孙子孙女均为"leʌŋ"，有时为了区分内孙和外孙会在"leʌŋ"后加上一个后缀，比如儿子的儿女则称"leʌŋleŋsei"，女儿的儿女则称"leʌŋleŋmeŋ"。

（7） -3 代中，所有的人都是己身的重孙一辈，布依语用"lei"来表示。此外对于 -4 代与 -5 代，布依语都还可分辨，-4 代统称为"li"，-5 代统称为"lʌn"。

布依族的亲属体系对于直系和旁系的亲属是使用同一称谓的，例如爷爷与爷爷的兄弟、父亲与父亲的兄弟都是使用同一称呼的。

二 妻方的亲属称谓

依旧以 0 代指代己身，则有：

（1） +1 代中，己身称妻子的父亲为 buə 或 ʒe，称其妻子（母亲）为 mjə。当己身与妻子家族产生婚姻关系后，己身就同妻子的身份一样，对于比妻子辈分大一辈以上的人的称呼就随妻子称呼即可。

（2） 0 代中，己身与妻子为夫妻关系，布依语"bauʒa:"，对于妻子来说，己身是妻子的"bau"；于己身来说，妻子是丈夫的"ʒa:"。但夫妻之间的直接称谓在日常生活中并不会如此适应，而是用对方的名字称之，以上称谓在间接称谓中才会引用。

另外，己身与妻子的哥哥为"lɔŋʌ"关系，并称妻子的哥哥为"bauluɔŋ"，称其妻为"ebei"；己身称妻子的弟弟为"baunʌ"，称其妻子为"nua:ŋ"；己身称妻子的姐姐为"ʒa:ʃia:ŋ"，称妻子的妹妹为"ʒa:nʌ"，称妻子姐妹的配偶为"bauʃia:ŋ"。对于己身而言，己身的兄弟与妻子的兄弟是同等重要的，对双方兄弟的女性婚姻对象称呼相同。

（3） -1 代中，己身可用"leŋ"指代所有 -1 代的子女；-2 代中，己身可用"leʌŋ"指代所有 -2 代的子女；-3 代、-4 代、-5 代亦与父方的称谓相同。

日常实际生活中,对于辈分相同但年纪比己身小的人或辈分比己身小的人,通常都直呼其名。

三 亲属称谓的基本特点

亲属分类有一定传统的体系,而且常是依族谱系来规定的,好像"叔"是指"父"的"弟","伯"是指"父"的"兄","父"又是"母"的"丈夫"。亲属分类与亲属称谓是有差别的。称呼是亲属所规定的行为之一,可以和亲属分类的名词是不同的。例如,布依族"父亲"的亲属称谓是"ʒe",但"父亲"的亲属分类名词是"buə"。

布依族的亲属称谓,反映了布依族的婚姻关系,它基本与布依族一夫一妻的婚姻形式相吻合,即前面笔者所论述的父系、母系、夫妻系的称谓法,属于叙述称谓法。

第四节 亲属网络

亲属关系是人类普遍存在的一种社会关系。自人出生之日起,无论其是否产生了独立的社会意识,就已经与这个社会中的人,与其父母兄弟等亲属产生了关系。

一 血亲

(一) 血亲

布依族是以男性一方计算世系的,属于典型的父系社会。血亲即指有血缘关系的亲属,通常是以同一个男性祖先为中心及其所繁衍的后代。血亲分为直系血亲与旁系血亲。直系血亲一般指的是由己出发,向上追溯五代、向下延续五代的亲属,以家谱来记录即为:六世祖辈—高祖辈—曾祖辈—祖父母辈—父母辈—己身—子女辈—孙辈—曾孙辈—玄孙辈—六世孙辈,一共十一辈人。人们以辈分记录了血缘的轮序,与己身越相近的辈分,与己身的关系越亲密,反之越疏远,在人们的日常生活中,因寿命的原因一般只能与自己上下两代,最多三代亲属产生联系。一个人从父亲那里继承了血脉,那么其与与之同样从父亲那里继承血脉的兄弟姐妹即为血亲，并且其男性同胞兄弟的子女也是其血亲；但是这个人与其父亲属直系血亲，与其兄弟姐妹则为旁系血亲。

旁系血亲，指的是直系亲属以外在血统上和自己同出一源的人及他们的配偶，如兄弟、姐妹、叔伯、伯母、婶母等。旁系血亲一般列到第四旁系：第一旁系，同父母；第二旁系，同祖父母；第三旁系，同曾祖；第四旁系，同高祖。第一旁系为最亲密，第二旁系次之，以此类推。在布依族的观念中，不论直系血亲还是旁系血亲，系出同源即为同宗。

（二）社会血亲的排斥

乱伦禁忌作为亲属制度最根本的规则之一，以其否定性的规则规定了不能发生性行为的异性身份。然而，每个社会关于乱伦的范围规定并不相同，布依族人对于性关系的禁止基于血亲的规定。

首先，同任何社会一样，布依族社会规定具有相同血缘的亲兄妹不能赶表、不能发生性关系。

其次，父方的平行旁系亲属不能发生性关系，因为无论经过多少代，该亲属网络内的人都传承着同一血脉。因此，这同时也作为布依族婚姻选择的禁忌之一，督促人们严格实行同宗不婚的原则。

此外，人们认为同宗即为同姓，虽然同姓不一定同宗，但观念里认为，就是血缘的联系淡了，但姓氏总会提醒人们，祖先曾经同宗的事实，因此布依族人认为同姓也不能婚配。

> ZJ寨当地，"lu"姓分为"卢"姓和"陆"姓。寨中有一对夫妇，两人都姓"lu"。在访谈中听年长的老人说，其实两人都是"卢"姓，由于布依族不允许同姓结婚，因此对外说女方姓"陆"。但乡民社会本就不大，一打听都能知道女方其实也姓"卢"，但这对夫妇男方家庭在当地算是说话比较有分量的，村民不敢当面说出来。很多年过去了，夫妇俩已入古稀，人们也渐渐习惯性地遗忘了这段旧事，只有在采访时，老人们才隐晦地说："这种同姓开亲的习惯不好，要是在过去，肯定要被村民赶出村寨，甚至是被人们处死。"

过去檐光领导"三老四少"管理着村寨，然而现在檐光名存实亡，已经不再拥有管理、处置寨内人的权力。

对于布依族人来说，同姓开亲、发生性行为就是乱伦。只是，对于婚姻的规定由于是外化于形式与制度之上，因此显然婚姻选择的规定比起性行为更加严格。同姓的性行为虽然也被舆论所禁止，但私底下还是会有个别案例发生。

L当地有一个布依族女孩外出打工，在外结识了一个同姓的男子并与之结婚，家人知道之初反对过这段婚姻，害怕当地人知道了指指点点。但后来两人生育了孩子，家人也没办法再反对，好在该男子不是布依族人，婚后两人定居在外地，很少回来。之后，人们也只当眼不见为净，但村民们少不了背后笑话她家。

最后，由于收养、过继等形式而成为兄妹的异性之间也不能发生性关系，亦不能婚配。对于收养、过继这一类的方式产生的关系被称为拟血亲。在布依族人看来，这与真正的血亲关系是没有差别的，一旦关系形成，被收养和过继的孩子便拥有了该宗族的姓氏，成为家族中的一员，其亲属关系依从现有家族。

（三）禁止隔辈婚配

布依族社会禁止隔辈婚配，认为这等同于乱伦。异性的男女，就算在适婚年龄，两人的辈分不同，都是不允许结婚的，认为这会导致尊卑混乱、人伦失序。不仅如此，除了旧观念的乱伦之说，人们还认为隔辈的男女成婚之后，亲属之间的亲属称谓就被打乱了，不好称呼。

男子YH和女子YM年纪相仿，两人在读书时期就是同学，长大后都到城里工作去了。在外的日子两人惺惺相惜，悄悄谈了两年恋爱之后，两人告诉家里人想要结婚的想法。一时间，双方家庭都沸腾了，都不同意两人的结合，原因是"两人差辈了，怎么能结婚呢？"算起来，女方比男方的辈分高，女方的姐夫生气地说道："小辈子，还想和老子平起平坐！"原来，一旦两人结婚，原本作为女子姐夫侄子辈的男子便要喊自己的表叔做姐夫。除了姐夫强烈反对之外，其他家庭成员也一致反对。两人无奈，婚期拖了好几个月，却传来女子有孕的消息。这下好了，不同意也得同意了。

几年后，两人的儿子长大了，平时对父母亲属的称呼可绕晕了这小家伙。在妈妈面前时，他要称呼妈妈的侄女做姐姐；而在爸爸面前时，爸爸又教他叫孃孃。后来，大家寻找到了一个两全的办法，就是不论婚后的辈分如何，都以婚前的辈分各自称呼，并且以尊大为原则，孩子称呼他人要以大一辈为主，小辈在具体的情境中同时适用。

二 姻亲

生育导致了宗亲的发生与延续，婚姻则将两个亲属集团连成姻亲。也就是说一个家庭中的基本亲属关系，一方面是由生育（或收养）而产生的父母和子女的关系；另一方面是由婚姻而产生的夫妻关系，以及每个人在生育和婚姻这两种关系的基础上形成的一个以自己为中心的亲属关系网络。

姻亲，即血亲的配偶，指自己直系、旁系血亲的配偶，如儿媳、姐夫等。由婚姻关系而结成的亲属关系，如《左传·襄公二十五年》："今陈忘周之大德，蔑我大惠，弃我姻亲。"姻亲关系较为广泛且复杂。首先，配偶是己身最直接最密切的姻亲；其次还有配偶的血亲，即配偶的父亲、兄弟等；配偶血亲的配偶，即丈夫兄弟的配偶、妻子兄弟的配偶等；血亲的配偶，即子女的配偶、兄弟姐妹的配偶等；血亲配偶的血亲，即子女配偶的父母、兄弟姐妹的配偶的父母等。[①]

从前在重男轻女的思想作用下，布依族人认为兄弟间的关系比姊妹间的关系更为密切，该种观念至今仍有留存。

> 传说有两户人家，一户有三个儿子，一户有五个女儿，有儿子的说儿子比女儿好，有女儿的说女儿比儿子好，一家不服一家。于是两家人约定比试在雪地里挨冻，看看是女儿有办法不让父亲受冻，还是儿子有办法让父亲不受冻。其中一户的儿子们便上山砍柴来给父亲生火烤，火越烤越热，父亲丝毫感觉不到寒冷；而另一户的女儿们拼命地织布缝被子，可是父亲却越盖冻得越僵。因此，人们就说儿子比女儿要能干、更有用，由此来判断男比女强。

---

① 韦启光、石朝江：《布依族文化研究》，贵州人民出版社1999年版。

日常生活中人们常说一句话："aobangmeaowen?"意思是："要菜还是要柴?"柴指的是男性，菜指的是女性。布依族人观念里柴要比菜值钱，因此男性比女性地位要高些。因此，在众多的姻亲关系中，人们对于配偶的兄弟相当重视，以至于舅舅在布依族社会拥有相当大的权力与责任。在北盘江布依族社会中，至今仍保有建新房时，外家舅舅送大门、送房梁的习俗。但是现在由于房屋样式的改变，房屋不再需要装房梁，因此舅舅送的礼物也在发生变化，舅舅可以送家用电器等价格相当的物品代替。

解放前，布依族社会在横向实行同宗不婚的原则之下，纵向盛行"姑舅表婚""侄女赶姑妈"的婚姻习惯，即兄弟与姊妹的子女可以婚配。人们认为这是一种"亲上加亲"的做法，可以世代将两个家庭的关系维持下去。

三 挂角亲

挂角亲是由姻亲关系衍生的，属于姻亲关系中较为疏远的亲戚。在布依族的亲属制度中，除了己身姻亲关系最密切的上下两代，即配偶上下两代血亲以外的其他亲属都属于挂角亲。解放以前，布依族社会聚族而居，与外界的联通较少，联姻范围受到限制，不与外族通婚而基本实行内婚制度。因此在当地有"转来转去都是亲戚"的说法，平时只要有人家办酒宴，整个地方的人都会来的现象时有发生。挂角亲的亲属平时往来较姻亲要少，感情要疏远些，但是婚丧嫁娶等酒宴也是会参加的，以此联络感情、维护彼此间的关系。

布依族学者韦启光、石朝江曾在其书中将布依族亲属制度的各种亲属关系划分为四个圈层：把父母子女、祖父祖母视为亲属中的第一圈层；叔伯姑母为第二圈层，有的地区把舅舅和外祖父母放在第二圈层，有的地区则放在第三圈层；姨妈、堂兄、子侄、女婿放在第三圈层；姑表、姨表放在第四圈层；其余的为挂角亲。按照此种分类法可以看出，在布依族的亲属制度中，血亲比姻亲更重要，姻亲又比挂角亲更加重要，以此也划分了布依族亲属关系的亲疏远近。各个类别的亲属以己身与他人所处的圈层关系的亲疏层次而在日常往来中各司其职，如在彼此举办的酒宴中奉送礼物的分量如何？在别人家有事时是否该立刻前去帮忙？在老人去世时，是否需要同事主一同守丧？

四 拟亲属

前面说到亲属关系是一种建立在血缘或婚姻基础上的关系，但在布依族社会还存在着一种与血缘和婚姻无关，而是以业缘、地缘等为基础的亲属关系，人们称其为拟亲属关系。虽然拟亲属关系中，并无血缘与婚姻为联系，但因其形成的特殊性以及其存在的事实性，所以笔者认为应当将其纳入布依族亲属制度的研究范围之内。

如下图所示：

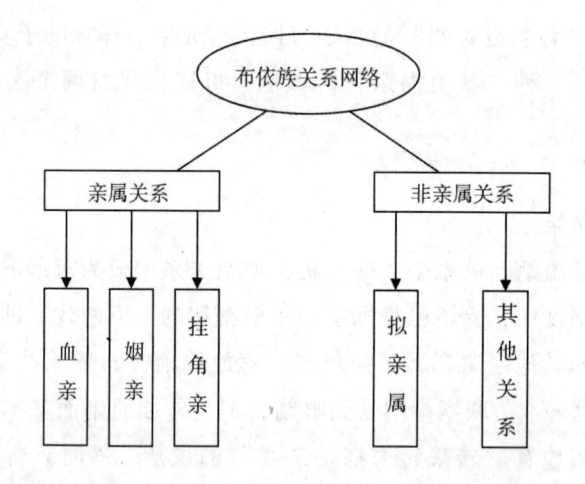

```
                    布依族关系网络
                   /              \
              亲属关系          非亲属关系
             /   |   \           /    \
           血   姻   挂          拟    其
           亲   亲   角          亲    他
                    亲          属    关
                                      系
```

以收养、结拜兄弟姐妹、认干爹干妈、认干亲等方式形成的拟亲属关系一般来说可以归纳为虚拟的平辈关系、虚拟的亲子关系、虚拟的婚姻关系三种。

在布依族社会，拟亲属现象很多，连小孩子在刚入小学时都会时常与周边的苗族、彝族等村寨的小伙伴结拜，并以有一个其他民族的结拜兄弟或姐妹为荣，布依语称"认包同"（音译），意思就是"结拜"。

笔者在很小的时候生活在布依族村寨中，刚上小学二年级那会儿，整个地方就只有一所小学，周围的不论是布依族、苗族，还是彝族、仡佬族、汉族的孩子都来这里上学。苗族好种土豆和红薯，我们班上也有苗族的小朋友，我为了吃到很多很多土豆，和班上一个苗族同学"认包同"，瞒着父母跑到苗寨里住了一晚上。离开的时候，这个结拜姐妹的母亲，也就是我的苗族"母亲"背了一大袋的土豆和红薯送我回家。

也许你会说，"你这是小孩子过家家，做不得数！"其实并不然，就算长大了，人们都还是会和自己小时候认下的异族兄弟姐妹保持着联系，除了过年过节的节日问候，平时也会有人情礼物等物质上的往来。

与异族人结拜只是布依族拟亲属关系中的一种，真正在布依族拟亲属关系中占主导的是认干亲这一类关系。

北盘江月亮河上游陇脚地区 CH 寨的女子 EM 就到捞河 YJ 寨 L 家认了一门干亲。其实说起来，EM 小时候和 L 家的长子定有娃娃亲，但不幸的是定亲的对象还没到两人婚期就去世了。然而在布依族社会，对于这两个家庭来说，之前定亲与婚礼的准备已经让两个家庭结下了深厚的友谊，L 家还是认 EM 是他家的儿媳妇的。后来，为了不影响 EM 再嫁，两家决定由 EM 认 L 家为干亲家，EM 在父母的带领下，带着酒、鸡等礼物来到 L 家认亲。从此，EM 摇身一变成为 L 家认下的干女儿，但实际上与亲生女儿无异。在后来的日子里，每逢过年过节，EM 都会像亲生女儿那样回来看望 L 家的父母。在 L 家有丧事时，也同样以女儿女婿的身份请唢呐队、送大礼前来。

第五节　丧葬中的亲属网络

丧葬是人死之后，由亲属对其进行哀悼、纪念、评价、祭奠的仪式，它既有社会习俗的特点，又有人类特有的处理死者的信仰性质。布依族的丧葬文化是其文化体系中一个独特的存在，它构建和表达了布依族的信仰文化的核心内容。布依族的丧礼通过繁多的程序表达了对死者的追思之情，然而除去其仪式本身的意义之外，丧葬仪式还展现了死者的亲属们在汇集丧礼之后，彼此之间的互动和与死者相关联的一系列的亲属关系。

一　丧礼的过程

笔者亲身经历过布依族人无数次的丧礼过程，对布依族的丧礼仪式的基本过程了然于心，然而对于其仪式的含义却从未深究过，直到在为写作文章而做深入的调查之后，才渐渐明晰了一些其中的深意。布依族有老人的家中，老人健在时就会为其备下棺木，棺木的样式与汉族相同。从前布依族的房屋为干栏式建筑，因此棺木停放在堆放杂物、粮仓等的楼上；到了近代，布依族房屋因时而易，杂物间多修建在与猪牛羊圈同层的楼下，棺木便放在楼下。

笔者一行人刚去调查，就正好目睹了一场布依族的丧葬仪式。

> 个案：采访贵子陇布摩王 HY 记录人：张慧竹、邓弢，通过走访我们来到石头寨布摩王 HY 家，听闻贵子陇韦 KF 的老伴卢某七十多岁病亡的消息。卢某 6 月 17 号去世的，家人为其操办丧事，决定 6 月 24 号早上三点钟举行起丧仪式，王怀 Y 作为布摩被邀请去主持晚上的发丧，于是我们一行三人也准备跟随布摩同去。下午四点半左右，王 HY 从家里出发，他手拿两个唢呐，提了一个公文包，包内装有一个罗盘、一副卦、两本起丧书。王的儿子开车送我们与王 HY 同去，开车十几分钟以后，因为前方桥断了无法通行，我们只能下车步行，大约步行了 20 分钟，我们进入贵子陇。
>
> 在去往主人家的小路上，外家一行人正在路口等候，外家是簸箕田人士，簸箕田在关岭交界处，到贵子陇步行需要五六个小时。前来奔丧的外家此行有十七人，是死者的侄儿侄女们，从洒志请了四个吹唢呐的乐师，带上花圈、烟花、毛毯、鞭炮、孝帕、糯米等物品来奔丧。其中孝帕是死者家有几个儿子几个媳妇就送几条孝帕，韦 KF 家有三个儿子、三个儿媳妇，所以外家送六条孝帕，每条孝帕长一丈二。糯米也称衣禄饭，布依族有死者的姑娘、外家送糯米的习俗，糯米仅限女性送，一般用一个竹子编制的小竹筐装蒸熟的糯米，箩筐有大有小，大的可装 6 斤糯米，小的可装 3 斤，在糯米上还要放上一块四方的腊肉。如果来不及准备，还可以直接背一小袋生糯米。在路口整理完毕后，唢呐队两人吹唢呐，一个人打鼓，另一个人肩扛铰子手打锣，走在最前面，男性扛着花圈，提着毛毯、烟花、鞭炮等，女性背着糯米，向主人家走去。主人家的孝子孝孙们要出来跪迎外家，表示对外家的尊重，帮忙的人还会端着散烟、酒出来迎接，主人家请的

唢呐队也同样要吹唢呐迎接。外家将长孝帕交给死者的儿子儿媳，他们就地带上长孝帕，死者的大外侄还要给死者的三个儿子垫膝盖钱，不给钱孝子便不起来，一般一人给 20 元，总共 60 元垫膝盖钱。外家人到来后要燃放烟花鞭炮，将奔丧者送的毛毯挂在院内，女性进入灵堂将糯米放在灵柩前的供桌上供着，在灵柩前哭丧，主人家的女儿、儿媳要在灵堂中陪哭，"喊"妈。

灵堂设在堂屋中，灵柩与房梁平行，与大门垂直，布依族有讲究，男性死者的棺材在梁的正下方与梁平行，女性死者的棺材不能正对梁，要错开停放。韦 KF 妻子的棺材即在梁的下方偏房内，棺尾正对厨房，棺尾前放置两张供桌，拼在一起，供桌上摆放有牌位，燃有四支香烛，十几炷香，摆有一个猪头，猪嘴口含一条猪尾，三盒糯米等供品，在棺木下燃有一盏煤油灯，名为"七星灯"，棺木上盖有一床红色的毛毯。灵柩旁有一床席子铺在地上，每晚由姑娘守灵，媳妇也可以守灵，但一般媳妇要招呼客人，比较忙，多由姑娘守灵。

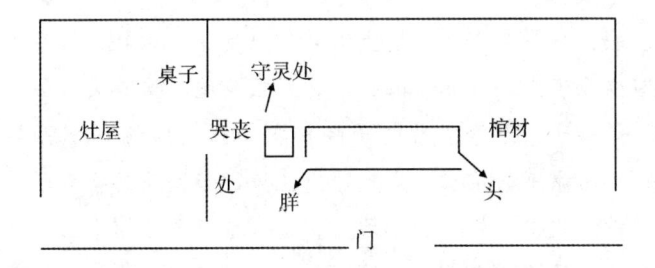

```
┌─────────────────────────────────────┐
│           桌子    守灵处              │
│  灶屋         哭丧  ┌─┐      棺材    │
│               处   └─┘               │
│                   胖         头      │
│─────────────────── 门 ───────────────│
```

办丧事时，寨邻亲戚都会前来帮忙，唢呐队在院子里会一直吹打，营造一种哀伤的气氛。其间，会陆续有人前来奔丧，女儿前来奔丧时，除了要背糯米，带烟花爆竹、花圈等，还要用盘子装肉。若是重要的亲戚，除了燃放亲戚带来的烟花鞭炮，主人家还要另外燃放一些烟花鞭炮。傍晚要招待来客吃饭，外家坐堂屋离神龛近的地方。饭毕，大家聊天休息，因为距离起丧仪式还有很长时间，主家和外家请来的唢呐队还会斗唢呐，也算为漫长的等待找点乐子。

凌晨三点半左右，准备出丧。主人家准备一碗米，米上面立有一枚鸡蛋，撤下一张供桌、两支香烛，仅留另外一张供桌，将米碗放置在供桌上，将孝男孝女守灵的席子铺盖撤下，将灵堂打扫干净。举行解煞仪式，首先是"染材开棺"，布摩站在棺木的侧面，正对堂屋门口，倒了一碗酒，开始卜卦，若一正一反为顺卦，两正为阴卦，先生一共打了三卦，分别是顺卦—阴卦—顺卦，将棺盖揭开，将毯子、衣服、麻布盖在亡人的身上，亲人看亡人最后一眼，盖棺。布摩手拿放鸡蛋的米碗，将鸡蛋放嘴边念了一串咒语，再用一块令牌敲打棺木几下，用三颗茅草扫棺盖，众人喊"出"，向地上撒几粒米，反复撒米、扫棺，众人亦喊"出"，接着用令牌敲打棺木一下。拿一张条凳与棺木平行，中间放一个米碗，里面装有一碗米，将一枚鸡蛋、卦、钱插入米内，米碗旁边分别摆放两碗酒，用纸钱垫在酒碗下面，布摩开始对照《起丧书》念祭文。解煞是因为老人升天了，死的时间不对，需要解，还必须马上出丧，或是人死后动前动后需要用鸭子解煞。先生的书上记载了：三丧日改。星埃用狗。改重丧。人死家败凶。人死九十九虎凶。解煞气用布依话念咒语，起丧时用汉话。三卦打灵，三卦分别是天仙、水仙、地仙。布摩一边念祭文一边打卦，旁边一个人抓住鸭子，一个人抓住鸡，要将鸭嘴、鸡嘴捏好，以免乱叫。一卦打灵，布摩向地上丢卦，出现一个顺卦，接着念咒语，燃一支香立在碗上，收 bugang，准备几根狗毛。接着又打一卦，开始念咒语，杀鸭子，布摩提着鸭子绕棺木一圈，将鸭血分别点在棺头、棺尾，站回原来的位置，众人让出位置，布摩使劲将鸭子丢出堂屋门槛外。然后收碗，将香丢在地上，众人重新围住棺木，布摩杀鸡，用鸡扫棺木，又将鸡使劲丢出堂屋外。此时，布摩喊"大利吉时、亡人起丧"，众人喊"出"，十几个年轻男子围住棺木，用木板顶住棺木，众人一起大声喊"起"，将棺木抬出堂屋，棺木抬出后，在堂屋中放一串鞭炮，解煞起丧仪式完毕。

因为上山的时间未到，将棺木停放在主人家院外，用两张条凳作为支撑，复用毛毯将棺木盖上，将七星灯置于棺木下，将牌位放于棺木前，烧纸钱，等着吉时上山。老人上山时，与亡人平辈的人不去，儿子、女儿、媳妇、后辈等送上山。女儿和媳妇要穿上布依族的传统裙装服饰送别，大女儿和大媳妇每人背一筐糯米、一瓶酒上山，待仪式完毕后，在山上将糯米、酒等分食。葬礼结束后，姑娘回家，外家要给她们每人一床毛毯作为回礼，亡人的外家没有。

通过对此次丧礼和相关的调查，笔者总结了布依族完整的丧葬仪式过程。

（一）报丧

一般的丧葬仪式从人的死亡发端，而布依族的丧葬仪式要从老人的病危开始说起。在布依族地区，谁家有50岁以上的老人生病，家人觉得老人可能挺不过去了，便会早早地通知儿女回来守在老人身边。已经成家的女儿要带鸡来杀，说是为病人替死，之后煮熟来给病人吃，祈盼其能够渡过难关。如果病人还是没有起色，其子女将守在病者身旁陪伴，守着老人"落气"。并且在老人快落气时，必须要扶着老人。当老人落气，围在身旁的儿女开始放声哭丧，一旁家人为其烧"落气钱"。家中男子则去院落中放三响铁炮，寨中人听见了这三响铁炮便知道寨中有老人寿终正寝了，便会自觉到事主家中帮忙操办丧事，同时事主家会在房顶上竖起一根挂有白纸幡的长竹竿，表示家里有丧事。

如果逝者是女性，则立马要到外家去报丧。需要派两个人抱着一只鸡去，到了外家门口先跪拜说明缘由，外家知道之后会把一丈二的孝布拿来为其缠头之后方能起身。其他亲友则需要去口头通知。死者若是男性，也要立马遣人去通知亲友。

（二）入殓

接下来，事主家中孝男孝女都换上白色孝衣和孝帕，由逝者的大儿子用艾叶等植物煮成温水为逝者擦洗，男性逝者则需为其剃须剃头，女性逝者则要为其梳妆打扮，并由亲生女儿为其梳头。之后逝者里外换上全新的寿衣，并且寿衣的件数要依据逝者夫妇一方是否健在的情况而定，如果夫妇一方还健在，则逝者寿衣着单数，一般为三件或五件；如果夫妇双方都已不在，则需穿双数，一般为四六八件不等。衣服鞋帽，衣不能有扣，鞋不能用皮底。男性寿衣为绸缎长衫，女性为布依族传统服饰盛装，即开襟宽袖上衣及百褶及地长裙，头戴黑帕，但如若老父老母尚在，则逝者需头戴白帕，以示戴孝入棺。擦洗穿戴好之后，将一块碎银放入逝者的口中，谓之"含口钱"，希望其在阴间有钱买吃的喝的（这里忌用其他金属替代，必须是银的，也忌将其他金属放入棺木中，否则会影响后代的运势，也让逝者灵魂不得安宁）。接着要将逝者放置在木板之上，移至堂屋中，置于神龛之下，逝者的儿媳需各拿一条床单按长幼之序依次盖在尸身之上。

以上小殓的过程结束之后，事主家中需安排一人带上酒、烟草、生米等物品前往布依族布摩家中，请布摩前往事主家中择定入殓、凭吊、发丧的日期。布摩来到事主家中之后，立刻根据逝者的八字推算逝者落气的日子是否犯冲，如若犯冲则需要用鸡、鸭、狗、刀头肉（猪肉）来"解煞气"，之后方能将逝者入殓。

入殓前，布摩用七根茅草象征性地打扫棺木中，意为驱除棺内邪恶，边扫边念"寿木寿木，死者老房屋，死者要来住，邪恶赶快出"等咒语。接着用熟石灰、草木灰及碎灰等垫在棺底，再在上面铺上一层由各个儿媳自娘家带来的约莫两米长的麻布按长幼之序依次放入棺中。在装殓前，由逝者的亲生子女喂食"亡灵饭"，其子女跪在逝者跟前，一边喂饭一边念祝词，念道"吃少留多、吃少留多"，希望逝者能够顺利进入极乐世界，到达祖灵的身边。喂完饭食后，就要装殓了。入殓时，与逝者八字相克的人和后辈都要回避，不得在场。

即将盖棺时，布摩会高喊："生魂出不出？"旁边众亲友齐声回答："出！"于是，布摩再念："生魂出，死魂留棺中！"意为生魂与死魂分离，彻底划清界限，逝者不再干扰生者。之后，布摩继续念"闭殓咒"，亲友在门外鸣放烟花爆竹后乃盖棺。

（三）停丧

盖棺后，棺木不可着地，要用两条长凳垫在下方，将棺木置于其上。棺木上方覆着一条毯子，安放的位置以堂屋中柱为界，男性逝者棺木置于中柱以上，女性逝者棺木置于中柱以下，意为男性为一家之主，女性则为辅助，地位在男性之下。棺木摆放的方向则是相对于房梁而言的，有的家族横放，有的则竖放。在北盘江月亮河一带的布依族多为顺向停放，即竖放。然停放的方向是有说法的。

例如北盘江月亮河流域布依族的杨、阳两姓，布依语皆为"布赢"（音译，"赢"即"杨、阳"的布依语发音）。中游一带的村寨，如大阿志、小阿志、己酉寨等皆为木易杨；晴隆、关岭一带多为阳姓。木易杨家其棺木是顺向停放的，即"头朝家神，脚朝大门"；而阳姓的棺木则是横向停放的，即"头脚分别朝两侧房间"。布依族俗语里说到："赢因当即檐光，赢因往即檐歪"，意思是"棺木顺放的是主人，棺木横放的是下人"。这种分法在过去的布依族社会标榜了家族的地位，然而到了今天已经不具备此种意义了。

棺木前用一张方桌设有祭坛，摆放着猪头、酒、糯米粑粑等供奉，前方放着一盏用菜油点燃的长明灯和一升米内插三炷香。长明灯要随时添注灯油，以保持其长明不灭；香也同样，三炷快烧尽后，继续点上。家族中逝者的后辈孝子孝女们日夜为其守灵。守灵期间，要注意防止黑猫黑狗从灵堂经过，否则逝者的灵魂将得不到安宁。从逝者入殓装棺起，请"八音坐唱"（也叫"八仙坐唱"），即请寨上的唢呐班子通宵达旦地吹奏丧曲。此外，大约每隔一小时，还要放一响土炮。停丧期间，子孙夜晚不可回屋睡觉，需直接在灵堂的灵柩旁边打通铺为逝者守灵，意为尽孝。子孙每天早、中、晚都要跪拜祭奠三次，先将饭菜放在祭坛上供奉，并烧香焚纸。之后，子孙就在灵堂中将供奉的饭菜分食，每人每道菜都要象征性地吃上三口。

北盘江月亮河流域的布依族，停丧的时间也是布摩根据逝者的生辰八字推演出来的，逝者的棺木一般在家中停放三五天，最多七天就要抬出家去。

停丧过后，有的正好赶上吉日便可以直接下葬，有的吉日相隔较长，便会选择"停棺待葬"的方式。"停棺待葬"即在停丧之后，未免逝者尸体腐坏污浊房屋，便要先将棺木抬出家去，抬到山头空地上（布依族"停棺待葬"习俗实行日久，因此，每个地方的布依族人都会不约而同地将需停棺待葬的棺木放在同一块地方，这块地方就成了停棺待葬专门的用地），在周围的林子里就地取材，砍伐几棵碗口粗细的树枝，将棺木垫好，再用茅草搭成简易的棚盖之，以避日晒雨淋，直到下葬的吉期再将棺木移出安葬。与北盘江月亮河流域的布依族不同，落别和关岭等地的布依族，如若在老人去世之后不能直接下葬的，短则三五个月，多则三五年，会直接将老人的棺材停放在逝者生前居住的房间内，直到打嘎（殡亡）才把棺材抬出来下葬。

开吊日起，各方亲友将陆续前来吊唁，孝子孝女要全部跪在灵柩的祭坛前跪迎。事主家族中媳妇、儿媳妇、孙媳妇都属于大孝，娘家都需"鼓谒"（音译，即"做客，作为主客"），女婿家亦同。

"鼓谒"的亲属队伍中，都少不了请唢呐队（八仙）一同前往。吹唢呐（八仙）来祭奠可以说是布依族最高规格的祭奠礼仪，能否请上唢呐，也是家族的财力与人力的一种体现。吊唁队伍快进寨时，就会开始边走边吹奏唢呐、击鼓、鸣枪、放鞭炮等，以此通知丧家，丧家听见唢呐声后孝子孝女便会到寨门口去跪迎。

1. 外家队伍的到来是最重要的一环。不论是逝者最亲的外家舅父，还是嫁入家族中各个媳妇的外家舅父，在开吊日都会前来吊唁，并送上至少一丈二的白布为亲家的孝子孝女戴在头上。另外，直系的外家还需要吹唢呐、扛猪腿，外加一条毛毯用来记账。

2. 丧家的女婿家同样需要吹唢呐，牵活羊等物品前来祭奠，丧家女婿的孝服孝帕与丧家相同。丧家已出嫁的女儿则要身着布依族传统服饰，外套一件白色的孝服赶往娘家治丧。

以上两种吊唁队伍中，男子充当劳力的角色，扛猪腿、牵羊、放鞭炮等，而随行女子每人都会拎着一个用竹子编成的篮子，里面是蒸熟的染成黄色的糯米饭。吊唁队伍来到灵堂后，亲友先至灵前的祭坛行跪拜、烧香焚纸，以示哀悼，孝子孝女一同陪祭。祭拜之后，男子退出灵堂，女子则继续留在灵堂中开始扶灵哭泣，每来一批前来哭丧的女子，丧家女都要陪哭，并互相安慰。吊唁之后，丧家准备好宴席招待亲友。

（四）祭奠

依照布依族的习俗，对寿终正寝的逝者均实行土葬；只有对非正常死亡，如落河、难产、意外死亡者才实行火葬；而对未成年死者则直接用木板打成木匣子，不需择吉时吉日，直接草草下葬，并且在日后的生活中提及时，都不能用姓名称呼，需用"贱称"，如"短命的、死鬼"一类的词称呼之。

1. 开路

一般的丧葬仪式中，"开路"的祭奠仪式必不可少，由布摩来主持。在布依族的观念中，人死后灵魂不灭，将进入阴间。为了让逝者能够顺利到达阴间，并在阴间过上好日子，直到投胎转世，逝者阳间的亲人需请来布摩为其诵经超度，即为"开路"，将其送至祖灵处。开路仪式中，布摩要面对棺木念唱"开路经"。

布依族的经书多种多样，通常是以汉字记录，布依音诵读，只有布摩才能看懂并念唱出来。在调查期间，笔者看到布摩将经书随意地堆放在篮子里，已经严重腐坏了。布摩杨 XA 告诉笔者，其中的部分内容就连他也不懂了，已经无法用布依音颂读出来了，它们都将随着时间的流逝消失在人们的生活里。

2. 殡亡（打嘎）

开路仪式之后，家境富裕的布依族家庭还会为逝者举行"殡亡"（音译）仪式，也叫"打嘎"或"砍嘎"，因仪式中砍牛的环节而得名。布依族"殡亡"这一风俗曾被记载在民国《贵州通志·土民志》中："凡祭祀，贫者用牛一头，富者数头牛，亲戚族友，各携鸡酒致祭，绕牛而哭。祭毕，屠牛。"殡亡可以说是布依族丧葬中最隆重的一项丧葬仪式，其内容之丰富、耗资之巨大也是布依族丧葬仪式之最。

殡亡分为"殡亡么"（音译）和"殡亡僵"（音译）两种。所谓殡亡么，指的是亡者刚刚逝世，根据其生辰八字推算，在其尸身尚停在家中时便可当即治丧，借助对亡者尸身所做的各种仪式，为其家属历代亡魂超度，这种在逝者新丧就举行的殡亡么仪式又叫"热嘎"。而殡亡僵，即指年庚八字不利或因家境贫困，推迟延后再择日招魂追办丧事，又叫"冷嘎"。

殡亡一般要举行三至五天，事主亲族和邻里朋友都会前来，有时宾客多达千人以上，因此打嘎期间，事主提供的食宿较为简易，即主食配以连渣豆腐为主，夜间还有糯米粑为宵夜，但如今人们的生活水平提高，事主为宾客准备的食宿比起以往丰盛许多。

个案：采访布摩杨 XA。他详细描述了打嘎时的相关细节。

哪家要做殡亡仪式前，先要拿 10 斤酒来到祭师家中，请祭师帮忙。这时祭师会召集寨上的妇女来，并从中选出五个妇女当 "ya-sangnue"（音译，形容一步一步走得很慢的样子的老妇人）。这五个妇人在头上会插着一朵花，再选出 5 个小姑娘作为侍女负责撑伞，以及十个青年男子两两负责扛着竹制的宝剑守护在妇人旁边。

到了殡亡那天，丧主还要带着 5 斤酒和一只公鸡请人来打铜鼓。打铜鼓的人在收到邀请之后，将丧主送来的鸡杀了，请即将要去帮忙的五个人吃，并告知祖宗神灵希望保佑此去一切顺利。这个祭祀祖先的仪式是必须进行的，如若不事先告知祖宗，则打铜鼓时会忘记曲谱，而如若在打铜鼓时因为忘记曲谱停下来，真是犯了大忌讳的，丧主家的人会立刻打瞌睡，则表明去世的老人无法升天。在布依族中，并不是许多人都会打铜鼓。

到了打嘎那天，会事先让人去山上砍斑竹。选择斑竹也是有讲究的，必须是有尖尖的斑竹，而且只能砍一回，不能砍第二回，因此在砍之前必须先从远处看好，摸到哪一根就必须砍哪一根，因为摸到了不砍竹子便会死掉。在看到竹子快断时，要让两个人（这两个人不能是主人家的人，必须是外来的不同姓氏的两个年轻人）在竹子的左右两边扶好，不让竹尖落地。

斑竹砍好后，孝男孝女要穿戴着白色的孝服，在两旁跪着迎接斑竹，直到斑竹被抬到打嘎的空地上。被抬到空地上的斑竹必须用东西将竹尖支起，不能让其着地。直到吉时（辰时、丑时或寅时）栽树，将斑竹立在打嘎场的正中心。

竹竿插到地下约三分之一的深度，用四五丈牢固的原麻捆好，就准备打铜鼓了。大阿志的铜鼓鼓谱一共有17则，白喜要从鼓谱的后面往前打，即从第十七则倒着往前打。打完铜鼓之后是不能立即把鼓放下的，必须等到整个仪式办完，主客家（即大女婿或小女婿家）派人去亲自放下才行。一根一根的飘带上面写着已去世的人的名字。另外有资格来作为殡王仪式主客的只有逝者嫁出去的大女儿或小女儿家，排行中间的女儿是没有资格的。一边打铜鼓的同时一边转场，布依族语称之为"yongjie"（音译）。

这时由摩公在前念经文带领之前选出的 5 个妇女以及孝男孝女们转场，先顺时针转一圈，再逆时针转一圈，重复转三圈。转完之后摩公请四个人将牛押到场中间，这四个人的职责是不让牛发出一点声音，如果牛叫了，女婿家的人就会拿着棍子打摩公，这次是真的打，因为如果牛叫了，逝者的灵魂就无法升天，而这被认为是摩公的责任。但是如果牛真的叫了，做客的女婿的锣鼓队必须立马敲锣打鼓压下牛的叫声，等摩公把经文念完。

其中摩公每念一次经文，四个押牛的人便要鞭打牛一回，摩公念三次，鞭打牛三回。之后，作为主客的女婿必须来杀牛，要一刀砍在牛头上。这头被杀的牛逝者家是不能吃的，而是要给女婿家带回去，这头牛是女婿家买来做祭祀用的，但是逝者家还要再送女婿家一头好的牛连同这头被杀的牛一起带回去。女婿家把这头杀了的牛做了给亲朋好友一同享用，如果女婿家离逝者家很远，无法将牛带回去，这头牛也是不能放在逝者家里做吃的，只能放在家外面吃。女婿家除了要带走牛之外，还要从逝者家里带走一只母鸡，一张八仙桌，以及四张长椅。这些东西代表了老人的遗物，拿回去以后能保佑女婿家子孙发达、后世昌盛。

在布依族的传统里，在打嘎的途中，逝者家中未出嫁的女儿或未娶妻的儿子赶表的情人会为他们送来叶子烟、孝帕等，这时逝者家的女儿不好意思将他们带回家，就会在邻居家做饭菜（杀鸡、做糯米饭）招待他们。另外，在仪式的前几天女儿会偷一瓶酒藏在别人的家里等她的情人来。有时这中间会有些小插曲，寨上的小伙子发现这瓶被藏起来的酒后，会把瓶子里的酒喝了，再撒尿在瓶中放回原处。女儿没发觉瓶中的酒被换掉，便拿去给自己的情人喝，小伙子们躲在房子外偷看到有人喝掉那瓶尿酒时才会现身起哄。

再说到孝帕，如果女儿有多个情人，她会带上多块孝帕，以此来证明她有本事。

笔者在调查期间没有能亲眼目睹殡亡打嘎的仪式。现在打嘎的仪式已经很少办了，原因是花费太高，很多家庭都觉得负担不起。殡亡仪式中，不论远近的亲朋知道是打嘎仪式都会抽空前来捧场，因此来的人不下千百来人，最多时超过两三千人，光是人们吃饭住宿的开支就是一笔不小的数目。家底比较厚的家庭或许可以办一办，但现在人们的观念却又不同往日了，认为那样大操大办太过奢侈浪费。

（五）出殡（发丧）

三五天的停丧祭奠结束后，在布摩选定的时辰就要发丧上山了。上山之前，丧家会先安排人前往安葬的墓地将墓坑挖好，待家中的"开路"仪式之后，将棺木抬来入土。出殡前用事先准备好的木杠将灵柩捆绑固定成方便众人抬的木架，灵柩上方用一条红毯覆盖，将一只公鸡拴好立于棺木之上。吉时到，主抬棺木的四个成年男性在众人的协助下将灵柩抬出大门,孝子孝女跪拜于前,邻里亲朋前来相送。但是需要说明的是,与逝者生肖犯冲者以及当年为本命年的人不得送葬。

　　灵柩出大门的同时,铁炮、鞭炮、八音与亲友的哀痛瞬间爆发,响成一片。抬棺木时,棺木中的逝者脚在前,头在后,一路不准调头,因此上山的路就算绕行也要保证一路向前,意为逝者彻底与人世告别,不再干扰生者的正常生活;此外,棺木在离开家后一路上不能让棺木着地,人们交换着都要将棺木一口气抬到墓地,如若不然则被视为是对逝者的极不尊敬。棺木在众人的簇拥下缓缓地向墓地前行,孝子孝女披麻戴孝走在灵柩之前。出殡的队伍中,每人手里都要拿着三炷点燃的香和一把钱纸,每走几步,就要散发手中的钱纸,谓之"买路钱"。送葬的途中,每遇到路口时,送葬队伍中辈分在逝者之下的均须就地跪拜;如若队伍后方的人点响鞭炮时,前方的队伍则须奔跑起来;如遇河沟或过桥时,孝子须在棺地"背"棺而过,意为背已逝长辈过河;如若途中需换抬棺人时,孝子孝女也须跪地等候;如若送葬队伍需从其他寨子经过时,要绕路走田坝头,不得直接从寨中经过,因为在布依族人的观念中,冷尸过寨不吉利,会为寨子带来灾祸,扰得寨子不安宁;如果必须从寨中经过,则需鸣放爆竹以"冲煞气"。

　　灵柩抵达墓地,事先在墓地挖墓坑的人如果当时未将墓坑挖好,看到灵柩到达,都必须放下手中的活,赶紧离开,未挖完的部分,由送葬的人继续挖好。在下葬前,要检查墓坑中是否有铁等金属物品,就算是一根钉子都不行,因为在布依族观念中,那些东西会使逝者的灵魂不得安定,无法安息。接着,送葬队伍听从布摩的指挥将棺木下葬。与此同时,正对着墓门的石碑前,送葬队伍中辈分比逝者小的男性亲友和未婚女子都跪着为其焚香烧纸,已婚妇女着布依族传统服饰聚集在墓旁哭灵。只见妇女们用一块帕子蒙着脸便开始哀声恸哭,采访中得知,会哭灵的妇女会一边哭一边细数着逝者生前的种种善行,并诉说着对逝者的不舍与哀思。

　　等到祭奠仪式完成,送葬队伍必须离开回事主家,途中不得回头。回到家门口时,必须用事主家准备的用木炭烫过的水洗手方可进家,意为洗去阴气,回归阳间。之后,亲友们用过事主家准备的饭菜即可回家了,然后等到隔天再来"福三"(音译)。"福三"是丧葬正酒的隔天举行的仪式,参与的人是与逝者亲属关系较为亲近的亲友,因此人数上没有正酒那日多。福三时，亲友们要到坟前去烧纸方可返回家中。福三过后丧葬仪式才算结束。

二 丧礼的相关问题

在本章中笔者按照事情发展的顺序展现了布依族丧礼的程序，并以此为线索来论述布依族丧礼中的亲属关系。

（一）出席葬礼的人

在复杂的丧礼仪式过程中，有各种各样身份的人前来参与其中，形成各种相交织的关系网络。姻亲关系网络显然是这其中最显眼的一条。

首先，前来吊唁的队伍中外家和女婿家是作为主客参加的，都要吹唢呐来送别逝者，外家和女婿家的血缘亲族都会陪同参加。外家指的不仅仅是直系的外公家、岳父家，还有外公的兄弟、岳父的兄弟也同属其中。同样的，不只是逝者的女儿的丈夫才是女婿，只要是家族中嫁出去的女儿的丈夫都可算作家族的女婿，在家族有长者亡故时，每个从家族中嫁出去的女儿，其丈夫的亲族都要吹唢呐送大礼前来吊唁。关于这一点，笔者在调查中还了解到一条特别的出嫁女探亲规则：

布依族社会中，有一条不成文的探亲规则。每个出嫁女回娘家探亲，总有一个相对固定的接待她的亲属。具体来说，出嫁女回娘家探亲时，她将会被有意识地分配具体去"央"（音译，指"走动、探望"）哪个直系亲属。

案例：捞河JY寨杨家有三兄弟，老大、老三生的都是儿子，只有老二到其他地方做了上门女婿生了六个女儿。老二在老年时，其妻子去世后回乡（即回JY寨）居住，他的女儿们出嫁后的娘家也从原本的母亲的寨子更改为父亲的老家JY寨。因为父亲生的都是女儿，父亲回乡后与其大哥住在一起，并约定他去世后由其大哥和三弟的儿子为其送终。于是变更后女儿们第一次"央德"（音译，指"回娘家"）时，六个女儿都一起前来商议，并分配哪一位女儿固定"央"哪一位舅舅（以女儿们孩子的口吻称谓）。父亲有两个兄弟，因此大女儿、二女儿、三女儿由父亲大哥的儿子们招待，即由出嫁女的堂兄，也是出嫁女的孩子们的堂舅负责招待；四女儿、五女儿、六女儿则由父亲三弟的儿子们负责招待。其规则简单概括就是：按年龄排序，大的就"央"大的，小的就"央"小的。

每次出嫁女带来探亲的礼物，虽然每个堂兄弟都分得一样，但是拿来时必须要先拿到其被指定的堂兄弟家中，再由该堂兄弟的妻子按兄弟的个数平均分配。如果六个女儿带的礼物都一样，则前三个女儿的礼物将直接拿到父亲的大哥家里，另外三个女儿的则拿到父亲三弟的家里。也因此每次出嫁女回娘家，其指定接待的堂兄弟（舅家）将分别优先负责安排她们的住宿等相关事宜。

2014年，父亲的大哥去世了，六个女儿作为家族的女儿，她们各自的丈夫的亲族也要以婿之礼送大礼回来披麻戴孝。

出嫁女与舅家双方似乎被赋予一种契约般的关系，将两方紧紧捆绑在一起，就算平日里，他们互相之间也会更多地相互扶持、相互帮助。

（二）丧服孝帕的问题

首先，前来吊唁的亲友，辈分小于逝者的亲属在丧礼上都要戴上孝帕，当亲友带着礼物前来，事主在接受的同时将孝帕给之。这些孝帕除了事主自己家的以外，还有外家送来的。

其次，事主家族中媳妇、儿媳妇、孙媳妇、女儿女婿都属于大孝，每一代媳妇的娘家和女婿家来"鼓谒"（音译，即"做主客"）时，都需送来孝衣孝布，如果时间太匆忙，孝衣可暂时先用一丈二的白布代替，在事主家孝男孝女跪迎时披在其身上。

逝者的直系亲属，如弟弟、妹妹、儿子媳妇、女儿女婿、孙子孙女、侄儿侄女均为大孝，他们必须着裁剪好的丧服，并且因各自的外家前来时都会送来一丈二的孝布，因此头戴孝布缠成的长孝帕。而与逝者为姑侄关系、甥舅关系、姨甥关系的人可直接用孝布披在身上即可。

在这里还值得一提的是丈夫亡故又招赘的女性的现任丈夫在丧礼中的位置。前面说到，女性丈夫亡故招赘男子进入亡夫家族，其现在的身份相当于亡夫家族女儿一般，因此，入赘的男子要随女性亡夫家族之礼，他要与妻子一同侍奉女子亡夫的父母。因此，在女子亡夫的父母去世之后，他也要为逝者披麻戴孝。

（三）丧礼上的哭

哭丧是布依族丧礼中很重要的一个环节。从逝者亡故时起，事主家中便充满了哀痛的哭声。无论是孝男孝女、族中亲人，还是前来吊唁的亲友都要哭。哭丧的地点以灵堂和墓地为主。

首先孝女在丧礼中是一定要哭的，孝女从逝者亡故时起，就要守在灵堂中寸步不离。当有人前来吊唁时，孝男孝女陪着上香之后，如果来的人有女性，那么女性就要象征性地在逝者棺木前哭丧，因此孝女也要陪哭。哭了好一会儿后，亲友过来安慰她们不要再伤心，哭丧这才结束。但有时这一哭便勾起了孝女对逝者的不舍与追思，痛哭得无法停下，旁人也无法劝阻了。

其次，送葬时男性走在送葬队伍最前头，其次是妇女们，紧接着是扶灵的人。送葬途中，妇女们要一边哭灵一边撒纸钱，到了墓地后，妇女们立即蹲到坟墓的一边，脸背对着众人用布帕蒙着脸便开始哭丧。

布依族丧礼中哭丧似乎是一种仪式性的举动，哭丧的都是女性，男子是不需要哭丧的。

（四）丧礼中的礼物

逝者亡故第二天，不论远近，亲友们都要携带礼物前来吊唁了。阎云翔认为在传统的乡土社会，"表达性的礼物"是以交换本身为目的，是给者和送者之间长期形成的社会联系的载体，礼物的交换促生并维护了关系网，礼物创造了送礼人和收礼人之间的一种精神联系，不再是物本身，而是物所表达的人情。[①]

布依族人注重礼尚往来，事主家在接受亲友的礼物时，要准备饭菜招待他们，并且要用礼单详细记录客人送礼的种类与数量，方便以后对方家办酒时还回去。免得以后还礼还少了，有损两家的关系。然而在丧礼中，与逝者存在不同亲属关系的人所带的礼物有所不同，其所带的礼物也按亲疏有轻重之分。

与逝者亲属关系较疏远的，或是一般的邻里关系的人家，只要送上一篮子糯米饭（有的甚至装白米饭）和几十元现金即可。逝者家族中的亲

[①] 阎云翔：《礼物的流动：一个中国村庄中的互惠原则与社会网络》，李放春、刘瑜译，上海人民出版社 2000 年版。

友不需要送礼金，说一家人送什么礼，但要前去帮忙。每个独立门户的家族中的个体家庭至少都要出一个人前来帮忙操办丧事，有空的全部都要来帮忙，然后在逝者下葬后上坟祭奠时携带一挂鞭炮、三根香、一对蜡、一斤酒即可。礼物送得比较重的当数逝者的姊妹、平行与交叉的旁系姐妹、女儿、侄女，这些家族中出嫁的女儿，他们的夫家必须组一个唢呐队前来，要送活羊、鸡、酒、鞭炮等物品，此外要出礼金，以前生活条件不好的时候，礼金送 120 元就算多的了，现在生活好了，礼金也随之上涨，有的女婿家送 1200 元、1600 元，甚至有送八九千元的。女婿的叔伯兄弟，家族中每户也要陪同前来，每户送上百来元现金，妇女们还要背一筐糯米饭。

因此丧礼仪式中围绕着事主家前来"送礼"，是基于血缘和地缘向外辐射扩散的"集会"。每一次办酒就是一次亲友聚会的机会，因此这种"聚会"的形式早已扎根于布依族社会每个人的心中，礼物维系了整个布依族社会的亲属关系网络。

（五）丧礼的意义

烦琐的丧礼程序不仅表现了布依族的传统习俗，同时也反映了其丰富的内涵。丧礼仪式最直接反映了布依族的灵魂观念及信仰体系，也最直接反映了布依族人对亲属观念的认知。

布依族的丧礼中，人过世之后其灵魂经历了几个过程：人死时，灵魂先离开躯体，暂时以独立的形式存在人间。直到亲友将其入殓即将盖棺时，布摩会高喊："生魂出不出？"旁边众亲友齐声回答："出！"接着，布摩再念："生魂出，死魂留棺中！"将逝者的生魂与死魂分离，逝者与生者彻底划清界限，逝者不再干扰生者。而后，在送葬仪式后，亲友将逝者埋葬，逝者从此离开人间，去往阴间成为祖灵庇护在世的亲人。

在下葬之后，所有送葬的人都必须先回到事主家中，洗手用饭之后方能离开返回自己家中。剩下的事则由逝者家族中的亲属自己来完成，家族中人在送葬仪式结束后，还要忙碌一两天，直到福三仪式结束。

从丧礼过程来看，丧礼的仪式场域是最集中体现血缘家族内在联系的场合，逝者的同族亲属在整个丧礼中紧密联系，起着不可替代的作用，这折射出了布依族亲疏远近的亲属关系。

第三章　布依族的赶表与情感

在布依族社会，人们把村寨和亲友间的社会交往看得十分重要，每逢重大节日和婚礼庆典，人们都团聚在一起增进感情。年轻的男女常利用各种交流和相聚的机会，对唱情歌，布依语称"浪冒浪哨"（rang mo rang suo，"坐小伙、坐姑娘"），汉语称之为"赶表"①。笔者猜测"浪冒浪哨"被翻译为"赶表"，其中的"表"是对当地青年异性朋友身份的表证，能够交往的异性一般属于可开亲的姻亲亲属群体，年纪相当的同辈异性之间多为"表亲"。扁担山地区的布依族青年男女进入青春期以后主要通过"浪冒浪哨"来相互认识、结伴、建立感情，参与的个人会随着感情的加深而互诉爱慕之情产生恋情，并有可能最终结成夫妻。

"赶表"不等于"谈情说爱"。首先它是青年的社会交往活动，为同性和异性青年提供了"聚"的机会，在"群体"的集体娱乐中有可能会促生"个人"的爱情和婚姻。"赶表"作为布依族社会传统婚姻习俗，前期的集体交流和后期个人的谈情说爱，非当事人都会主动回避，"年轻人"拥有表达思慕爱意和选择恋爱对象的自由。然而在旁人看来，他们的恋爱似乎无拘无束，现代社会的人们习惯把布依族制度化的赶表与现代自由的恋爱方式相提并论，把它当作"个体情感"的放纵，其实不然。赶表也具有十分显著的社会性。赶表的社会性表现在时间、空间、参与人群的限制和规则禁忌上：时间上有日常赶场后的聚会交流，有节庆时如春

---

① 过去对这种活动，贵阳、惠水、龙里、贵定等地叫"唱歌"，都匀、镇宁等地叫"赶表"，独山叫"打老表"或"赶老表"，荔波叫"闹门墙"，平塘叫"玩表"，北盘江流域叫"坐表"。以上各地区的各种称呼，都是当地用汉语的习惯叫法。（布依语"浪哨"或"浪冒"，"浪"是"坐"的意思，"哨"和"冒"分别有"姑娘"和"小伙子"的意思，还分别有"男情人"和"女情人"的意思。）目前多数地区已统称"赶表"。

节、六月六、查白歌节和喜事庆典时间赶表；在空间上，赶表地点在人群聚集的场坝、村寨边的活动场地和喜事人家的公共场域；参与者的身份，虽然不考虑经济、阶层等因素，未生育的男女皆可参加，但是也有血缘和文化阶层的限制。参与赶表的人经过对歌交流转向"一对一"的男女两性结伴，赠送礼物而互相抒发个人情感，使得"赶表"成为恋爱乃至结成婚姻的一种途径，其中表现出更强的个人情感主体性，个体的"情"和本性得到了最大化释放。

第一节 赶表的形成

一 赶表的形成

在布依族社会中，人们崇尚自由的交往，更注重与亲友之间感情的交流。于是人们经常会借助节日庆典与婚礼喜事时聚在一起，沟通互动，增进彼此的感情。而少男少女则借此机会，对歌游玩，布依语称之为"浪冒浪哨"（音译），即"赶表"。

北盘江支流月亮河流域布依族青年男女自打进入青春期后，就会通过赶表的方式结伴、认识并建立感情。赶表是布依族社会中一种制度化的谈情，是贵州省西南镇宁、六枝等地区布依族社会中青年男女交流感情的一种社交活动。它在未婚的男女之间进行，是发生在布依族社会所允许的空间、时间范围之内的，男女结伴、聊天、对歌的行为。一直以来，因其过程中，参与的男女个体双方有时会彼此产生爱慕之情而相恋，并最终结为夫妻，赶表常常被解读为布依族未婚青年男女的一种恋爱形式。正如《黔记》中所记载："年过后，男女们自由结伴唱歌于山上，其间多有自由择配者，其父母兄弟亦听之，迄今此风犹存。"然而，赶表与婚姻并不是必然的因果关系，并不完全等同于"谈情说爱"。

（一）赶表的时间、地点及出行方式

除去农闲赶场的集日，一年三百六十五天，人们能团聚在一起的时间就是节日以及婚丧嫁娶的仪式庆典这样的日子，未婚男女更是借助这些时间结伴成行、谈天说地。

赶集的日子是年轻男女赶表的好时机，通常在散集后，未婚男女会悄悄留下来，女孩和男孩各自结成两人以上的伙伴，聚在桥头、场坝上或是村寨与村寨间路边歇脚的田坎，嬉笑交谈。按照男女之别分站各方，姑娘小伙子们远远地望见对方，小伙子找到自己心仪的对象，便会请本村的姐妹或熟悉的姑娘去相请。届时，如果姑娘也有意愿便可赴约，不愿意亦可婉言谢绝。赶表的男女只能选择在人们都可以看得到的地方，站立在与对方距离三五尺左右的地方，彼此之间通过对歌、吹木叶和聊天等方式来表达自己的情谊。太阳落山之时也是两人相会的结束之时。

> 案例：20世纪80年代，杨MS还是个毛头小伙子，那时他是一名行商，赶转转场。平日里他走路到新窑坐车前往安顺进货，进的都是女人们绣花用的丝线。少数民族地区集市常以天干地支为周期，每六天一个轮回。因此，他今天去捞河卖丝线，明天就去陇脚赶集，后天再去赶中寨场，总之六天都可以去不同的地方赶场。但他说，布依族赶集并不单纯只是为了买卖，有时去买东西或卖东西都是为了办事、与他人碰面等。
>
> 就用他自己来打比方，他当时卖丝线就是为了了解女孩子的情况，他去卖东西的同时也是去赶表，会见情人。从前的布依族男女青年赶表，都是挑在赶集这一天，两个男女青年一旦在街上碰面，并不直接上前说话，而是眼神交流，眨眨眼便约着散场之后到某某地方摆故事、对歌去了。据他说来，他年轻时赶表约会过的女孩不下一二十个，对此他至今还深感自豪。

春节正月里，六月六、七月半等布依族节日也是布依族青年男女赶表的好机会。赶表的地点除了桥头、田坎边，也可以是村寨里面的场坝周围、家屋附近等人少的地方。由于对歌嬉戏的声音不仅会影响人们的休息，而且在赶表时，如遇父母长辈、亲戚不躲开，会被认为是不礼貌的事，并且他们认为被长辈遇见会令他们感到非常害羞，因此赶表的地点要选择人少的地方。赶表采取集体出行的方式，避免孤男寡女单独约会。如果青年男女双方都觉得有必要进一步交往，就请各自的好友去与对方约定好下次赶表的时间和地点，如果姑娘不同意，可婉言谢绝。赶表在白天和夜晚的时间都是可以的，但是夜晚不得超过众人平日安歇的时辰，否则女孩会遭到非议，影响闺誉。

办喜事的日子赶表尤为热闹，未婚男女在仪式结束之后便可离开人群，私下里去赶表了。晚上的时候，寨中的男女青年可去外来的青年客人居住的人家与其唱歌。首先由本寨的人先唱，客人随后便会接着唱起来，双方对歌有时直至天亮才结束。

赶表时，双方歌唱到临别前，男方会向女方索要信物，如果女方接受男方的求爱，就把自己的一个小物件当作信物送给男方，同时男方也要送礼物给女方。如果女方不给信物，即意为婉转地拒绝之意。

在布依族社会中，青少年没有确切成年的年龄规定，因此无法准确描述布依族青年男女具体什么年龄能够赶表。在调查中笔者发现，对于布依族青年男女来说，这是一个很自然的过程。布依族村寨中，未婚男女可大致分为大小两个年龄组。小年龄组在笔者看来还可算作儿童，一般处于小学和初中阶段，他们在村寨中交友玩耍一般不会受到长辈的干涉，少男少女可以在一起玩耍，一起去游玩、生火堆聊天，他们的性意识在不知不觉中成熟。这些行为对他们来说，等同于赶表，但他们并不认为这就是谈恋爱，而只是玩耍。与此同时，大年龄组的少男少女则已经到了家长默许可以喝酒的年纪，若以人们常识来界定，大年龄组即是 18 岁左右的年纪。而若是没有读书并且已经独立外出打工的十六七岁的小年龄组少男少女，他们会自觉加入大年龄组的行列中，开始以成年人的行为标识自己。大年龄组的未婚男女正是赶表"主力军"，他们的队伍中有人结婚后，后面的小年龄组少男少女则随着年龄自觉递补上来。

参与赶表的人若以年老与年轻为分类原则加以区分，自然是以年轻的群体为主。然而，尚未有孩子的青年男女还是可以参与赶表的活动的。年轻的女子，一旦生下了孩子，也标志着她赶表生涯的结束，如果有了孩子还去赶表，就会被人们讥诮、讽刺了。赶表采取集体出行的方式，因此结伴去赶表的人通常存在亲属关系或邻里关系。

赶表的男女双方不可同姓，在北盘江流域布依族人眼里，同姓即是同宗，同宗的人身上流淌着同一个祖先的血液，因此不能婚配，亦不可赶表。但这个禁忌在罗甸、惠水等部分布依族社会中并不施行，他们认为就算同姓，只要是不同宗就能够婚配。

同寨的男女一般也不赶表，同寨大多是同姓同宗，就算不是同宗也因其地域血缘的亲密性而被视为是异姓的兄弟姐妹。布依族女青年在赶表时如遇父兄要立即回避，因为父兄在场会让她们觉得害羞。

此外，不同辈分的人不能赶表，也不能婚配。辈分限制是人类最早的有意识地限制两性关系的一个步骤。布依族严格遵守不同辈分不通婚的原则，一对青年男女即使年龄、家庭都适合于婚配，如果属于不同的辈分，舆论也不会支持这种联姻，通婚与赶表会被认为是乱伦，受到习惯法规制裁。①

随着时代的进步、物质文明的变迁与发展，布依族赶表在内容上也在不断发生变化，但传统的恋爱方式"赶表"依旧得以延续，与新的文化元素相融合，呈现出新的形态。

未婚男女赶表的地点也不似从前那般固定了，山路、学校、商店、集市等都可以成为未婚男女结识交往的空间。此外，人们赶表不再是对歌、吹木叶，现在的未婚男女常常呼朋引伴一起喝酒、唱歌，如果外面村寨的少男少女前来，则本寨同龄的少男少女都会作陪。比如现在在村头这家男孩家吃完饭、喝过酒，一会儿就要轮流到这群少男少女中的另外一家吃饭喝酒。

（二）赶表对歌

20世纪90年代以前，布依族赶表，对歌是其中最重要的一项内容与传递情感的方式。赶表对歌时所唱的歌曲，布依语称为"温友"（音译），专指歌唱爱情的歌曲。对于"温友"，布依族是这样描述的："郎一针，你一针，好比花针对花针，哥是花针朝前走，妹是花线后头跟。"过去，布依族儿童在十岁出头的年纪，其长辈或兄长、姐姐便会教他们"温友"，意为"凹温"（音译），即"学歌、要歌"的意思。这种相对固定的传承模式使得歌曲内容得到传承，此外，布依族男女会在对唱中加入即兴发挥的部分，从而形成自己独特的风格。"温友"中包含了诸多的内容，从赶表、订婚到结婚，人们所唱的歌曲都可以归为"温友"。代代传唱的"温友"依次共有三十四段，分段描述了男子与女子从相遇初识、相知相恋、对未来生活的憧憬与展望，到最后两人因得不到长辈的祝福而分离的生活画卷。

案例：笔者采访小 AZ 寨杨 XA（北盘江流域布依族有名的歌师，同

---

① 韦启光、石朝江：《布依族文化研究》，贵州人民出版社1999年版。

时也是小 AZ 寨的布光），称两个初识的男女可以唱"温押夷"（音译），即"找药做酒歌"。

"温友"忌讳在家中对唱，因其内容是对男女之爱的直接表露，因此在家中演唱一来会觉得有些难为情；二来被认为是对家中长辈的不尊敬。北盘江流域布依族青年男女在对歌时还有一个特殊的方式，人们称之为"温眸"（音译），布依语中，"温"即"唱"，"眸"即"竹筒"，"温眸"即意为"对竹筒歌"。从前布依族男女对歌，相隔三四十米的距离，只好借助竹筒制成的"土电话"作为传声筒，竹筒两端用一根线连接，那边对着竹筒唱，这边把竹筒放在耳边听。"温眸"以北盘江支流月亮河大 AZ 寨为界，MU 寨以上上游不实行"温"，只有 AZ 寨以下的月亮河中下游才实行。

在采访中，杨 XA 对于布依族古歌的传承情况有些痛心，他认为布依族古歌在北盘江流域月亮河支流上游传唱度要低于中下游，月亮河上游的古歌几乎到了失传的地步（当然他此种说法有些夸张了，据笔者了解，如今上游积极在搞少数民族文化传承与旅游发展，相当重视对布依族青少年本民族文化的传承与培养，经常统一组织本民族青少年学习布依古歌与铜鼓等）。他认为这是由于上游的布依族村寨较为开放，与汉文化的交往较为紧密，而对本民族的文化传承意识较为浅薄，曾经的陇脚下半乡，存在韦、王二姓相争的情况，把民族的风俗习惯抛弃一旁，只顾民族内部、家族内部的斗争。而在大小 AZ 等相对闭塞的村寨，社会生活环境较为稳定，文化传承更为地方化。小 AZ 寨更是还有本地小台湾之称，隔绝独立的村寨环境更利于对传统的遵守。

（三）赶表中的性行为

为保证少女的贞操，从前布依族赶表的男女青年是禁止发生性关系的，为此布依族社会约定俗成一系列的规定与制约机制。集体出行的方式就是其中之一；其次，约会地点的选择必须在众人的视线范围之内，且须向阳不背阴；约会时要回避父兄；赶表时，两人要保持三五尺的距离，且言语文明，避免粗俗；约会两人须在当日太阳落山之前分别，各自回家等。

赶表时如若两人越界，违反了以上行为，则会受到社会舆论的指责与轻视；更有甚者如果发生了性关系，失去贞操且未婚先孕的少女会被认为身上被一种邪恶的东西附着了,这种邪恶的东西即是被布依族人称为"毒奢"(音译),汉译为"洋叉鬼"的东西,在镇宁、关岭、晴隆等地的布依族也称之为"锆盎"(音译)、"毒养"(音译)等。"毒奢"(音译)中的"奢"有"丝"的含义,即少女腹中的胎儿是少女身体里衍生出来的,结成"丝"一样的东西。因私生子产生的邪恶物质是"洋叉鬼"中的一种,在产生之后由血缘关系世代相传,永远祛除不了,人们从此耻于与之为伍,而将其孤立。当村寨中孩子生病,牲畜遭瘟,人们便会认为是"毒奢"害的,人们便肆意地报复被指控为"毒奢"的人家,并且人们的这些报复措施不会受到社会的谴责与非议,会被认为是理所当然的。

总体来说,这是传统布依族社会利用鬼神与舆论的力量要求少女保持贞操的方式之一。在村民的记忆中,赶表时因男女发生性关系而被社会指控为"毒奢"的案例很少,现实的情况是,赶表时男女如若发生了性关系或未婚先孕,在没有被大家发现时,男子便会将女子接过门而避免悲剧的发生。

但随着现代汉文化的注入,赶表活动的一些原有的制约因素也逐渐失去作用。首先,神权被彻底打碎。人们对于"毒奢"的存在开始抱有怀疑态度,对性行为的鬼神制约因素消失了,未婚先孕也变得不稀奇。其次,族权被政府的行为所取代。国家力量对布依族社会的管理,使布依族原有的习惯法遭到忽视,布依族社会许多规范逐渐失去了权威性。

二 放弥拉

"赶表"是广泛为世人所知的布依族青年恋爱方式,曾多次被各个领域的专家与学者作为研究对象进行解读,然而却也有被遗漏的部分。例如,在当地贵州西南地区的布依族村寨还曾流行过一种另类的赶表方式,有人称之为"赶鬼表",但被当地人所接受的叫法应该是"放弥拉",用布依语表示为"种雅今"(音译)。

(一)弥拉的概念

"弥拉"在当地布依语中指的是没有结婚的人死后的灵魂,特别是指那些年轻早逝的人。放弥拉是一种以节日仪式为起点,以布依族对歌为载体的集体行为,在放弥拉的过程中,对歌显然是最重要的内容。

(二) 弥拉的两种形式

放弥拉可分为节日弥拉和日常弥拉两种，节日弥拉顾名思义是在节日里青年男女群体进行的一项集体活动。日常弥拉则是平时如若哪家遭遇不顺，可找弥拉来放，看看是什么东西在作祟，这与算命有些相似。两种弥拉除了时间安排以及空间上有所不同，两者进行的方式大致是相同的。

1. 节日弥拉

节日弥拉主要指的是正月弥拉和七月弥拉。顾名思义即在农历正月或七月里的某些晚上，寨子里的少女都会聚集到一起，焚香围圆而坐，假借已逝青年男女之口赶表，唱情歌。这是正月和七月布依族男女青年的一项传统活动，通常人们会坐到天亮，不眠不休。放弥拉的人被称作"雅耶"（音译），"雅"是对女性的称呼，"耶"有客人之意，"雅耶"专指布依族放弥拉的女性。放弥拉的男性则被称为"包耶"（音译），"包"即指男性。

雅耶坐在人群中间用一块布盖住头，她什么都看不见，旁边专门有个人将她的耳朵捂住，让她能够完全静下心来。据说，这个放弥拉的人的魂魄会受到牵引沿着阴阳交界的入口一直向前走，会沿着一条条路赶往传说中的"扬州场"。在途中，她会路过每一个布依族的村寨，遇见形形色色早逝的未婚男女，并和他们打招呼，约他们一起去赶场。直到"弥拉"附着在她身上，她现在不是她自己，而是"她"。

"放弥拉"，这是一种民间巫术仪式，这种仪式过程总是与布依族民歌相结合。雅耶会以这个死去的"她"的口吻去开始唱歌，现实中围坐的人便会与之对歌。有时现实中这个与弥拉对歌的人会是早逝女孩在世时赶表的对象，两个人便会对唱起赶表歌，述说阴阳相隔的苦闷与相思。这些死去的人的魂魄附在这个放弥拉的人身上，放弥拉的人成为阴间人的一个传声筒，来与阳界的人们对话。

说来也奇怪，有的放弥拉的雅耶是平日里不太会唱歌的，可是在弥拉上身之后却能模仿不同的语气，代替许许多多不一样的角色与活人对唱。

个案：陇脚有个妇女年轻时也放过弥拉，在放弥拉时她的灵魂走关岭那个地方，有哪个早死鬼，她都能说出来。后来一次偶然的机会，有人问到关岭的亲戚，得知关岭确实有这个妇女口中的那些早死鬼。而放弥拉时那个妇女才十三四岁，平时又不怎么出去玩，也不晓得关岭在哪个位置，更没有去过关岭，但是偏偏她就能说出来这些。

因此人们都相信放弥拉时"我"不是"我"，而是早死的那个人的"鬼魂"。放弥拉的唱词通常是雅耶见子打子，随机应变说的，唱得好不好就要看放弥拉的人口才好不好了。

放弥拉时，其他人不能离开围坐的地方，一定不能放屁，也不能打断放弥拉的人，据说如果离开了或是打断了雅耶就会有不好的事发生，甚至死亡。于是，一直以来人们都自觉地遵守着，一直坐着，只要有人参与对歌，这项活动甚至可以持续到天亮。等到天快亮时，也到了弥拉仪式该结束的时候了，但放弥拉的人是不能够自己停下来的，这时身边的人就会拿一根飘带丢到她的面前说"蛇来了！"她才会醒过来。人群也会在天亮之前散了，各自回家，如果天亮了还不散也是被视为不祥的，并且灵魂是不能在白天里活动的。

在访谈中，年轻时曾放过弥拉的访谈人透露，她们有时放的是假弥拉，只是为了了解本寨子的男青年或女青年唱赶表歌的情况，并没有所谓的真正的灵魂附体之事。但是有的放弥拉的雅耶却能振振有词地说出已经死去多年的人的事，相当神奇，至今没有人能解释。此外，20世纪60年代以前还有放男弥拉的习俗，即让早逝的男性灵魂附着在包耶身上与活着的女青年对歌。不过据说男性弥拉"包耶"不易显灵，所以后来渐渐就没有人放了。

个案：20世纪90年代，布依族七月半依旧盛行放弥拉。彼时捞河JY寨中妙龄少女很多，大约有二十多人，在七月时每天晚上聚集在一起放弥拉。农历七月初一是放弥拉的第一天，青年男女们在家吃完晚饭之后，便约上邻里的未婚少女们一起来到了上寨杨家门前场坝上。不多时，二十多个少女便差不多聚齐了，男青年们三三两两地也陆续来了。大家在场坝中间烧了一个火堆，围坐在周围，点燃线香，神秘的气氛一下子随着香烟弥漫在人群中间。其中一个女孩自告奋勇要先来做"雅耶"，她坐在稍微中间的位置上，用一块布帕将头盖住，旁边的女孩用两只手帮她把耳朵蒙上，她渐渐沉静下来。过了一会儿，女孩开始说话了，言语中，她从己酉寨出发，沿途经过很多布依族村寨，她在每一座新坟前停下来，与埋葬其中早逝的青年男女们打着招呼，邀上他们一起前往"扬州场"。又过了一会儿，她们来到了扬州场，突然她身体有些剧烈的抖动，她突然换了一种说话的语气，口中说她是某个已经死去的青年，原来，"的雅"已经上了她的身体。旁边围坐的男青年中，有认识这个女孩口中的"她"时，便接过"雅耶"的话，两人开始对唱起来。两人对歌的时间太过长，时间悄悄地就到了半夜，围坐的女孩中有的不经意间打起了瞌睡，头像小鸡啄米似的不时点着，一旦惊醒便又端坐起来继续听下去。在人们眼中，放弥拉是一件相当神秘的事情，这帮女孩，七月初一到七月十五，几乎每天晚上都不允许回去睡觉，自发来到放弥拉的院坝里。有的女孩并不会唱赶表歌，但还是得和大家一起陪着"雅耶"一坐就坐到天亮，不准回去，也不准青年男女的父母叫他们回去睡觉，否则可能会打断"的雅"。要是想放屁，只能轻轻地放，不能放出声音来，有时听着听着听睡着了，一下子倒下去，还是要坚持爬起来继续听，每一年都要坚持十来天左右。这种打断"的雅"的严重后果，就像一种死亡的诅咒营造出一种神秘感，利用人们的好奇心，控制在场人员不得随意离开，让人们自觉遵守这项传统而使之成为定式。

这一晚上，大约换了两三个"雅耶"。终于，天色即将明亮，也到了该散场的时刻。周围的人拿了一条飘带丢到"雅耶"的面前，说："蛇来了！"雅耶一下子醒过来，口中说着："天怎么就亮了，我好累！"然而，她并不记得这期间她做了些什么，又是"哪些人"上了她的身。

个案：十多年前，放弥拉还很盛行时，从新华嫁到岩脚寨来的旺妈还是一个30岁出头的少妇。这一年的七月十五，岩脚寨的妇女们又聚在一起放弥拉，旺妈是其中一个。她端坐在靠墙的板凳上，拿了一条自织的方帕盖在头上，慢慢进入与阴间相接引的通道。她的灵魂一直前行，先是路经木泽河边名叫镜面井的参天大树旁，在那里遇见了一对殉情而死的情侣，两人用一条布绸悬上大树，分别吊死在了布绸的两端。她问他们为何殉情，两人回答说因为家中不让嫁也不让娶，不同意两人在一起，两人私奔未成，只好相约殉情。

告别了两人，继续向前来到捞河上游一个叫小阿志的村寨，在那儿遇见了一个刚去世不久的青年男子，青年男子说他很思念尚在人间的恋人，于是他的灵魂附在旺妈的身体里，借旺妈的口与马鞍村的香妹对歌，诉说衷肠。香妹和男子在男子生前相互恋慕，男子去世前的一个星期，两人相约下一个赶场天里见面，只是香妹有事没能赴约。没曾想男子回家后却生了急病，一天天虚弱着离世了，两人从此会面无期。

放弥拉的时候，旺妈已经闭着眼睛入定了，香妹这才悄悄地坐到旺妈的身边，那旺妈蒙着头巾看不见她，嘴里却叫出了香妹的名字，原来是香妹的恋人附身在了旺妈身上。

两人对歌的内容是这样的：

男子问道："阿妹你来了，那日为什么你不来赶场？"

香妹答说："那日我事情缠身去不了，我对你的思念并不曾少。"

男子又道："我左等右等等不到你，赶场回来我一天比一天疼，病痛怎么都不见好，怎么想你都见不到你。"

香妹唱道："虽说那日我们无法相见，但无论怎样都要跟随你。"

男子回道："说多少我们都天各一方，我在阴了你在阳，说再多也再无法相守。"

香妹又道："管它在阴还是在阳，我还是要随你而去。"

男子欣喜："既然你说无论如何都要追随，那你三天就生病，七天就跟来。"

放完弥拉回家后不到三天，香妹居然真的开始头疼生病，家人让她再去放一次弥拉与男子分手，两人再一次借旺妈的身体做了告别，香妹回家后身体才渐渐好转。

2. 日常弥拉

通常日常弥拉是以算命为目的的，和节日弥拉的方式差不多，只是时间并不固定在节日中，平时也可以放。

放弥拉的雅耶盖上布帕后突然抖起来，开始开口说话，说某某神已经附在雅耶身上了。算命时，雅耶拿衣服当书，衣服主人的命全部显现在衣服这本书上。这时雅耶开口问要算命的人："你的衣裳是你的命书，要问什么事情？"要算命的人说明来意后，只见雅耶用手做尺，丈量衣服，在查命书。这事只有雅耶懂，看完后雅耶开始头头是道地为要算命的人解惑。过了很久，要算命的人问题都问完了，雅耶会说她累了，便开始请神回去，和前头时候一样，雅耶浑身颤抖之后便醒了过来。

笔者在这里无法深究雅耶放弥拉时话里的真实性，但可以知道的是日常弥拉是有目的性的，且较为严肃认真。

终上所述，两种形式的弥拉在相同的脉络之下，表现出些许细微的差别。

首先，在时间上，两者都是在夜晚进行的，但节日弥拉仪式只能在正月和七月里进行，七月十五那天不能放；正月初十到二十之间放，正月十五不能放。而日常弥拉并不在时间上做限制，只要有需求即可进行。其次，在规模上，七月弥拉仪式比日常放弥拉仪式规模更大，范围更广。然后，参与人身份的限定。节日弥拉仪式并不要求放弥拉的人是精通此道的，只要在那个场域之下，她能"入戏"，能让逝者的灵魂出现即可。而日常弥拉仪式中，放弥拉的人，也就是雅耶的身份是有规定的，她是这方圆地域中被人们所认知、所了解是精通命理的人，是职业从事放弥拉的人。最后，表现形式稍有差异。节日弥拉仪式是青年男女共同参与的仪式性集体活动，其表现形式以对歌为主，而日常弥拉仪式过程中只有雅耶一个人在唱，与节日弥拉仪式的对歌形式又稍有不同了。

（三）弥拉中的人（限制与选择）

这里主要要说的是关于节日弥拉的事。节日弥拉是一种布依族青年男女可参与的、以对歌为载体的仪式性集体活动。这里对歌的两方是有所限制与选择的，这与对歌双方的相对身份、相对性别以及亲属网络有莫大的关系。节日弥拉，对歌的双方首选为男与女的搭配，因为雅耶通常为女性，她的任务就是让已经去世的年轻女子能通过她的身体回到人间，来与人间的男子谈情说爱，因此来与雅耶对歌的通常是男性。即由女子放弥拉引回早夭女子的灵魂与活在人间的男子对歌。但也有反过来的情况，即男子放弥拉引回早夭男性的灵魂与人间的女子对歌。此外当然也可不计较弥拉的身份，放弥拉的人可以引回无论男女老少的灵魂上身，但这种情况比较少。因为放弥拉仪式实际上是一种变相的赶表，即赶鬼表，一个为青年男女提供的抒发情感的平台。

现实中对歌的通常是未婚或是未坐家的女性，未婚的双方对歌才会被世人所接受，已婚的人去参与弥拉对歌会被认为是行为不端的。另外，同一支系下的男女是不可以同时参与弥拉对歌的，同一支系代表着双方为同姓，同姓不婚是布依族的婚姻选择条件之一，且对歌的内容以男女传情的情话为主，如果两个同一支系的人对歌将会贻笑大方。再者，通常布依族女青年在赶表时是很忌讳有父兄在场的，那会让她们觉得害羞。但笔者对这种选择与限制是抱有疑问的，因为据许多放过弥拉的男女说，他们在放弥拉时是不知道对方是谁的，由于夜里天黑，加上放弥拉的人用布帕将头遮住，根本无从分辨对方是谁，且也很少有人会因放弥拉结成伴侣，对歌的双方只有在弥拉仪式结束之后会从伙伴们的口中得知对方是谁。那既然这样，为何还要对此进行限制呢？

（四）弥拉的时间与空间

前面说到，弥拉仪式分为节日弥拉和日常弥拉两种，也提到在时间上放弥拉只能在夜晚进行，即入夜后到天亮前的这一时段，天亮之前必须散场，不能相互看清对方是谁。节日弥拉顾名思义是在节日里进行的，时间上是规定好的，那么对应的空间也应该是有所选择的。节日弥拉因为是一种范围较广的集体活动，因此它首先要求有足够大的空间能够容纳较多的人，因此，如祭祀所用的场坝等通常为首选，也可以是布依族男女青年丢花包用的"花包场"，布依语称为"坪弄 Duang"（音译）。

第二节 姐妹与结群策略

赶表作为传统布依族生产生活中的重要活动之一，它首先是一种娱乐社交活动。除了这个方式，布依族青年男女平日里是不轻易来往、交流思想的。过去很多人，包括当地的村民谈到赶表就说是"赶场时男女玩朋友"，他们只注意到赶表的"择偶"功能，而忽略了它的其他功能。作为传统的婚俗，寻找伴侣是其原始功能，但是随着社会的发展，赶表逐渐成为布依族青年结伴娱乐和社会交往的主要方式。无论是否婚配，青年男女都可以公开参与这项群体性的社交活动（前期的集体结伴交流、对歌）。参与赶表的人并不一定要建立一对一的恋爱关系。

> 以前我在家都没什么做的，他们不让我出去做活路，又不像别人家的姑娘可以出去读书，每天在家就是做饭，喂猪，帮忙下田种苞谷。哪里有什么机会出门，也就是赶场的时候姐妹们喊我出去玩。就是和红运、落别那边的那些男孩子们一起去唱歌啊，聊天啊。开始哪想过什么谈恋爱，那时候有男孩子找我单独去边上的坡田我都不去的，我不想那么早嫁人，就是想出去玩，在家太闷了。

布依族青年男女交流需要一个平台，集市场、办喜事人家、节日玩山的坡坝正是社会提供的公共场所。男女青年对歌玩闹，互相赞美。如果男女二人互有好感，分开时相约时间场地进入深层次的个人情感交流阶段。下面主要通过日常赶场和节日玩山分析介绍"赶表"习俗。

一 赶场和玩山

生活在扁担山地区和六枝特区的布依族人民在长期的生产生活中形成了许多场集和传统节日。农忙时节一过，布依族青年身穿民族盛装，参加活动，结交朋友，寻觅心仪对象。

施坚雅在调查四川农村市场和社会结构后指出中国农村通婚圈与市场圈有极大关联性，"初级市场是一个内生性的社会区域，人们娶亲范围往往会在初级市场圈内，媒人一般会在集市上完成婚姻介绍。"[①] 市场是青年男女结识并发展情感的重要场所。扁担山地区的村民生产生活商品交换主要靠"赶场"，由于自然条件和地域限制，革老坟村主要赶大抵

---

① ［美］施坚雅：《中国农村的市场和社会结构》，史建云等译，中国社会科学出版社 1998 年版，第 45—46 页。

拱场、红运和落别场。有时候也会到镇宁县城赶场，但因距离较远，只有买大件（铲车、谷子机）才去。这四个集市一周就可以轮流一次，方便村民去场上买卖商品。赶场天姑娘和小伙就会打扮妥当相伴去赶集，当然，他们的心思不在买东西上，而是期待赶场结束后结伴唱歌结交朋友。

　　62岁的韦奶奶向我描述当时赶场的心情，"我们那时候在家也不认识什么人，没什么好玩的，她们（村里的姐妹）下午吃饭早，4点多就过来喊我出去到大抵拱，我们那时候又不给家里买什么物件，就是出去唱歌去玩嘛。认识可布和红运那边的小伙子。有时候遇到我喜欢的就非常高兴，但是我也没好意思讲，就是唱歌的时候大声一点，让他注意到我。回家以后我也会给我的姐妹讲集市上发生的事；如果没见到喜欢的就特别想回家，有小伙子看上我喊我出去跟他到坡下，我都不答应的。"

前文介绍村里经常去的集市场共有6个，场名及距离见下图：

在革老坟村，龙灯会有百年的历史。会上有赛灯、舞龙、舞狮、歌舞、武术表演等。每年正月初四由寨老召开筹备会，分工给四个管事做龙、做狮、做凤、做灯，各个管事分别带一些村民（各管事从自家亲族中选人）共同完成。村民均摊出力出钱。过程是：正月十二起灯，十三起龙，十四游山（绕寨），十五游寨，十六早上放"天灯"，送龙归天。起龙前，寨老在村里的土地庙前主持"开光"，然后游山逛寨。龙一般从寨脚游到寨顶。绕山期间所有男女青壮年都要穿民族盛装跟随，周围村寨的村民都会前来观赏，参与其中的歌舞比赛和武术表演。大年初六到十五，附近布依族青年男女"浪冒浪哨"，更增加了节日的热闹喜庆。

"六月六"是布依族的传统节日，因为有唱歌比赛，当地人也称当天为"歌节"；他们杀鸡吃，杀猪祭祀寨神，如果制定乡规民约还要有鸡血酒。革老坟村的六月六还有一个重要活动就是玩山，在六月初七，他们相约到红运村。每年农历的七月十五在落别的板照村也会举行玩山聚会活动，从七月十三到十七，四面八方的布依族人聚集在这里唱歌跳舞，交流玩耍。

布依族欢度佳节时往往会举行"玩山"这项活动。远古时代布依族

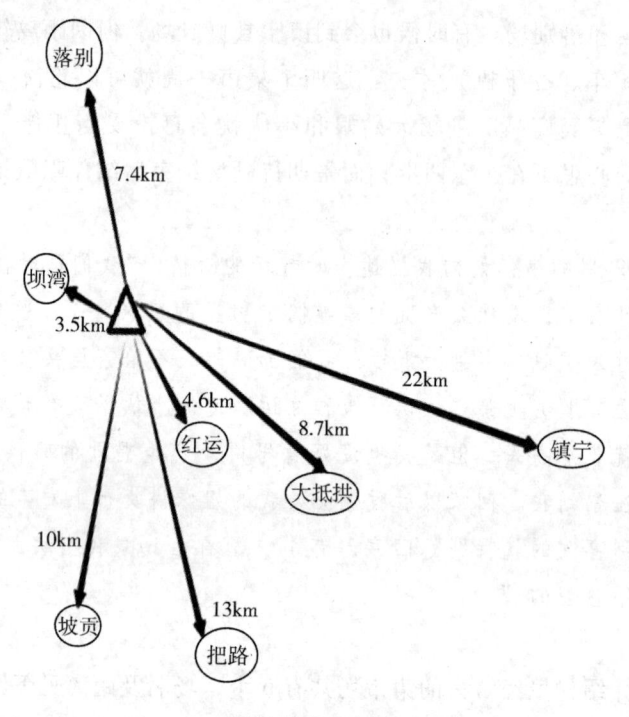

80　布依族的亲属制度与社会组织

赶场距离示意图

注：关岭县的坡贡镇、六枝特区的洛别乡和镇宁县的安西区生活着同扁担山区生活习俗相同的布依族。

祖先以打猎为生，每当满载而归的时候，整个部落的人都要上坡到一处固定的场地祭拜山神，歌舞狂欢，感谢山神赐予他们野物。随着社会大分工的出现，布依族先民逐渐从事农业生产，生活渐渐稳定，不再依靠变数较大的打猎生活，庆祝狂欢的时间和形式逐渐固定，继而形成"玩山"的雏形。现在每逢春节、六月六和七月半等传统节日，扁担山地区的布依族为了庆祝粮食丰收，家畜兴旺，附近村寨的姑娘们穿上美丽的民族盛装，带上精心缝制的花包；小伙们牵着自家的马，带着竖笛；老人们赶着水牛，背上琴弦；小孩们穿上新衣，拿着鞭炮，相约到固定的山坡坝子唱歌、跳舞、吹笛、斗牛、摔跤等。各种活动一般由布依族较有威望的人主持，在中午一点左右最热闹，老人们聚在一起交流；青年男女则对歌、丢花包、吹箫拉琴等，寻找自己的伙伴。布依族青年男女平日的来往被父母限制，传统节日父母不再干涉这些姑娘小伙们，他们一直玩到太阳下山才依依不舍地离开。

二 赶场和节日玩山中"浪哨"的过程

（一）结群的集体对歌

在过去，有些地方盛行"gui dong"，汉语意思是"丢花包"①，而根据村民对革老坟村名字的讲解，我们也可以证实在这里流行过"丢花包"。

> 我们革老坟村以前叫"板董"。板，就是寨子，董就是解开的意思。因为我们寨子人口多，他们赶场啊玩表啊走到哪里都是一群一群的，好像散开的麻线团。我爷爷他们那一辈也有说"董"是花包，那我们根据布依族语言翻译过来就是玩花包的寨子。

近代扁担山地区的赶表形式都是以群体对歌（唱歌，布依族称"yang wen"）为主。在布依族社会，不会唱歌的人会被笑话是"脑袋不好使"，那些歌唱得好又会说话的年轻小伙子更加受欢迎。一般他们唱情歌、生产劳动歌、告状歌、思恋歌等。无论是平日赶场还是重要节日，中午过后，青年男女穿上华丽的民族服装结伴赶往场地，很少单独行动。一般都是以村寨为单位男女分开各成一群到场上，附近其他村寨的布依族青年男女也一起相约而来参与其中，同村同姓同宗族的男女会相互避讳开不在一起对歌。他们聚集在街道两旁分成男女两队，集体对歌。此时的对歌活动总是以集体性的交流开始，有的时候自始至终都是集体性的（男女双方多则十几人，少则两人）。场集不仅是同性交流娱乐的场所，也是异性相识的主要场地（在镇宁县城，来自各地的布依族青年男女相约来到老城墙下的空地对唱山歌，许多来自不同村寨的姑娘小伙在此结识，有些建立深厚友谊，有些结为夫妻）。不仅未婚青年可以参加集体对歌，已婚未育者也可参与其中。

节日期间的玩山，来自不同村寨的人们都聚集在某个规定的山坡上。

---

① 丢花包是贵州布依族青年男女非常喜爱的一项交际活动。花包大小不一，绣着各式各样的图案和花纹，内装谷种和棉花种子等物。他们通过丢花包选择对象。丢花包有固定的时间和地点，多在春节期间、六月六和七月半等节日，地点在集市场或公共的坡上。

来参加活动的青年男女和日常赶场时的结伴规律一样，以村寨为单位，男女分开各成一组。他们选择在远离村寨区域的公路边、河边或山坡的树荫下进行对歌交流。每一组中都有几个人负责注意往来的异性人群，他们一起低声讨论评价对方。讨论之后，小伙这一组一般会选一个年龄较大的人出面，喊对方参与对歌。如果姑娘组同意（一般情况下姑娘们对于集体对歌的邀请是不会拒绝的），小伙组就会从自己的队伍中选出两个人打头，开始群体性的对歌。小伙作为起歌者首先唱："吃了早饭来游咯，遇到鲜花在路头。遇到鲜花在路头，唱首山歌来风流。吃了早饭出来玩，遇到鲜花在路边。遇到鲜花在路边，唱首山歌来相连。""路边青，路边遇到姐（哥）两人。路边遇到妹（哥）两人，唱首山歌来谈心。""路边黄，路边遇到姐（哥）一双。路边遇到姐（哥）一双，约姐（哥）唱歌陪伴郎（娘）。""初相会来初相连，初次走到新花园。初次走到新花园，有意唱歌请开言。""初相会来初相行，初次走到新花台。初次走到花台上，有意唱歌请开声。"①

一般由小伙起头唱完这几首歌后，姑娘组即会选出两个人一起应唱："情哥（姐）们，为了赶场到这村。为了赶场到这寨，路边遇到好心人。""哥（姐）一双，为了玩耍到远方。为了玩耍到处走，路边遇到好心郎（娘）。"②

青年男女初次对歌时唱的歌词都是特定传统的开场白。也有一些能者喜欢编一些词语押韵别出心裁的歌，但大都要体现自我谦虚和尊重对方的特点。当地村民也称其为敬姐（哥）歌。所以一般在起歌者唱完之后，对方即便没有兴趣和其唱歌，也会因为盛情难却不好意思拒绝而和起歌者对唱几句，起歌者邀请对方与之搭话的目的就达到了，后期才可能有进一步的交流了解。

先开唱的男方等对方应答唱完一首后，就立刻接唱，对歌逐步走向高潮。此时他们所唱的歌词内容大部分是即兴现编。歌词一般采取借喻手

---

① 李平凡、颜勇主编：《贵州"六山六水"民族调查资料选编——布依族卷》，贵州民族出版社2008年版，第334—347页。

② 同上。

法，遵循七律八句，后四句和前四句呼应，见山唱山，见水唱水。[①] 由于歌词大都是当事人自己现场口头编制，歌词一般只注重押韵，没有太过于华丽的书面词汇。布依族青年情歌的特点是同一首歌参与对唱的人要唱几次甚至几十次，开头前两句不变，而改变后两句歌词，当地人称之为"绕山绕水"。

除了正在唱歌的两人，如果队伍里有其他人想唱歌，那么正在唱歌的两个人就会通过歌声表明意愿，让对方继续选出两个人来参与对唱。通过循序渐进的邀请，参与对唱的人数逐渐增多，直到男女两组所有人都参与其中为止。

不论是日常赶场还是节日玩山，有的人从开始就和一个异性对唱到天黑；有的人会和好几个异性对唱；也有的人一直跟着自己同村的同性朋友或亲戚在回村的路上继续唱歌。布依族青年男女赶表时的这种对歌，人们习惯上称为对山歌。但大部分歌词的内容、形式实质是情歌。在对唱这些情歌之后，他们并不像外人想的那样"一歌定情"。大多数人仅仅把这种对歌活动当作娱乐，是比较平等自由的男女社交。通过对歌发展到男女恋爱要经过单独相约在一起的男女深层的"一对一"赶表才能实现。

（二）恋爱男女交谈

在不断地接触中，小伙主动在姑娘群中寻找喜欢的对象。如果男方在赶场路上遇见喜欢的姑娘，可以主动打招呼，但是这时候姑娘会害羞地躲在同伴身后，他们还不能脱离集体单独出去对歌交流。在六枝、关岭、镇宁一带，当小伙看上某个不认识却又喜欢的姑娘时，他会请我们所谓的"红娘"牵线，送铜钱或小工艺品给姑娘表明心意。"红娘"大多是小伙同村的堂姐妹或是比较熟悉的人（也有人会拿些糖果或钱给小孩子，让小孩子帮忙给姑娘传话）。受到邀请的姑娘，如果已经有了中意的人，或者不喜欢这个小伙，她会把铜钱还给"红娘"，以没有空或提前回家为理由委婉拒绝，一般她们会说"我不去，我们是亲戚，是同姓的姐妹家"。一般来说被邀请的姑娘都会委婉表达自己的心意，这样做是怕"红娘"

[①] 李平凡、颜勇主编：《贵州"六山六水"民族调查资料选编——布依族卷》，贵州民族出版社 2008 年版，第 334—347 页。

难堪，以后没人为她做媒而失去了赶表的机会。参与赶表活动的年轻人大多有长期搭档，这也增进了年轻人之间的情感友谊。在节日和酒宴场合的赶表也是大家帮腔助阵。这种群体社会性的对唱习俗体现了布依族在生存发展中同甘共苦，以群体为单位进行活动的特点。

各地布依族赶表活动开始时的集体对歌都是一样的，但是从集体赶表对歌分化为单对男女的形式不同。在北盘江流域，比如普安、镇宁、六枝、贞丰、关岭、望谟等地都有"媒介"，这个中间人一般是男方自家的姐妹等；而惠水一带就没有这种角色介入，青年男女通过集体对歌认识以后，一般经过一两次集体交流就会渐渐熟络，在此之后如果双方有意深交就会自行商议单独活动的时间和地点，便于更深入地了解。

（三）赶表过程

扁担山地区布依族"浪冒浪哨"以单对男女交流为主。在认识和有了初步了解后，由集体交流变成一男一女单独交流。男女之间经过多次约会，情投意合，才有可能"恋爱"。单对男女交流并不是随时随地都能进行，而必须在集市场上或玩山地进行。革老坟村的"一对一"男女赶表，前三次必须要唱歌。

当小伙在对歌场上看上某个不认识却又喜欢的姑娘时，他会请我们所谓的"红娘"牵线。如果女方同意了，她会提出见面的地点，一般在场附近的田边或小路上，这里不会遇见熟人，但是又有行人可以看到。"红娘"转达姑娘的意思之后，小伙先走去约定的地点，姑娘跟随其后和他相隔5—10米。双方到达约定地点（山坡、河边、路边的树林下），相隔两三米背对而立，开始第一次单独赶表。男女"一对一"的赶表是通过男女双方交谈和低声对唱民歌进行的，曲调婉转幽默而固定，没有固定歌词，一般是现场编。开始男女两人都是互相抬爱，试探对方是否聪明能干，歌词内容很客气。表达时曲子的好坏、用词的优劣，都会是双方判断是否继续交流的标准。和集体对歌一样，男女单独交流一般也是小伙先开口。小伙子先唱："好个小妹生得乖，人像牡丹花正开，不高不矮人一个，不红不白逗哥们。天上飞来如此美丽的灵鸟，不知来自哪个美丽的树林？"小伙子歌声一落，姑娘便接着唱："不要抬来不要抬，不要抬妹坐高岩，不要抬妹高岩坐，恐怕狂风刮下林。小鸟飞自××草棚，不知眼前的大树长在何处？"①

互相抬爱后又继而表达自己初次来玩，歌唱得不好，因为自己水平不高不会回话，请对方原谅之类的谦虚话。如果谈得合心，可能涉及一些个人的婚姻情况（此时的交谈一般只进行到娱乐交流阶段，交流的内容不一定是真实的）就结束了，这是男女单独第一次交谈。双方分开后可以另选其他看上的对象。因此，有的人一天中会单独和多个异性青年谈话对歌。如果第一次交流后双方都满意，他们会相约下次一起到场上继续进行第二次或多次交谈。在此后的对歌交谈中，会问及对方的姓名、住址等。此时所表露的个人情况难辨真假，他们在交谈中最重要的是逐步用委婉的唱词试探对方是否婚配。同时也要根据对方的唱词来正确表达自己的态度。比如，小伙唱出"穿件衣服不挂肩，穿条裤子不盖膝，生不生火无人间，吃不吃饭无人管"的苦情歌来向对方诉苦。如果是具有同情心而又善于对答者，可能唱出愿终身相伴的十二变，即"愿变燕子双双飞，愿做蝴蝶花间绕，愿成鸳鸯水中游"等。另一方表达态度是同情、安慰还是取笑，都会影响到双方交流能否继续。通过这些试探，双方便可判断各自的道德修养、为人处世的灵敏程度和表达能力等，从而得到更深层次的了解。此时的赶表为青年男女交流思想感情提供了机会。

晚上场上的人陆续离开，他们也要分开。如果二人有意继续交往，他们会约定在第二天或下一个赶场天见面。第二天小伙会到姑娘家附近的路上、河边、坡上等候；约在赶场天时，他们会在半路相会。一般男女通过对歌认识后，第一、二次约会都是集体性的（参与者是第一次对歌的一批男女青年），以后如果双方有意深交可以自行约会，深入了解对方，后期进而表达自己的特殊情感。

男女双方多次交谈之后发展顺利，关系也较以前更为融洽，此时就进入了话家常讲实情的阶段。大部分有意发展爱情的男女往往会在这时候变为亲戚、兄妹。两种原因造成了这一结果：一是扁担山地区各村寨属于聚居，往来频繁，不同村寨的人可能有些是自家亲戚，还有一些同姓或因历史原因互不开亲。青年男女在逐步了解对方后，或祖辈是朋友认了亲戚，或同属一个姓氏宗族，只能认作亲人，"血亲"不能进一步谈感情；二是

---

① 根据村民现场演唱整理收集的唱词。

受布依族包办婚姻的影响，父母长辈和旁系亲戚、朋友交好，子女年幼时被定了"背扇亲"，年轻人因为规矩限制而无法解除既有婚姻在一起。

那些感情融洽，不违背"血亲性排斥规则"，婚姻没有被父母包办，或是执意要摆脱旧婚俗束缚的青年，此时才真正进入赶表的最深层次——个人恋爱。这时候的赶表，多半是小伙主动到姑娘寨子外等候，两人一起到村外的河边、树下交流。此时对歌交谈的歌词不同于集体对唱和单独交流的最初阶段，赶场集体对唱和玩山的时候，在山坡上唱的歌词内容会尽量避开老人或主人家不愿听到的词，而此时单对男女进行的对歌大多是互相倾诉思念爱慕之情，只能是他们两个人的"秘密"。比如唱词"生要连来死要连，不怕砍头在花园，为花死在花树下，坐牢犹如坐花园。有心爬树不怕高，有心连哥不怕刀，钢刀砍头心不死，生生死死要连姣"。因此，男女之间仅关乎个体情感的"一对一"赶表是当地青年"恋爱自由"的一种表现。

第三节　恋爱中的情感

参与赶表的人不一定要建立恋爱关系，有些男女双方曾在场上或亲友家聚会相识，对歌散场之后可能没有再次见面的机会；而有些人参与多次赶表对歌活动，搭档默契，彼此建立了深厚友谊，就会互送礼物（不一定是"爱情的信物"），双方的感情也更进一步发展；到了赶表后期，有些人认识并初步了解对方后，人数由多个变为一男一女两个人的"一对一"模式，男女之间经多次约会交流，随着熟悉度和情感的加深可能由友情产生恋情，关系密切以后才可能逐步变成情侣关系，并最终结为夫妻。赶表以"集体对歌"为开端，个人隐晦的情感基于公共场域存在。"个体性"的情在公共场域占主导地位。因此如果双方都未婚，它促成一段爱情；对于已婚者，如果双方都满意自己已有的婚姻，赶表仅仅是生活中结交朋友增进友谊的一种方式；如果一方不满意当前的婚姻，它又是引发个人与家庭冲突的一个导火线。

一　"聚"中的情感

当问到大家出来赶表的原因时，那些参与者不分年龄性别都回答

"出去玩"。平日里青年男女忙于家务农活，并没有空闲时间交友，同性之间的互动在日常村寨之间非常少见，异性男女更是碍于旁人眼光很少交流。不仅自己的才华和经验得不到展现，他们对于生活枯燥无聊而带来的消极情绪也无处宣泄。而赶表正是给扁担山地区的布依族青年们一个"聚"的机会。赶表时青年们可以随心所欲地串寨子，和本家族的同性、其他家族的异性见面。熟人社会小范围内的交往圈本就是姻亲集团的扩大，青年们对于各个村寨小伙、姑娘的情况基本知晓，距离较远的村寨也会有零零散散的亲属。"年轻人有精力，早上要打田割草、喂牛喂马，想到晌午过后去赶表，即使去镇宁县城也不觉得远。尤其是姑娘们，早早地梳洗好，换上衣裙，等着村里的小姐妹来喊"。

前期的集体对歌实现了群体交流，不论之前是否认识，大家很容易开始对唱。"没想过和谁出去聊天，平日里干活辛苦，只有赶表日子里才有机会和村里的兄弟、旁村的姐妹们见面。聚在一起就很高兴，那时候也没想过非要和谁家的一起唱歌，在场上几个几个的一起，我们找那些闲着的姑娘们，她们也接受我们的邀请，碰见哪个就和哪个玩，唱完以后就看你喜不喜欢，喜欢谁就约谁出来"。作为青年人的娱乐交友活动，赶表场上到处是歌声和笑声，"出来唱歌就像现在打牌，是一种消遣，和朋友们在一起也不觉着无聊，把自己在家受的委屈、心里的不如意都说出来，他们帮自己解决难题、安慰自己，平日里那些不开心的事都不见了"。

后期"一对一"阶段，男女互相为伴，此时"聚"的情感由群体转为个体。

男女两人之间开始建立更为牢固的友情，"聚"的对象固定明确，他们更倾向于"聚"在一起的时效性，因为有了共同话题而更期待两人之间的互动，比如互送礼物、频繁约见、表露赞赏的语言等。发展到"爱情"阶段的两性之间则把这种"伙伴"关系变得更亲密、隐蔽。

二 基于个人意愿的择偶标准

男女青年有绝对的自由选择自己是否出去赶表，和谁赶表。集体对歌阶段小伙们随心邀请姑娘们，姑娘们商量是否接受邀请加入对歌的队伍中来；某个小伙看中某个姑娘，姑娘也是按照个人喜好选择答应还是回绝；而后期男女两人的恋爱关系处于半隐蔽状态，和最终的婚姻缔结并没有绝对联系,他们的关系只有当事人或几个关系亲密的朋友知道,当事人的父母亲属在没有提及婚嫁之前对此毫不知情。

  伍 XN,女,她认为:"找人谈恋爱和结婚不一样,找赶表的就是看喜不喜欢,喜欢就经常和他对话。不喜欢就换人嘛。结婚就不一样了,找丈夫要看他家的条件,看他家远不远,有没有钱。我和六枝来的赶表,赶3年也愿意,他长得好,又能唱歌。但是嫁给他的话我就得考虑好多了,他家太远了,哥哥不同意,哥哥看见哪家有钱就让我跟着哪个。"

虽然 XN 的态度并不代表所有人的观点,但是她选择赶表对象的标准和最终的择偶标准有差异。传统的择偶规则和禁忌在赶表中并没有被过多考虑。赶表时年轻人们更关注对象的外貌和性格。小伙喜欢长得漂亮的姑娘,姑娘更喜欢能说会道,唱歌唱得好的人。"姑娘害羞,不会特别在意小伙长得好看不好看,只要小伙讲话有趣,歌词编得好,就能抓住很多姑娘的心。"赶表的对象完全是按照个人的喜好选择,不受外界干涉。场上的青年男女如果想通过赶表寻得一段好婚姻,要通过长时间的考察和相处,一些唱词反映了他们不愿被外界束缚、"好的婚事要自己选"的择偶观。

  一更男儿月恨初,妻子不贤确是无。莫说家无主,有嘴懒招呼。男子汉,大丈夫,下错一盘棋,完全都是输。晓得骡马不是人货,不怪如时怪当初。二更男儿月恨明,好多婚姻不公平。讨错一门亲,葬错几所坟,天干误甲子,人穷误性情。马行无力皆因瘦,人不风流是为贫。三更男儿月恨多,家贫是为妻子弱,从前走错路,今日差错脚,婚姻不选好,必定背失多,万紫千红随流水,不知来年是如何。四更男儿月恨天,讨妻不着一生难,看起不复眼,成双又孤单,夫妻不和睦,如隔万重山,哪天若得随心愿,扒开乌云见青天。五更男儿月恨心,越思越想难为人,死难货不通情。事到如今两分离,抛别心中恨,拔掉眼中钉,万丈高楼从地起,在等来年又逢春。①

---

① 当地村民整理收集的唱词。

三　情歌和场下的情感抒发

"一对一"阶段的男女两人前几次都是通过对歌交流，双方默默观察，初步因外貌、性格和才能而选择自己中意的对象。两人离开群体走到一起，熟悉之后改为半对歌半对白，如果在场上看到完全聊天交流的男女，二人已经确定了恋爱关系。男女结伴的情感上升为思慕的爱情，此时的个体情感具有较强的个体性，笔者收集的一些当地情歌充当了个人情感表露的载体。

男："唱歌要唱声舍声，连妹要连心合心，声音不合歌难唱，心不合心枉自跟。"

女："说真心来讲真心，问哥真心是假心，若是真心说实话，水上漂浮好定根。"

男："细篾斗篷要须长，绾个疙瘩丢送壤，千年不准疙瘩散，万年不准妹丢郎。"

女："天上打雷打的恶，不打长江打黄河，不怕旁人来乱讲，只要情歌心意合。"

男："生不拆来死不拆，要等蚂蝗生骨节，要等白岩生菌子，马儿生角哥才拆。"

女："妹是死心不会丢，除非阎王把簿勾，除非阎王勾簿子，白纸蒙脸妹才丢。"

男："生要连来死要连，不怕爹妈反对连，见官不过三百板，挨过板子也要连。"

女："有心爬树不怕滑，有心连哥不怕杀，要死死在花园里，要埋埋在花树下。"

男："夜已深来天快明，月亮落坡太阳升，情妹若要想回去，拿你把凭送哥们。"

女："送条手巾让哥知，手巾虽小妹手织，哥流眼泪拿出揩，见了手巾见妹心。"

男："一个梨子有半斤，快刀切破两边分，只能同妹分梨子，跟妹分离万不能。"

女:"说起分离就分离,说起分离眼泪滴,说起分离泪水淌,人不分离地分离。"①

两人恋恋不舍地告别之后,姑娘们一起回家,匆匆吃了晚饭便急忙到姐妹家寻找自己的朋友。姑娘们一般聚集在寨子附近的水塘边或是某个安静的地方,一边做活,一边互相交流白天赴约的情况,她们不会在家中谈论赶表场上的事情,大多怕家里的长辈听到这些而感到羞涩。小伙们一般到寨子里集会的地方(革老坟村的操场上),或者三五成群在碧泉河边走来走去,各自讲述认识女伴的经过。小伙们往往意犹未尽,晚上八九点寨子外面还经常有男人的歌声,有些人在赶表的时候没有充分展现才能或者没有遇到合得来的异性歌伴,就会吹笛子和唢呐来排解心中苦闷。

恋爱的男女分属不同的村寨,相思不得见的两人平日里压抑自己的情感,场上再次见面时互唱相思歌向对方倾诉。

男:"哥在高坡妹在脚,大河相隔会不着,哥变黄莺妹变篱,丰天云里来会合。"

女:"恋你人来想你人,得对草鞋反打结,别人说我不想你,记在心中哪晓得。"

男:"天上下雨下得多,屋檐滴水滴成河,别人说我不想你,眼泪落地流成河。"

女:"七天七夜赶一场,郎约妹来妹约郎,别人赶场为买卖,小妹赶场为会郎。"

男:"想妹多来想妹多,想妹多多病折磨,神仙下凡难医好,见妹一眼好得多。"

女:"小妹昨日在闺房,给哥做的鞋一双,今日特意拿送你,不知穿起长不长。"

男:"生要跟来死要跟,同妹玩到一百春,哪个九十七岁死,奈何桥上等三春。"

女:"一轮甲子六十年,天天同哥在花园,舍心舍意花园

---

① 当地村民整理收集的唱词。

坐，生死同哥在花园。"①

男女双方互相认可，就会萌生长久相处的念想，把爱情回归到长久的婚姻中才是最终归宿。一般相处1—2年后便会告知父母，父母托人到对方家打听情况，没有问题（家境好的"正常人家"）的话男方家人便去女方家提亲。

四 赶表中的礼物往来

少数小伙平日里会送一对手镯或是在市场上买梳子、小玩意给姑娘，姑娘多绣手巾、花包，做鞋子给小伙，这些物件作为交流的媒介加深两人的情感，后期"恋爱"阶段互送礼物的情况类似现代社会里的谈恋爱。

布依族的姑娘从小就学针线，到了16岁左右就会缝制一块手巾。一般没有对象的姑娘都会在腰间别上一块花巾，姐妹们怕父母看到自己做花巾害羞，她们一般结群在村子附近的空地上一起做。花巾用白布作底，表示爱情的纯真。中间绣一朵大"米"字花代表情郎；大花周围对称地点缀着四朵较小的"米"字花，代表情妹，意思是情妹永远守着情郎；方巾边缘绣上曲线图案，表明虽然男女之间爱情之路曲折，但是双方经得起考验。在当地，手巾上的花必须要姑娘自己绣，这样她的爱情才会长久。

礼物传达了人与人之间的情谊，既满足了个体的情感需要，又帮助个体实现行动目的，个体为了实现某种目的而进行礼物的流动。姑娘带着花巾到场坝上赶表，看中了某个小伙，经过交往逐渐确定恋爱关系，小伙唱着："哥妹交情到如今，知人知面不知心。妹送信物作凭证，远方阿哥才放心。"姑娘接着唱道："妹与阿哥情意深，妹说真言哥不听，今送阿哥绣花巾，表示阿妹定情心。"② 姑娘便将手巾送给小伙作定情信物。小伙拿了姑娘的花巾，从此要一心一意对待喜欢的姑娘，不能再三心二意和别的姑娘谈恋爱来往。

在赶表后期，一般男女双方经过一两年的相处，两人的感情也到了婚嫁的程度。如果感情很深，小伙担心姑娘日后变心，就会要求姑娘把腰带

---

① 当地村民整理收集的唱词。
② 根据布依族传统民俗介绍的视频收集整理。

拆开，撕成两段二人各自拿一边，对着天地树木发誓一辈子绝不能反悔，小伙唱道："围腰飘带要须长，绾个疙瘩放身上，千年不要疙瘩散，万年不要妹丢郎。"姑娘唱道："送条腰带让哥知，腰带虽小妹手织，哥流眼泪绾上带，见了带子见妹心。"双方互赠信物的时候，多半有第三者在场，作为见证他们深厚感情的证人。男女双方在谈到结为夫妻的问题时，姑娘一般送一条绸带腰带或一块围腰，也有送自己穿过的衣服的，送这些表明姑娘必嫁的决心。"衣服先拿给你放在家里，等结婚以后我去你家可以穿。"一般到了这个程度，男女双方不会轻易分开，如果此时遭到家人反对，会引发私奔和殉情事件。

五 分开后礼物的处理

赶表中男女之间虽然建立了恋爱关系，但是他们在选择结婚之前彼此并没有义务和责任坚守对方。前期的友情交流阶段男女更是有"非独占"的性质，赶表对象也不是固定的一个人；"一对一"里的男女，他们的个人感情也不稳定，恋爱关系的确立和解除并不像结婚和离婚那样复杂，如果不喜欢对方，口头告知或不再见面后，他们的恋爱关系就结束了。而对于交往中互送礼物的处理，男女不同。"如果在相互随礼的个体之间，情感联系强烈，那么他们之间的情感表达可以称为'走动'，它是非仪式化的、随意的。尽管经常走动的个体之间有着强烈的情感联系，但这种情感联系却有着'隐藏的私人情感'"①。

纪念性质的礼物如梳子、镜子、布鞋等，男女分开后可以各自留着不归还。男方得到姑娘给的花巾围腰或衣物做定情信物，他日姑娘反悔，两人结束"一对一"关系后，男方自行处理，这些东西可以退还，也可以不退还，或送人，或销毁；如果男方反悔，他就要退还定情信物给姑娘，希望她日后寻得更合适的人。这些都是当事人按个人意愿自行处理。不受家人和族规的干涉。村里的三婶和赶表对象分开时，她没有要回送出去的裙子，那个男人家里穷，很久以后三婶看到男人新讨的媳妇，他媳妇就穿着三婶之前送给男人的裙子。

---

① ［法］马塞尔·莫斯：《礼物：古式社会中交换的形式与理由》，汲吉译，上海人民出版社 2002 年版，第 138 页。

六　半隐蔽关系下的情感流露

当事人对于自己个体情感的表露拥有自主权。一些小伙和姑娘们在赶表时如果只是男女聊天，这种不为外人知晓的交流会被村里的长辈笑话。

"一对一"的男女赶表会尽量回避自己的亲戚和熟人，家长在子女产生"恋情"前期并不知情，只有男女青年有意结婚时才会告知父母。虽然赶表结束后那些同辈同性之间会在家里、河边闲聊各自在场上的所见所闻，讨论他们周围听到的传闻消息，讲述自己在场上的经历，但当他们付出真心动了真感情时，并不会大肆宣扬自己和某个异性之间的感情，他们有选择地向一些关系要好的同性透露自己的恋情。而那些违反婚配禁忌的人更是极力将私密情感隐藏于大众视野下，毕竟在地域有限的"熟人社区"消息传播迅速，为了自己和异性的情感长久，他们不会过早将恋情告知天下。已婚的人，他们往往会为了维护既有家庭的稳定，避免不必要的争斗麻烦而对外界保密，私下和异性维持情人关系，这一时期的情人关系由过去普遍的"半隐私"转变为"完全保密"。

43岁的王TF讲述自己年轻时候的感情经历时依然表现得很害羞："那时候喜欢谁都不会和大家讲，尤其不敢和家里人讲。本来谈恋爱就是两个人的事，心里都有自己的秘密，讲给别人知道了会被朋友们开玩笑。而且那时候都不晓得家人会不会同意，所以开始都不会让熟悉的人知道。那种订了婚的更不敢让自己的丈夫老婆知道，如果不小心被人看见，打架少不了，你想啊，女人可能不敢管自己的丈夫，男人就不一样了，他们的老婆和别人玩，玩不好就跑了，结婚白白花了钱，还会被村里人讲没本事。"

赶表中的情感并不像婚姻一样被各种规则和责任禁锢，处于感情初期的男女两人并没有义务只和对方赶表，"年轻人喜欢和不同的人对歌，多认识点朋友，好的姑娘小伙大家都想交往"。同一天的赶表活动中青年男女可以和不同的异性交谈对歌。有些人相处三四天，大多没有聊到个人感情，男女双方谈不来时可以自行了断彼此之间的交往，只要商议妥当，对方并不会纠缠。这些短时间相处的"一对一"模式在赶表场上十分常见，所以一个人在一生中有很多赶表对象。长期的"一对一"相处时间一般为2—3个月，多则2—5年，男女双方积累了深厚的情感，给婚姻缔结制造了可能。

63岁的王LZ年轻时喜欢唱歌，人也很聪明，他在场上很受姑娘们欢迎。"我眼光高，开始和别个姑娘唱歌，唱得多了认识的姑娘也多，当时也没想着一定要和谁结婚，遇见的人多了才知道谁最合适。最多的时候我一天喊了6个姑娘单独出来，大家就是聊聊天嘛，都没想奔结婚去。那时候姑娘还是会不好意思，都是小伙主动邀请的。我经常看见以前一起单独出来玩的姑娘和别的男人聊天，他们聊得来就一起，我看到了也不会不高兴。就像你和一个男孩出去吃饭，互相认识了就有朋友关系，他以后和别的女孩子吃饭谈恋爱是他的自由，你不能不让他找对象吧。可能以后和其他男孩认识有了感情，才会考虑长久的恋爱，这时候他才是你的，他就不能和别的姑娘胡来。"

王LP的经历可以看出赶表初期的青年男女并没有"专属性"，在初期的友情阶段，参与者并没有表现出独占的思想，结伴和展现个人才能是此时的基本出发点，在不断地加深了解后，男女两人投入的情感逐渐升温为两性间的爱情，时间久了就会产生缔结婚姻的独占思想。因为情感关系的隐蔽性，当事人不会向外界宣布自己已经有了长久关系的异性，他会主动避免和其他异性来往，同时也会监督限制对方和其他异性的来往。"不稳定"的朋友往来关系变成稳固的恋爱关系。

杨GH，女，57岁。"我和你大伯在一起两年，开始我们还和别人一起玩，慢慢地感情深了，只要出来玩我都会等着他来喊我出去。别的小伙找我，开始我不愿意出去，就一直等你大伯来。姐妹们拉我去和坡桑的男人对歌，你大伯不让我去，有一次我偷偷去了，他很生气，场上差点和坡桑的人打架。回去以后你大伯就很生气，很长时间没来找我，谁知他偷偷喊媒人来我家里说亲，我知道他是真心对我好，也就愿意跟着他过日子。"

20世纪90年代以后随着打工潮的发展,村里的一些年轻人渐渐抛下赶表这一传统的交流活动,他们都是成群结队地一起到镇上的网吧,或某个人的家里打牌喝酒,很多在外面打工的青年人在外面找同乡,或者等过年、农忙回来的时候相互认识,交友谈对象。手机和网络让远距离的青年男女随时随地地交流。

第四节 赶表的规则和特征

一 赶表的人

扁担山地区村民的人生划为4个阶段:12岁成人之前的幼年阶段,成人礼后结婚之前的少年阶段,婚后"不落夫家"阶段,生育孩子以后的当家阶段。

当问及参与场集和玩山赶表活动的人是何身份时,村民都回答为"附近和我们一样的布依族村寨里的年轻人",他们的年纪一般不超过30岁(否则人即使未婚,也会因年龄较大而不好意思参加),也不能小于15岁。因为平日里青年男女忙于生产并没有什么机会在一起玩,所以在赶表时,一个村寨年纪相仿的青年男女同性之间结伴而往,不同辈分的年轻人之间也可结伴形成"熟人圈"。贫苦家庭和富裕家庭的小伙姑娘抛开门第观念,相互了解,交流情感。

赶表中结伴的同性一般是有着血缘关系的人,在革老坟村这一以"王"姓为主的大寨,平日里他们是一个村的"兄弟姐妹",赶表时,"王"姓家族中年纪相仿的姑娘和小伙不分辈分地结伴相约前往村寨外的活动场地。一群互为"社会血亲"的小伙和另外村寨里的一群有着"社会血亲"关系的姑娘开始赶表中的"集体对歌"。无论是集体对歌还是单对交谈,同一血亲宗族的异性绝对不能一起玩。虽然赶表并不以结婚为最终目的,赶表对象的选择也不像婚姻择偶有多种规则限制,比如八字合、同姓不婚、不与外族通婚等,但为了避免赶表后期男女两人感情深厚而萌发结婚的念头,父母往往希望他们能按照择偶规则选择赶表对象。赶表发展到"一对一"阶段后期,个体情感使得当事人之间的恋爱关系极为隐秘,他们只严格遵守不与"同姓同宗"的人赶表。

对于参与者而言,无论是有着"社会血亲"关系的同性还是附近村寨的异性，"出去玩表就是会朋友见情人呢。"场上的人彼此都是"朋友"关系。赶表并非"谈恋爱"，参与者中同性之间玩耍交谈，内容可以是生产劳动，也可以是个人兴趣爱好，这里的同性朋友可以是和自己有"社会血亲"关系的人，也可以是村子里或其他村寨的异姓青年。这些同性的姐妹或兄弟之间有深厚的友情，他们（她们）团结一致。在赶表场上往往会看到一些小伙们结伴打架，自成一群的小伙一般属于"血亲弟兄"和亲密玩伴，当自己的兄弟或密友和旁人产生矛盾时，他们都会挺身而出，"自己人被欺负任谁都会去帮忙"。异性之间即使没有成为"男女朋友"，他们之间也有一些共同话题，人们之间都有一份"友情"。异性朋友可以是同村同一姓氏的"血亲"，当然，他们只能将感情只在"友情"层面，见面可以互相打招呼开玩笑，但是不可以正式"对歌"；而常见的异性朋友是其他村寨和其没有"血亲"关系的人，此时"朋友之间的友情可以进一步发展成男女关系里的爱情"。同性之间的交流互动就体现在赶表时"一个寨子里的小伙姑娘们各自成群前去集市"以及"兄弟们和姐妹们各自结伴回家，晚饭后相约到某个地方交谈白天的赶表"。在没有异性参与时，赶表为同性提供了交友平台。异性之间的互动则体现在"集体对歌"和"一对一"的赶表过程中，男女玩伴们打破平日里的避讳，在场上对歌表现自己，交流自己的思想和情感。

"不落夫家"是布依族的传统习俗。婚后女方到夫家长住之前，男女双方仍有权利参加赶表活动。此时参与赶表活动的人可分为两种情况：一种是父母早年包办的婚姻（包办婚姻大部分为早婚），丈夫（妻子）并不是自己意愿接受的，他们希望通过赶表找到和自己情投意合的另一半。当然，找到后能否在一起则另当别论，当地布依族社会深受汉族文化影响，在封建传统和集体利益占主导的包办婚姻兴盛时期，恋爱对象和结婚对象不统一是普遍存在的一种现象，在当地也有"恋爱自由，婚姻不自由"的说法。另一种情况是男女双方不受家人和旁人干涉自由恋爱自愿结婚，婚后的赶表仅仅是他们的一种娱乐方式，这些人仅仅参加集会上的群体对歌活动，一般不会发展到单对男女的单独赶表层次。布依族这一"不落夫家"的独特习俗使得处于父母包办婚姻里的男女有了寻找心仪伴侣的条件和机会，革老坟村中一些婚后"不落夫家"期间私奔、打架和离婚现象的出现便有了答案。受传统思想的束缚，一般婚后未育的女人几乎不会出来和异性赶表,而那些因各种原因出来寻姑娘的已婚男人也并不会因为"人夫"的身份被拒绝。

结婚前和结婚后的"不落夫家"阶段青年男女有同样的赶表自由权,可以任意和其他异性结交。而"生育"意味着婚姻中男女社会身份的转变,女人的头饰由"花巾"变成"假壳",这不仅是衣着的变化,其背后隐含着其行为准则的改变。女性一旦戴上"假壳",她就是丈夫家的成员(私有财产),从此失去赶表的权利。在这里,对于已婚已育的男性参加赶表,村里人只一句"他有了孩子出去玩是他不懂事,只要家里的婆娘不知道,旁人也管不了"。对于已育的女性,村民们对其参加赶表活动的态度就不如对待男人这么宽容,"都生了小娃娃的女人,应该在家里帮忙做活,心里不能总想着玩,那些和后生们出去玩的都是生活不检点的女人,再说了,生了孩子的女人穿衣打扮大家一眼就能看出来,那些年轻的小伙怕麻烦,看见场上不是姑娘的女人都会回避"。

二 赶表的时间和空间

平日的赶表在场集结束后进行,男女一般在家做完事情之后下午三点左右出门,赶场休息日进行的赶表,并不影响第二天的生产活动。办喜事期间原本就是族人团聚休息的时刻,而且一般办喜事不超过3天,不会占用太多生产劳动时间;节日玩山活动虽然很频繁,但都集中在六月、七月和正月农闲期间,它们随着传统节日进行,是节日里的一种休闲活动。从六月六到赶七月半有二十多天可以生产。而最后一次大型节日场在七月底之前就能结束。这一时期庄稼大多还没有成熟,人们暂时没有活做。冬季的玩山活动都集中在正月里,结束时间最晚不超过正月二十日。过年之前,人们忙于准备过年所需物品以及来年春耕所需要的东西,正月十五之后,陆续开始春耕。所以日常赶场和节日玩山期间的赶表活动,都是在人们的休息时间进行。青年们交流的内容不仅仅是情歌,很大一部分内容涉及了平时生产和生活的经验,有效信息得到沟通,有助于提高改善生产生活质量。同时,青年人们还常常利用赶场和玩山的时间,互相约见,互相帮忙解决插秧和收割、修建房屋时遇到的困难。它不仅没有影响劳动生产和准备工作,还在一定程度上促进了生产。

除了在日期上不影响生产劳动,笔者发现这里的赶表并不像苗族、侗族的游方可以在晚上进行，非喜宴时青年们必须在天黑之前结束，且一般赶在晚上七八点回到自己的村寨，青年男女若想再见必须等到下一次场集的白天再约见，严禁在夜间赶表。随着时代的发展，赶表的时间逐渐延长到深夜，尤其是节庆期间，20世纪90年代有些人玩到凌晨才结束，但这里没有夜不归宿的情况发生，问及原因村里人都表示"年轻人出去玩，晚上不回家家里的老人会担心"。一些受欢迎的人唱到八九点钟回家，家长对于这种情况不会苛责，只是抱怨"没成家的不要玩太野，讲出去会被人讲不懂事"。对于那些违反规则晚上还出去玩的异性青年，大家会在背后议论说"他们肯定关系不一般，说不定俩人都睡一起了"。对此，村民们表现出对违反"非婚性禁忌"规则的排他性，这也体现出当地社会对未婚"性"的忌惮和排斥，他们杜绝一切"非婚私生子"出现的可能。

我们从赶表的地点选择可以看出这些场地都属于大众视野下的公共场域。日常赶表一般在群体聚集的集市场上进行，距离周围布依族村寨较为折中的地点，而且交通便利，方便人们在天黑之前活动结束后回家，而且集市地点相隔不会太远，因为场集的时间具有连续性，一周之内方圆几十里的乡镇轮流有场集，这些赶表活动的时间因此有许多是连续的。只有活动地点距离较近，才可能有连续的一处赶到另一处的情况。"可发展为赶表对象"的人群因距离原因被限制在相对封闭而狭小的"熟人圈"中，所以青年男女对交流对象的选择多以邻近为准则，以场集所在村寨为基点，向外辐射，当超出覆盖范围时，"一对一"缔结的概率变小。革老坟村的青年喜欢和坝湾、落别、红运寨子的人玩，很少有人去平寨村赶场，找高荡、凹子寨的人玩。"天黑要回家，距离远了时间都浪费在走路了，没有空闲和他们玩"。

"三月三""六月六"和元宵节等重大节日的玩山，地点较之平日的场集远了许多，与之呼应赶表圈也扩展到市场圈以外，赶表圈的增大扩大了当地的婚姻圈。

> 过年过节就不用担心回家做活路的事，可以去远一点的地方走动。元宵节我们村里耍龙，孔马和石头寨、凹子寨的人都来这边看。年轻人一起唱歌聊天，天黑了就歇在村里的亲戚家，一来二去的有感情了，姑娘就嫁过来了。

王永庆，男，53岁。"不要说大抵拱，镇宁县城我常去，那时候没车，六月六过节很热闹，我约着村里的兄弟，喊上布依郎、坡桑的朋友走5个小时去，路上还能碰上很多别的寨子的年轻人，大家就一起了。年轻嘛也不觉得累，遇见喜欢的姑娘就上去逗，不过她们县城的眼光高，只和我们下面的唱歌，没人愿意嫁过来。"

青年们在场集上游街搭讪，情人们在场集上互诉思恋，市场圈和赶表圈紧密关联。逢年过节的公共场合也是青年人们聚集的场所，在向阳开阔且有人通行的路边或田坝，能随时被大众视野监督。即使是后期进行到两个人的谈情说爱阶段，他们也要相应地在可见范围内选择一个相对隐蔽的地点。因为赶表往往选择在村寨外进行，并不像一般的婚礼、丧葬仪式选择在村寨内或是某个人家的屋里。因为赶表作为一种相对开放的青年聚会，参与者多是未婚青年，而一般来说堂屋在当地是家门、亲戚交流的场所，未婚的青年并没有权利进入另一个家族的领地。因村寨内互为血亲的异性之间有交往禁忌，赶表的圈子向外扩展到其他村寨，而来自不同村寨的青年们选择一个公共的独立于自己"家"的场地进行交友，两性参与的赶表与"家庭聚会"有了边缘性，这也反映出赶表和婚姻之间没有必然联系。而作为公共领域的集市和坡坝也在赶表期间变成年轻人的"专属领地"，他们有权利共享这些区域。

三 "性"禁忌下的"自由结伴"

由于赶表活动是在农闲时间进行，不影响农业生产；年轻人通过赶表结识更多的朋友，促进群体团结和发展，因此被当地社会鼓励认可。赶表在当地是青年人展现才华和魅力的主要场合，这一年龄段的人如果有谁不去参加，往往被人们嘲笑是傻子、草包；而那些活动场上能歌善言表现出色的人，不仅才华得以表露，能交到很多朋友，还很容易成为附近几个村寨中的名人，他们的追求者不计其数，成为婚姻市场里大家争抢的对象。因此，他们的父母都会鼓励这些年轻人多出去参加赶表活动。

在扁担山乡政府遇到一位汉族老大爷，他曾经在这里的中学做过校长。"在他们（布依族）风俗里，干涉'赶表'的人是要被人骂的。学生的父母要求他们好好读书，但是对他们'赶表'、对歌从来不多问。他们的'赶表'仅仅是跟姑娘们唱歌、聊天，出格的事是绝不会做的。'自由'也是有的，有的学生看见先前一起对歌的姑娘正和其他小伙玩，他转身就走了，绝不干涉。姑娘对小伙也是这样。他们都是自愿并尊重对方的。"

受到社会鼓励的"赶表"这一传统习俗必须严格遵守"族规"（群体社会的监控下进行）。赶表过程中，青年男女必须互相尊重。从小耳濡目染的家庭教育让青年们彼此尊重对方，动手动脚和说脏话的行为会遭到大家伙的一致拒绝。为了培养和异性的爱情，男女"一对一"式的赶表必须保持距离，一般侧身交谈。感情深厚的男女在赶表期间绝对不能发生性关系，当地布依族严禁"未婚先孕"的情况发生，他们把非婚怀有的私生子叫"独奢"鬼，是一种邪灵，即使处死也会附着在母亲身上。当地的布依族社会十分看重女子贞洁，寨子里谁家有"独奢"，不仅是女子自己名誉损坏，还触犯了族规和社会伦理，这一群体世代被村民视为"另类"，不仅给家庭带来灾难，还会危害到整个村子，必须要受到社会舆论的惩罚和谴责。这种"个别"群体会被社会排挤、处死、赶出家门村寨等。"出去玩不敢随便和对象离开，不然会被外人说闲话是做了不好的事（发生婚前性关系），讲出去要丢人。"正是有了"独奢"这一观念的习惯法约束，布依族男女在交往中自觉遵守规则，他们仅仅把赶表当作一种纯洁高尚的正常交友活动，父母不会禁止自己的子女参与。

第五节　赶表的现实功能及影响

布依族群众对"赶表"看法不一。一般来说，很多老年人尽管年轻时代参与"赶表"，但他们有时候并不赞成年轻人"赶表"。他们说："那些年轻人花时间心思去玩，都没有好好搞生产；结了婚的还会跑，青年人还可能因为对象打架；还有的借着赶表乱搞对象，所以一点都不好。"但是很多老婆婆，她们基本上都同意年轻人"赶表"的，她们说："年轻人就应该出来多交流交流，多玩一玩嘛，他们年轻时多交一些朋友，不然结婚有孩子就没机会了。说不准还能在赶表的时候找到心爱的对象，这样一起生活才更好啊。"年轻人大部分是很期待"赶表"的，他们说："年轻人平日里没什么活动，只有赶表的时候才有自己的娱乐自由，我们更希望在'赶表'的时候找到心爱的人结婚。""我们年轻人农闲的时候聚在一起找朋友唱歌，一起出去玩，有了友情和爱情，这没什么不好的。"还有一些不了解赶表文化的外族人认为"赶表"是一种随意行为，男女青年不受约束处朋友，有伤风化，这是对"赶表"习俗的误解。

一 强化群体感情及团结

这里的布依族群体生活在偏远的扁担山山区，人口稀少，因为一些历史原因族群较为分散。扁担山地区的布依族非常重视民族内部团结，他们有着强烈的"本我"民族意识。为了促进本民族成员之间的交流，强化共有民族情感、延续自己的民族文化，需要有一个途径来达到这一目的。而赶表一般是集体性活动，同一个村寨或家族的同性之间自发结伴前往，私下交流分享自己的赶表经历，还有些"打架"事件让一些来自同一亲族内部的小伙子团结起来和他人对抗，这些共同的需求，促进了本寨同姓"血亲"族人间的友谊和团结；其次，对歌对象是本族外姓不同宗的异性群体，因为赶表的场地依靠场集分布在不同的村寨，四面八方的布依族青年在赶表过程中慢慢了解当地的村寨、不同的家族以及村寨各家族之间的关系。赶表习俗在古代社会便开始流行，扁担山地区的布依族村寨分布较广，他们一代代传承下来，青年们借着活动的机会，互相认识，不断扩大了原有村寨的社会关系网，它在丰富了本区域布依族青年日常生活的同时，促进了本民族内部团结，促进了整个社会的整体和谐。

扁担山地区的布依族群体相对来说人数较少，发展力量薄弱，当有危害其群体的事件发生时，本区域所有的布依族村寨能团结起来，应对各种危机。某一村寨因为和附近相同文化背景的同族群体村寨保持交流来往，广大的社会关系网保护着其中的各个成员，为其社会生产及人的繁衍、家族的传续提供了保障。另外，居住在这一区域内的汉族及其他民族的青年长期受当地布依族影响，吸收接纳了一些布依族的民俗文化，他们也会参与赶场和玩山活动，虽然并没有因此促成族际婚姻，布依族与其他民族的人互相认识，建立了深厚友谊。一定程度上促进了各民族之间的联系和团结。

二 提供择偶途径，缔结稳定婚姻

参与赶表活动的男女大都是未婚的青年，也有已婚未育的人在"坐家"前参与。赶表习俗的原始功能包含婚姻缔结，它是一种开放性的择偶习俗。

作为婚姻自由中不可缺少的环节，扁担山地区布依族婚姻，大多是青年男女在赶表的过程中，男女双方情投意合的情况下，请媒人提亲，经过传统正规仪式结成的。有的即使没有参与赶表，很多也是在赶场和玩山后青年男女互相玩耍的过程中认识的，两人互相看中以后，回家请媒人提亲结为夫妻。参与赶表的人不同宗，它符合氏族外婚制原则。正是因为赶表活动，许多青年人的个人情感得到满足，赶表过程中一人可以有多个赶表对象，姑娘小伙可以接触不同的人，通过长时间的交往考察，找到自己真正喜欢并适合自己的最佳伴侣。正如现代社会的自由恋爱，当事人长期接触确定的婚姻远比一些仓促成家的婚姻更稳定；如果当事人父母不同意，小伙奋力反抗，姑娘则随着自己的心上人私奔。赶表缔结的婚姻因夫妻间有真正的感情，它远比"包办婚姻"更稳定幸福，婚姻质量也大为提高。

三 满足个人情感

布依社会对青年人自由结识异性表现得很宽容。布依族人民长期居住在交通不便的深山中，物质生活尚处于较低的水平，更谈不上什么精神生活。赶表作为一种以娱乐为主的活动，弥补了布依族青年在精神生活上的不足，他们在赶表过程中通过对歌交流表达自己的心事、诉说苦闷后心情愉悦；青年人的才华得到展示，在一次次的赶表活动中个人魅力得到提升；异性之间最原始的爱情心理需求得到满足，异性的爱慕让当事人感到幸福快乐。村里那些参与赶表的老人提及这一习俗的时候无不感慨："那时候出去玩得很开心。那时候的年轻人不像现在，可以单独出去看电影，对歌就是最好玩的事了。下午早早做完活，跟着村里的朋友们跑到场集，生怕找不到一起玩的人。遇见谈得来的，总感觉时间过得快。那时候如果喜欢一个人，他说什么都是好的，做什么我都是喜欢的。"这时候的青年男女不用顾忌文化和社会稳定，不用考虑子孙繁衍，或许男女之间本能的爱慕驱使，仅仅是为了出去"聚"的快乐。

一个人在耳濡目染的传统文化情境中成长，自身受社会主流规则的熏陶和影响。恋爱交友和择偶处在两个不同的阶段，前者完全体现了以个人意志为主导、满足个体需求的特点；后者严格按照家庭和群体的需求选择结婚对象，具有鲜明的社会性。个人身体内部的需求和意志在"相对自由"的赶表场上得到满足，个人情感得到释放，进入恋爱期没有受到外界阻碍，一切变得"自然而然"；传统的择偶观是外部社会加注于个体的，为了满足社会需求，个体意志必然会受到压制，"自然而然"的习惯和传统社会文化、婚姻形式之间定会产生不可回避的矛盾，所以当地青年进入婚姻择偶时期，要经历千难万阻和反复的抗争。

赶表是布依族为增进青年之间交流而留存下来的一种习俗，是青年人的集体聚会。赶表的时间融入在村寨的日常作息和节日的框架中，赶表空间也是村寨空间的一部分，都是在社会群体聚集的场合中进行。年轻人之间通过赶表发展友谊，相互团结协作。布依族的青年男女可以有机会向他人展示自己的才华，倾诉内心的情感。赶表活动里的歌是男女交流思想和表达情感的载体。赶表活动中发展恋情的时间和空间都是有着周密安排的，参与其中的男女双方的行为也被严密的规制所限制，他们在群体的视野下寻找自己喜欢的对象。群体赶表后期，单对男女通过不断了解之后发展"一对一"关系，这种仅靠个人情感联系的赶表处于隐秘状态，它不考虑社会义务和各种择偶禁忌，个体的情感和天性得到最大限度的解放，此时处于恋爱阶段的青年们并没有和父母家族产生明显的冲突。如果青年们在选择结婚对象时依然保持他们赶表时的自由惯习，试图打破传统规制，群体和个人将会产生矛盾，双方为维护自身的利益而努力。

第四章 布依族的婚姻制度

第一节 婚姻缔结过程

一 定娃娃亲（开小亲）

在布依族家庭中，一般孩子一出生父母就要开始考虑子女的婚姻大事了，生男孩的人家尤其重视。布依族的婚姻讲究门当户对，布依族俚语中说到"同类和同类做舅子，苗子和苗子做兄弟"。

布依族婚姻缔结的过程要从"醪近道"（音译，指订婚）说起。

男孩出生后，父母便会留意附近村寨有没有适合的同龄女孩儿，物色好之后便带着一瓶酒去试探性地询问女孩儿父母是否也有意愿让两个孩子结成娃娃亲。只是生有女孩的人家是不能主动去与他人结娃娃亲的，而必须让男方家主动来求。并且由于一般在小孩出生几个月或几岁不等父母就为他们定亲了，因此结娃娃亲又叫"开小亲"，定娃娃亲同样也要经历"醪近道"的程序。娃娃亲对象的选定，通常以父母的喜好为主，有时是因为双方父母关系好、有时是因为两家条件相当或是有亲戚关系，总之，父母的意愿在娃娃亲的订立中起了决定性作用。在过去，娃娃亲大多都能依约在长大后成婚，但也有孩子长大后不愿履行约定的情况，这对双方家庭来说都是一件麻烦事。女方必须要去男方家退婚，如果从前男方家带酒来订亲的，就带着酒去退，如果还带了鸡或其他礼品，也要按男方家从前带来的礼品准备一份还回去。20 世纪八九十年代之前，布依族人定了亲之后便不能悔婚，因为退婚会引起两个家庭的不和甚至更严重的悲剧，因此退婚的例子并不多。

个案：原籍三家寨的 WM 如今 70 多岁了，在洒郎定居。他的妻子是个汉人，但是为人很好，手艺也好，连布依族的刺绣也学会了，当地人都称赞说她在这个村里算很不错的人。但在年轻时，WM 的爱情令人动容，婚姻一波三折。

  20 世纪 60 年代，出生地主家庭的 WM 还是 20 出头的小伙子。解放后因家破人亡。WM 辗转来到捞河投奔亲戚，也成了家，原本以为是一个幸福的开始。但事不遂人愿，WM 遭变故没有了家、没有了钱财，结发妻子厌弃了他，跟了别的男人。WM 伤心地离开捞河，回了三家寨，之后他又结识了一个捞河的姑娘，两人相爱了。但是这姑娘（GM）之前订有婚约（娃娃亲），人长大了却不喜欢那个与她订了婚的男子，一直想要退婚，但男方家却死活不同意。当时"文革"刚开始，政策紧张，根本就容不得退婚、离婚这样的事发生。加上当时，男方家的父亲是大队的队长，在当地说话底子足，于是男方家放了话说 GM 无论如何要嫁过去，就算是死了身体也是归他们家的。WM 和 GM 知道不可能名正言顺地在一起了，就相约私奔，两人在一天夜里偷偷地出走了，去了别的村寨暂住。过了一年左右的时间，两人生了一个小孩子，生活还算幸福。快过年了，GM 带着孩子丈夫回娘家探亲，想求得家人的认可，哪知这一去就再也回不来了。

  他们一家人回娘家后，曾经与 GM 有婚约的男方家也得到了消息，逼着 GM 的娘家人把 WM 一个人赶了出去，硬生生拆散了这对恩爱的夫妻。GM 之后还是被逼着嫁去了男方家，只是她整日魂不守舍，思念自己的孩子，更思念自己的爱人。终于有一天，这份思念似乎已经把她逼得无路可逃，她只好选择了最无声、最决绝的方式表达她的抗争。一个夏天的清晨，天还没亮 GM 就起床出门去给稻田引水，邻里见她神情恍惚，关切地问她发生什么事，她回答说没什么。但这一天，GM 深夜了也没归家，家里人着急地到处寻找。后来在寨上的蓄水库旁看见了 GM 早晨出门时背的箩筐，一个不好的预感顿时油然而生。寨里的人拿来了长长的竹竿帮忙在水库中打捞，后来捞上一具尸体，正是 GM 的。

  娘家人后悔地在 GM 的尸体旁哀声痛哭，GM 的妈妈对亲家母说道："你当初说什么就算是做鬼也要做你家的鬼，这回你们如愿了。"大家都很动容，可是又能怎么办呢，悲剧已经造成了。从那以后，

WM 便再也没有来过捞河，远远地离开了这一片伤心的地方。

直到 20 世纪后，人们观念才有所改变，很多布依族青年虽然定了娃娃亲，但长大后因自由恋爱悔婚的大有人在，布依族传统的姑舅婚、近亲婚姻受到挑战，甚至废除，定娃娃亲的婚俗也被彻底摒弃，父母不再自作主张为子女从小订下婚事。

个案：捞河 ZY 寨女大学生王 UM，1989 年出生，她的父母按照当地风俗，在她一岁多的时候就为她定下了一门娃娃亲，男方家与她们家存在很近的亲属关系。但王长大后，以优异的成绩考进了大学，走出闭塞的乡村，她的思想观念发生了很大的改变，独立意识增强，也得知自己与订立婚约的未婚夫属于近亲关系，从而提出了退婚，两人各自谈起了自由恋爱。

除此之外，他们寨里另外一对定娃娃亲的年轻人，两人同岁，双方家长在两人出生几个月后为他们定下亲事，长大以后，两人恋上了对方，但并不是因为两人已有婚约，而是自由恋爱的结果。于是，双方家属在 2007 年为两人举行了正式的订婚仪式。

二 订亲的过程

LJ 大寨布光（寨主）韦 SH 曾与我们聊起他与妻子的婚姻。他与妻子是定的娃娃亲，定娃娃亲时，他们两个都才出生没多久，因两方父母关系好，而且两方都同时生下孩子，于是就口头为孩子们订下了婚事。

1. 跟醪近道（订亲）

等孩子们都大了一些男方家就要去订婚，"跟醪近道"了。男方家请自己寨子里面比较有威信，且能说会道的媒人带着一瓶酒前去，即"跟醪近道"（音译），意为初步认识，与女方家约定，这件婚事就这样订下来了。这一程序是说两家初步走动，第一次互认亲家。

去求亲的媒人通常会说："某某家有个男孩可以给你家女孩挑水吃。"

（从前布依族地区没有自来水，喝水都靠挑。"挑水吃"实际上就表示成为一家人。）如果女方家回答说："如果不嫌弃就进来坐。"则表明女方家长有意答应这门亲事了。

等媒人从女方家回到男方家，如果说女方父母同意，则男方家便会再请人去要来女孩的生辰八字来合，如果二人八字相合，男方家即可定下吉时吉日带着十二斤酒（代表月月红）前往女方家认亲，让两家的姻亲关系进一步地确定下来。

两家人围坐在女方家的火塘边一起喝酒，男方会试探性地看女方家长的意思，如果女方家长态度明朗，媒人便乘胜追击询问女方家长具体在哪一天哪一时辰请人去女方家共同商议婚事。

2. 哆醪（倒酒）

"哆醪"（音译，"哆"即"倒"），意为"定亲"。这是"醪近道"约定过后，双方家庭进一步的走动交往，一般与"醪近道"相隔几年，即双方儿女都快到适婚年龄了。男方家约上家族中人带着公母两只鸡、一吊猪肉、十二斤酒和鞭炮一同前往女方家。这一次男方家请去的人必须是从未丧偶的，如定过娃娃亲，与娃娃亲对象没有结婚但对方已经去世的人也不能去，这会被认为是不祥的。男方家订亲队伍来到寨门口首先要自报家门，说清楚自己祖辈根上从哪里来，要说得合就进家，说不合女方家便会假装不认识对方，说对方是要饭的、拉牛卖马路过的等。这时男方家要机智地回答，说："不是路过的，是来拜见亲家的。"总之，一问一答，慢慢进寨。到女方家门口时，先点燃鞭炮，不多时乡里乡亲闻声前来祝贺。倒酒仪式时女方所有的亲属都要到场。男女两方族人围坐在方桌前，双方各派出一个青年男子互相倒酒，一边喝酒一边聊天。接下来女方家将"杀鸡待客"。

入席时，不管职务高低，没有贵贱之分，十二人为一桌，男方和女方各派一名长辈坐在上首的位置（这两位长辈通常是结亲男女的父亲），客人中，最年长者为主客被推坐左上席。烹饪好的鸡，单独将头、尾、两翅、两腿、两肋，共八块盛在一起，名曰"鸡八块"。此外还有鸡肠（不切断）、血、肝、胃另外放在一起。

这鸡八块和鸡肠子、血、肝、胃各块都有一定的喻意。如鸡头是雄鸡报晓，表示吉祥如意；鸡尾比喻杰出翘楚，出类拔萃；鸡翅表示欣欣向荣、鹏程万里；鸡肋比喻胸有成竹，深谋远虑；鸡腿比喻办事脚踏实地，不务虚名。鸡血、肝胃和肠子表示同客人血肉相连，肝胆相照，客主家藏万贯，长（肠）来长（肠）往（网）。

男方家的代表作为客人要自己夹鸡肠吃掉，女方家人会问道："为何你要吃肠子？"男方回答说："这是踩不断的铁板桥。"之后，女方作为主人家才开始分配鸡。谁该分鸡头、谁该分鸡腿、谁该分鸡肋都是有讲究的。

鸡八块，鸡头要对着坐在左上席的年长主客，届时，右上席的陪客主人开始斟酒，每人面前斟一碗。斟完后，将鸡头放在左上席主客面前的碗里。作为主客的男方长辈吃公鸡鸡头，女方长辈吃母鸡鸡头。鸡肋分左右（也说内外），右上席的陪客主人吃右肋（外鸡肋），左下席客人吃左肋（内鸡肋）。吃完的鸡肋不能随意丢弃，要放在一旁，这时作为客人的男方家要问主人家要鸡肋，主人家便给客人倒上两碗酒，意为"万事求双"。如果男方家不将酒碗接过去，就表示"你连我家的女儿都不想要了"。只有当男方家将酒碗接过去喝掉，主人家才将另外一个鸡肋给男方家带回去。坐右下席者吃鸡尾，坐右席者分别吃右翅右腿，坐左席者分别吃左翅左腿。坐上席左右两角者分别吃另一盘中的鸡肠和鸡血。坐下席左右两角者分别吃肝和胃。一人吃饱后不能随意离席，必须等到大家都吃饱喝足后才能一起离开。

男方家回去之后，要请上家族的长辈们一起看从女方家带回的鸡肋（鸡卦）。

这次双方的见面，是认亲戚、认亲家，双方明确约为姻亲。之后一传十十传百，整个区域内的人都会知道这两家已经结为亲家了。相比之下，"醪近道"是个人核心家庭对女方家庭的拜访，而"哆醪"则是双方家族的会面。

3. 发八字

第三个步骤是发八字。在结婚前期，双方又再一次约见，拿儿女的八字去算，看双方八字是否合。与之前的仪式过程相似，男方家请寨中能说会道、懂礼节的长辈又带着两只鸡、酒、两支笔、两瓶墨去女方家。来到女方家，女方家人一见面就说道："你们来得快哩！"男方家人则回答说："我们八步八步地接连走！"女方家人一听这话，顿时就明白男方家是来要八字的了。但女方家仍然会假装不知，只当男方家是路过的或是来买牛的。男方这时就得明确提出："我们接姑娘回去喝一口冷水或甜酒水去服侍老人家哩！"话说到这份上，女方家才不再扭捏，将男方送来的鸡杀了待客。

接下来就是看鸡卦、写八字，写八字的人一般是女方寨子里的布摩（先生）或是人们公认的文化人，男方家在其写完八字后要给礼钱。礼钱过去是一元二角，后来物价上涨，也增加到十二元，或是一百二十元。

女方将写好的八字压在碗底，因此这个仪式也叫"压八字"。为了拿到女方的八字，男方家必须派懂礼数的人前来，否则第一次拿不到八字，就得再来发第二次、第三次八字。此外，来发八字的男方家人必须在当天离开，不能在女方家留宿。

男方家回去之后，和上次一样要请上家族的长辈们一起，将从女方家带回的鸡肋（鸡卦）和八字来看。鸡卦的好坏视鸡眼的个数与整齐与否而定。如果鸡卦中有一只有一个眼，则另一个鸡卦上也必须要有一个眼才行，总之必须成双。按照布依族的说法就是："桑庄贬闷，四庄贬庸"（音译），是说"三个鸡肋眼是歪的，四个鸡助眼是能孵出鸡的"，能孵出鸡的比喻，也寓意女子嫁来之后能一心一意相夫教子，繁衍子嗣。如果不成双，则被指不吉利、婚后两人或遭遇分离的命运，须重新拿一对公母鸡杀了取鸡肋来看，意为"改命"。

4. 说彩礼

改命后，两人的婚事便会被提上日程，接着双方家族需要议定彩礼钱、奶母钱。过去的彩礼一般是钱、酒、肉和粮食，酒肉按日常习惯基本有个定数，粮食的多少则由女方家说了算；现在说的彩礼大都指的是礼金。彩礼在婚礼临近将一样样地送去女方家。

彩礼一般由新郎的父母为其准备，嫁妆则由女方的父母为其准备。通常情况下，男方的彩礼礼金是供女方父母置办嫁妆之用的，此外，女方的母舅们还需为新娘添妆，舅舅们需为新娘置办衣柜、喜床、桌椅等大件物什，其价值要超过男方所送的礼金，这样新娘去了新郎家才不会被婆家人看不起。

5. 送日子

彩礼说定后，男方家即可请来布摩挑选吉日了。然后男方家的长辈亲自和寨上的一个人，两人抱着一只公鸡和一只草鸡（未下过蛋的母鸡）去女方家送日子。

来到女方家对女方家人说："某年某月某日我们要来接她去吃一顿饭，喝点甜酒水。"

至此，订婚在持续了漫长的几年到十几年不等的时间经历了"跟醪近道""哆醪""发八字""说彩礼""送日子"几个程序后。终于完成了。男女双方从个体核心家庭的交往，通过婚姻关系的一步步地确定逐步上升到双方亲属集团姻亲关系的缔结。

三　婚姻缔结过程

1949年后，按我国婚姻法规定，男性的法定结婚年龄需满22周岁，女性需满20周岁。但由于布依族自身的民族习惯，女性结婚者的初婚年龄不满20周岁，男性初婚年龄不满22周岁的大有人在，直至现在，情况仍旧如此。"上有政策，下有对策"，导致布依族许多人办了传统婚礼却没有领结婚证，或是虚报"不实年龄"、人为改户口本上的年龄等现象的出现。传统婚礼过后，年轻的夫妇便视同具有法定婚姻关系的夫妇一般，需按已婚人士的行为规范约束己身，婚后要生育孩子的则再去办理结婚登记，或是干脆婚后先生了孩子，等到两人法定年龄满了去领结婚证并给孩子上户口。

在布依族的观念中，传统的婚姻仪式比法律上的认可更具意义。布依族传统的婚姻仪式包括两项："哈楞蒙"（音译，指"嫁女儿"）和"呀巴"（音译，指"娶媳妇"）。

这两项婚姻仪式分别是女方家和男方家来操办，时间为前后两天。婚期一般由男方家定下来，女方不能有异议，女方家只需在男方家所订婚期的前一天操办即可。布依族操办婚仪也叫"盘酒"。过去因布依人结婚后是不坐家的，所以男女双方十五六岁的年纪便能盘结婚酒，但也因此拉长了女方不坐家，走动的过程。

2015年5月捞河ZY寨迎来了一场婚礼，新郎卢ML和新娘王CM是同村人。笔者以两人的婚礼为例，描述布依族正式的婚姻仪式如下：

1. 接亲前的准备

接亲前，男方家先要挑选一个吉日，先派十几个和新郎新娘八字相生的人去女方家剪被子，这里说的被子不单单是被子，还包括蚊帐、枕头，数量上都要成双成对。

　　婚礼前一天，男方家一大早就聚集了前来帮忙的亲族成员和同寨邻里，这一天的主要任务是杀猪和一些琐碎的准备工作。来帮忙的男性亲友帮助男方家杀了两头猪，一头是为了正酒那天的酒席准备的；另外一头则要把带着猪尾巴的整块骨送到女方家去，带猪舌头的猪下巴肉则要送给媒人。女人们需要蒸糯米来打粑粑，用一共六十斤的糯米打成四个大粑粑，每15斤打成一个，在接亲时送去外家。

　　下午晚些时候，男方家邀请的歌郎和红娘来了。歌郎是布依族婚礼中不可或缺的灵魂人物，由四位歌郎和红娘为主组成的五人接亲队伍担负着将新娘接来的重要任务。婚礼之前，歌郎和红娘由男方家派人专门带着酒去相请，一般情况下，被请到的歌郎和红娘都不会拒绝男方家的邀请，相反会以此为荣。大歌郎和二歌郎都是北盘江流域布依族中公认的懂礼数、歌唱得好的，红娘则是从新郎母亲的寨子中请来的，平日里常给人做媒，精通布依族各种礼仪和布依族歌唱。

　　歌郎和红娘到来之后，会被请到堂屋中，安排坐在两张拼凑在一起的桌子的上席。如图中所示，大歌郎坐在神龛下方正中间的位置，其次按男左女右的顺序二歌郎和红娘分坐两旁，三人身上披着象征其歌郎和红娘身份的红布。其余的座次，男子坐于歌郎一侧，妇女坐于红娘一侧。桌上摆放着一整捆第二天接亲要送去外家的礼烟，今晚歌郎和红娘的主要任务就是要分扎礼烟和分封礼钱。只见大歌郎和二歌郎将120元钱分别用红纸包成三个大红包，12元钱分别包成九个小红包，一共分封了12个红包。另一边，红娘则负责把烤烟每两片烟叶用棕叶浸润过的丝条捆成一束一束的，被扎好的礼烟寓意"常青"。之后大歌郎和红娘一边唱着古歌一边将其中一个大红包和四小束礼烟绑在一起，待去接亲时给新娘的母亲，以感谢她将女儿抚养长大的辛苦，谓之"奶母钱"；另外两个大红包只捆两束礼烟，其用途是作为接亲队伍在外家吃两顿饭的饭钱。

　　等到礼烟和礼钱准备好后，由歌郎和红娘带头开始唱古歌，开始时是歌郎和红娘分别唱，后来慢慢变成相互对歌的形式。此次对歌不会和往常一样持续到天亮，而只是点到为止，因为歌郎们和红娘都需要养精蓄锐，以备明日接亲时有足够的精力与外家的歌郎们"斗歌"。

2. 接亲

接亲日也是女方"哈楞蒙"(音译),即"嫁女儿"的日子,由女方家操办酒席接待前来恭贺的亲友。这天,男方按女方家所定的来接亲的人数去接亲,一般包括四个歌郎和一个红娘,等接到新娘子便是六个人,凑成了双数,寓意"成双成对"。接亲时,男方家请去的歌郎主要任务是与女方家请来的歌郎对歌,红娘的主要职责便是去接新娘。

天蒙蒙亮,男方家准备了酒酿汤圆当作早餐,歌郎和红娘吃过早饭就出发前往女方家接亲了。只见队伍中,红娘手拿着一把伞,背着一个用布毯系成的包袱,里面装着进女方家门前要换的衣物;大歌郎空着手;二歌郎背着一包装有条装纸烟的包裹;三歌郎挑着礼炮、红烛和礼烟;四歌郎挑着一只鸡、一吊肉和一瓶酒。

因为新郎新娘是同村的缘故,没走多久,接亲队伍就来到了新娘家附近的空地上,红娘和歌郎们决定在这里换装,换装的地方既要在新娘家附近,又不能被新娘家所看到。虽然要换的同样是传统布依族盛装,但还是要换一套,而不能穿原来那套。

与此同时,新娘家在堂屋中将两张八仙桌拼在一起摆放在神龛下,其中一张桌子要比另外一张桌子稍高,主位的条凳被换成了一张床,供前来接亲的大歌郎和二歌郎夜晚休息之用。同时,在堂屋左侧的房间里也同样的两张八仙桌,上面摆着酒壶和酒碗,以迎接前来接亲的客人。新娘家门口的房梁上用一根长长的竹子做成一条锁链,以备亲友送的被子等礼品挂在上面。房梁下方用两条长凳支起一块宽的木板,上面着娘家为新娘准备的嫁妆。

另外一边，接亲队伍换装完毕，又按红娘在前，大歌郎、二、三、四歌郎在后的顺序来到新娘家房前。红娘可以直接进家，并在堂屋旁的屋子摆放的八仙桌前的主位坐定，由女方家请来的穿着布依族盛装的两位年纪稍长的女歌师和两个未婚的少女作陪。

而歌郎们就没有那么轻易能进门了，因为是同村，因此大歌郎到了新娘家门口时才唱开寨门歌，换作新郎新娘不同村的情况，歌郎们到新娘家寨门口时就要先唱开寨门歌了。大歌郎唱开寨门歌的歌词大意是请求新娘家亲友能让他进家门，大歌郎唱罢之后，守寨们的人觉得他唱得好喝下拦路酒便会放行了，二歌郎亦同。总的来说，歌郎们要进到家门需要经历开寨门歌、开院门歌、开门歌等，最后喝下一碗拦门酒才进得了家门。

进了家门后，大歌郎坐到神龛下左边八仙桌的主位上，二歌郎紧挨着大歌郎坐下，女方家的大歌郎作为主陪客坐在右边八仙桌的主位上，另外一个男子作为次陪客紧挨着主陪客坐在旁边；三歌郎和四歌郎坐在八仙桌左侧，女方家的陪客面对他们而坐，同时将带来的礼烟放在床上，肉挂在神龛上，鸡放在一旁；背对门的位置正中间放置着一个酒坛，中间插着两根竹条，酒坛两旁分别坐着一个青年未婚男子，专门为歌郎们侍酒。

双方坐定后便开始唱歌了，先是"以歌会友"，从相识的歌唱到说明来意的迎亲歌。接下来是递交"奶母钱"，由大歌郎向新娘的父亲过礼，大歌郎用古歌唱出对新娘父母亲将新娘养育成人的感激之情，按礼说新娘父亲接过礼钱时要回谢礼歌，但如果不会唱，也可请会唱的人接礼钱。

新娘父亲退场之后，双方歌郎开始唱布依古歌，先唱盘古开天辟地等创世歌，再唱唐宋元明清演变的年代歌，唱完后双方稍作休息。

接着，由男方家的歌郎唱谢媒歌，感谢新娘父母为新郎抚育了新娘这样美好的女子；接着大歌郎再唱祭祖歌，祭奠女方家的先祖，二歌郎把红烛和礼炮递给女方家的二歌郎。

当天双方礼节性的仪式就基本结束了，接下来的时间气氛会更加轻松活跃，因为所有的人都可以来与接亲的歌郎们"斗歌"。来女方家帮忙的亲友们按分工分门别类来与男方家的歌郎"斗歌"要礼烟，负责做饭的妇女抱着蒸子来要、厨房掌勺的大厨拿着锅铲来要、切菜的拿着菜刀来要等。来要礼烟的人手把在桌前酒坛子里的竹条上，然后开始与男方家的歌郎对歌。等礼烟分发完毕后，由大歌郎唱一首开饭歌，同时二歌郎将包成大红包的礼钱（饭钱）交给女方家歌郎。

早晨的仪式过程基本结束。

另外一间屋子的红娘和陪客在早晨的仪式过程中只是坐着闲聊，直到堂屋中的仪式结束。

午饭散席休息过后，歌郎们又要继续唱歌了。

接下来还有一系列的仪式过程。

整个婚礼历时四天才完美落幕。对该婚礼个案的描述既是布依族婚礼完整的仪式过程，又是北盘江流域布依族婚礼的缩影，但相比隆重的传统婚礼，布依族社会中还存在着另外一种婚姻缔结的过门仪式。

个案：捞河D寨新娘XM，她的新郎是ZY寨的。她与新郎婚前便发生了性关系，并有孕了。家人知道之后，男方家立刻拿酒来过礼，并寻一个吉日的晚上便去接她过门了。当晚到了男方家，男方家立刻燃放起鞭炮，不一会儿，亲友邻里听到鞭炮声便前来祝贺，男方家做了十来桌酒席招待大家。接着男方家在堂屋里神龛下的八仙桌摆上贡品、点上香烛祭祀祖先，告知祖先从今天开始她成为这个家的一分子。与此同时，新娘子身着布依族盛装被安排坐在堂屋中八仙桌旁靠墙的位置上，直到客人们都陆续离开。

整个过门仪式，虽然也很热闹，但相比完整的婚礼仪式却是简单得太多。女方家没有办"哈楞蒙"（嫁女儿）的仪式，只是在新娘子去男方家过门的这天通知男方家来把为新娘子准备的嫁妆搬到男方家去了。

她告诉笔者，因为婚前有孕，她未能经历完整的布依族婚礼仪式一直是她这辈子莫大的遗憾。

从订婚到结婚的过程，即是一个布依族核心家庭的建立过程。

新娘到夫家上门之后，新娘立刻又得回门，只有待夫家农事繁忙时，夫家派小姑子去娘家接来帮忙干农活。人类早期曾实行母居制，直到父系制度确立后，妇女才被迫到夫家生活，沦为从属地位。因此"不落夫家"的婚俗实际上是"母居制"的残存，是布依族妇女对自我权利进行争取和抗争的表现。

四 婚礼相关问题

（一）现代婚礼与过去婚礼的比较

布依族严格地遵守"同宗不婚"的婚姻习俗，一般人们认为同姓即为同宗，因此只要同宗，不分血缘关系的远近，均不能通婚。传统布依族婚姻以父母包办婚姻为主，并且传统"亲上加亲"的观念所影响的交表婚在布依族社会中甚为流行，妇女婚后在未生育子女时"不落夫家"，婚后直到怀孕才到夫家生活，由"不落夫家"转而"从夫居"。

现代布依族婚礼与传统布依族婚礼仪式在程序上并无多少差别，依然遵从布依族传统婚礼仪式过程，依然经历着从订婚到结婚所要进行的各项仪式。但随着社会的变革，布依族人观念的改变，青年男女的恋爱范围、婚姻选择更为宽松，父母包办婚姻、近亲交表婚在人们生活中销声匿迹，"不落夫家"的婚俗也不见了踪影，人们除了婚礼仪式过程中仪式性地回门，在婚后大都直接从夫居。现代汉文化主流观念的输入在一定程度上影响了传统布依族的婚姻选择与亲属关系结构，促使传统布依族社会结构发生改变与重组。

1. 婚姻选择范围的扩大

北盘江流域布依族传统意义上的村落社会较为闭塞，在交通工具不发达的过去，布依族人喜逐水而居，人们的活动范围以河流为连接的纽带，婚姻范围即为北盘江流域范围之内。青年男女结识的异性也很少超出该流域范围，父母的关系网成为青年男女与异性结交的主要途径，按此规则发展延续的社会，导致包办婚姻、交表婚等姻亲关系盛行。

而今现代社会中，青年男女在国家政策的影响下，普遍接受了九年义务教育，更有甚者还要继续接受大学等高等教育的熏陶，外出务工、学习的机会增加，使得布依族青年无论是观念上还是活动范围上，早就超出了原本布依族社会的范围。社会流动浪潮中，个体不再固定于社会的某一点，人与人的交往和社会关系随着社会流动而得到扩展，农村大量的青年外出打工，他们在向城市流动的过程中，既扩大了社会交往的范围，同时又缩小了本族内择偶范围。

个案：据笔者统计，在 ZY 寨有 7 位已婚外嫁的女性，她们都是高中或初中未毕业就外出打工的，她们的活动范围主要集中在本村或打工地，在外出打工的过程中扩大了自己的择偶范围，所以才出现族内女青年外嫁的现象。而男青年的情况也一样，他们也会将外地女性娶回来，然后还是一同生活在打工地点，这些家庭常年在外打工，有的把孩子带到外地上学。

EG，男，AJ寨人，19岁时外出打工，通过朋友介绍在广东结识现任妻子，同样在广东打工的水城那边的苗族女子娇，那时娇才17岁。两人一见钟情，很快便在外同居了，过年的时候，EG将娇带回布依族老家，并举行了简单的过门仪式，不多久就生了个胖儿子。

显然，在现代的婚姻选择中，布依族青年男女更注重个人感觉，"喜欢不喜欢"成为婚姻缔结的首要条件。笔者调查中还发现，男方家的经济条件也是择偶的一个影响因素之一，但如果都是布依族人，就算男方家的经济条件差些，只要男方比较上进能劳动，大多数女孩还是会和男孩结婚，并在婚后共同建设家园。

2. 仪式元素的改变

布依族传统婚俗中，以传统婚礼仪式的完成宣告婚姻的成立与实现。布依族社会中，如果夫妇俩婚后生活不幸福，可能会出现女方跑掉的情况，这是因为在法律意识尚未深入人心，夫妇结合多以布依族传统婚礼为契。然而到了现代，只有完成法律规定的婚姻登记并取得结婚证之后，才表示双方婚姻关系的缔结，才是被法律所认可的合法夫妻关系。由此可见，社会政治体制的深入正悄然改变着布依族婚姻制度结构与内容。

在调查中，至今尚有很多夫妻存在事实婚姻，而没有领结婚证书。因此，若夫妻婚后不幸福，女方会主动离开不受约束，离开男方后可以改嫁他人，原本的夫家也会觉得丢脸而不去寻回。

个案：ZY寨男子ES，40岁左右，他与妻子在20岁出头时成婚，婚后育有一子。ES的父亲有工作，用当地人的话来说"是吃公家饭的"，因此家庭经济条件还不错，两人婚后的生活也还幸福美满。直到ES的父亲退休，家里的收入减少很多，矛盾便一天天地显现。ES起初也还外出打工贴补家用，但后来嗜酒成性，也不出去工作了，整天在寨子里串门喝酒。ES 的妻子越来越无法容忍他对家庭和孩子的不管不顾，不负责的态度让妻子伤透了心。终于有一天，妻子离开了。一开始，ES 认为妻子只是生气暂时回娘家了，但不久后听说妻子已经改嫁到了下游的村寨中。这个消息让他很恼火，但碍于面子他一直没有正面去要求妻子回家。直到后来，又听说妻子和改嫁的男人生了孩子，这才按捺不住。后来，他经常去妻子会去的地方拦截，希望把妻子带回来，但至今未果。在从前的布依族传统社会，这种改嫁的行为被视为夺人之妻，常常会引起村寨与村寨间、家族与家族间的交恶与械斗。只是现代社会法律的约束下，暴力的械斗等得到遏制，ES 无法通过这种方式将妻子唤回。有人建议 ES 通过法律途径，但无奈的是，ES 与妻子虽有事实婚姻，却未办有结婚证，加上妻子如今并不愿意与他在一起生活，胜诉的可能性太小。于是，ES 至今只能逢人就抱怨而无可奈何。

此外，现代婚礼随着时代的发展增加了许多新元素、新内容。

首先，最为直观的当属婚礼中新人的礼服。虽然布依族婚礼仪式过程中，新人依旧遵从传统穿着布依族盛装，但除去仪式的部分，新人更喜欢、更愿意穿着西式西装与西式礼服，他们的观念中显然认为现代装束比起传统服饰更时髦。

其次，新人的聘礼、嫁妆也在发生改变。据 20 世纪六七十年代之前结婚的人回忆，从前男方给的聘礼，粮食和钱居于同等地位。因当时布依族属于典型的农耕社会，粮食生产种植在人们的生活中占据主要地位，而今，随着经济社会的发展，布依族人也加入了外出打工的浪潮之中，经济形式多样化，农业种植不再是主要的谋生手段，因此聘礼以礼金代替了粮食。女方家的嫁妆也同样在发生变化。很多现代家庭在嫁女儿时所准备的嫁妆不再是过去定制的木质三角柜、衣柜等，而是电视机、洗衣机等家用电器。

总体来说，布依族婚礼仪式过程并没有发生变化，但仪式元素随着社会的变化而做出细微的相应调整，一定程度上对现代布依族婚姻习俗产生了影响。

（二）嫁入的女性

女性从嫁入夫家之时起，便与丈夫建立起了个体核心家庭，同时也与丈夫的血亲建立了姻亲关系，她的丈夫同时也属于她的血亲的姻亲。女性的身份是由其与丈夫婚姻关系的缔结而得到，因此，她的身份与丈夫息息相关，随着与丈夫离婚或丈夫死亡而改嫁等情况的出现，女性的身份也在不断发生变动。

1. 离婚

夫妻感情不合、任意一方发生婚外情、婚后无子、男子酗酒、婆媳关系不和等因素均可能导致离婚现象的发生。

布依族中由嫁入的女子主动离开而导致的离婚，被称作女子"涠"（音译），指的是女子"离开"。"涠"意味着女子主动解除与丈夫的婚姻关系，离婚的女性通常先要回到娘家去，但也有找好了另外的丈夫直接"跑"去对方家的情况。

此种情况的离婚，通常是因女子婆媳矛盾或不堪忍受男子懒惰、酗酒、家暴等行为而离开。因为这种离婚是出于一方的意愿，男方不一定同意离婚，女子常常是悄悄离开的，因此女子基本自觉"净身出户"，只带走一些随身物品，就连当初嫁来时的大件嫁妆都不会带走，即财产全归对方，以抵消赔偿男方在结婚时付出的聘礼，有时甚至还要归还当时男方所付的聘礼。男方家在女方离开之后，通常不会采取实质性的行动将女子带回，只会经常在嘴边说"她和某某人跑了"，或是"哪天去某某地方把她堵回来"之类的气话。

在前面的个案中，ES 的妻子就是自己"涠"去现任丈夫家的。由于她是趁着一个人外出打工，丈夫不在身边时悄悄"跑"的，所以她之前嫁给 ES 时娘家给她准备的嫁妆都没能带走，用她的话来说，"只要能离开已经算万幸了"。

另外一种离婚是由男方提出的。在北盘江流域，大多数布依族村寨都有离婚的案例出现，女性因婚后无子遭到夫家嫌弃"涠"的情况比比皆是。

个案：一位嫁到彝族村寨的女性MF，目前已离婚。她与前夫相识结婚时只有22岁，两人一同生活了7年。两人的婚姻是自由恋爱为前提的，刚开始几年婚姻幸福美满，她专心当着彝家小媳妇，还慢慢地会说彝语。但是婚后五六年，她一直无法生育，婆婆对她渐渐冷淡，怂恿丈夫将她休弃另娶。起初丈夫不听母亲的话，执意带着她四处求医，看能否怀上孩子，但努力几年未果，丈夫也渐渐心灰意冷，终于还是听了母亲"不孝有三，无后为大"而与她离婚了。离婚后，她只身收拾个人物品离开夫家回到娘家生活。

一般情况下，先提出离婚的一方由于其理亏而要受到相应的惩罚并对对方进行相应的赔偿。按照布依族习惯法，离婚的程序是由先提出离婚的男方请来舅方（女方的叔伯兄弟），共同商议婚姻期间财产的分配、子女的安排等问题。财产的分配原则上谁提出离婚，夫妻婚姻中的共同财产就归另一方所有，但也视具体情况而定，共同商议财产的归属。最后，如若持有结婚证书的还须去乡里面办理离婚手续。

此外，夫妇离婚时如果育有共同的子女，子女一般归男方家所有。但如若子女年纪较小，也可由女方带走，但长大成人后子女必须回到男方家庭。

也有双方离婚，男性离家而嫁入的女性留在夫家生活的情况。

个案：ZY寨有个男子王某，已婚，妻子与之同岁，生有两个儿子。然而他在乡里面工作多年，喜欢上了一个年轻貌美的女子，并与之在外同居，后想要休掉家中的糟糠之妻另娶。无奈两个儿子已经长大，加上妻子并无任何过错，是他单方面地要与妻子离婚，舆论的压力使他无法将妻子休离，只能一直与小三在外生活。后来几年里，他们家一直保持着一夫两妻的状态。因为他与妻子没有领过结婚证，因此直到后来家中的妻子同意与他离婚时都是按布依族习惯法协议离婚。协议的结果是：ZY寨的房子与一切财产归妻子与儿子们所有，以后男子可以自由再婚，但不得回来占有房产与土地。寨中还有一个案例情况也差不多。杨某已婚，有一双儿女，然而外出打工与一个有三个孩子的已婚妇女厮混，后两人竟然都想要各自离婚在一起。杨某的妻子与家人皆不同意,家人甚至放话说:"我们宁愿认这个媳妇也不认你。"杨某离婚未果,妻子也一直生活在男子家族中,男子自那之后也无颜再回来要求离婚。但夫妇二人事实上与离婚无异,在布依族人看来,两人已是分开了。

2. 女性再婚

(1) 夫亡改嫁。布依族不论男女都有再婚的自由,因此女子改嫁在布依族社会并不是什么稀罕事。但寡妇改嫁前,首先要安排好亡夫父母的养老事宜,给予他们一些养老钱;其次还要安排好亡夫父母的后事,即为他们准备好百年后的棺材、寿衣等物品。有的地方,寡妇的新夫还要付给妻子亡夫烧灵费。

(2) 女性改嫁带来的子女。女性不论是因离婚改嫁还是因前任丈夫去世而改嫁,都有可能出现带着子女改嫁的情况,俗称"随娘子"。女性改嫁带来的子女在现任丈夫的家族中的身份比较特别。他们作为女子的子女,女子改嫁后的丈夫变成了他们名义上的父亲,但他们又与现在的"父亲"没有任何血缘关系,在女子改嫁之后的家庭中也和血亲的子女们一样被当作孩子对待。

但是,女子改嫁带来的子女如果是男孩,情况就会更加特殊一些。布依族社会是较为传统的农村社会,重男轻女的现象一直存在,男孩被改嫁的母亲带去现在的夫家生活到了一定的年龄是必须要回到亲生父亲家中的。如果到了年龄,母亲还未将男孩送回,前夫家人可能会带人将其要回。

如果男孩的亲生父亲已经去世,或因其他原因男孩不想回到亲生父亲的家中生活,也可留在母亲身边,但如此一来,男孩必须通过认亲仪式,认母亲的现任丈夫为其父亲,并将其姓氏改为母亲现任丈夫的姓氏。其从此以后即被母亲现在的家族所认可,真正成为这个家族中的一分子,他可以和母亲现任丈夫的孩子一样享有对母亲现任丈夫财产的继承权。

个案:YJ 寨卢 RL,男,36 岁。亲生父母在他 5 岁时分开,母亲带着他改嫁到了别的村寨,他和母亲一起在那个村寨生活了 20 多年。由于母亲舍不得他离开,继父视他也如亲生孩子一般,在他成年后,他没有回亲生父亲的家中生活，一直在继父家中娶妻生子。他的妻子就是继父寨上的，因为他还是随生父姓，因此可以与继父村寨中与他无血缘关系的适婚女子结婚。后来他的母亲去世，生父也垂垂老矣。生父这边的亲人一直叫他回来，加上继父这边的财产似乎不够分配，因此在他的生父离世之前他回到 YJ 寨认祖归宗，为生父养老送终并继承生父的财产。

然而，对于女子改嫁带来的女孩子就没有太多限制了。女孩可以一直随母亲生活，直到出嫁也可以不用回到生父家中，甚至在她长大后嫁给继父家族这边没有血缘关系的男孩都是可以的，更多的是看实际的情况和女孩自己的意愿。但是，当女孩长大要出嫁时，生父必须为其准备嫁妆。

（3）招赘婚。布依族社会中，如果丈夫先于妻子去世，一般情况下，只要妻子愿意，可以一直生活在丈夫的家族之中并继承丈夫所有的财产。除非她要改嫁离开，则丈夫留下的财产她须留给她与丈夫所生育的孩子，如果没有孩子的则归与丈夫血缘最亲近的兄弟、叔伯所有。但在这里笔者要描述的是另外一种更加特殊的情况，即丈夫去世后，妻子招赘男子入死去的丈夫的门。

个案：ZY 寨王 XX 生来便有驼背的残疾，长大后和同样驼背的下游寨子的女子结了婚。两人婚后生了两个健康的儿子，生活幸福美满。但孩子还小，丈夫便去世了，妻子只好辛辛苦苦地一个人养育两个孩子并侍奉公公。丈夫的兄弟们看她一个人生活艰难，便商量着让她招赘男子来上门。在丈夫死去后，如果她要招赘，夫家人则将她当作女儿一般看待，招赘入门的现任丈夫必须和她一同侍奉死去丈夫的双亲，祭祀亡夫的先祖。只是，她和现任丈夫的孩子可以不随亡夫姓，可以随现任丈夫自己的姓氏。

（4）转房婚。布依族中还有丈夫去世，女子直接改嫁给丈夫的哥哥或弟弟的情况，人们叫作"叔嫂婚"。这种情况在布依族社会中较为常见，首要原因是过去的布依族家庭较为贫困，而婚礼需要花费大量的财力；并且，男多女少的局面造成男子娶妻困难。因此，如果家族中的壮年男子去世之后，家族中人会优先考虑撮合女性嫁给家族中未婚的男子。笔者曾经问过为什么要这样做，人们告诉说："肥水不流外人田，不早些安排女子改嫁给她亡夫的兄弟，她就嫁出去了。再说了改嫁到别村对她自己的孩子也不好嘛，总归在自己家族里，家里人不会亏待了孩子。"

此外，还有嫁入的女性死亡，死去的女性的姐妹嫁给姐夫或妹夫的情况，布依族称为"填房"。

个案：YJ 寨卢 W 娶了下游村寨的一个女人，后来那个女人自杀死了，但卢 W 一直还维护着两家的姻亲关系。几年之后，女人的妹妹成年了，她喜欢上了姐夫，并主动要求嫁给姐夫。她嫁来的时候，因为卢 W 不是初婚，因此不能按照布依族传统婚礼那样大操大办，加上之前她的姐姐嫁来时就有嫁妆，因此，娘家人只是为她添置了一些嫁妆将她送到了夫家来。卢 W 于是和自己的"小姨子"结成了夫妻，并生了一双儿女。只是好景不长，十多年后，卢 W 的第二任妻子，也就是他的小姨子也去世了。

两年多后，卢 W 家族中的一位堂兄弟因病去世，家族中人连忙将他和堂兄弟的妻子撮合在一起。起初堂兄弟的妻子还有些抗拒，但她本身有一个孩子，顾虑着改嫁离开孩子跟着她过不好，还不如就改嫁给亡夫的堂哥，都是家里人也不会亏待了孩子，便松口答应了等亡夫丧期过后两人便生活在一起。

这样的案例在布依族社会中很多，因此那个村寨有这种案例发生人们都不会觉得奇怪，更不会瞧不起他们，重组的家庭由于再婚妇女由媳妇到女儿这样身份的转变维持了原本姻亲关系的格局。

第二节　婚姻规则与制度

继嗣、结群是一个家族在社会中存续发展的途径，而在地域范围内寻求更多的资源，婚姻则是社会结合最重要的方式。扁担山地区的内婚制多以一种"交换"方式展开，通过联姻再次将熟人社会中渐渐疏远的亲属关系拉近，两者相互为用构成更为强大稳定的共同体。此时婚姻的缔结不仅仅取决于当事人的个人情感，它还受社会、经济、地域、制度等多方面因素的制约。扁担山地区的传统"赶表"习俗让青年男女在婚前有着较为自由的交往活动，但是当涉及婚姻及其背后庞大的家族、村寨等集体利益时，婚姻的基础和动机往往离不开经济、子嗣、情感三大因素。时代的不同使得这三大因素在不同的环境中所占的比重有所差异，它们的重要性随着时代的变更而有所改变。在革老坟村，已婚的老年夫妇在择偶时更注重女性的生育功能，男方家庭更喜欢选择家族兴旺的女子为结婚对象，子嗣的传承是维系婚姻的重要内容；中年夫妇在择偶过程中个人的情感因素已经超越上一辈的子嗣传承，在经济条件适合的前提下，爱情的主导和个人的自由在婚姻中得到充分体现；而现代社会各种外来文化影响着已婚的青年夫妇，他们在择偶过程中更看重经济方面的因素。在婚姻缔结中婚姻选择的标准是动态发展的。

长期以来，"大杂居，小聚居"生存居住模式使得各个民族因不同地域特征和风俗习惯而带来的异文化圈不断渗透重合，出现了文化交融现象。汉族逐渐成为一个具有凝聚力的核心，不断向四周的各族辐射。对于扁担山地区的历史进行追溯，明代"调北征南"后，扁担山地区的原居民在传承本民族的一些传统婚恋习俗的同时，随军而来的汉族的传统婚姻文化和家庭观念也深深影响着他们，继而该区的婚恋习俗、节日等社会文化也表现出多层次的特征。扁担山一带的布依族居民有自己独特的风俗习惯，在特定社会文化区域内历代的族人在日常生活中长期流传、共同遵守。当地流传的一些布依族古歌的资料中"浪冒浪哨"的歌词内容表明，古时候布依族青年是婚姻自由的。《大明一统志》中所说"男女自婚"指的就是男女婚配自由择偶。后来由于各民族的交往逐渐频繁，各族文化互相交流和影响，汉族文化的渗入最为深刻，"渐习汉仪"使得布依族慢慢改变了婚姻的方式和礼俗，"浪冒浪哨"不再是布依族婚姻缔结的必须要件。

一　革老坟村的地域通婚圈

以革老坟村为例，当地区域的婚姻圈主要是本村、邻近村之间通婚。随着公路修建、打工潮兴起，通婚范围不断扩大，出现了省内通婚和跨省婚。

(一) 村内联姻

村内不同姓氏之间开亲。革老坟村以王姓为主,村里外迁来的杨姓、伍姓等在村里扎根生活。村民认为儿女婚配,选择近一点的,知根知底,联系方便,遇到事情亲戚之间更容易帮工走动。村内婚在革老坟村并不多见,原因是村内非王姓的家庭只有13户,适婚人数相对于王姓的309户十分缺乏。在调查中发现,革老坟村有两例村内婚。

> 伍YC,38岁,她的父亲在六枝矿务局上班,后来分到革老坟村当农会主席,举家从关口迁住革老坟村。同村王TM和伍YC的哥哥关系较好,平时喜欢到伍家做客,伍YC在19岁的时候和TM恋爱结婚。TM嫁给同村的丈夫,两家走动更频繁,丈夫外出打工时,哥哥在家帮忙管田。
>
> 韦家婆婆的儿媳王KN,是本村王FQ的女儿。韦家婆婆只有一个独子,平日独子上坡做活,照顾韦婆婆。王KN和她的丈夫是同学,早年外出打工又在同一个工厂。在外打工期间,她的丈夫经常在经济上照顾她,王KN心情烦闷时,他还带着外出散心。王KN喜欢韦家儿子,而且结婚以后不用离家太远,两人便回家办了酒。王KN现在在家照顾婆婆,每天还能帮留守在家的父母送饭。

(二) 邻近婚姻

邻近村落间的联姻情况很常见,在调查抽样中,革老坟村的嫁娶人多分布在与革老坟村邻近的村寨,而且这些村寨之间联姻关系由来已久,联姻的村寨相对固定。过去人们生活在大山深处,交通不便,村里人很少外出,人和人之间关系圈十分狭小,很长一段时间内人们接触到的或者通婚的都是本族人。这些村寨相聚不远,语言以及风俗习惯趋于一致。关系亲密的姻亲熟人之间常走动,"亲人就是吃住在一起,生活在一起。"革老坟村结群认亲的重要依据就是能够经常交往,那些距离较远的有血缘关系的人,比如对革贡村的王姓亲族,革老坟村的村民很少过去认亲,只是口头表述"几百年前是一家的"。这表明当地居民的结群理想以地域为出发点,进而我们可以得知邻近婚姻在此地普遍存在的原因。此外子女的婚姻大多是通过亲戚、熟人互相介绍来的,子女产生婚姻矛盾时,他们还可以作为中间人调解。他们的婚姻选择遵循就近原则，最远也仅仅是行政区域上的跨乡联姻，"女儿嫁得近，可以帮娘家做事，我们都结亲好几辈了，哪个村里都有认识的人。想结亲，都要找媒人说"。在熟人社会里联姻，随着亲属关系的不断加深，婚姻圈相对封闭在某一区域。

卢XX的妈妈从革老坟村嫁到可布村，卢XX通过舅妈介绍，嫁来革老坟村，夫家和外婆家都在革老坟。卢XX的堂妹随着她介绍也从可布嫁到革老坟。

王LL，男，29岁。"我们是通过大妈介绍认识的，大妈也在关岭，大妈和大伯是表亲，我和老婆也是有远亲，一个村好几家都沾亲。"

王TW，男，46岁。"这边很多村里的人都有亲戚，我姑姑是嫁到布依郎，因为我奶奶是布依郎来的，我姨妈嫁到红运，她又介绍我老婆嫁给我。亲戚认亲戚，朋友找朋友。太远了没人来往，也不知道那边村子的人家怎么样。我们都是一个族的，结婚要先打听那个人好不好，老人介绍的都知道谁家怎么样。如果赶表认识别的村里的想结婚了，你也要认识那村里的人，让他帮你打听。结婚以后吵嘴，那些一个村里来的都帮着劝架，都是一家人嘛，听听老人的话也好。"

马WY，女，46岁，可布村人。"不是我不想找外面的，我也想走远一点找个好人家。我们这边村里人家穷，城里的布依族看不上我们。姨婆找我妈说亲的时候，我妈说要找旁村认识的，以前田里事多，家里还有活，我爸妈身体不好，我是家里的大姐，下面的弟弟年纪小，不能做重活。嫁到这里，农忙我也可以去帮忙。"

同时，邻近村寨间的通婚和当地的市场有很大联系。这些联姻的村寨处在同一个经济交往圈里。红运、可布、落别、大抵拱等市场周边村寨，它们之间婚姻关系密切，很多人在赶场时认识互助，在买卖中可能会散播婚姻嫁娶的消息，赶场结束后青年男女来到附近市场上赶表，他们相约对歌、交流玩耍，增进感情，结成婚姻。赶表的场地固定在某些场集和长坝，周边联姻村寨的布依族青年男女都可以来这里玩，集市是邻近村寨通婚的媒介。

马TF，52岁。"我和老公是赶表认识的，我家住红运村。他随着别人来这里玩，跟我们村的姐妹对歌，我是被他喊出去的，我们在一起2年，父母打听他家之后就同意我们了。革老坟、坡桑、布依郎、裸嘎那边赶场天都来红运这里买东西，平时我们都在家干活，赶场的时候才出来走走。年轻人来场上很多是来玩的，他们一起唱歌、谈恋爱，因为晚上要回家，也就是离得近的人才来。我们不去关岭那边，路太远，他们也不愿意来。老人在场上认识了，有的结了朋友，顺带把孩子的婚事说定了；年轻人出来玩，有感情了，回去就结婚了。"

熟人圈和市场圈从一定程度上限定了当地人的交往圈。人们在这个关系圈内选择通婚对象。相对狭小的关系圈促使邻近村寨间的婚嫁成为主流。

（三）省内婚

20世纪80年代以前，省内婚和跨省婚在当地几乎没有，随着经济发展，革老坟村民走出固有关系圈，年轻人外出务工、学习，和不同地方的人交往。父母对子女的婚姻不做过多干涉，人们的婚姻理念转向自由结合，婚姻不再受区域限制，婚姻对象的选择由邻近村寨扩展到省内其他县区和城市。

王FG，男，49岁。他的女儿嫁给晴隆县的汉族男人。王FG说女儿女婿两个人在浙江打工认识，当时王FG反对女儿嫁出去，主要因为晴隆县太远，女婿又听不懂这里的布依话。但是女儿不听劝，王FG见他们感情深分不开，最后同意两人结婚。女儿女婿两个人现在常年在浙江打工，一年才能回家一次。

吴XX，贵州紫云县人，5年前嫁来革老坟村。过去丈夫在紫云做生意，两人通过朋友介绍认识，吴XX跟着丈夫跑生意，两人产生感情。婚后吴XX在村里住了两年，生了一个儿子，还学会了这里的布依话。平日里她能和公婆以及村里的人简单用布依话交流。

支书的大女儿王XL，初中毕业后在贵阳读中专，在学校认识了水城的丈夫，两个人是同班同学，毕业以后两人考取了镇宁县城的公务员，在镇宁县城买房以后定居工作。

（四）跨省婚姻

跨省婚极大扩大了革老坟村的通婚半径。省外婚配对象多来自湖南、四川、广东、浙江等地。随着市场经济发展，全国乡镇人口多流动到经济发达的大城市，各地农村劳动力离开家乡到城市打工赚钱。革老坟村80%的人在外打工，村里的年轻人初中或高中毕业以后，随同村里的熟人外出。他们在工作的地方认识了不同省份的姑娘和青年，有了感情以后自然有意愿结婚。

> 王FL的妹妹嫁到了四川。妹妹初中毕业以后在广东打工，认识了四川来的小伙，两人在广东谈了4年，家人一直不同意小妹外嫁。后来小妹直接跟着小伙回了四川，王FL的爸爸很生气，还让王FL到广东接小妹回来。小妹回家以后假装和四川小伙分手，家里人不再追问后又和同村的姐妹跑到广东，她和四川小伙在广东请朋友吃饭，算是结了婚。一年后小妹带着孩子和老公回家赔罪，她老公拿了1万块钱赔礼，时间久了家人也就同意了。

> 张嫂，女，汉族，32岁，江西人。和王大哥结婚10年，育有一女一子。"我家里是江西的，和他是在浙江打工认识的。我们一个厂，当时厂里追我的人很多，他面子小，看见我们女孩子害羞。当初我就是认准他人心眼好，老实，不像别的男的讲那些好听的话。我跟他来的时候我妈反对得最厉害，她听我要嫁到贵州很生气，说贵州太穷了，她又不知道镇宁在哪儿，一听就觉得很远，不让我过来。后来我怀了小孩，在浙江有的，我妈没办法就同意了。虽然同意了，她在家还是一直念我，心里是不愿意的。我婆婆家就很愿意我来，老公刚带我回这里，他家里人看见了很高兴，夸我长得好看，晚上他家里人还请了很多亲戚来家里吃饭。那几天村里人都知道我是外面来的，都来家里看我。结婚以后我就留在家里带小孩，老公怕我在家里不惯，帮我开了个小卖部。刚来的时候，我听不懂这里人讲话，而且这里到处是山，我想出去买衣服都不方便。有时候我晚上睡不好，后悔嫁过来。后来村里修了公路，我可以坐班车去县城，婆婆对我也好，老公

也能赚钱，我跟着村里那些在外面打工回来的大嫂学讲这里的话。现在儿子也要考初中了，成绩很好。其实我们村很多是女人嫁到外面的，听老人讲以前不兴找外面的，我们这些外来的也是最近几年才有的。"

通婚圈是长期形成的以地域为导向的婚姻区域，其范围大小随社会的发展而改变，并在动态中调整以适应，通婚圈的变化间接反映了当地婚俗文化的转变。地域认同和文化限制在本质上就是族群认同，在族群认同的基础上派生出地域认同。

二 婚姻的现实功能

婚姻产生的动机有三种，即经济、繁衍和爱情。婚姻的基本价值体现在它的社会责任和义务，只有满足了维护亲属团体和社会利益的期望，才得以保持它的"独特地位"。正是基于婚姻的社会意义，人们才认为它是不可缺少的。离婚、私奔和婚前怀孕等行为往往被社会（朋友、亲属团体及其他）所反对。我国历史上长期以来的传统观念中，婚姻是"合两姓之好"，生育子女是家庭的大事，绝不是个人的行为。在布依族传统社会婚姻存在的主要目的并非是男女当事人个体情感的融合，它的存在往往依附着当事人背后的家族利益，男女双方家庭希望能够通过子女的婚姻达到繁衍子孙、资源交换（物）与家的联合（姻亲）目的。

（一）子孙繁衍

为了实现家族的繁衍存续，必须有子孙后代"延续香火"，"人"的再生产是群体生存的最终目的。"人活着就是结婚生孩子，有孩子家就大了，多个人多个劳动力，家里的财产一代传一代，我这个家一辈辈传下去，家里出来几个能人光宗耀祖，我们死了也高兴。"

现年65岁的伍婆婆12岁的时候就被父母包办婚姻，19岁怀孕生子后到夫家长住，她和丈夫在一起生活了45年，一共生育3男2女。谈及自己的婚姻，她很满足。"小时候不知道什么是包办结婚，就是我的爸爸带我到婆婆家来，回家以后我哥哥告诉我说我已经是他们家（夫家）的人了。我不喜欢赶表，去了也是和姐妹一起，男孩子让我出去走走我不好意思，他们都说我结婚了嘛，再出去找别人不好。生孩子之前也要去他家帮忙啊，有时候他也来我家帮我哥哥砍柴种洋芋。17岁那年种稻谷的时候他来接我过去，那时候很怕羞，不敢和他讲话，只是和小姑玩啊，晚上婆婆让我们住在一起，然后就有了老大。婆婆很高兴，给我家老大买了手镯啊，我妈妈也教我绣了小孩子的衣服、背带，那时候条件不好，没得饭吃，公公还到河里抓鱼给我，他们那时候对我都很好。生了老大以后我想出去找事情做，婆婆他们就说'你不要出去，那些活都是给男人做的，又脏又累，你就在家带孩子，喂猪种菜就行了。'公公他们很疼小孙孙，上坡割草也要带着，现在我的孙子也都读书出去打工了。我婆婆那时候就讲说'你看对门那家，孙子那么少，以后死了都没人抬棺材哦'。现在计划生育了，国家不让生很多，一家有两个也可以了，他们（儿子儿媳）都在广西打工，一年都不回来，我在家很孤单，有了小孙孙带我也有事情做。你看这个小卖铺不大，每天那些娃娃放学过来买零食我也很高兴的，谁家娃娃钱不够了，喊我奶奶我就让他们拿走了，都是本家人，看着小娃娃高兴我也知足喽。"

有些家庭的长辈希望子女读书以后就可以结婚生孩子，这样长辈可以尽早抱上孙子，家里子嗣越多，家族越兴盛，家里举行红白喜事的时候那些亲族都会过来，也会更加热闹。

王TK，今年32岁，20世纪80年代出生的他年轻的时候并没有经历赶表。2003年，高考落榜的他到广东打工，他是家里的长子，当时家里条件不好，父亲又生了重病，家庭重担全落到他一个人肩上。在外几年他一直没有谈朋友，后来父亲病危，弥留之际希望可以看到孩子成家生子，在自己死后能后继有人，在亲族面前有颜面。于是王TK的母亲托媒人在六枝娘家那边找了个布依族姑娘，过年的时候把姑娘接来就算是完婚了。虽然没等到王TK的儿子出生爸爸就去世了，但是他很放心地走了，临终前还说王TK没有给他丢脸。

可以看出王TK谨守传统的孝道，为了让他的父亲有个善终而选择婚姻。他父亲的愿望是简单的子孙延续，这个愿望间接促成了一桩婚事。在革老坟村以及周围其他村寨里都有类似的情况，婚姻当事人即使开始不情愿，他们也很少和父母正面交锋产生冲突。

(二) 资源交换

人类的一切活动行为，都受到能带来奖励和回报的交换活动所支配，人们的相互关系是一种交换关系，婚姻亦是如此。婚姻没有单方面给予，也不存在单方面获取，婚姻是男女双方的一种交换。理想的配偶是从自己的社会阶级、宗教、人种或邻里团体中选择的，扁担山地区的布依族婚姻在满足各种传统规则的前提下，缔结对象的选择通常以"资源交换"为重心，这符合"门当户对"原则。这一现象在包办婚姻中尤为突出。子女从出生到长成，孩子的婚姻是整个家庭的头等大事，在选择结婚对象的时候父母不仅仅考虑孩子之间感情是否深厚，他们更关心孩子结婚以后能否生活得比现在轻松，两个家庭是否能通过联姻获取更多的利益。

不论是父母完全包办还是男女通过赶表父母半包办而缔结的婚姻，男方家庭和女方家庭在婚姻中扮演不同的角色，在利益观念驱使下，他们在选择的时候都会有自己的打算。女方家人在决议的时候会优先考虑男方的家庭背景和经济条件，这样女儿婚后才有物质保障。而男方家庭在选择的时候除了考虑这些因素，也比较在意女方的相貌和个人品格。有了充裕的聘礼和嫁妆，那些相貌出众在赶表场上活泼的小伙姑娘从来都不缺乏追求对象，他们的选择范围也比较广，也能够更加顺利地步入婚姻。男方家庭认为孩子娶妻是一种投资，新媳妇的到来不仅能带来一定的物质，还能给家里增加劳动力，繁衍后代生育子女。即使在前期男方家需要支付女方家一定数额的聘金，后期的收益远远比前期投入划算。

不同时期的男子支付彩礼金额表

个案名称	Y	T	L	F	F	T	T
男出生年份	1937	1943	1952	1967	1975	1986	1992
结婚年份	1956	1960	1975	1985	1997	2007	2011
聘金额度(元)	60	140	420	1200	4200	8200	22000

在结亲过程中，收付彩礼是必不可少的一个环节，这里只是简单列出了聘金的具体数额，并没有包括婚礼中各种物品（酒、糖、肉、衣服、

房屋家具等）的花费。从上面的表格可以看出布依族社会在结婚的时候男方家庭要支付高价聘金，"不讲彩礼身不贵"一直流行坊间，而且随着时代的发展，人们生活水平的提高，金额越来越高，那些家庭困难的男子往往因为礼钱不够一直讨不到媳妇，而有些人家因为给孩子娶妻四处借钱，生活质量大大降低。婚姻支付对于一个家庭来说是最大的一笔支出，父母当然不希望这笔辛苦赚来的钱打水漂，所以在孩子结婚前都会把关，能找到一个家境相当的亲家自然是最好不过。

　　王芳 sun，男，53 岁，父亲曾经是革老坟村办事处主任，在外当兵 5 年，家庭条件富足。因为初中毕业后就在山东当兵，他并没有参加过村里的赶表活动，现在的妻子是家人介绍后相处来的，妻子娘家在红运村。

　　"我 16 岁出去，当兵回来都已经 21 岁了，那些从小定娃娃亲的都是老古董了，我也是不喜欢赶表的，每天不去做事，一群人去唱山歌我都看不惯。你大妈（王芳 sun 的妻子）也是不喜欢赶表唱歌，就在家绣花做衣服。我回来以后我妈妈就问我'你想不想讨老婆，红运村支书家的女儿和你年纪差不多，还没有成家，她妈妈和我是好姐妹，如果你愿意，哪天她来我们村玩的时候我指给你看。'后来我见了她，觉得还可以，听说她手巧，我本来就不大喜欢说话，赶表招不来姑娘，况且我妈妈说她家的爸爸是支书，我们两个也算是'门当户对'，不用担心以后没钱花。"

对于孩子在赶表时找到的对象，男方家长会在打听女孩家境以后再作考虑，如果满足传统规则，男方家人很少像女方家长那样在乎女孩子家是否富裕，因为在结婚以后即使出现离婚现象，女方的损失要远远大于男方。

　　关于婚姻得失，笔者和王家的卢婆婆交流。
　　问："你觉得孩子结婚，最大的问题是什么？"
　　答："赶表的时候不是一个姓可以耍朋友，如果没有太过分（违反传统规则），我们都会答应的。现在孩子谈对象都有自由了，不像我们那时候，父母定了就定了，我们没得选择。虽然他们现在自由了，但是结婚要花的钱更多了，我们那时候只要几百块，他们现在要几千、几万块，我儿子前年结婚花了3万多，家里一下子拿出来那么多钱还是有点吃力的。"

问："他们都说生儿子虽然结婚时花钱多，但是是一种投资，不像我们家那边，生儿子要从小存钱给儿子买房，生女儿就花费很少，他们都说儿子是'建设银行'，女儿是'招商银行'。"

答："是啊，结婚真的要花好多钱，不过我们这里的人结婚，娶了媳妇回来好好过的话就是一种投资，她来我家帮我干活，给我生小孙子，还可以帮我照顾家里的事。"

问："那如果有些人，比如'不落夫家'期间，新娘子又不愿意了，你们花那么多钱最后不是人财两空了？"

答："我们这里只要是没有'戴假壳'的新娘都可以去赶表啊，她们有的只是在家里无聊了才出去和姐妹一起唱歌，那些从小被定亲的可能在赶表的时候遇见自己喜欢的，没关系啊，如果是女方家里后悔了，我们男方家给的礼钱他们要还的，有的时候还要加倍，男方家不吃亏的。"

问："那如果是男方遇见更喜欢的反悔了呢？是不是那些礼钱就要不回来了？这不是赔钱吗？"

答："这种情况也有啊，但是不管怎么说女孩子总要来到夫家干几年活的，还有的生下了孩子，当初的那些钱就算是买了人来生孩子、干活。"

在布依族社会，虽然离婚是件不太光彩的事，但是如果给予的赔偿到位，离婚也不是一件难事。那些因为无法生育而终结的婚姻往往男女双方当事人都能平和地解除关系，没有过多地涉及金钱赔偿。而如果是因为另有新欢而结束的婚姻，里面往往会掺杂着金钱纠纷。如果是男方提出离婚，传统的女方一般选择沉默，她们往往把离婚的过错归结到自己身上，或者为了家族颜面选择忍耐，悄悄结束这段婚姻；而那些性格鲜明的女子会向男方索要一定金额的赔偿，当然结婚时的聘金是不会归还的，可能她们还会带走当初从娘家带来的衣物。如果是女方提出离婚，男方家庭除了要回当初婚礼花费（聘金、酒肉钱），还会向女方翻倍索要赔偿。

> 我和前夫从小一起长大，家里在我们 20 岁的时候就让我们结婚了，结婚以后一直没有孩子。1996 年我出去打工认识了现在的丈夫，回家过年的时候我妈妈让我到前夫家送粑粑，我不愿意去，我前夫来找我，我也不愿意见他。后来我和妈妈讲我在外面有喜欢的人了，我妈妈很生气，爸爸也不愿意让我回家，说我丢人，让我不要给别人讲，如果婆家知道了就会很麻烦。但是纸哪里包得住火嘛，后来我前夫还是知道了，他带着家里人过来拉我去他家，我哭闹着不去，被他们捆起来带走。我天天哭，后来我偷偷找到村里一个小姐妹让她帮我打电话给现在的丈夫，告诉他我快死了，让他来救我。过了几天我丈夫就来了，和前夫的家人理论，前夫还找了人要打他，后来我就说再不让我走我就撞柱子，前夫家里的人没办法，就说同意放我走，但是要拿钱赔。他们要了好多，我听妈妈讲订婚的时候他家只拿了 4000 块，现在问我们要 2 万。我们哪里有这么多钱，后来还是我丈夫问他哥哥借钱，我才顺利和前夫离婚。

和卢婆婆的观点对应，男方家庭虽然在婚姻中投入一定的资金，如果婚姻顺利，男方家庭得到了一个媳妇，还能早日抱上孙子；不顺利，男方还有机会再次结婚，如果是女方反悔，男方家庭还可以得到赔偿，因此对男方家庭而言，婚姻是一场"保本不赔"的交易。

而对于女方家庭而言，有了日益高涨的聘金，和那些微薄的嫁妆比起来，女方家庭通过子女的婚姻可以收获一部分数额可观的资金，因此在传统观念里，婚姻有了"买卖"的性质。女方家庭在选择女婿的时候会很关注男方家庭的经济情况，如果是贫穷的男子来提亲，他们会说："我家女儿虽不是凤凰，但也要有个巢来挡风雨。"一方面他们不愿意自己的女儿嫁出去受苦；另一方面他们不希望日后得不到女婿家的帮持却还要贴补女婿家。

> 王 TH，男，今年 68 岁，父亲曾经是革老坟村的地主，2 岁的时候父母为其定了亲，对方是老抵拱村堂舅家的女儿，比他大 4 岁。

1949年后，村里响应国家号召打倒"地主"，王TH家成了典型。土改和"文革"的时候乡里派人收了他家的银元、古董家具，把那些房产和田地没收。他的父亲被人用石头砸，棍子打，乡里人都不愿意跟他们家来往。王TH从此家道中落，他的表舅为了和他们家摆脱关系不受牵连，主动退婚。"本来我只知道要和表姐结婚，小时候和表姐一起玩，不知道定亲是什么，那些都是老一辈的人愿意的。后来我姐姐说我以后讨不到老婆了，舅舅退婚了。听说她后来嫁到红运去了，那家以前不如我家，但是也比一般的人家条件好。她打小也是好人家生养的，没吃过苦，不跟我结婚就不用吃苦。后来我都30岁了，还是没结婚，我母亲也着急啊，让我多跟着村里的年轻人出去赶表，你说我都那么大了，嘴也笨，好的姑娘都看不上我。好容易有个喜欢的了，家是关口的，我和她赶了两年多，去她家要亲被她哥哥赶了出来，说是嫁得太远。这个也是我们俩没缘分。我现在的老婆是孤儿，在外婆家（卡棒村）长大，她舅舅看上我家的水牛和马，我母亲就用水牛换了她来。虽然来我家也是吃苦，但她家里平日都吃不上饭，只晓得地主家比农民好，来我家再穷也有口饭吃。"

韦LC大妈，从落别乡嫁到革老坟村，"我家女儿自小是我带大的，哪里让她吃过什么苦。我年轻时不懂事，和姐妹赶表认识了你大伯，当时就是喜欢他啊，哪里像现在的人想好多，一定要嫁给大财主家。我在这家里受苦，怀我女儿的时候老公在外面盖房回不来，婆婆腿脚又不好，家里的稻谷熟了没人割，我一个人到坡上还摔跤。别家有钱的请人来收，我家没钱，只能自己去。过年赶场也没钱给小孩买新衣服。生了老二以后家里条件才慢慢好，都是在云南那边修房子挣的。前几年我女儿找了计拱那边的一个男孩子，都在镇宁读书，他们家很穷的，听说家里的房子都要倒了，一家人要吃国家补助生活，她想嫁过去，那不是往火坑里跳嘛！我们家虽然也不是有钱人家，但是有钱给她买衣服穿，有口热饭吃，她嫁过去我是不到那面看她的，她在那边肯定要受苦的，我心疼得睡不着觉。"

女方家可以通过结亲获得高额的彩礼钱，得钱之后可以缓解经济压力。有些家长单方面找有钱人家给女儿包办；有些女方家长在男方前来提亲之前会向媒人透露自己想得的钱财数额，而有些家长会直接在男方前来提亲时说出这个数额。如果男方家满足条件，他们就同意这门亲事，如果不满足，他们就拒绝结亲另外寻找合适人选。

　　YL，女，37岁，从落别嫁到革老坟。"16岁那年我还在读书，奶奶突然生了很重的病，花了很多钱。放假回来，父母跟我说家里没钱让我念书了。姑姑从卡棒姑爹家来，她说有个姐妹托她来提亲。为了给奶奶办丧事，我只好同意嫁人，他们家拿了8000块钱给我吧，开始我很不情愿，因为和从来没见过的人结婚，我会害怕，怕来这里之后丈夫婆婆对我不好。结婚以后我在场上买东西遇到过他，他很有礼貌，买梳子给我，慢慢地我们就喜欢上了。虽然是因为钱我才结婚的，不像你们谈恋爱结婚，好在我现在过得不是太差。我的一个姐妹，她爸爸为了得钱给她残疾的哥哥找媳妇，七八岁就被逼着结婚了，听说现在过得不好，她丈夫天天在外面喝酒。"

　　王XM，男，41岁，家中排行老大，下面有2个弟弟，1个妹妹。"我家兄妹4个，家里条件在村里不是特别好，1998年我出去宁波卖铝材，回来想和布依郎村的马XX结婚，我们是同学，那时候一直写信联系。我小姨以前嫁到布依郎，去她家提亲，马XX的爸爸很凶，问我有没有1万块钱，我那时候没那么多钱，和他们商量能不能给6000块钱，她爸爸不同意。后来我找朋友借了钱，才和马XX订婚。布依郎那边女家得了聘金是要还回来的，这个钱给我们添置家具嫁妆，以后有了孩子要用这些钱给孩子买背带和衣服。她爸爸拿了这些钱给自家买了打谷机，一分钱都没用到马XX身上。"

（三）缔结亲缘

　　在古代中国，婚姻本质是"合二姓之好"，首要考虑的就是符合家庭的利益。自传统社会以来，婚姻作为家庭附属品，人们希望能通过联姻整合两大家族的优势，巩固既有血亲关系，在非血亲群体间建立尽量多的盟友关系，即"结缘"。那些姑舅姨表婚，属于不同家族的表兄弟姐妹是婚姻中最佳的选择对象。交通不便，相对封闭的环境以及种种择偶限制把扁担山地区的婚姻选择范围限制在很小的圈子里。父母包办时代，已有姻亲关系或友情深厚的家长为了扩张家族势力，往往会选择让其子女联姻。"亲上加亲"虽然带有"物质交换"色彩，但同时它保住了上一代牢不可破的亲属关系和友情，两个姻亲集团的成员更加亲近。

个案：马 GR，女，50 岁，娘家红运村。"我们这边能开亲的很少，太远的又不愿意让女儿去。来来往往也就是在六枝、普定、大抵拱周围的几个村子找对象。有些还是小娃娃的就结婚了，舅舅家里要，怕女孩子长大就跟别人跑到山外面了。你说他们打小一起长大的，结了婚还是一家人。1949 年前也都是外家娶外甥回来，那样两家关系更好。你晓得学校下面的那个婆婆，姓马的那个，她的婆婆其实就是她姑妈啊。马婆婆是父母早早定亲的，她 16 岁的时候来这边玩（赶表），被卡棒的一个地痞看上，吓得跑到她姑妈家去。她老公很生气，你不知道那次打架场面有多大哦，全村的小伙子都去帮忙，把那个地痞打跑了。如果是外村的姑娘，我们都不会管的。马婆婆打那以后对她老公特别好，她娘家的哥哥还买了马驹送来。听说他们两家从老古董的时候就开亲了，到现在两家人吃酒走亲戚都没红过脸。马婆婆的堂嫂也是革老坟村出来的。现在孩子都出去打工了，堂嫂没事情做的时候就过来我们这里玩。"

姻亲还可以扩大既有关系网络，强化单个家族的势力。

个案：王 FL，男，33 岁。高中时候喜欢石头寨的一个姑娘，想毕业结婚。王 FL 的爷爷打听到那个姑娘的父母离婚，由妈妈一个人带大她。王 FL 的爷爷不同意，告诉王 FL："你不要再想着那个女娃了，她家里没人了。家里的凳子坏了，你到场上买，千选万选选了个瘸腿的来，还是没法用。"后来，他爷爷请人找了布依郎村的一个姑娘，就是他现在的老婆。他老婆的娘家在当地承包木材厂，家丁兴旺，权势也大。婚后王 FL 在丈人的安排下做了厂里的主任，他在工作过程中和妻子的堂弟们到广西拉货，认识了更多的老板。随着生意的做大，王 FL 在革老坟村是有名的"有钱人"。

两个十分要好的朋友之间为了维护彼此间的友谊，他们会把子女的婚姻当成纽带。双方家庭走动频繁，劳动互助、情感互补。

个案：卢CY，女，48岁，和堂妹卢CS从可布嫁到革老坟村，她的妈妈来自革老坟，她们堂姐妹嫁给了革老坟的王姓亲兄弟，从堂姐妹变成妯娌。

卢CY："外婆（卢CY的妈妈）是革老坟村人，她年轻时候嫁到可布，在那边也是有家里的姐妹嫁过去的。外婆和奶奶（卢CY的婆婆）玩得好，外婆嫁到可布的时候奶奶是她的伴娘，那时候结婚可以先在娘家住，奶奶就经常跑来革老坟，她们两个一起织布，我外婆还跟着奶奶赶表，帮那些小伙子传话。那时候她们一起吃饭睡觉，一起到红运卖鞋垫。我外婆怀了小娃娃了，要去可布住了，那时候奶奶也要嫁人，她们就商量让奶奶嫁到革老坟来。这样外婆回娘家的时候就可以在一起说话了。奶奶赶表的时候就喜欢了革老坟来的爷爷（卢CY的公公），他们两个很快就结婚了。后来外婆生了我哥哥，他们打趣说要娶奶奶家的孩子，结果奶奶头胎生的也是男娃，她们就等谁生了女儿，结成亲家。我不爱讲话，那时候不喜欢和男孩子赶表，怕羞，外婆就问我喜不喜欢奶奶家的大儿子，如果喜欢她就让奶奶来提亲。过年过节来革老坟的时候我是见过他的，很老实的人，结婚不就是找个老实本分的嘛。我的姐妹都说婆婆在家厉害，如果嫁给他，我就不怕婆婆了，谁让她还是我的姨妈呢。"

卢CY："我不坐家那几年，到了插秧和秋收时，婆婆就派我老公和二叔（老公的二弟）到我家帮忙。那时候哥哥在外面做活路回不来，家里只剩下我和外公外婆（她的父母），稻谷太多，收不完就烂在田里了。他们来了以后很勤快，没几天活就做完了。我堂妹也是那时候喜欢我二叔的，他们想结婚，没好意思跟她爸爸讲，就托我妈妈去说合。这不，我妹妹也跟着我回来了（从可布嫁回革老坟）。因为我们是姐妹，我婆婆和我妈妈是好姐妹，所以我们几家人都很亲，过年过节都要提酒去的。你帮我，我帮你，大家的生活越来越好。现在不兴说亲了，你们年轻娃娃都出去自己谈恋爱，以前我还想把女儿说给可布的卢XX，我们两家都是认识的，她嫁过去不会受欺负。她不愿意啊，说现在都是自由恋爱了，让我不要搞那些老古董，我说不过她，找了个镇宁县城的女婿。"

很多女孩的家长不愿女儿嫁得远，除了担心女儿在外受苦不方便回娘家，也有考虑姻亲互助的原则。

> 个案：妇女主任杨YQ，从普里私奔到革老坟。"我家在普里，以前来这边路不好走，要翻过那边的大山。赶表认识我老公后，我很想跟他在一起。我妈妈不同意，说这边离家太远了，结婚以后我老公家不好挑粑粑来。以后生孩子，干农活都没人帮忙，有个什么红白喜事两家也不好走动。"

姻亲互助在金钱方面的体现被越来越多的人重视，他们在选择过程中很看中对方家庭的经济状况。传统社会贫富差距不明显，随着经济发展，外出挣钱的人增多，姻亲互助不再是单纯的生产劳作，一些金钱、权利也成为需求对象。即使没有金钱往来，富裕的姻亲总能给对方更多的安全感。

> 个案：王K认为经济是她选择结婚对象的主要立场："我上学的时候总是看男生对我好不好，现在觉得他家条件好不好更重要。现在物价那么高，我在外面上班赚钱不多，也没什么存款。如果他家条件好，我也不用很辛苦，以后有什么大事，生病啊，起房子啊这些，还可以找亲家借钱。如果对方家里没钱，做什么事都要找你帮忙，两家就一起越来越穷了。村里人现在找对象都看家里条件，尤其是女孩子挑老公，你看看那些年纪很大还没结婚的男人家，都是没什么钱的。"

（四）维护家族荣誉

"男大当婚，女大当嫁"，青年男女到了适婚年龄，家族成员认为他们应该顺应自然生活规律，找到合适对象，尽早开始婚姻生活。除了繁衍子嗣、姻亲互助，男女当事人的婚姻不仅是个人魅力和家族兴旺的最好证明，它还在一定程度上维护家庭正常运转秩序，免家族荣誉受损。如果成年后找不到合适的联姻对象，会引来村里人议论。

> 个案："谁家有老光棍、老姑娘，村里人都会讲他们：'他是不是差什么？都找不到人家啊。'"时间久了，这些人就变得沉默寡言，不喜欢出门。他们害怕村里人异样的眼光。父母出门在外也会觉得脸上无光。"上坝坡那边有个打光棍打了40几年的，叫杨TH。以前赶表他都不会讨人欢喜，我们都喊他笨，姑娘看不上他，我们也不喜欢跟他玩，因为太没趣了嘛。都40几岁了还没讨老婆，你不要去他家，他家脏得很。现在他跟着老妈生活，老妈能伺候他多久啊。元宵节我们这里扎龙灯，都不愿让他来，孤儿寡母的，由他们家经手的东西都不好。更不用说让他老妈给别人做媒了，自家儿子都一个人，没人愿意，怕以后说不通，自己的孩子也像那个一样没人要。杨TH其实也蛮可怜的，他家祭祖，叔公他们都不让他上台，说他愧对老祖先。杨TH觉得家里、村里人都看不起他，一个人跑去广西打工，听说在那边找了个相好的，不知道为什么那个女人不来这边。唉！他也没好多钱，要打一辈子光棍了。"

当地人的观念里子女成年后的"分家"既能保持兄弟情分，又能让子女在独立生活中得到锻炼，"分家是儿女真正长大成人的标志，这对家族来说是一件喜事"。男子成年后家族长辈会尽快为其选择合适的结婚对象，好让他们结婚生子后另立门户。

> 个案：村里的成年男人必须在自己的小孩满月酒之后才有权利分得家产，和妻子孩子组建新的小家庭。王FQ的大嫂不喜欢这个小叔子，认为他在家里白吃白喝，偶尔给家里拿的钱数特别少，处处看不惯王FQ。王FQ的母亲不想小儿子难过，托人在可布村找了个好人家的女儿，王FQ也想尽快分出去，和那个姑娘处了半年就结婚，一年后姑娘生了女儿，王FQ的父亲给了他一万块钱让他在祖屋后的空地上另起房屋。

扁担山地区的青年男女虽有自由参加赶表活动，但绝不允许婚前发生性关系，尤其是有了私生子，女方会被整个社会谴责。人们不允许私生子存活，那些被处死的私生子死后变成"独奢"。如果谁家的人和家畜生病了，都说是"独奢"离开母体到处整人和家畜，有的还会被害死。不仅生了私生子的女人被人诟病，她的后代也会受牵连，女人的整个家族都会被人歧视。"独奢"的观念已然是一种习惯法，始终约束青年男女的行为。从客观角度讲，它主要维护女子的贞洁。

宗亲社会很在意女子的贞洁，女子的贞洁事关整个家族的名声荣誉。因此为了避免女儿未婚生子给家族带来灾祸，家长迫切希望女儿找到人家成婚。

> 个案：伍家三嫂："有的女人不知羞，和别人发生关系，怀孕了，这时候就要想补救的办法。家里人找孩子的爸爸和女儿结婚，如果那个男人不愿意，跑掉了，她的父母要找那些年纪大的、离婚的男人来娶，小孩子不能生在娘家。如果找不到男人娶，女人要把小孩做掉，还有的生下小孩偷偷送给别人养，有的就直接丢在没人看到的坡上。最好的办法就是提前早早地给自家女儿说好亲事，即使她怀孕了也不会有'私生子'，她的小孩是有爸爸的。"

三　婚姻缔结形式

扁担山地区的布依族有着独特的民族文化和风土人情，"不落夫家"、姑舅表婚、包办婚、招赘婚等都颇具本土特色，受当地社会文化和规则制约，多样的婚姻类型并存，区别于当地的其他族群。

（一）背扇亲

扁担山地区家里有男孩出生或长到几岁的时候，父母便为其在亲友圈里说媒定亲，在子女尚在"背扇"里时定下娃娃亲。男方家长带着鸡和猪肉到女方家商议开亲事宜，订下亲事后，逢年过节或红白喜事，男方家要带礼物去女方家走动，农忙时节两家互帮互助。一般在子女8—12岁即举行婚礼。婚姻大权由父母或家族掌控，虽然其初衷是一切要有利于维护家庭和家族的利益（经济、阶级利益），通过联姻来扩大加强家族的社会关系网，但是往往年纪尚幼的当事人要牺牲自己的个人情感和婚姻选择权利。比如《开亲歌》里男方父亲的唱词"我同家族商量过，哥家兄弟同意结为亲"反映了在婚姻缔结中家族中长辈和族规的决定性作用。

联姻对象多是原来姻亲集团的"表亲"，还有的双方父母友谊深交情好，他们之间的关系属于前文中介绍的"拟亲属"。作为子女婚姻的掌权者，家长在他们年幼时按照自己的意愿干涉其婚姻，把子女捆绑在身边。虽然家长大多希望子女幸福，但没有情感的人在一起生活容易引发矛盾，子女成年以后若对已有亲事不满，严格的家庭教育以及家长权威会对他们施压，为了遵守根深蒂固的孝道和群体文化，子女只有满足父母意愿。但是勉强在一起的，生活也不会幸福，当事人被婚姻束缚，失去了婚姻原有的意义。

个案：马婆婆，女，红运村人，55 岁。"我们那时候结婚都是爸妈找的人。14 岁说好的。他（马婆婆的丈夫）爸爸是我表舅，我们两个家里有亲戚。那时候结婚不讲感情，赶表大家出去玩，我知道自己是订了婚的，平日里表舅家也带人来帮我家干活。小时候一起玩，他长什么样子我结婚前就知道。我妈说表舅家里条件好，我是他的外甥，嫁过去不会像别家受气。过年我去他家，他们家人都对我好。21 岁我要生孩子了，他把我接来，家里有小孩子玩的竹凳子，都是他一个人做的。"

个案：王 LX，男，57 岁。他在大抵拱玩山认识关口的一个姑娘，两人经常在场上对歌，姑娘年龄比较大，想和王 LX 结婚，王 LX 当时 17 岁，想晚几年结婚。后来姑娘和王 LX 分开，没过多久姑娘嫁给她姑婆的外孙。

个案：韦 XX，女，孔马村人，48 岁。16 岁出去赶表喜欢一个男孩，父母嫌那个男孩家里穷，她的母亲寻人为她定了亲。现在丈夫王 XX 就是被父母选中的对象。韦 XX 的父亲和王 XX 的父亲关系很好，定亲以后，父亲告诉她如果不嫁给王 XX，以后就不认她这个女儿。韦 XX 当年胆子小，知道被家人赶出去在村里要被别人笑话。而且赶表认识的那个男孩没有钱赔给父亲和王 XX，所以她不得不放弃感情嫁给王 XX。虽然两人一起生活了几十年，孙子也有了，表面上日子过得很好，但她跟我讲自己一直不喜欢丈夫，但是女人生了孩子就要定心，虽然遗憾没有反抗父母的包办，现在丈夫在外面挣钱，孩子也听话，她就强迫自己不要多想，安稳地过日子。

这里"早婚"现象十分普遍，少男少女还没有发育成熟就结婚了。根据布依族调查资料和镇宁县志史志资料显示，家长在孩子六七岁的时候甚至刚出生不久就定下了亲事。民国时期，男女订婚年龄为5—6岁，1949年后这种情况愈演愈烈，有的自打出生便被许了人家。1949年前包办婚姻小部分存在于地主和富农家庭，而20世纪50年代以后，包办婚姻在布依族各个阶层普遍流行。20世纪70年代以前，村里75%以上的人在小时候就被父母定了亲，只有极少数因家庭或个人条件不好没有定亲。由于交通不便，很多人没有离开过家乡，本土的习惯法和社会规范约束着婚姻当事人，他们成年以后绝大多数都能成婚，离婚率很低。问及一些当初给子女包办婚姻的老者，他们一致认为如果等到当事人长大再说亲事，好的小伙姑娘都已经订婚了，自己家的孩子就不好找了，婚事早一点说定就能早一点抱上孙子；他们相互模仿的同时也相互竞争，都选择早早给自家孩子找好人家，怕自家孩子被落下来；同时由于本族特殊的赶表习俗，已经订了婚的人家怕姑娘出去赶表野了心，他们在当事人8—15岁便为其举行婚礼，很多当事人不知道婚礼的意义，只觉得穿上新衣服很热闹好玩，婚礼结束后新娘就被接回娘家，大家都知道姑娘已经是有夫家的人，随着

包办婚姻夫妻年龄调查表

男	年龄	妻	年龄	年龄差	年小方初婚年龄	年小方初次生育年龄
王A	56	马氏	45	男大女11	女9	女18
王B	72	马氏	55	男大女17	女16	女17
王C	59	杨氏	66	女大男7	男7	男17
王D	29	罗氏	36	女大男7	男10	男16
王E	51	伍氏	54	女大男3	男16	男19
王F	56	卢氏	47	男大女9	女14	女16
王G	46	韦氏	53	女大男6	男7	男18

封建意识的加深，家族对她的约束也更加牢固。妻子比丈夫年长四五岁是常事，还有年长十几岁的，男方家长认为女的年龄大些容易生育，并且能为家里多干些农活。而且往往家庭越富裕，男女订婚的年龄就越小。受宗法影响，婚姻最直接也是最重要的目的是传宗接代，父母希望子女能尽早结婚繁衍后代。由于当事人年龄幼小，他们的婚姻必然要受到家长的绝对支配。

  个案：伍XX，女，60岁。"11岁的时候，家里来了个说亲的人，是我三姨的婆婆，我以为她来家里串门。后来有半年吧，我婶婶有天来我家给我穿了我们自己民族那种很好看的裙子，说是要带我去可布村。我看着衣服很好看，也不知道为什么要穿新衣服去，那天就糊里糊涂地去那个男孩子家了。她们还给我头上盖了帕子，让我在那边行礼。我觉得很好玩啊，和那边的几个姐妹一起住，两天后就回自己家来了。我听她们说这就算是结婚了，我自己都不知道结婚是什么意思，也没有见过那个男孩子，只是后来听说我比他大4岁。"

这种婚姻状态被"外出打工潮"打翻，村里的年轻人外出务工见了世面，他们在外面自由恋爱找到感情寄托，包办婚在他们眼中成了"老古董"。

（二）交表婚制度

"姑舅表婚"的婚嫁习俗，这种双方面的对称的交表婚，在当地称为"换门亲"，他们属于前文中介绍的"交叉旁系亲属"。在联姻时，"姑舅表婚"往往是优先选择的形式，除了受"狭小交往圈"的制约和汉族宗法制度的影响外，主要在于其社会功能。E. 利奇认为在此联姻模式下，Ego和同辈的交叉旁系亲属里的同性成员A身份相同，这种联姻可以抽象为一种交换行为。"我和A被要求交换同种东西，如果我和你的姐妹结婚，你也将和我的姐妹结婚，婚配让我们严格地等同"[①]。而从"物的交换"角度出发，一方面，从母系家族嫁出去的姐妹们失去了继承原所属氏族的财产的权利，而将自己的女儿嫁回到兄弟家回到自己原来所属的氏

---

① ［英］E. 利奇：《文化与交流》，上海人民出版社1998年版，第68页。

族，女儿就能享受自己所丢失的那部分财产和权利；另一方面，姐妹从原有氏族嫁到别的氏族之后，会带走一部分财产嫁妆，对于本氏族财产来说有一定的损失，女子的兄弟们就会要求外嫁姐妹将女儿再嫁回本氏族来，相应获取一定的财产，舅家娶姑姑家女儿作为当年姑姑外嫁的一种赔偿。因此古代社会实行的姑舅表优先婚，是交换婚的一种形式，其实质是女子和财产的交换。

除了财产交换功能，"姑舅表婚"维持和加强姑舅两代人之间亲属关系的作用也不能忽视，互为姻亲的两个氏族因为子女的婚姻，交往关系更为牢固；亲上加亲，在巩固了既有姻亲关系的两个氏族集团密切关系的同时还遵循了氏族外婚制的规则。表兄弟姐妹分属于不同的婚姻集团，他们不属于同一个血亲氏族，按照氏族外婚制的原则，是可以相互通婚的。"姑舅表婚"维护了氏族间的稳定发展。于是，这种人类社会早期两个氏族组织内部优先和指定的婚配方式便产生和流行起来。

1949年前扁担山地区普遍的"亲上加亲"婚配方式是"姑表婚"，属于父方交表婚范畴。传统观念里"舅舅为大"，舅舅家对外甥女的婚姻拥有优先选择权，或过大也不可以拒绝，否则家长会用强硬手段逼迫成婚。只有舅舅家表示不娶外甥女的情况下，她才可以和旁人婚配。一般出现外甥女外嫁的情况，女方家长会事先和舅家协商，待舅家主动放弃优先娶外甥女的权利，但是姑姑家在嫁出女儿的时候，姑姑家或者外甥女婿必须要拿一定的物资补偿给舅家。这笔钱在当地被称为"龙那"（lung na，把舅舅称为"龙"，"龙"在当地文化中是仅次于天神的存在），即"舅爷钱"，感激女方舅舅的帮扶之恩。"龙那"钱一般在几百块到几千块。

个案：王 XM 的奶奶和爷爷是表姐弟关系，奶奶的母亲和爷爷的父亲是兄妹。1952 年，爷爷的父亲订下这门亲事，当时爷爷13 岁，而爷爷的妻子正是他20 岁的表姐。"爷爷年纪大了，讲话不清楚。你说的表哥表妹结婚就是他们这种，其实你看村里那些 70 岁以上的老人好多都是表亲结婚的。坡上有一家，听老人讲他家女儿就是不想嫁给表哥，她表哥有肺结核，嫁过去也是受罪，家里人都订好了，后悔也没办法。后来那家女儿跑出去也没人要，她爸爸把她抓回来送到舅舅家，没办法只能将就过，没几年她表哥死了，自己一个人在红运带着孩子，生活得很苦。"

除了"姑表婚"以外，扁担山布依族地区还流行着"侄女赶姑妈"，就是舅舅家的女儿优先嫁给姑妈家的儿子，也称"舅表婚"。选择配偶，家长首先在亲戚中考虑，更中意于内侄女。女儿属于父亲家族的血亲，虽然她们没有继承权、不能祭拜祖先，嫁人以后身份归属于夫家，但是她和原来的娘家关系依然密切，从本家嫁出去的"王"姓女儿，自家人都称其为"本家姑太"。对于舅舅来说，作为"给妻者"，舅舅的女儿在婚姻上有优先权，她们的优先婚配对象同样来自交叉旁系中的异性亲属。

> 个案：王 TF，男，48 岁，他的妻子卢氏原本是其表妹，王 TF 的母亲是他妻子的亲姑妈。王 TF 年幼时，家里稻田很多，农忙时他的舅舅一家就会来革老坟村帮忙。卢氏和她的姑妈关系很好，一直在姑妈家生活。王 TF 和卢氏表妹年纪相当，他的母亲就做主安排了婚事，现在卢氏和王 TF 已经结婚 27 年，生育两女一子，"因为小时候生活在一起，我们都了解，她（卢氏）和我老妈像母女两个，不像你们看见那种婆婆和媳妇不和，相处不来。"

不论姑表婚还是舅表婚，都要双方家长同意才能成立，不能强制。这是指门当户对而言，如一方的家境已发生剧烈变化，就不可能"亲上加亲"了。

> 个案：王 TH，男，今年 68 岁，父亲曾经是革老坟村的地主，2 岁的时候父母为其定了亲，对方是老抵拱村堂舅家的女儿，比他大 4 岁。1949 年后，村里响应国家号召打倒"地主"，王 TH 家成了典型。土改和"文革"的时候乡里派人收了他家的银元、古董家具，把那些房产和田地没收。他的父亲被人用石头砸，棍子打，乡里人都不愿意跟他们家来往。王 TH 从此家道中落，他的表舅为了和们家摆脱关系不受牵连，主动退婚。"本来我只知道要和表姐结婚，小时候和表姐一起玩，不知道定亲是什么，那些都是老一辈的人愿意的。后来我老妈说我以后讨不到老婆了，舅舅退婚了。"

"姑舅表婚"虽然在一定程度上较之原始社会的血缘婚有了很大进步，不和氏族外婚制冲突，在维系各宗亲氏族之间利益关系上有突出贡献，从现代生物学角度来说它不是先进的婚姻制度。众所周知，近亲结婚的夫妻后代的死亡率高，经常会出现畸形和遗传病患者，严重地影响了人口素质。

个案：80年代，村里一对夫妻在婚后4年生了一个头大四肢短小的畸形儿。他们两个是近亲结婚，男方是女孩姑姑家的儿子。他们从小定了亲，在男方19岁、女方17岁时办了结婚酒。

这种强制性的婚配选择往往违背了当事人的"自主权利"，现实中出现很多婚姻悲剧。一般来说，表亲中年龄相当、数量相等、感情融洽的情况不多见。老夫少妻和老妻少夫的家庭组合比比皆是，身体健康相貌好的和伤残体弱者一起生活的情况在当地也有发生，"村里有人因为不满意和表亲结婚一辈子没有娶妻嫁人。"

笔者在记述这两年的婚礼流程时发现虽然舅舅家不再娶姑姑家的女儿，但是在订婚时男方家仍然会留些"龙那"钱，舅舅在外甥女生孩子时拿这些钱打柜子作嫁妆。现代社会中已经没有"姑舅表婚"，年轻人深知"近亲"结婚的危害，他们追随自己的心意选择喜欢的结婚对象，不再被传统婚恋习俗束缚。

（三）父母支持的自由婚

青年男女通过他们传统的"浪冒浪哨"活动相识并进一步发展恋情后，谈婚论嫁的事情必须要通过父母的同意并由男方找媒人说合。《镇宁县志》上尚有"婚姻多自主，互通情愫，自相择配后，始通媒约""歌唱相悦者，然后论姿色妍媸，索牛马多少为聘礼"。因此在布依族社会，会出现父母包办的同时又存在着男女自由恋爱的情况，这就是我们所熟悉的"恋爱自由、婚姻包办"。即使父母包办的婚姻制度在布依族各村寨流行了很久，布依族传统的赶表风俗并没有因此消失。传统的赶表择偶习俗必然会和包办婚姻产生对立矛盾。在很多地方，被包办了婚姻的当事人到了可以参加赶表活动的年龄，在集市场上或玩山的坡上遇到了和自己情投意合的人，他们大多不满意父母为自己挑选的另一半，就会想方设法结束此前的婚姻。"私奔"和"离婚"的出现不仅给男女双方家庭带来经济和精神损失，还可能会导致家族反目等事件的发生。利益权衡之下，经子女在一定范围内自由选择、父母请媒人上门说合或父母在子女15岁以后，征求其意见为之选择配偶，并为子女料理婚事成了布依族社会比较普遍的婚姻缔结方式。而此时的赶表择偶和包办婚姻在一定程度上有了变通，子女和家长的矛盾也不如父母在其幼年完全干涉的包办婚姻恶劣。这种婚姻缔结模式在1949年前便存在，通过这种方式结婚的男女的年龄一般较完全包办婚姻年长，男子最早约20岁，女子约18岁。

　　1949年后乃至当代，村里大部分的婚姻仍是男女当事人情投意合、父母同意后经手操办婚事的形式。小伙子在赶表时认识某个姑娘，经过多次约会，两个人互相交心便考虑婚嫁，男方找家族里的女眷长辈主动到女方家请媒（男女双方情投意合，男方有意请媒说亲，在赶表时会唱请媒歌："男：可惜呵姑娘，可惜呵情妹。可惜姑娘在河那边，可惜姑娘在船那边，可惜姑娘像一朵鲜花。我想去说她，我想去讨她，可惜找不到搭桥的人，可惜找不到一个做媒的人。只有回家去，我只有回家转，去请下头家伯妈来做媒，请伯妈到你家去给我做媒。去替我做媒呀伯妈，去给我做媒呀伯妈。"①）。在得到女方父母同意后，由家族出面形式上完成婚姻缔结的各个程序，最后才能举行婚礼和心爱的人在一起生活。这种情况大多是男女双方所属的村寨距离不远，并且在两个村子都有熟悉的亲戚朋友，有共同的中间人充当媒人，便于男女所属的两个家庭互通往来结为亲家。当然，还有一些青年不得不依靠父母的包办来完成婚姻大事，比如一些不善于赶表的青年，还有一些过分挑剔，要求太高的青年，他们无法通过自己结识并找到结婚对象，最后不得不依靠父母请媒说亲。

　　个案：王FH，男，55岁。"年轻的时候我不喜欢唱歌，村里的兄弟一起约旁边寨子的人出来玩，我是站最后面的那个。他们在场上见了好看的姑娘都上前搭话，我不喜欢这样，而且也没见有喜欢的。我母亲讲我眼光高，树上的鸟不入眼，想找天上飞的鹰。我的弟弟比我小5岁，他在场上领了一个回家来，我找不到啊。我又要去镇宁卖

---

① 摘自革老坟村小学教师王祥的"布依族歌词摘录"手稿，"请媒歌"。

木材，母亲很着急，她知道我没时间赶表，到处找人给我介绍。25岁的时候我就想不能让母亲着急了，他们说什么就是什么吧。我姑姑嫁过去的村里有个姑娘，她也是不喜欢赶表，22岁了还没有定亲。我母亲托我姑姑去说亲。姑姑回来跟我母亲说那个姑娘一年前在田里摔伤，腿脚有些不利索。我母亲有点不愿意，她说不能找有缺陷的，这门亲就不算数了。第二年我母亲又托人找了平寨的一个姑娘，才17岁，外面人讲她干活勤快，我没什么挑的就和她结婚了。"

在一段婚姻中，对于男女当事人来说，结婚对象是符合个人意愿自由选择或是父母介绍自己同意的，双方感情比较稳固融洽，正如恩格斯所说，一段婚姻也因为爱情的存在而合乎道德；对于双方家长来说，参与赶表的年轻人大多出身于他们的日常交往圈，如果不是特别忌讳的家庭他们都会欣然接受。作为家里的一大喜事，他们希望子女都能顺利成婚生儿育女，所以，家长在欣然同意之后会协助操办孩子的各种结婚事宜，既在交往圈挣足了"脸面"，又顺应了社会的嫁娶习俗。婚礼仪式中，男女双方家长会为他们准备各种生产和生活物品（聘礼、嫁妆、家具等），为建立新的小家庭奠定物质基础；对双方家庭来说，联姻巩固了彼此的家族势力，扩大了社会交往网络；对社会来说，婚礼的举行使男女双方的夫妻关系得到家族和社会的认可，维护了社会的稳定发展。

"背扇亲""交表婚"基于家长维护家族的伦理秩序和延续子嗣意愿，忽略了当事人的个人情感；后文提到的"私奔婚"因违背群体意愿而得不到家人和家族的支持，男女双方可能会出现同家庭断绝来往的情况，也会影响到男女所在两个家族的交往；只有家长和婚姻当事人协调统一，婚姻才会稳定长久。父母支持的自由婚调和个人与群体利益，男女当事人通过赶表自主选择或当事人同意父母插手的婚事在扁担山乡乃至其他布依族社会已然成为一种主流。当然，如果个人情感和家族意愿发生激烈冲突，很多布依族的青年男女会义无反顾地选择遵从内心意愿而"私奔"。笔者会在后文中详细描述。

（四）招赘婚

"招赘婚就是这里讲的招上门郎，电视里讲的上门女婿。男女两人结婚后生的孩子全部跟母姓，一般男的到女家住，和平时你看到的娶媳妇正好相反，招女婿就是女家把姑爷'娶'回家。"如果一个家庭只生了女儿没有男孩，家长会考虑给其中的一个女儿找上门女婿。革老坟村有一户"李"姓人家，"李"姓祖上的男人来革老坟村上门做女婿，女儿、女婿一起赡养女方父母，那个男人改为"王"姓，三代以后才改为原来的"李"姓。村民讲女婿改姓是因为"女婿改了姓才算是本家族的人，以后做事一条心"。

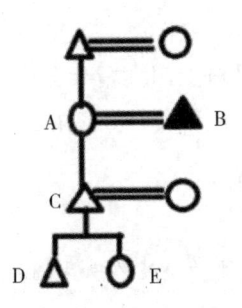

图中 A 为女儿，B 为女婿，以"王"家为例，B（原姓"李"）入赘后改为妻子 A 的"王"姓，所生儿子 C 姓"王"，到了孙子辈，即 D 和 E 都改回原来的"李"姓。纵向来看，招赘婚不会连续发生，当下一代有了男孩，回归到原来的"男娶女"状态。

一般家庭条件不好而兄弟较多的男性才会选择做上门女婿。村里有 3 例招赘婚，女婿分别是邻村的布依族、外省的汉族，他们的家庭情况大多如此。招赘婚的嫁妆全部是女方出，比如新房和柜子、被褥等，男方家一般不会出彩礼，条件稍微好一些的会出钱买些生活用品。上门女婿结婚，在迎娶仪式上和普通的"男娶女"一样。只是在正常婚礼仪式后，女方家要办一场正式酒宴告知村里的亲朋好友和族人女婿上门，双方立下字据表明日后孩子的姓氏以及财产归属、父母赡养问题，从此女婿在女方家长住。小孩对母方的亲属遵照"男方的亲属称谓"，对父方的亲属称谓不变。而大对数情况下这些外来女婿很多都与原来的家庭关系疏远，联姻后，夫妻两人不单独分家出去，而是和父母共同生活一个火上吃饭。女方家分给女婿土地房屋，所生子女全部归属于女方家族。改姓后的女婿可以参加祭祖送神，死后也可以埋在女方家的坟地。

个案：王 F 平是王 LB 的女儿，今年 36 岁，她还有个妹妹，远嫁湖北。因为王F平家里没有男孩，所以她的父亲从工地认识其丈夫张XX，并把他招来做女婿，现在张XX已经改姓王。王F平的儿子今年13岁，随母姓，对母方亲属称为"爷爷、奶奶、叔叔、姑姑"等。张XX本家在贵州六盘水，结婚以后一直和王F平在昆明打工，过年回王F平家来。张XX已经不大和六盘水的本家来往，本家分田分家产，张XX也不再去要。

笔者在调查中发现村民对上门女婿十分瞧不起，"那些家里穷的人才愿意上门，一般家庭的人谁愿意改姓"。还有的上门女婿因为依靠岳父家的资源等原因被村里人轻视。

个案：王TM的表哥卢XX在外打工时认识了黎平的姑娘，两人在一起两年多，卢XX已经见了女方的家人。在商量婚事的时候，女方家要求其到黎平做上门女婿，卢XX和家人都不同意，觉得男人靠女人生活，去丈母娘家上门丢脸，后来两个人分手，卢XX娶了镇宁的一个姑娘生活。

个案：一天傍晚笔者在村里散步时遇到一个40多岁的男人，和他打招呼，他很热情说认识我，当我问他是哪家的人时，他说姓乔，是来村里帮工的。我平时见他回王艳大婶家，以为是王艳家的亲戚，后来才知道他是王艳大婶的丈夫。乔XX原是四川凉山的彝族，10年前和妻子王艳在宁波打工认识，乔XX家里穷，父母在他年幼时去世，兄弟姐妹都在外面打工，后来上门做了王家女婿。王艳的父亲在村里是有名的脾气暴躁，乔XX结婚后一直在岳父家生活，因为语言不通，他经常被岳父嘲笑。有一天乔XX到田里做活，回来时没有割草回来，岳父非常生气，用布依话骂他"找你还不如找头牛，牛在我家犁地，年前还能卖个好价，你来我家白吃白喝，除了下个崽什么用都没有。"乔XX很生气，当天离家出走，后来王艳找他回来，劝他忍耐一点，毕竟父亲是长辈，以后为了孩子也要和气着过日子。后来乔XX跟着村里的男人们去宁波打工，因为会木工活挣了很多钱，岳父对他的态度转好。"我这辈子做什么都行，就是婚姻不如意。"

做"上门女婿"在当地是不光彩的事,卢家表哥放弃感情维护家庭尊严,乔家大叔为了家庭和睦选择忍让牺牲,努力成为王家一员。上门女婿们都老实本分做好自己的事情,通过改姓融入"王"氏家族,参加祭祖活动,希望能被村民们视为"一家人"。笔者走访了扁担山地区其他布依族村寨发现招赘婚的比例在实际婚姻中很少。很多人都是迫于现实无奈当上门女婿,因此他们的身份地位被村里人轻视。

(四)结亲规则

男女青年在缔结婚姻之前,择偶行为必然会受到来自家族和村寨的监督和干涉,此时家族群体的利益摆在首位。结亲规则约束着婚姻当事人,服务着群体。

1. 禁止同姓婚配

"同姓之间不开亲",是指同姓者无论远近亲疏,有无血缘关系和血亲相隔几代,一律不得婚配。这里的同姓是指同宗同姓,其本质是"同宗不婚"。革老坟村严格遵守"同姓同宗不得婚配"的习惯法。他们普遍认为在同一父系家族,有血缘关系的同一祖先的男女如果结婚或发生性行为,祖先的神灵必会受到玷污,亵渎社会伦常,在当地布依族社会称之为"乱伦"。根据前文中"身体表征系统"界定了革老坟村自身的血亲集团,而当地布依族社会的乱伦禁忌证明事实上的布依族社会血亲集团正是他们自身的血亲认定。姓最初是代表有共同血缘、血统、血族关系的种族称号。它不单单属于某个人或某个家庭,而是整个氏族部落的称号。同姓说明有共同的祖先,各个成员间有血缘关系,和当地的"宗亲"观念吻合,因此同姓之间的男女不能成婚;同姓不同宗的,大多被认为属于同一家族,他们之间也不许开亲。"同姓不开亲"的规则在扁担山一带至今还被很多人遵守。布依族的村寨大多由一个家族或两三个家族聚居而成,"一条河水共来源,一寨人家共祖宗"反映了这些家族分支多是同姓,有同一祖先。所以同寨的青年男女不会一起赶表的原因就在此。

> 王家有家谱字辈:"善堂吉庆,德茂美名。洪应凤永,庭令兰芳。天良佑保,申之吉祥。承先有道,一视同仁",从江西迁来的祖先是"洪"字辈,我们祖先叫"王大好"。明朝从江西来到西南。当时"王大好"有3个儿子,分家以后大儿子在六枝卡棒村,二儿子

在六枝革贡村，小儿子留在了革老坟村。王姓家族同宗聚居，到现在已经有第十九代子孙。村子里目前辈分最高的是"永"字辈，最小的是"佑"字辈。我们祖先在江西时的民族不详，迁居贵州以后逐渐变成布依族。和卡棒、革贡那边姓王的不结婚；村里姓王的一个老祖，现在分成3个大家支，更不能结婚了。我们都是一个桌上吃饭的，在寨子里祭祖也要一起。一个家里的结婚，乱了祖宗的规矩。

个案：王LM，男，70岁。14岁赶表认识第一个喜欢的姑娘，两人在单独问话时，那个姑娘说她是革巩村的，姓王。两个人祖上是一家，不能结婚，他们认了亲戚，以后再没有单独约唱过。

个案：王QS的表姐马XX，红运村人，和布依郎村的马HB结婚。"我表姐和表姐夫都姓马，表姐开始说想和马HB结婚的时候，姨妈她们把表姐关起来。马HB跟他的朋友借钱来姨妈家求亲，姨父不同意，把马HB赶出来。两个人不死心，表姐装病，自己去卫生所看病，求我姨妈放她出去。马HB已经在路上等着表姐了。他们两个坐车去镇宁，想一起跑浙江。姨父带着我表哥去车站找，他们已经走了。后来表姐在宁波生了孩子，家里人都没办法了，只能接受。"

有的人虽然不同姓，但是由于历史原因而带有血缘或近亲关系的，也不能通婚。扁担山凹子寨最早的罗姓和关岭县黄泥寨的韦姓也不能互相通婚，他们的祖先是结拜兄弟，曾立下"子孙后代不得开亲"的规矩，如有违反整个家族会不昌盛。后来他们之中有个别通婚的，但是他们生下的孩子"只见生，不见长"，大家都认为祖先的话很"灵验"，村里就没有人敢这样做了。另外，有的因为逃避灾难到这里，依附于某个村寨，便在这里认了亲，虽不同姓，但是情同一个家族，在这里被归类到"拟血亲"范围，他们之间也要遵守互不通婚的原则。

个案：革老坟村的罗姓祖先在清朝光绪年间因和人打架结仇，被仇家追杀，为了躲避仇人，从关岭迁来革老坟村投靠王家，后来在这里安家生活。罗家和王家一直以"兄弟"称呼，逢年过节拜天神的时候罗家紧随王家身后，两个姓氏的子孙之间不婚配。

现实中违反"同姓不婚"的行为对应的正是前文中违反"社会血亲性排斥"规则，这些人会受到整个社会的排斥，为了避免他们的乱伦行为给家庭和村寨招来不幸，威胁到村寨和社会安稳，村民们把他们赶出村寨、扔进河里、捆绑后烧死以示惩戒。

因地理条件限制，扁担山地区各村寨深居大山较为分散，交通不便使得布依族群体间的交往十分困难，青年男女少有机会交流，"同宗不婚"的规则限制年轻人必须在"血亲"之外寻找配偶，有些寨子的青年人需要到很远的地方赶表，寻找合适的婚配对象，相对来说不利于子孙繁衍。如今扁担山地区大部分年轻人不再理会姓氏归属问题，只要没有血缘关系，姓氏相同的年轻人结合在一起比比皆是，村里的老人也不再管这些事情了。

2. 层级婚中的"门当户对"

"一个社会中往往会有社会分层的现象，对于社会分层出现的原因，功能主义学派认为，一定程度的社会不平等可以维护社会的正常运行；冲突论学派认为，不平等并不是社会运行必不可少的，它是强大群体对弱小群体剥削的后果，强大群体决定着哪些人将占据哪个职位以及谁将得到什么报酬。"[①] 扁担山地区的布依族长期处在阶级社会里，他们的婚姻带着深刻的阶级烙印。

革老坟村里有一部分被称为"独引"的族群，当地人称"考林"，汉语意思是"红字头"。每年正月初三早上，寨子里的人要祭送祖宗。在此之前，他们在门口设一桌饭菜，指名叫"独引"吃，"独引"吃完了好挑东西给天上的祖先。"独引"的老祖辈是下人，专门给别人做短工，长期服侍某一家，所以比别人低一级。他们生是奴隶，死了也是奴隶。凡是牵涉祖宗的仪式他们都不可以参加。"独引"亲戚来家祭祀时单独接到其他房间休息，主人偷偷把他们带来的礼物收起来，不拿来祭祀。大年三十"独引"可以"祭天神"，但是不能去祭拜"正常人家"的祖先。虽然村里的"正常人家"不公开指明对"独引"群体的歧视，平日里也和他们来往，"独引"群体在祭天神等公共活动中会自觉避开村里的"正常人

---

① [美]戴维·波普诺:《社会学》，李强等译，中国人民大学出版社1999年版，第256—257页。

家",等他们完成后出场。古谢中"独引"家的"龙高"(魂杆)要稍微偏斜,而且"龙高"不得高于村寨"正常人家"的房梁。如果"正常人家"找了"独引"人家结亲,当地人讲说是"开错亲"。谁错娶了"独引"家的姑娘做妻子,整个家族、亲戚朋友都会极力反对,有的甚至直接断绝来往,红白喜事或祭祖仪式也不许他参加。而那些好人家的姑娘在赶表的时候和"独引"小伙有了感情私奔的,她的父母族人觉得有了不好的外家,姑娘回娘家时从"独引"婆家带来的礼物一般不能进家门。相反,"正常人家"的姑娘在"独引"人群中很受欢迎。

  个案:杨 DP 的儿媳韦芬出身于"独引"群体,过年过节时她从来不进厨房给祖先做供奉的食物。当地人出殡有个风俗,儿媳妇要在死者的棺材前引路,"古谢"时儿媳要拿三棵稻穗喂祭牛。而韦芬的婆婆前年去世时,因为韦芬特殊的身份,家人不明确指出,而是让她装病不去送殡。

  不像"独奢"害人、传染给整个村寨,"独引"的传播形式类似于"父系血缘传递",如果一个男人是"独引",他的子孙后代都是;一个女人是"独引",她的子孙后代属于"正常人家"。对于"独引"唯一的禁忌是不和其通婚,所有物品不得出现在"正常人家"的祖先祭祀活动中,其他方面和"正常人家"一样。笔者根据村里老人讲述分析,"独引"在当时层级分明的时代属于"下等人",后来人人平等,大家不敢公开说明谁的地位高低,但是观念上依然存在"上等人"不和"下等人"通婚。1949 年前革老坟村的地主、富农基本上不会和贫农联姻,他们只会在相同家境的大户人家之间选择结婚对象。富农地主常说:"宁愿娶大户人家的丫鬟,也不要小户人家的女儿",因为结婚所需费用和以后家族来往所需要的礼物,小户人家是拿不起的,而且大户人家之间强强联姻会带来更多的利益。当然,农民不敢也不愿意"高攀",他们认为富家公子和小姐好逸恶劳,没有小户人家老实本分,不适合劳作生产。

  个案:"以前这里分地主、富农、贫农,地主家有钱,他们娶亲的场面大着呢,村里王 FQ 家你也看到了,他现在住的地方还有他家对面的老房子，全都是他爷爷起的，土改的时候那些老房子分给村里的人用。1949年前这里有130户人家，30户是地主，他们霸着村里的田地，有的是钱。地主家娶老婆讲究'门当户对'，他们找邻村地主家的女儿。王家地主的女儿要嫁红运的佃户，他老爹不许，就偷偷跑去佃户家。王地主去佃户家要人，那个女儿性子烈，听说要跳河自杀，后来王地主没办法，给了佃户几亩田，那个女儿才过得好。"

拥有丰富社会资源的人为了标榜自己的与众不同，维护自己所属群体的利益，自动与那些资源匮乏的人划清界限，"孔马村①的人过去是给地主家里做活的，他们都是'独怀②'，是奴隶。'正常人家'不跟他们开亲"。"独怀"虽然也是当地观念里的"奴隶"，但和"独引"的不同之处在于它仅仅只是"一群身份低的人"，不涉及祖先供奉的禁忌。"汉话讲的丫鬟其实像现在的打工仔，他们帮人做活赚钱，和'独引'不同。那群人是小门户，身份地位不高。平日里都有来往，只是不敢当面讲他们是'独怀'，一般的好人家不跟他们开亲。"

  个案：村里王FK的儿媳是孔马村来的"独怀"。他的儿子因为偷盗被判了十年刑，出来后一般人家的女儿不愿意嫁给他，周围人背后说他们家风气不好。后来经人介绍认识了孔马的一个寡妇，两人前年结婚，今年生了一个儿子。结婚办酒时村里人和亲戚都去吃酒，两人也拜了祖先，生活上没有什么忌讳，只是他们不愿外人提及结婚的事。我去王FK家访谈前，支书家的大妈特意嘱咐我："他家媳妇是'独怀'，你不要问他们结婚的东西。"

社会成员占有不同的社会资源，资源分配不均导致社会分层。处于优势地位的群体为了获取更多的资源和利益，在经济政治上垄断，强调自己的上层身份。

处于优势地位的集团通过各种策略维持自身的发展，集团内部拥有相

---

① 扁担山最南端的布依族村寨，与最北端的"裸嘎"小寨形成扁担山的两个"担子"。
② 布依语为"tu fai"，汉语意为"丫鬟"。

同的经济地位和共同利益,他们自然而然地拥有共同的行为准则,成员之间紧密联系。作为传统社会中各集团联盟的纽带,集团之间的婚姻必然会受到重视、干涉。"门当户对"观念里的阶层内婚和良贱禁婚的根本目的是维护某一阶层利益和各阶层间相对稳定的秩序。

3. 外婚的禁忌

扁担山地区的布依族自古以来习惯聚族而居,交通闭塞鲜与外界交流,一般都在本民族内选择结婚对象。有些离得远的,比如扁担山地区的第三土语区可以和附近第一、第二土语区的布依族开亲,虽然服饰不同,语言稍有差异,但总体都属于一个族群。这种族内异姓通婚凌驾于血缘之上,因地缘而产生。我们可以理解为"范围有限的地域中共同生活的人之间的通婚"。自然环境等客观条件限制了人群的交往,自古以来人们所接触并与之通婚的都是"我族人",他们慢慢形成了"有女不外嫁"的婚姻观念,这一习惯传于后代并形成传统。

1949年前这里的布依族居民很少和其他民族通婚往来,有些民族志资料记载在一些区域,比如威宁,布依族男女和其他民族通婚往来会被开除家族宗籍,他们的子女会因为是"异类"而受到同族人歧视。后来因为长期与汉、侗、苗民族人民在经济与文化上频繁交流,他们之间的关系也越来越密切,明清时期各民族在共同联合反抗暴力统治阶级时也建立了一定的友谊。此时出现的一些布依族与汉、苗等其他民族通婚的情况,通常是村里的小伙子娶外族姑娘,而这里的姑娘很少外嫁给外族男子,一方面为了满足当地男子婚配需求,而且她们大多因为害怕嫁出去在夫家受委屈,在本族更容易生活;另一方面那些嫁给外族男人的姑娘会被村里人诟病"身体有问题,嫁不出去了才找外面的人"。民族间互不通婚往往是民族间存在隔阂的一种表现。"苗族住在高山上,他们把我们赶到水边,好让发洪水的时候淹死我们,我们不喜欢他们;老人们说汉人也不好,汉人住路边做生意,他们太狡猾了,跟他们在一起要被骗的。老一辈的人都说女儿要嫁本地郎,那些生的有缺陷的,族里人不要,才嫁给外族。"

个案:当地布依族和苗族不通婚,一些老人讲朱元璋"调北征南"和这里的土司打仗时,苗族的先祖是布依族先祖的护卫军,苗族先祖是布依族军队下面的军队,阶层比布依族低。出殡或帮忙的时候不喊苗族人做。"和汉人是民族差别,和苗族就是阶层禁忌。就像'独引'人家,苗族很自觉地不跟着布依族的人上山。我妹夫寨子里有布依族和苗族,苗族布依族平日里一起拜兄弟,玩得很好,但是到了拜祖宗和出殡的时候,苗族的会很自觉走很远,不在场上露面。他们之间也不通婚。"

一般来说民族间的互不通婚,除了历史上各统治阶级造成的民族隔阂外,语言的不通和生活方式的不同给共同生活带来了很大困扰。在革老坟村的上面,有个苗族村寨上坝寨,寨里住的都是"歪梳苗"。两个村寨距离非常近,但除了租种田地外,他们的联系和交往非常少。因为语言不通,他们不方便沟通交流。当地有的人认为汉族的姑娘不会织布做蜡染,不会种水田,本来语言就不通,娶过来一起生活会更不方便。"鸡是鸡,鸭是鸭,鸡鸭不相配""我们不和上面的苗人结婚,结婚了会生不出小娃娃"这些都反映了布依族不和其他民族通婚的历史习惯。

个案:卢婆婆,57岁,六枝人。"我自己是布依族,嫁给布依族。现在讲的是自由恋爱,我们也不好多说。那些娶回来的姑娘也没什么,以后都是我们布依族的人。嫁给别的族就不一样了,现在嫁出去了她们的孩子一辈会把我们布依族给忘了,身份证上变成其他民族,布依话也不会讲。现在都说少数民族人越来越少,都出去了,变成你们汉族了。我们村里的风俗在外面看不到,越来越少了。"

20世纪90年代以前,村子还很封闭,村里没有异族结婚的情况。后来一些年轻人外出上学、打工,认识了布依族以外的青年男女,村里人开始选择和外族人结亲,但这种和异族通婚的案例很少,开始也会遭到家长的反对。

个案:王Q,男,40岁。"我那个年代村里还是找本族的多,我在织金念书,很喜欢同班的XF,她是汉族,我们两个恋爱,她也愿意嫁到我们家。放假回家,我带她见父母,我母亲不喜欢XF,说她是汉人,说话听不懂,以后不能一起生活,结婚办酒也不能像老家这里走传统的仪式。母亲打发我送 XF 回家。晚上母亲逼我和 XF 分开，一直讲 XF 没有我们这里的姑娘老实，如果我坚持跟 XF 好，他们不给我办酒，结了婚不能和家里来往。我是家里的独苗，不能因为一个老婆被人讲不孝顺，最后只能和 XF 分开。母亲介绍了现在的老婆给我，她也是我们族的。"

个案：杨家婆婆的女儿杨 GZ，53 岁。因不满父母包办，自己偷跑出去打工，在凯里认识苗族的丈夫，他们两个平时在厂里用汉语交流。杨 GZ 在家里多次向父母表示和前夫解除婚约。她的父亲很生气，不愿杨 GZ 再出去打工，她的前夫家派人来接，杨 GZ 态度强硬拒绝。父亲无力赔偿前夫家索要的聘金损失，找家族的年轻小子送杨 GZ 到前夫家。杨 GZ 在路上逃跑后在凯里和苗族丈夫结婚生子。杨家婆婆拒绝去凯里吃满月酒，家里的姐妹也劝杨 GZ 离婚回家，和原来包办的对象结婚。

越来越多的青年外出打工和求学，村民们逐渐接受了和外族通婚。有些人在结婚前会有所犹豫，但这些异族婚姻并没有威胁本族的利益，村里的人接受外来文化，婚俗思想逐渐开放，婚姻资源较之过去更为丰富。

个案：王 TS 家奶奶对现在族外婚的评论"嫁到外面不合传统，也不现实，我们生活习惯和思想不一样，以后生活感情会不和谐。我们村里的姑娘大多还是很传统的，她们怕嫁得远了过不惯。但是那些在外面读过书的姑娘都不愿意回来，有些跟汉族跑到广东，最近也要嫁到镇宁县城去。以前是老传统'肥水不流外人田嘛'，现在不讲这些了。喜欢了自己愿意嫁给谁就跟着走了。我们村这几年还有从外面带来的苗族姑娘，王 TF 的老婆是紫云的苗族，她在宁波认识的 TF，前年嫁过来，现在都有两个娃娃了。是我们村第二个嫁来的苗子。如果 TF 在寨子附近找，估计现在还打着光脚呢。"

个案：伍大婶讲："姑娘和外族的人结婚，她们都出去，生活得比村里好。那些去四川、广东的，父母养她们长大，还没帮家里赚钱就跟外族的人走了，而且离家很远，父母生病了，不得来照顾，她在外面和婆家习惯不一样，被欺负了，她父母也帮不到。YC（嫁到广东），上个月她妈妈去世，她没回来见一眼。听说她那个婆婆势利眼，天天说 YC 穷，自己赚不了钱，不像外面的媳妇有文化。YC 不懂广东话，她婆婆还讲广东话骂她。不过怎么过都是她自己愿意的，我们也不好讲什么。"

4. "独奢"观念下的劣等婚

"独奢"的人家会被社会排挤，"正常人家"严禁和"独奢"人家通婚。"独奢"观念类似于苗族的"酿鬼"文化，布依语发音为"tu C"，是一种害人的妖魔。

"独奢"的来历：对于未婚发生性关系的，女子称为"奢"，"奢"有妖魔附身，释放妖术的意思。当地人容不下非婚生子，未婚女子生下的私生子会被处死。孩子变成"妖魔"依附在女子身上，"独奢"妖魔会离开未婚女子的身体，出来整人，把人害死。这种"妖魔"会传给后代，有女儿的传给女儿，没女儿的传给儿媳。后来人们把那些有婚前性行为的女人（不论怀孕与否）都称为"独奢"。1949 年前，当地社会对于那些乱搞不正当关系的人严加处罚，还有因为怀孕被处死的女人。村里人很排斥这类人群，为了防止"独奢"进家，村民在寨门上绑茅草绳，在家门插芭茅叶驱邪。谁家有人嘴角长疮、红眼病或者腰腿疼痛，牲畜得了瘟疫，都说是被"独奢"整了。被整以后要做法驱魔，拿草灰做粑粑放"独奢"家门给"独奢"吃，防止"独奢"妖魔出来害人。请法师拿桃枝打他回家，炒黄豆和草籽撒在地上，"独奢"就找不到被害人的足迹。被害者的家人亲属到"独奢"家骂脏话、吐口水；晚上用石头、牛粪砸这类人家的房子；有的在"独奢"人家的门栏下放上黄泥和白石灰驱妖魔。对于这些"惩罚"，村民们认为理所当然，而"独奢"人家不能有任何反抗，只能默默承受。

个案："卡棒王 MF 家你不要去，她家不好，你去了要长口疮。村里人看不起这样的人家。我们这里喊'独奢'的，老人讲坡桑有一家，她家女儿和别人赶表乱搞男女关系，在外面生了小孩，那个小孩活不了，他们丢到树林里。那家女儿也被家里人赶出去了。没人想要那种人家的女儿，你和她结婚，自己的小孩也染上了。这个都是传女人,有女儿了传给女儿,没有女儿,外面人嫁过去就传给儿媳,儿媳再传给自己的女儿、儿媳。'正常人家'的人都不敢用她们的东西,在场上买梳子、买布都要找认识的人。如果用了那些人的东西,会被传染,也跟着来自己身上了。"

个案:"我家公公小时候被'妖魔'整了,婆婆拿一件又臭又脏的烂布烧出来,拿臭鸡蛋和草灰拌两个灰团,在公公身上转几圈,念了几句法就把那个'妖魔'赶走了。我还见过用桃树枝打的。我大伯在家犯病,躺在地上吐口水,奶奶拿了簸箕放我大伯身上,拿了桃树枝打他,还说'你是哪个,赶快走,说了我给你吃的,不说我要打了'。我大伯躺在地上不动,奶奶拿了炒黄豆来,烧香纸打发那个东西走。老人不让小孩子去那种人家,我们不跟他们一起吃酒,在路上看见了要躲得很远,不然要着整。"

村民不愿与这类人接触交往,他们害怕"独奢"在人们毫无防备的情况下害人。"独奢"家的东西"正常人家"不敢碰,尤其是梳子和衣服,在集市场上买衣服要买那些知根知底人家的,不然"独奢"妖魔会通过这些东西附到"正常人身"上害人。"独奢"通过婚姻传播,"正常人家"和"独奢"人通婚,家族后代也会被传染,所以"独奢"只能和同类人通婚,或者和比自己条件差很多的人通婚。后代传袭上"独奢",时间久了,这类人形成一个社会阶层,当时人们的经济地位大致相同,为了区分这类群体,村寨把人分为"正常人家"和"不干净人家",群体层级以有无"独奢"来划分,属于社会分层中的文化分层。文化的分层在人们的情感中极为重要,个体感觉是与某群体而不是另一群体联系在一起,由此在内心中与自己的层级相认同。"正常人家"都不愿和这个"下等卑贱"的阶层有联系。家族把沾染"独奢"的人隔离,他们不能参加各种集体活动,不能祭拜祖先,甚至还会被赶出村寨。社会群体对他们这类人的越轨行为严格控制,对他们采取疏离性制裁。对"独奢",村里所有人对她敲锣打鼓,赶她出寨子,堆柴草烧死;要么追赶到山坡河边逼迫她自杀;后来村民拿石头打她,逼迫她离开村寨,躲在山林自生自灭。现代不再烧杀,只是看到时远距离回避,背地里对她吐口水念"卡独奢,卡独奢"(杀死独奢)。

个案：革老坟村内有一个从外家嫁过来的"独奢"女人，她 19 岁嫁给 43 岁的王 LX。王 LX 在村里属于不务正业游手好闲的人，而且家里成分不好，年纪很大了还没娶亲。"独奢"家庭的男女在婚姻上没有市场。

个案：马 SH，女，47 岁，布依郎人。她讲高荡村的一个"独奢"家。"小时候我爸爸和那家（独奢）的儿子是同事，我也喜欢到他家和那个小妹玩，可以一起吃饭，晚上我就到隔壁家住。听说那个小妹都快 40 岁了，才找到人。她丈夫是杀人犯，也是讨不到老婆，不然也不会娶她。好人家的都躲着他们，他们也不跟我们走近。"

赶表场上，青年男女是自由交流的。但是当涉及婚姻时，"正常人家"的家长必然为了"安全"而避免和"独奢"人家结亲。"正常人家"会和沾染"独奢"的子女断绝来往，很多"独奢"选择和外族或远距离的人结婚。

个案：王 SP，女，43 岁。王 SP 的婆家是"独奢"家庭。当初王 SP 和她丈夫在外面读书，王 SP 的丈夫卢 XX 一直认为这是一种迷信。卢 XX 从小知道村里人对他们家有看法，因为在外面上学，所以对这些遭遇看得开。他和王 SP 谈恋爱的时候，王 SP 担心家长忌讳，不愿意两个人结婚。卢 XX 亲自上门要亲，王 SP 的父亲知道他的家庭，对卢 XX 说："我们家的姑娘你要不起，你们家太穷了，过几年再说吧。"王 SP 的父亲把卢 XX 带来的糖和酒都扔了，不愿意和卢 XX 来往。卢 XX 说："我知道谁家都穷，你们都是老迷信，看不起我家。我的祖先犯了错误，到我这代已经很多年了，外面对我们的态度是罚我们家老祖先不守规矩，我会一直对王 SP 好。"王 SP 的母亲劝她："那种人我们看见都要躲着，你还想招一个来。他家门犯了错，你跟了他走，会给我们家带霉运，还是找和你一样的人家吧。不然家族也会罚你的。"

王 SP 不听劝，坚持和卢 XX 结婚，后来家族里开了会，商量说如果王 SP 嫁过去，她以后不能回娘家，卢 XX 也不能随便带着孩子来村里。王 SP 和卢 XX 在六盘水安家，现在儿子已经 19 岁了，他们两个的结婚酒一直没办。王SP的父亲一直不原谅她，过节王SP请父母到六盘水的家里来，她的父亲回绝："我不去你们家，去了要得病，我还想长寿呢。"王SP的母亲中间想说服家里人接受这个女婿，想到以后和女儿见不了几次面，女儿在外面生活辛苦，娘家人也帮不到忙，她一直在家叹气。王SP和卢XX在生活中会遭遇同族和同乡人的白眼，亲人的疏离以及在外打拼的艰苦让夫妻两人的感情愈加坚定。

人们对"独奢"排斥、反感甚至害怕。分析成为"独奢"的条件可以发现这是对"未婚生子"的一种社会惩戒。当地村民非常重视女子的贞洁，虽然在赶表场上社会给予青年男女相对自由的权利，这并不意味着当事人可以任性胡来。因为害怕成为"独奢"，男女交往时会特别小心，交往中处于群体视野下以证明自己的清白，避免发生婚前性行为。

"独奢"观念作为"我群"和"他群"的界限，将社会群体分为"正常"与"不干净"，其主要作用在于使社会群体高度整合，而这一高度整合的途径在于排斥社会边缘群体。扁担山地区正是通过对"婚前性"这一偏常行为的制裁排斥来整合社会群体，一旦出现偏常行为，这些个人或家庭可能会受到来自社会的巨大压力，另一方面它也像一个无形的钟罩，将人们的行为限制在有利于社会稳定的范围之内。

5. 其他禁止婚姻

上文所描述的婚姻缔结形式关乎整个村寨社会的稳定运转，村里所有的亲族成员有责任和义务遵守这些习俗规则，防止并监督一切越界行为。另外有一些婚姻的缔结，虽没有限制整个家族和社会的制度运转，但是威胁了小家庭的利益，男女当事人在选择这种婚姻时，小家庭的利益维护者会出来干涉。

(1) 人丁兴旺。前文中介绍传宗接代的思想在老人们的心中根深蒂固，他们在为子女选结婚对象的时候也会托人打听对方家是不是人丁兴旺，如果结亲的女方家人丁单薄或是有遗传病，影响孩子，他们是不会同意这门亲事的。

个案：王LR，男，52岁。"年轻时候赶表认识了一个平寨的姑娘，她送我定情物，我也是喜欢她，后来帮她家做活的时候才知道她家就只有这一个女儿。我父母打听她家之后，嫌她家里没人，以后走亲戚不方便，孩子办满月酒都没有舅妈挑东西来，以后也没有舅家报丧，我就跟她分开了。"

个案：曾经有过退婚经历的王芳X大叔讲述："我和阿华（前妻）玩表认识的，她家就在可布寨。我和她堂哥是同学，放学以后都要去凹子寨那边玩，我很喜欢她，她也很喜欢我。上了高二她不想念书了，她姐姐嫁到我们村，过年的时候来玩龙灯会，我们一起出去唱歌，她送我腰巾，我买梳子给她用。那时候我让我妈妈找人到她家去提亲，请了我表叔算'八字'，年前我们就结婚了。结婚的时候我很激动，我和堂哥说我终于可以和阿华在一起了。我们这里结婚以后要回娘家住，阿华回娘家半个月我就很着急地拿了酒和肉去接她来，我妹妹还笑话我们'小心喝热汤烫到舌头哦'。差不多过了两年，阿华一直怀不了娃娃，她自己愿意'戴假壳'回来，我们有了那个仪式，阿华就算是在我家了。第三年她还是没有孩子，我妈妈就问我是怎么回事，还请了神婆来给她看，杀鸡给她吃，说把后院的竹子带到身上，过了年就会有孩子。我不太相信这些，就和阿华去镇宁医院检查，那里的医生说阿华身体不好，怀孕的可能性很小。回家以后阿华一直哭，说不能耽误我，要自己回娘家。我不愿意啊，就说可以把弟弟家的侄子领到我家来养。我爸爸知道以后就和家族的伯伯商量，他们说现在国家不让生3个小孩了，如果我弟弟的孩子过继过来我家，孩子还是那么少，不划算。阿华的姐姐当初也是怀孕困难，生了个孩子有小儿麻痹症，以后我和她的孩子也有可能会这样。没办法，我的爷爷喊了村长来劝我和阿华离婚，说外面的好姑娘还有很多，以后如果没有孩子在村里会被人笑话。后来我们离婚了，我出去打工认识了现在的老婆，她是四川的，嫁到这里直接住到我家，现在大女儿8岁，小儿子5岁。孩子都是在家里老人带，农忙的时候我和老婆回来才能见到他们。"

（2）姻亲之间的距离。距离和地域文化差异影响姻亲家庭的互助、交往频率和姻亲在社会上的地位。在村民的传统观念中，一个家庭需要其他劳动力时，优先考虑本家族和姻亲家庭。立房子是村民家里的大喜事，房屋立柱上梁时，所有的亲戚朋友都要来庆贺。房梁一般是外家送，一是体现外家权威，外家像房屋的大梁一样重要；二是表示外家对他们的关心和支持。砍大梁后外家吹唢呐把它送到女婿家，女儿女婿要端酒到村口迎接。房子修好后出嫁了的姑娘要回来"暖房"，一些重要的亲友来吃酒。出嫁的女儿带来糯米饭和酒，把它们摆在新房堂屋的神龛前供奉祖宗，祈求家族兴旺发达。

父母都希望女儿嫁到离家近的地方，在自己力所能及的熟人圈子里，家长比较放心，有些困难两个家庭可以互相帮助；近地方的文化相似，双方家庭更容易相处，如果是附近有婚姻联系的村寨，彼此都是熟人，女儿嫁过去不用吃苦；女儿可以经常回来走动，养老得到保障。

个案：王FQ，女，48岁。"我比较喜欢玩，哪里都有我认识的姐妹，把路那边有场，我要提前去，就是想多认识人。红运、落别这边的小伙我见得多了，和他们唱歌没意思。我丈夫就是把路的'布农'，也是我们布依族，说话和我们有点不一样，你们老师说他们那里是第一土语。因为太远，我们两个一个月不得见两次，见面了感情好，我和他想结婚。回家我跟妈妈说要嫁到把路，她不同意，那时候没有车，走路要一天。妈妈说'大抵拱那么近，还有好地方你不要，偏要跑把路。他家那么远，我们也不了解那边家里人好不好，你过去那么远，我们还没享福，你就走了。结婚了你想回来要走很远的路，鞋子都要破了。插秧喊你来，稻谷都收了你才到家。'她就是嫌我走得远，一年到头走亲戚辛苦。父亲也是反对啊，他想我找一个坝湾、可布的。我丈夫拿的礼钱多，我父亲说'不要你拿很多钱，留着钱多搞些车票回来，以后要经常走亲戚，花很多钱。'"

在节日和农忙时期，两家人经常走动增进情感，促进合作生产；当一个家庭在村里和别人发生纠纷、遇到困难时，亲家及时的支持和扶助也是必不可少的。一般家长优先考虑近距离婚姻。

个案：马AQ，女，布依郎村人，69岁。"我父母找介绍，他们说革老坟有一个,关口那里也有一个,两家人和他们关系好,想找我定亲。父亲给我订了革老坟的,他说这个离家近,以后来往方便。关口那边的路还没有修,去那边要绕山头。后来听我母亲说关口那家给的聘金多,我父亲说不能只看眼前,要讲以后。我娘家收稻谷起房子,丈夫带着小叔一起来帮忙,在娘家住的那几年,革老坟谁家办喜事,过节赶场,婆婆要喊我和我母亲来这边吃酒,一条路上去就到革老坟了。有时候丈夫出去找活,婆婆怕我在家闷,她就叫我娘家妹妹来家里吃饭,晚上住家里陪我说话。如果跟了关口那边的,哪里有时间天天走动,太远了人都不想走了。以前都是山路,下雨下雪路就更不好走了。我父亲就是看得远,他晓得两家人要互相帮衬。"

(3)经济因素。对于女子来说,通婚方向都是由下向上选择,传统观念上女方家人更倾向于财力、物力、教育程度和阶层比自己好的人家。贫穷人家的女儿选择一般家庭,一般家庭的女儿选择条件更好的家庭。如果男方家境不好,父母会反对。

个案:"我们这里嫁女儿,都要找条件比我们好的,女儿过去以后不吃苦,在村里也有面子。以前有个姑娘,模样绣活都好,她眼光高,赶表认识几个都看不上。父母也着急,托人找合适的给定亲,她不愿意,说那些有钱的都花心。眼看年纪也不小了,她也不挑了,嫁给镇宁城关镇的,家里做生意,有钱的很,街上有好几间房子,那姑娘嫁过去她娘家没少拿好处,姑娘的弟弟去姐夫家帮工,也赚了不少钱来。村里的老祖屋不要了,一家人都搬县城里住了。"

个案:卢YQ,女,可布人,72岁。赶表认识丈夫王TS,王TS家境贫苦,卢YQ父母反对。"我娘家在可布是大户,家里田有10多亩,我丈夫在可布亲戚家帮工,赶表我们玩一起了。我看他老实,干活也有力气,就送他衣服,定了情要和他结婚。娘家人看不上他,不同意我嫁过来,他家里兄弟几个没有房子住,田也只有一点,怕我嫁过来没有饭吃。我跟他偷跑来在他家大伯家住,后来娘家看我不回去,没办法了才同意。娘家人怕我在这里住不惯,给我丈夫钱买田盖新房。那时候我丈夫不好意思要我家钱,房子建好他又去可布帮工,

3年多把钱还上,我娘家看他有骨气,两家人慢慢来往得多了。"

当经济因素和传统婚姻规则诸如距离优先、族际通婚发生冲突时,现在的村民多数向经济妥协。村里大多数外嫁的姑娘都是流向内地发展较快的县市省区;而嫁来本村的外地姑娘很多都来自经济环境更不发达的区域。

个案:王MM,女,42岁。"我是嫁到湖南的汉族去的。开始父母不同意,他们说湖南太远,一辈子也去不了一次,以后想见我和小孙子很难。他们想让我找乡里的,回来结婚办酒也是我们老传统,我不理他们,一个人跑出去。我是村里嫁出去早的,以前这里的姑娘都害怕出去,怕外面的人看不起。我出去打工想过城里的日子,那边住着比村里方便,钱也好找,在村里一辈子种田得不了几个钱。母亲现在还说我是长了翅膀飞出去,有了男人忘了父母的好。我拿钱回来给他们用,告诉他们在外面生活得好,他们也就接受了。过日子,现在不像以前,在家吃多少种多少,现在什么都要花钱买,谁都想口袋里有好多钱。"

个案:王LF家的婆婆,儿媳是儿子打工带回来的织金布依族。婆婆:"那些出去打工的都自由了,他们不能回家赶表,都在外面认识朋友,我们想给他找个熟人家的媳妇他也不要。我儿媳妇也是布依族,她家里是织金那边的,和我儿子在工厂认识。都是布依族的,她又看得上我家,我和公公也不反对。儿媳妇家里也不好,结婚给聘金她家里也没有问我们要很多,如果是娶这边的媳妇,聘金要几千块。我儿子带她回来的时候已经怀小孩了,家里简单办了酒,他们也没在家几天又出去打工了。我也没去过织金儿媳娘家,两家太远不好走动,现在孩子都在外面打工,两家的老人都没见面。以前结婚的两家是要走亲戚的,现在都是孩子帮我们走了。过年过节省了很多礼物钱。"

(4) 个人素质和家庭名声。很多家长在给子女选择结婚对象的时候要先打听个人素质和对方家庭的名声。如果男、女有身体缺陷或品性名声不好，家长会把他们限制在适婚圈外。

> 个案：王XT赶表认识坝湾的一个姑娘，姑娘长得漂亮，唱歌也好，他们在一起2年。王XT的父母托人打听到那个姑娘小时候生病，身体很虚弱，在家不能做重活。当时王XT家里的田很多，家里还喂养3头猪，2匹马，公婆觉得娶她回来家里的劳动力没增加，还要多一张嘴吃饭，不同意王XT和姑娘结婚。后来王XT带着姑娘跑隔壁村的姑妈家住，姑娘怀孕，王XT的父母不得不娶她进门。

> 个案：王RH，女，45岁，嫁到坡孝村，丈夫是父母挑选的。王RH的母亲说："RH和村里的姑娘一起玩，我们知道她赶表去，也不拦着。她那时候认识一个男孩，在这里名声不好，村里都讲他花心，家里有个老婆在，还出去唱歌招惹那些没结婚的。我女儿被他的甜言蜜语捧上天，回来跟我讲这辈子就嫁他了。我们家丢不起人，再说了，他现在花心不管家里的老婆，以后我女儿嫁过去，他还找别个，吃亏的是我女儿。我把她关家里，跟她讲如果还想着跑出去，我就不认她。她也是听话的，不想我伤心，我和她说那个男孩结婚了也不老实，以后跟他不稳定，后来也没出去找。他父亲介绍现在女婿给她，女婿人老实，结婚了对我女儿好，你们年轻人就要听老人的，我们都是过来人，知道什么好，什么坏。"

熟人社会里，父母意愿下的婚姻选择往往最注重家族的荣誉名声。20世纪60年代的地主家庭、成分不好的投机倒把家庭都被排斥在外，还有一些有偷盗抢劫前科的人家，一般的家庭不愿和这类人家结亲。

> 个案：王CJ，男，55岁。"我家这个嫁过来也是费功夫的。她哥哥和外乡的人倒布卖，赔了好多钱，后来去安顺偷城里的五金店，一伙人被关到警察局。我们乡里开会批评，这事附近几个寨子都晓得。我和老婆在外面玩，其他人都不愿意和她讲话，说她是小偷的妹妹，手脚也不干净。我不在意这个，偷东西又不是传染病，她哥哥偷了，难不成他们家都是小偷。我要跟她好，我父亲不同意啊。你想80年代，国家最不喜欢的就是小偷强盗，那都是缺德事，村里人哪

有坏心眼,他们都看不起干坏事的人。父亲不找人去我老婆家说亲,我自己去,她娘家太太看我不嫌弃,什么都没说就同意了。我家里这边比较难搞,村里的老人也出来劝。后来没办法,老婆先不办酒就跟我住一起了,我们两个在外面住,她怀孕了,家里看到小孙子了,才勉强接受。现在我母亲还是看不惯她,家里那些值钱的东西都是我母亲放起收好的。"

从革老坟村婚姻交往的范围入手,综观扁担山地区居民的婚姻圈,基本与其日常交往圈重合。对于那些适婚青年来说,自己的村寨是他们最熟悉的关系网,日常交流更密切,对同寨子的同龄人更了解,但同姓不婚的禁忌让他们把目光转向附近村寨。由于自然条件限制,当地人的社会交往多以血缘、地缘为基础,青年需要上一辈建立的亲属关系来搭桥,"熟人"基本是血亲、姻亲和扩大的姻亲网,是和自己有着共同语言、习俗、信仰和文化的"我群"。农村初级市场(商品交换、群体交往和赶表的主要场地)是婚姻当事人结识和增进了解的重要场所,集市辐射半径限定了当地的婚姻和交往圈。20世纪90年代后外出打工扩大了他们的交往圈,扁担山地区的婚姻圈日益扩大。婚姻不仅仅是个人行为,它关乎当事人所在家族的各种利益,婚姻维护家族的荣誉、存续和发展,所以社会对其十分重视。在子女没有意识的时候,他们的交往圈很大程度上是父母的交往圈。为了尽早达成婚姻缔结,扩展加强自己的社会交往,"包办"成了当地一种普遍的婚姻形式;"亲上加亲"的交表婚则体现了"在自己人中巩固亲属关系更妥帖"的观念,明确亲属机制;子女成年后通过赶表缔结的婚姻既满足了个体情感,又顺应主流文化,是最为稳定最被当地推崇的形式;而"招赘"婚的存在满足了家的延续。不论什么形式,婚姻时刻为社会的稳定运转服务。只有将青年的婚配对象控制在他们心中的安全范围内,社会和小家庭才能良好发展。当地人的择偶标准不仅是对一个人的判断,更是对其家庭的考察,长期发展而来的婚配规制是社会整合的控制策略。"同宗不婚"、族内婚和"独奢"等结亲规则表达了"我群"对"他群"的排他性,婚配关系到家族乃至整个村寨的利益,是为层级内婚而设置的一套社会规范;其他如财产、人品、距离、家庭声誉及地位等关乎组成社会的小分子——小家庭的利益。二者相辅相成共同约束着当地青年的婚姻。现代社会中"包办婚"基本消失,因为经济原因,很多控制策略的影响力大不如从前。

第三节 婚礼仪式

婚礼仪式的进行表明两个家庭姻亲关系的建立,婚礼仪式实现了这种崭新的社会关系。婚礼对社会群体和组织有积极作用,社会结构得以重组,巩固了参与者的共同社会价值和群体稳定。婚礼仪式不单是男女个体社会身份的合法化建构,作为亲属集会的场合,它和其他节日聚会一样加强了亲属之间的联系。传统的个体家庭依附于以血缘关系为纽带、以姻亲关系为基础的亲属网络,个人从属于这个网络,两个家族得以结合,两个不同的社会网络交错。仪式中的个体之间互相交流,婚礼提供了"聚"的机会,群体的社交需求得到满足,社会网络关系得到巩固和扩大。婚礼仪式不仅促进了家族团结、组建和再现了亲属关系,还将亲属关系的亲疏差异表现得淋漓尽致。

一 仪式过程

传统社会的婚姻实质是"父母之命,媒妁之言,重金聘礼,明媒正娶"的包办买卖式。在布依族社会,当男女双方得到家人准许后,他们要通过一系列隆重的仪式过程向社会宣告他们关系的合理合法性,获得已婚成员在族中享有的权利和义务,得到亲朋好友的祝福和认可。"仪式表现了社会凝聚力,把社会价值和情景灌输给个人。它又是一个确认的时间、地点、器具、规章、程序以及一个特定的人群网络的人居关系的'公共空间'"[①]。因此,婚姻仪式程序复杂,参与者涉及广泛。

冬季农闲时节举行婚礼是这里的传统(结婚时打雷不吉利,"雷打鸳鸯散",冬天雷雨天少)。时间一般从打完谷子的农历十月开始,随着打工潮的发展,腊月初到过年的这一个月中,村里那些外出的年轻人都回家过节,顺便在这几天完成终身大事。无论是何种形式在一起的男女,无论现代文化如何在村寨里流行,布依族的婚礼依然保留着浓厚的本民族传统

---

① 彭兆荣:《人类学仪式研究述评》,《民族研究》2002年第2期。

色彩。万事俱备，婚礼被提上日程，这个过程不仅仅是两个个体结合的仪式，背后还隐含物质交换、血亲和姻亲的结群以及差异关系。"摆谈妹""卡开""得恰""当万""荣投""很投"、回门，这些传统仪式使得扁担山地区布依族婚俗别具特色。

（一）"摆谈妹"（提亲）

提亲在当地语境中表述较直白，"bai tan mei de magou gura"，翻译成汉语意思为"说服那个姑娘做我的老婆"，即提亲，做媒，简称为"摆谈妹"。男方父母或男方当事人看中某个姑娘后，就会请一个媒人去女方家说亲，把结亲意愿传达给女方家人。媒人大多是亲戚或家族里的中年男女，媒人的角色一般不作什么特殊要求，只需子女旺盛配偶健在，但如果和女方家比较熟悉最好，这样亲事更容易被说合成功。当地人的观念为人做媒是修德的好事，因此不会向男方家索要礼物，一般男方家人会在成事之后宴请媒人，送一只鸡、一壶酒，邀请在婚礼上吃喜酒表示感谢。媒人第一次登女方家门要带几斤糖，女方家知道来意以后并不会立刻同意。如果女方家愿意这门亲事，媒人走之前女方家会说自己家孩子还小，暗示媒人过一段时间再来。第二次、第三次以自己家女儿长得丑、没本事拒绝，男方家会再托原来的媒人到女方家说媒，如此往返登门四五次才能真正获得女方家真实的答复，这样才能体现女儿的珍贵。如果男方家来的媒人第一次送糖来女方家立刻同意，村里的人会笑话："他们家里的女儿有缺陷，怕嫁不出去才这么着急。说亲的刚来就等不及吃糖了。"即使最后女方家人不同意，他们也会很婉地拒绝："我们家女儿年纪太小，还不到结婚的时候。"过去由于父母包办，很多孩子年纪很小就被说下亲事，一般家里越富裕，孩子越早说亲。

（二）"卡开"（订婚）

女方家庭同意后，男方家庭一般在说亲后的半年左右择吉日去定亲，布依话叫"卡开"（"ka kai"，意为"杀鸡"）。男方家庭会请家门中有福气的两个老人或老太太充当"订婚人"到女方家，"订婚人"必须是初婚并且配偶健在，已经生育儿女的中年男女，而且人数必须是双数（双数吉利）。男方家会准备雌雄鸡各一只，几斤（双数）酒，几斤（双数）糖挑到女方家，把这些糖分给女方家的亲族。早上订婚人到女方家后，女方家人请族中长辈和德高望重的老人作陪，吉时到了，女方家把送来的公鸡杀了，并说："若反悔就像此鸡一样身首异处"，公鸡做熟后祭拜祖先（母鸡留着不杀，母鸡能生蛋，象征子孙发达）。祭拜后设正式宴席招待这些订婚人，同时设宴邀请女方亲友，当众宣布自己的女儿已经许配人家。一般下午吃完酒订婚人就回男方家回复。女方家人回送被子和糯米粑给男方家。

订亲以后婚姻当事人就算是有了"婚约"，双方不能反悔。男女双方结为亲家，以后两家不论大小事都要互相走动，订婚后结婚前，一般在春节，男方要带油炸粑粑到女方家拜节，女方家门里所有人来陪客吃酒，女方也会相应回一些糯米粑。"卡开"后的姑娘从身份归属上来说已经是男方家的人，如果此时姑娘出了意外或病重快死了，男方家要把姑娘接来落气，后事由男方家处理，进入男方家祠堂。如果是"卡开"后解除婚约，寨老和亲族长辈调解，双方商议后才能各自另找对象。如果没有解除，男方可视为妻子跑了，他们会用武力把姑娘抢回来，或者要求对方赔偿损失。

（三）"得恰"（送彩礼）

"得恰"布依语为"te qian"，相当于汉族的"交彩礼"。还要举行"要八字"仪式，只有八字相配两人的结合才顺乎天意，个体和家庭都有好运，只有拿到了新娘的生辰八字，男方家才可以找村里的"先生"选择合适的日子举行婚礼。"得恰"仪式也是在女方家举行。男方家请6个配偶健在儿女双全的中年男人挑着双数份的鸡、酒、肉、糖和钱过去，单列出两个人（有地位、懂礼仪、夫妇健在、儿女双全）以"吃鸡酒"为名义作为主宾，其余的人是挑礼物的。男客带一个供桌（猪肉、豆腐、木耳等做成的八碗菜）、两对鸡、一对鸭（毛色好的公鸡、公鸭）；一只猪后腿（20—50斤，带猪尾巴，猪尾上留一撮毛，寓意后代昌盛），一块猪肉（5—20斤）；四壶酒，几斤糖（根据女方家族的亲友数而定）；一对蜡烛（约1斤重），一长串鞭炮（鞭炮大小根据家庭富裕程度而定，家境好的买大盘，家境略差的买小盘），一封"鸳书"（"鸳书"是受汉族婚嫁文化影响写上男方的生辰八字的红纸）。女家要在寨门外设"拦路酒"，长板凳上两碗酒，女家问话男宾答，饮了酒后女方家人接过礼物把它们放在堂屋的祖宗牌位前供奉。首先进行杀鸡祭祖仪式。女方家人请男方主宾杀鸡祭祖，放鞭炮的同时男宾点上蜡烛上香跪拜，女方主持人也随同跪拜，男宾杀了一只公鸡后（其他三只由女方家人杀），用三张钱蘸上鸡血放在牌位前。主宾杀的鸡切肉时要留下两只鸡大腿放在神龛上,男客回男方家的时候同"鸾书"一起带回,男方家请"摩公",鸡腿骨来占卜将来的吉凶,称为"鸡卦"。这只鸡煮熟后全部分在主桌。

  酒宴(堂屋摆两桌酒席,主桌在堂屋神龛前,次桌靠门口)准备好后就到了下午两、三点,当地人称为"吃晌午"。此时进行"得恰"的第二个项目,女家先请人将姑娘的生辰八字写在男方带来的"鸾书"上,男宾给此人一些钱后把"鸾书"放在女方家的神龛上,和女方家人一起摆酒席祭祖。女方要在家门中选一些有威望懂礼仪的人,他们一般是姑娘的家门叔伯、兄弟、父亲、舅舅。女方家六个人和男方家的两个主宾坐在主桌。席间酒碗不能空,主人家要一边喝一边给男客斟酒,表明以后就是亲戚,要多来往多走动。一般在酒席进行到一半的时候,男客把"乜咖"(mie ka,彩礼钱)交给女方家在座的长者,"乜"是母亲的意思,"咖"是债的意思,"乜咖"直接意思是"母亲的债",当地人称为"奶母钱"。男方给彩礼钱就是替女儿偿还欠母亲的债,以报父母的养育之恩,"乜咖"从侧面反映出"母亲"在子女成长中的角色是"抚养人"。女方家接过聘金不会立刻清点,而是给客人倒一碗酒敬酒。男客不需将酒全干了,只要喝3口表示受礼就行。另外这天女孩的舅舅一定要在场,男客还要拿一些"龙那"(lung na,"舅爷钱")给女孩的舅舅。舅舅收到"龙那"后在外甥女结婚时打一个衣柜作为嫁妆,现在大多是舅舅当场拿出双倍的钱交给男方主宾,说"给甥女陪嫁的柜子"。宴席结束,女方家人拿来"鸾书"给男主宾,以便日后男方家能选定良辰吉日娶亲。男客离开女方家的时候,女方家人会在门外摆一张桌子,上面放两碗酒,一碗肉。女方家的一个代表右手端酒,男客中一个主代表左手端酒,两人干了这碗酒之后男客便启程回家,这里称为"送客酒",表示送客。男客走了以后,酒宴上的东西不能收拾,俗称"桌不抹,筷不收",寓意女方家衣禄丰盛,而且主次两桌的位子要立刻有女方的家门内亲替补坐上,不能空着,有吉庆有余、禄传给子孙后代的意思。女方家另外准备一对小公鸡和小母鸡,装在男客带来的鸡笼里让他们带回到男家,称"回笼鸡"(kai dou sang)。男方家把"回笼鸡"养大,公鸡在大年三十杀来祭祖,母鸡继续养。一般男客拿到"鸾书"后就赶往男方家把它交给男家主人,"得恰"仪式也就结束了。

（四）"当万"（告知女方婚礼吉日）

男方家拿到女子的生辰八字后，会请村里的"先生"选择黄道吉日举行婚礼。这个"吉日"包括新郎迎亲的日子、新娘进夫家的日子以及新娘"回门"的日子，一般是3天。秋收以后这个日期就定了（"得恰"后一年左右）。男方家会在正式举行婚礼前3—6个月请本家族中的两个未婚男子或两个未婚女子（不能是一男一女）带一只母鸡、一壶酒（2—6斤）为礼物一起去女方家通知良辰吉日，当地人称为"当万"。女方家得到通知以后要配合准备各种婚礼事宜，不能随便要求男方推迟婚期。在正式成婚前，姑娘渐渐放下农活，在家专心纺织，准备结婚衣裙。

（五）"荣投"（新娘登门）

布依族的迎娶新娘在当地称为"zong tou"，即汉语的"登门""过门"，对女方家来说是新娘"出阁"。包办婚姻的"登门"酒一般在男女12—15岁左右进行，赶表成婚的年纪稍大些，一般在20岁左右。在扁担山以及周边的关岭、普定、六枝一带，这天早上，男方家会派出家族血亲里一个姑娘（一般是小姑子，布依语称为"雅古（ya ku）"）和两个小伙（布依语称"抱古（pao ku）"，配偶健在或未婚）到新娘家接亲。接亲者不一定和新人同辈，但年龄要和新娘相当。他们去时也会带上一只公鸡（煮熟祭拜女方祖先）和一壶酒（2—6斤），给新娘家做招待用。根据一些地方志记载，古时候接亲者可以直接到新娘家；1949年前接亲者有的直接进新娘家，有的在新娘所在村外等候；1949年慢慢都不去新娘家了。结亲前两三天，新娘家用60多斤糯米做两个大的和几个小的喜粑（糍粑），装在两竹篮扁担里放在堂屋神龛下等候。接亲者来到新娘村口，那些娘家的妇女孩子早就准备好了"锅灰"，接亲者要随时警惕躲避娘家人往自己身上抹脏。如果是直接来新娘家接人，在接亲者休息或用饭时，新娘的兄弟或堂兄弟会偷偷避过"抱古"挑了喜粑到村外等新娘；如果接亲者不进新娘家而在村外等候，新娘的兄弟或堂兄弟挑喜粑出来放在离村不远的半路，让接亲者自己抢去。新娘家人把喜粑放在草丛或者田坎下，和同村那些七八岁的小孩子在附近藏着，找到喜粑准备挑走时，新娘的兄弟的和小孩子一起，手拿草籽、泥块追打"抱古"。如果"抱古"不够机灵，不仅挑不走喜粑，他们的衣服和脸都会被弄脏。这些"抱古"无论进村与否，追打的过程中，他们只能躲避不能还手。如果在追打过程中

"抱古"丢了衣服和鞋子,更加增添了喜气。"抱古"拿到喜粑往大路上跑,那些小孩子们穷追不舍。"抱古"只好把那些小个的糍粑扔给他们说:"送你们吃喜粑,来年变聪明,不要再追了,你们快回去吧。"那些小孩子也累了,捡了喜粑就不追了。接亲者把剩下的那两个大喜粑挑到男方家中,油煎以后分给在场的亲朋好友吃,先长后幼。打"抱古"的习俗源头无从考证,这种嬉闹的风俗在增添欢乐气氛的同时也隐含了女方家对女儿的不舍和怀念。同时布依族把草籽看成谷物的种子,"抱古身上的草籽越多,新娘带给新郎家的孩子和谷物越多,新娘嫁过去以后夫家会人丁兴旺、丰衣足食。

　　新娘出门这天女方家没有什么特别仪式,只是摆酒请家人亲友。女方家会请两个成年稳重并且家规好的姑娘(新娘同辈姐妹)陪新娘一起到夫家。这两个姑娘我们称为"送亲者",当地一般称为"雅娜"(伴娘(ya na))。这两个送亲者可以是未婚姑娘,也可以是未戴"假壳"的已婚者,她俩陪新娘到夫家,帮新娘背衣裙(布带子直接捆好),在夫家照顾新娘。新娘家的堂屋摆主次两桌,新娘、两个伴娘和接亲的"雅古"入座主桌,还有家门中福寿双全的姑太、舅太、姑妈、舅妈陪客。入座次桌的都是新娘的好姐妹,新娘的父母要回避(父母舍不得女儿离开,心中会难过哭泣,当地喜事中忌讳眼泪和哭声)。姑娘吃饭后碗内要留下一点饭菜,意思是要留一些衣禄在娘家。吉时到了新娘就要出门了。伴娘和"雅古"起身后,新娘家门中的四个姐妹要立刻替补坐上,其他人要一直吃喝,等新娘出了寨门客人才离座。从娘家出门,新娘走在中间,两个伴娘一前一后,"雅古"左右侍候。跟在村里的姐妹们开始掐"雅古",当她们走出村子时,那些姑娘们才返回,新娘以及两个伴娘就随着"抱古"和"雅古"一起赶往男方家。如果是很小的时候就被家长包办结婚,新娘年纪很小路途又远,她们一般被背到夫家。新娘怕羞,害怕被男方村子里的人围观,在路上一直拖延时间,因此到傍晚新娘才赶到男方所在的村子。在此之前,男方村子里的姐妹已经结伴来到村外两三里的地方等候。新娘进村以后不能直接去男方家,而是到男方家提前安排好的一家户休息,等第二天"吉时"(先生算好,一般是卯时)到了,才进行正式的"拜堂"仪式。选择的人家必须是异姓的人家,这样才有"从外嫁进"的意义,不然住在新郎同姓人家有"进门"的意思。如果村寨内没有异姓,便在附近村寨的男方姻亲中找一户留宿,绝对不能直接住在夫家。这户人家负责照顾新娘以及两个伴娘的衣食起居,新娘在此安定下以后,男方家族和村寨的姑娘一起陪她聊天解闷。

(六)"很投"(拜堂)

"很投"("hen tou",意为进门拜堂)是婚礼中的核心仪式。新娘登门的吉时前,新郎的族人和舅妈过来帮新娘梳洗打扮,送亲的伴娘此时为新娘包上结婚的头巾,此时头巾样式还是姑娘时的蓝色方巾(如果新娘是离异无子再婚的,新郎家接亲时要准备好"假壳"带过去,新娘戴了"假壳"才能接过来,也有人说送亲的伴娘戴"假壳"也可以,一定要让宾客知道新娘是再婚)。新娘嫁衣穿戴好,准备进夫家。新娘大多穿五六件蜡染衣服,裙子也有六七条,而且衣服越多,越能象征新娘心灵手巧,家境富裕,如果是年纪很小的新娘,他们即使不穿裙子,也要带到夫家来。结婚时有些新娘穿红裙,老人讲红色裙子代表女人对将来生孩子时血的恐惧和对孩子出生的欢喜。和送亲时一样,接亲姑娘领路,新娘在中间,两个伴娘一前一后。先进行"凯瑟[①]"。男方家在大门外摆一张桌子,桌子旁边绑一把打开的红伞,桌上摆着一块长条状的肉、米饭、酒,还有一个装满米的升子(方形木容器),家境不同的人家升子的大小也不同,富人家一般用5升大小,贫困人家一般用1升,升子里插五柱香和纸剪的马。另外放一个装有金银、盐、茶、五谷、木梳、镜子的斗(金银和盐、茶代表财富和衣禄,梳子寓意新娘管理家务井井有条,镜子是希望新娘可以找到自己的缺点改正,斗表示新娘进婆家以后要守妇道),桌上还要放饭、酒、菜,桌下放一只大公鸡。男方家请6个家族里的长辈做主婚证婚人(他们必须配偶健在,儿女齐全)。汉族婚礼里出现的门槛"跨马鞍"在这里很流行,他们希望新娘进来之后家门富贵平安。家门的门楣上还挂有一匹3—7尺长的红布,衬得满堂很喜庆。

"吉时"到了,新娘在鞭炮声中来到新郎家堂屋门前,"摩公"念摩经[②]为新娘"洗刷"。因为新娘来夫家的时候,新娘祖先的灵魂也跟着过

[①] 音译,"kai sei",摩公诵经,"kai":解除、驱除(灾祸);"sei":"叼"来(福气、衣禄)。

[②] 经文,"sai mo",布依文字记录的五言或七言叙事诗,还有引用汉族道教盛行的驱魔咒语。

来，他们被请到桌子旁的伞下暂时遮蔽，"摩公"念完咒语，一个人杀了鸡（厨房的人第三天时做了吃。这只鸡是送给女方祖先的，新婚夫妇不能吃，否则新娘的祖先得不到子孙的"衣禄"）。摩公把鸡血洒在门前的地上，烧鸡嘴和一些鸡毛，寓意祖先灵魂随之飘散回去，只有通过这个仪式请他们回家，新娘才能不生病，男方家也会大吉大利。新娘一定要跨过地上的鸡血（趋避新娘身上的邪灵恶物）来到桌前，这时候新郎的婶婶已经在桌前等候，她要拉着新娘的手去提桌上的斗进家门。新娘左手提斗，右手摘头帕（进门祭拜祖先时头上不能有遮盖物，表示对男方家祖先的尊重），接亲姑娘就上前拉着新娘走到门槛的马鞍前，和新娘一起进屋，而送亲的伴娘等人要在门外等新娘拜祖结束，她们才能进去。一些新娘由于穿的衣裙较多，很难大步跨过马鞍，老人们讲新娘的裙子碰到马鞍也算数，并没有规定新娘先跨哪只脚。跨了马鞍今后发财有马骑，他们祈求新婚夫妇白头偕老，日子平安。跨过马鞍进了家后，男方本家的一两个老妇人引导新娘拜堂，即向家神老祖公跪拜，在这里新娘过门拜堂都称为"给祖宗磕头"。新郎家门内亲里的女性长辈分别坐在神龛两侧唱歌等候，堂屋内早已设好香烛、酒、肉，地上放有垫子。新娘把进门之前戴上的头巾扯下扔到地上，唱歌的妇女太太们拉新娘跪下磕头，新娘反抗，被迫稍稍屈膝，待老人们说了"好"以后就结束了。拜堂后，老妇们扶她到已经在"大吉方位"（先生提前占卜好，一般凳子摆在堂屋东面，坐东朝西，意喻如朝阳般长寿）放置好的凳子上坐凳，表示她从此长坐夫家。随后新娘到指定的位子吃饭，席上是新郎家门中福寿双全的两个老太、姑太和舅太陪坐。饭后"雅古"唤送亲的伴娘进屋，把新娘扯下的头巾转交给伴娘由她收好。这时两个送亲的伴娘跟随新娘入"洞房"（一般是大门左侧的书房或新郎姐妹的闺房。准备新被褥，新床帐，如果是家庭贫苦的，用过的也可以，但一定要新。）休息，重新整理头饰，脱下几件新衣。到此，一系列仪式过程就结束了，一直到第三天回门前，不再举行什么仪式。拜堂的时候，新郎不能参加。新娘进家时，她的公婆就已经提前回避了，只有新娘的小姑引导，表示一代让一代，以后新娘来当家。两个伴娘和新娘一起在新房里同吃同住，互相照顾，男方村里的女性亲友和姐妹、外家过来拜访慰问。新娘不能在夫家见男方家的男客，婚礼期间新郎不能和新娘见面说话，晚上也不能同房，结婚期间新郎和平日一样工作喝酒，并没有穿很正式的衣服，只有他的兄弟和年纪相当的朋友们开玩笑逗他，旁人不会正式向他祝贺道喜。拜堂结束后，男方家人把新娘娘家带来的糍粑切成小块，用猪油烙熟后分给家门中的所有人（糍粑先分给主桌上的四个老太太和新郎的父母，然后是新郎的母舅，最后按照辈分分给其他人）以及在场的宾客，表示分享新娘带来的衣禄，同时也表示对新娘的认可。

一般来祝贺的客人大多在拜堂当天的早上到达，吃了酒后当晚回去，一些距离较远的可以在村里留宿，次日早上吃了早饭再离开。而新郎的舅舅、姑妈和已出嫁的姐妹是重要来宾，按照本地的规矩，他们在拜堂前一天晚上就要到新郎家，新郎家人要设宴热情招待。外家（舅舅、姑姑、姐妹）和至亲好友难得聚在一起，在吃喜酒的时候要男女分开。酒席规模视男方家庭条件而定，有些富有人家讲究排场，1949年前革老坟村的一个地主娶儿媳摆酒，请全村人参加，有40多桌。

（七）回门

新娘在夫家住两三天就要回娘家，一般是第三天，俗称"三朝"。第三天中午饭后新娘向男方家人（主要是婆婆）告别，两个伴娘一直和新娘待一起，新郎并不出面。新娘回门，新郎家请家门中的两个小伙送她们回去（原来接亲的"抱古"或另找）。新郎家准备双倍的糍粑，分量要比新娘家做的重，放在新娘来时挑的一对竹篮扁担里，挑回新娘家以后切小块分给新娘本家族亲戚和村里的人吃。然后准备一块五六斤重的猪肉、一匹布（从亲戚送的红布中选一匹最好的）连同亲友送的成衣一道挑到新娘的娘家。到此，婚礼仪式全部结束。

二 坐家

（一）"不落夫家"

结婚仪式的进行仅仅是从形式上向外人宣告夫妻关系的成立。扁担山的布依族社会和其他少数民族一样有"不落夫家"（当地称"不落家"，即不在夫家常住）的习俗。新娘结婚以后，在夫家住的几天并不和丈夫同房，回门以后可以名正言顺地在娘家住。日常和父母一起干活，农闲的时候做衣服，刺绣（生孩子以后用的背带由母亲做），少则一两年，多则十几年。在此期间女子的穿着打扮和未婚少女无异，闲时与同村的那些未婚姐妹或和自己情况相同的姐妹结伴玩耍，她们依然享有赶表的自由权。

如果是年幼时期被包办的"背扇亲"，女孩名义上是已婚，实际上在结婚仪式完成后要一直留娘家生活，有些长到十七八岁才第一次去丈夫家。有些新娘因为害羞或者不满意这门婚事，她会拒绝到夫家"帮忙"，一般夫家来人两三次，新娘的父母施压，她才勉强跟着婆婆或小姑到夫家去。一些对既有婚事反悔或不满意的人会寻找各种理由拒绝，往往会出现逃婚或下文所提到的抗拒"戴假壳"。正常年纪且对婚事满意的新人，在婚礼后的半个月或一个月左右，新郎家借口有事挑酒到外家①接新娘来"帮忙"，这时夫妇就可以同房，这是婚后新娘"第一次"去夫家。平常节日里、新郎村里有红白喜事以及农忙时节，新郎家都要接新娘过来。新娘到夫家之后住上几天，帮忙做些活路，做完以后又急匆匆回娘家了，"坐家媳妇像客人一样"。

一般接新娘的人是新郎的母亲或姐妹，她们准备一壶酒（4斤）和几斤肉前去。第一次接新娘的时候，如果新娘的父母同意她们接走新娘，会事先准备好糯米粑粑让新郎家人一起带走。回村以后，新郎家把媳妇娘家带来的糯米粑粑煎熟了分给全村的妇女吃，庆祝新娘"坐家"，好让大家都记住这个特殊的日子。新娘在夫家和丈夫同住一晚后，第二天要为夫家挑满一缸水，方可回家。夫家要做加倍的糯米粑粑跟到新娘的娘家，新娘家人煎粑粑分给同村的妇女。第一次接新娘的时间一般选在秋收时节，新娘来夫家帮忙割稻谷，象征日后有东西吃。如果选在插秧的日子，新娘碰到青禾苗，将来会没东西吃，夫妻关系也会不和睦。日后新娘第二次、第三次或者婚丧节日来夫家。就不再考虑季节的限制，也不用刻意带礼物。"不落夫家"期间，新娘要往返夫家很多次，每次都由新郎的母亲或家中伯母姐妹去接。过年的时候，新娘要拿两个大的糯米粑到夫家；"六月六"过小年，新娘拿两串（大约20个）粽粑到夫家。这个程序一直持续到新娘怀孕（小孩不能生在娘家）或"戴假壳"后结束。"不落夫家"在中国少数民族区域颇为流行，苗、壮、瑶、黎、侗族等都有此风俗。在夫家，女子的自由会受到限制，地位也大大降低，"不落夫家"期间她们在娘家自由生活，自由赶表，这是母权制与父权制抗争最后两者妥协的结

---

① 新娘的娘家。

果。从感情上来说,刚出嫁的女子和她的家族必然存有密切联系,父母舍不得女儿婚后马上离家,女孩也需要一段时间慢慢从娘家适应到夫家;另外"不落夫家"期间婆婆来回接儿媳回家,亲家之间相互往来,加深婆媳情感,也密切了两家的姻亲关系。从劳动生产上来说,女子外嫁必然导致娘家家族劳动力的损失,继而影响家族经济,而且姑娘也想在"坐家"期间多准备一些自己的衣裙,以及将来孩子所需要的衣服、鞋帽等,因为到了夫家家务繁重,就没有时间准备了。因此,女子出嫁以后要在娘家继续帮忙做活,等有了身孕才去夫家。而对于那些婚姻由父母包办的人来说,夫妻举行婚礼以后还没有深入了解对方,他们需要一段时间互相接触磨合,免得日后住在一起后不和睦,有些人也在此期间参加赶表活动以求遇见喜欢的异性。

笔者在采访当地村民的"人观"以及对"性"的态度时发现,不论是怀孕前还是生育后,夫妻之间对家中"性"十分回避,很多夫妻在家中分床而居。笔者推测这种回避和他们的"人观"有很大联系,当地村民认为孩子是"天神"送来的,夫妻结合即婚姻的意义不是性和生育,而是养育"天神"送来的孩子。所以一般夫妻二人在女人怀孕后才有权利住在一起,男女在共有的家中分工合作一起准备抚养小孩。韦斯特马克认为:"男女生活在一起,最初就是为了下一代的利益,婚姻关系只有在孩子出生或已经明显怀孕时才最终确定。"[①]

(二)"厂更考"

在扁担山一带,新娘怀孕或到了一定年纪(22岁左右,一般来说无论多大年纪举行了婚礼,夫家都要等新娘20岁以上才能帮其戴"更考"),就要"长坐夫家"了,在此之前夫家要选一个日子为她"厂更考"(cang kan kao),汉语意思是"戴假壳"。

1."更考"

"更考"是一种用竹壳制成的斗帽,前额处呈圆形,后面呈方形,前宽后窄,编制的竹条向后延伸5—8厘米,尾部上翘。壳子外面用靛青布包裹成簸箕形状,上面盖上一块织锦头巾,和未生育姑娘所戴的头巾"kang"不同。

[①] [芬兰] E.A. 韦斯特马克:《人类婚姻史》,李彬等译,商务印书馆 2002 年版,第 72 页。

作为扁担山已婚妇女特有的头饰,"更考"的"更"在汉语中翻译为"斗笠","考"是"头"的意思,一部分人说它是"女人头上戴的帽",还有人说它是"头领戴的帽子",或许在原始母系氏族社会,女性只有生育以后才能做部落统领,才有资格戴这种帽子。一般"更考"由男方家门里命好的老太制作,她的福德可以通过"更考"传递给即将戴上的新娘。

2."戴"——身份的转换

一方面,姑娘在结婚以后"不落夫家"期间,她的服装穿着和未婚的姑娘没有什么区别,没戴"假壳"以前,她有自由参加赶表活动,场上那些小伙也可以和她对歌玩耍。戴了"假壳"标志她已经"坐夫家"或者为人母,小伙子们就不再找她赶表了。新郎为了控制新娘在婚后"出轨",到了合适的时间,他会强制新娘戴上"假壳";另一方面,当地社会认为妇女没戴"假壳"就生孩子是不吉利的,新娘必须在怀孕后戴上"假壳"到夫家长住待产。"戴假壳"标志着女子姑娘时代的结束,是布依族妇女人生中的重大转折。当地的布依族姑娘中流传这样一种传统观念:婚后在娘家住的时间越长越光荣,而那些结婚不久就到丈夫家同居的新娘会被村里人看不起,外人都要讲:"不怕羞,这么着急跑到男人家生小娃娃哦。"因此,除非是对男方特别满意或已经怀孕,新娘一般都会想方设法躲避戴"假壳",那些对婚事不满的姑娘更是如此。男方家人会秘密准备戴"假壳"事宜,新娘在他们来到自己家以前毫不知情。

在农历八月(秋收后)到第二年的四月这段时间,无论什么时候,男方家都可以选择一个吉日来找新娘"戴假壳"。到了吉日,新郎家请两个中年妇女(一般是新郎的母亲和嫂子)提一壶酒(2斤),带一只母鸡和"假壳",在没有通知的情况下来到女方家躲起来。看见新娘时,趁新娘不备,一个人快速敏捷地抱住她,另一人强制松开新娘的假辫子,给新娘梳一下头发,戴上"假壳",有的还要剪下新娘的一撮头发才算完成(一定要在新娘家的屋里进行)。新娘都会使劲哭闹挣扎,不让戴上。如果抓住了她,还没有解开辫子她就逃跑了,这次就算失败。女方家把带来的鸡杀了摆酒席给大家吃,男家算是白去一趟。一般戴"假壳"一年进行一次,很多人家要跑三四次方才成功戴上"假壳"。如果多次戴不成,新娘的娘家人也会帮忙。

有的人因不满自己的婚事，在拒绝戴"假壳"时会做出一些过激的行为，比如逃跑、自杀。

  个案：王 X 的妹妹嫁去落别韦家，婚后因不愿戴"假壳"，偷偷跑到镇宁县城，她的婆家人来找，自己的父母也逼她。父母把她带回关在家里，因觉得逃跑无望，王 X 在屋里上吊自杀，幸而被发现，不然酿成悲剧。王 X 的父母赔给男家一些钱以后就解除了婚事。

  个案：民国时期，关口有个叫伍仲侯的人，他的妹妹不满父母包办的婚姻，夫家来给戴"假壳"时逃跑，夫家和娘家人一直追赶到河边，她心急之下跳入河中。伍仲侯当时在黄埔军校做军官，回来以后伤心不已，在他妹妹投河的地方立了碑"礼仪可恶，胞兄仲侯"。

新娘被捉住戴上"假壳"后，都要痛哭一场（不论夫妻感情好坏，在当地是一种传统），因为戴了"假壳"要长住夫家，不哭会被人笑话；戴上"假壳"就是婆家的人，以后要离开父母不能长住娘家；以后不能和姐妹一起赶表，不能自由地出去玩；哭了以后进夫家，夫家的母鸡多下蛋，以后多子多福。姑娘戴上了"假壳"一段时间以后夫家才派人来接，从此以后，新娘带着自己的衣物在夫家长住。

不论是怀孕生子还是年龄大了的"戴假壳"，去夫家长住标志着婚事的圆满完成，从此之后新娘的身份重构为"人妻"，不再恢复假辫做姑娘打扮。姑娘本人那些从娘家带出来的衣裙和财物，都归属于男方家庭。

三　婚礼中的"物"

结婚时新郎家宴请亲友，事先请人告知新郎的舅舅、姑姑和已婚的姐妹，其他的亲戚朋友口头邀请以后都会过来帮忙筹办。礼物的贵重程度依据亲谊关系的亲疏而有所区别。一般的亲友礼品是一坛酒（4 斤以上）或几升米和一些钱；新郎的外婆、舅舅、姑姑和已婚的姐妹除了送酒和钱（比一般亲友多），还要送布或衣服，他们大多送一匹 3 米以上的红布或蓝布（白色是禁忌）。新娘的姐妹多半送新娘一块花围腰。男方家门也要来帮忙,在新郎家帮忙打杂,或拿米,或拿肉。此外还有村里一些亲戚朋友,他们在拜堂这天都可以拿些酒、钱等礼物前来祝贺,往往只吃一餐就回家了。

婚礼仪式中的钱、布的流转以及米和肉、酒的共食交换无一不联系男方和女方两家之间的往来,物的制作和食用不仅表达和区分人的身份,还映射了人和人、人和群体以及群体之间的关系和界限,"物"不仅仅是日常中简单的生活品,它们从侧面反映了亲属的结群情感和亲属关系的疏密。

(一) 稻米

扁担山布依族六月六吃粽子时,在供奉祖宗之前先拿粽子喂狗,狗吃了以后才供奉祖宗,最后才是家门中的人分食。这一习俗传说是洪水滔天时人们躲到山洞里,粮食全被大水冲走,正当人们愁于生存时,一只大黄狗游上岸,抖身上的水时掉下一些稻谷,这样人们才存活下来。这个传说表明布依族种植水稻的历史久远,稻米在他们心中地位很高。整田、育苗、插秧、除草除虫、施肥、收成等劳作需要以家户为单位进行,这些农忙生产活动需要家门血亲和姻亲之间的协作,不同的家庭之间紧密互动。夫妻、子女、舅甥、叔伯等聚集在田间一起劳动,一起吃饭。

在扁担山地区,稻米主要分为黏米和糯米两种类型。米在当地不仅是一种食物,它作为一种交换媒介,因类型和使用场合的不同对社会中人际关系进行界定。在它的种植、收获、制作、交换过程中处处体现着亲属群体的沟通往来;不同形式的米(生米、熟饭、糯米、糯米粑、谷子等)是仪式上以及亲属群体之间交换的主要物质,巩固了亲属间的实质关系。米的多少由"升子"衡量,一升大约3—5斤,装在竹筐里作为礼物;米饭多以"甑子"为容器衡量。

黏米是当地人的主食,家家户户种植收获,除了煮饭,人们还用它酿"白水酒"(后文详细介绍米酒),做糖、糕点、米粉等。当地人家新起房屋时,房梁安好后要进行"踩梁"仪式,石匠提着装有稻谷、米的容器从一头走到另一头,师傅们边走边向下面来主人家帮忙的亲戚撒黏米,认为这是天上来的吉祥物。婚礼仪式中,一个家门来帮忙的小核心家庭要带一升黏米作为礼物。

糯米的生产条件较黏米更为苛刻,对水田的要求很高,产量只有黏米的一半，所以糯米在当地非常珍贵，它不像黏米一样作为日常食物，而是仪式和节庆的承载，逢年过节、婚丧嫁娶等都少不了。当地人喜欢糯食，有"无糯不成节"的说法。糯米在当地社会不仅是食物，更是"衣禄"的象征，他们认为糯米是含"魂"最多的谷物，是和神鬼祖先沟通的媒介。满月酒时，主人家要用糯米做的汤圆招待亲朋好友和外家亲戚；父母生病，出嫁的女儿要带糯米饭，寓意带"衣禄"给父母，父母就能早日康复。糯米还被视为祖先和神灵的食物，老人去世，出嫁的女儿蒸糯米饭祭奠，出殡时大女儿要背着糯米饭给父母送葬。重大节日要用糯米饭供奉祖先，运送重要物品要用竹筐把糯米饭装起和物品绑在一起（运送房屋大梁、"古谢"的幡杆、桥石等），他们信奉"万物有灵"，糯米饭供给神灵享用，神灵就会顺从人意，搬运可以安全顺利进行。糍粑是糯米饭经过捶打转换而来，房屋上梁打糍粑，修坟以后向亲友撒糍粑，大年三十送祖先要准备糍粑，春节外孙来外家拜年，外家送给他们糍粑。订婚后结婚前，一般是春节时男方要带油炸粑粑到女方家拜节，女方家门里所有人来陪客吃酒。婚礼中，姑娘出嫁时要打糍粑陪嫁，姑娘回门婆家也要打糍粑送回，要把"衣禄"分给两家亲族。在这里，打糍粑的人身份有讲究，要请家门中命好的两个妇女淘米，请命好的或未婚的小伙子来打，打的过程不能换人，糍粑打好后做成圆形，一定要做成双数，大糍粑上放有小糍粑，寓意婚后尽快生子。上文中介绍从亲家带来的糍粑要分给所有来吃喜酒的族人亲朋，如果谁当时不在场，糍粑要单独留下一份（同丧葬时发给家门各成员孝布一样重要，不能遗漏，不然会被族人说"忘了家门"），不然没有吃到糍粑的人会因为没有分到新人的"衣禄"而生气。

另外，糯米磨成粉制作的汤圆是布依族生活中最珍贵的食物，小孩满月酒、起房子、招待贵宾都要煮汤圆。汤圆象征"团圆"，"吃在一起"联络了集会中的亲属情感。外公外婆、姑公姑婆到家后，如果没有煮汤圆、杀鸡招待，当地人认为这是主家不孝敬的表现。三月三"踏青节"时，村民上山采清明草做清明粑，将清明草和在糯米粉中捏成汤圆状，蒸或烙熟，家门亲人一起分享。

（二）婚礼中的鸡和猪

鸡和猪肉是村民日常生活里喜爱的食物，逢年过节和重大仪式更是不可缺少。不仅客人参加婚礼会带来作为礼物，在男女双方订婚和结婚仪式中它们的代表意义也体现了人和人、家与家的联系。

  鸡和猪被村民圈养在家中，家中女人多担当饲养和烹饪它们的角色，普通家庭一年会宰杀一两头猪，人口多或富裕人家一年会宰杀三四头，过去一般在春节前才杀猪，当地称为"杀年猪"。这是村里最热闹喜庆的事情，家家户户杀猪时要祭拜祖先和圈神，要请家门所有的人来吃饭，舅舅、姑妈、姨妈等姻亲也要来，小村寨里甚至会请全寨的人来吃饭。猪肝是猪身上最好的东西，猪肝一般留给上了年纪的老人，另外留一些给外公外婆送去。祭天神也要准备一块"刀头肉"，"走考"① 时请新亡魂食用。大年初三送祖后以及六月六，出嫁的女儿要拿着酒和猪肉到外家拜访。另外在丧葬或起房时，亲戚朋友也会拿猪肉来祝贺。"得恰"仪式中男方要准备一块九斤多的猪肉，一块四五十斤的带尾巴的猪后腿到女方家，寓意后代繁荣，自此以后两家结为姻亲关系。女子怀孕生子前，两家走动主要拿酒、糍粑和糖，办满月酒时才会继续送猪肉。

  鸡在扁担山布依族生活和文化中扮演十分重要的角色，家家户户都养鸡。鸡肉是当地人喜爱的食物，是招待贵宾不可替代的菜品，"无鸡不成席"。宴席上的"八块鸡"在享用时有一定的规矩，主人根据客人身份、地位、辈分的不同将鸡肉分成八块，鸡头给最尊贵的客人，鸡肝给长辈，最后按照年龄地位分食鸡腿、鸡翅等。当地人认为母鸡肉可以帮助病人早日康复，一般探望病人、逢年过节走亲戚都会带上鸡。

  母鸡产蛋，在当地被视为"生育"的象征，"卡开"时女方家留下男方家送来的母鸡，寓意"多子"。"得恰"酒宴结束后，女方家拿出一对小鸡作为"回笼鸡"让男宾带回男方家，母鸡会一直饲养，公鸡留到大年三十供祖先。这是因为当地人的观念里公鸡不仅可以食用，它还是有灵性的神鸟，能上天入地和神灵鬼怪打交道，所以它在以家庭为单位的祭祀中是不可缺少的牲品。年三十下午全寨人祭祀天神用到公鸡、清明节祭祀先人用到公鸡、婚礼上"凯瑟"时摩公念完摩经要杀公鸡取血辟邪、正

---

① 布依语"zou kao"，人死后成为新鬼去天上找到自己的祖宗，鬼魂要经常往返阳间庇佑子孙，为了让新鬼找到来回的路，人们在死者去世第一年的除夕、元宵节和七月半都要接死者的魂魄回来，然后再送他们去天上。

月十五用公鸡血给龙"点睛",祭龙、"卡独丫""古谢"等其他和祖先神灵、鬼怪有关的仪式都用公鸡做祭品。小孩十二岁前举行的"过关"仪式上需要用公鸡做秤砣称着小孩过桥,任何神灵鬼怪设的关卡它都能通过;死者出殡时棺材上放一只公鸡为亡灵引路上天;另外,人若要去一个陌生危险的地方,都要抱着公鸡。不论是活人还是死人,他们都用公鸡来引路。

"得恰"仪式上一个重要环节便是杀鸡祭祖。祭祖结束后要把这只公鸡送到厨房宰杀,留下两个完整的鸡腿,鸡腿吃完后要根据腿上的小孔卜卦,称为"鸡卦"。不同的数量和排列顺序代表着两家结亲后新人将来的祸福。看完卦后女方家人用彩线将两个鸡卦捆好交由男宾带回男方家。若是吉卦则满堂欢喜,若是凶卦,将来这对夫妇会缺儿少女生活不顺。一般人家不在意这些,虽然不能因为凶卦便解除婚约,但两家人心里会有阴影,而那些比较重视婚姻福祸因凶卦解除婚约的情况也有出现。

"以家养的鸡来连接婚姻或祭祖仪式,是要走出个别家户的价值链接社会价值;鸡所具有与家户相关的超自然力量,代表家与超自然力量的连接,象征着姑娘出嫁前必须向家里祖先告知,并获得祖先的允诺,如此才顾到家的地位"[①]。婚礼中鸡仅仅在结亲的两个家庭之间流动,家门帮忙筹备酒席时买来的鸡不是真正意义上的礼,鸡只有在葬礼中才会被作为礼物相送。

(三) 婚礼中的酒

扁担山的布依族迎宾喝酒,送客喝酒,婚丧嫁娶和重大节日也要喝酒,对人如此,对鬼神的所有祭祀中也必须有酒。酒是当地人生活中不可缺少的饮品,是人和人沟通交流的纽带,人情往来少不了酒,过年期间,酒更是不能缺少的"拜年礼"。过去家家户户都要自己酿酒,男性喜欢喝白酒,女性喜欢喝米酒。酒的量以坛子区分,大坛20斤,小坛10斤。

当地有名的酒是米酒,糯米酒是最上等的酒,小孩满月、起房子、春节、六月六等喜庆日子里人们才烤糯米酒,一般用糯米酒招待最尊贵的宾客。酿酒工作往往由家里的女性负责,她们到山上采药材做酒曲,把米或者麦子放在甑子中蒸熟晾凉,拌上酒曲放到缸里发酵。"三场(场集,两

---

① 简美玲:《贵州东部高地苗族的情感与婚姻》,贵州大学出版社2009年版,第133页。

个场集之间间隔4—12天不等）冒泡，五场翻花［酒料发酵出现翻花就可以烤酒（蒸馏）了］"。妇女们拿长把瓢舀出酒料放到三层的甑子里烤，第一层是锅底，也就是烧火的地方；第二层装已经发酵好的酒料；第三层是天锅，用来装冷却水。旺火使下面的酒蒸汽遇冷变成酒，随导管流到酒坛里。酿好的酒除了自家喝，还要存留一些用于节日和喜事活动中的亲友走动。酒作为礼物在婚礼中的使用方式有两种，一是男方到女方家进行的"卡开""得恰""当万"仪式中，男宾挑双数的水酒送给女方。这些仪式中女方家人要请来家门中的亲人陪客吃酒，所以男方家必须大方，保证酒足够女方家的亲人饮用，一般挑来6—8斤。另外一种便是新娘"荣投"和"很投"时，男方家邀请亲戚朋友参加婚礼，家门和内亲带着自家酿造的酒和糖过来吃酒席，新郎的外亲来时送6斤，一个家门的送4斤，村里其他的亲戚朋友一般送2斤。以"得恰"酒为例，酒的饮用顺序反映了亲属关系的远近，他们先吃家门送来的酒，而后吃舅爷外家挑来的，最后才吃内亲客人送来的酒。现在村里很少有人家酿酒，节日婚庆中用的白酒和米酒大多是集市场上买的，日常喜事，比如起房子、老人做寿等，村民大多在村里的小卖铺买些啤酒代替。

婚宴中主家在村寨门口备酒迎接外家亲戚，宴席上亲朋好友相聚一起说笑畅饮。女人生子办满月酒，吃过晌午后大家围在一起谈心唱歌，晚上通宵时吃汤圆、内亲老人唱歌喝"哑酒"。米酒被放在一个大坛子中，一部分是主人家自己酿制，一部分是亲友送来的，人们拿烤软的金竹或草结做吸管，围坐在酒坛周围的人一起对歌，唱完后"哑"一口，然后把竹管转向他人，被指向的这个人要回应唱歌，唱完"哑"一口酒，就这样循环往复。亲朋之间唱歌交流，加深了情感，酒作为凝聚力的象征使得人与人、家与家、村寨与村寨间更加团结。

（四）布和衣物

根据当地村民回忆婚礼上的礼单，发现当地人所送的礼物类别男女差别很大。男性多送钱、酒，女性多送米、布和花巾腰带，而且外家送来的礼物必须有布或布制品。传统自织的棉质布料在当地称为"土布"，1949年前家家户户的女性纺纱织布，姑娘媳妇都有染缸。一般姑娘长到十岁左右，父母会单独留一块地给女儿种棉种麻，平日里除了下地做农活，姑娘们闲时和家女性中长辈或姐妹一起纺线、织布、绣花、做蜡染。姑娘出嫁时穿的衣裙和陪嫁的服装基本是自己制作，出嫁时陪嫁衣裙的数量和质量表明她是否勤劳，是否心灵手巧。赶表时，姑娘会做定情花巾和腰带送给小伙表明爱慕和相伴的决心。

布料的颜色以白、蓝、青为主，蓝和青都是用蓝靛侵染而成，在蓝色的基础上反复多次清洗侵染而成青色，所以青布比蓝布价格贵。而红布和黄布则是使用植物煮成的染汁反复侵染，由于红色的植物原料稀少，所以在当地红布是最高贵的布料，一般尊贵的人或重大节庆时才会使用。当地女人的盛装衣裙、锦被的内衬以及外家送给外孙的背扇必须是土红布。蜡染的青、蓝布较之红布要低一个档次。布需要经过反复多次的染制和晾晒，六七次之后用固色的浆水洗布蒸布，最后晾晒清洗，重复几次后布便染色成功，一般需耗时2—3个月。

婚礼中新郎外家和姐妹除了送钱财，还要送给新娘布和衣物，送来的布料颜色多是红色和蓝色，当地婚礼上禁送白布。外家送来红布，内亲送蓝布，关系更为亲密的舅妈和姑妈还会送织锦衣服和蜡染裙，新娘家门里的姐妹送一些刺绣腰带和头巾表示祝贺。织锦和蜡染衣裙制作麻烦，耗时费钱，图案的花式有严格的规定，织锦必须在织机上才能完成。刺绣相对来说制作简单，图案的花式没有统一规定，姑娘们可以按照自己的喜好设计，她们参照生活中的花鸟虫鱼等实物发挥想象剪出纸样，有些技艺娴熟的姑娘甚至直接在布上刺绣。现在村里人结婚，内亲和姐妹象征性地在市场上买布来送，大部分人直接送钱过来，内亲的姑家、姨妈家给100元，稍远些的送50元，其他邻居朋友也有给20元的。

> 个案：以王TD婚礼（2010年）上的礼单为例：王TD的舅妈送来一匹红色绸缎布，长8米，市场价是六块钱一米，另外送来100元现金和10斤酒；王TD的表姐送来一匹蓝色布，长6米，市场价为四块钱一米，另外送来50块钱和两瓶酒；同村一个家门的堂妹和妹夫送了50元现金和6斤糖；内亲里的妇女有些送布来，有些直接送钱，她们送的布一般4—6米，市场价多是三块钱一米；寨子里其他来吃酒的亲戚朋友大多送20元钱或一箱啤酒。外家姻亲送来的钱数最多，而且这种关系亲密的人会给新娘送布，布的好坏贵贱和关系的亲疏成正比。村里其他来吃酒的妇女偶尔也有送布，但质量和数量明

显比新郎的内亲低一个档次。

另外在第一个小孩满月酒时,外家(新娘的母亲、大娘、婶婶)背着蜡染布、织锦等婴儿用品送来,婴儿用品主要是"背扇"、包被等。"背扇"是当地外家送给第一个外孙(女)最珍贵的礼物,娘家人在女儿怀孕后就请家中命好、有福气的老太制作,希望孩子能沾上老太的福禄。"背扇"必须用红色土布制作,中间和两边绣上特殊图案的织锦。背扇制作精细,图案复杂,一般会花费 2—3 个月的时间,"一个背扇可以换千斤大米"。

(五)喜宴上的酒菜

婚礼上的酒席在当地算是比较正规的"大宴",不论是拜堂时的酒席还是中午、响午的酒席,"八仙"方桌上都少不了传统的"八大碗"。除此之外还要有几盘炒菜,家庭富裕的多,家境贫困的少,一般都是双数。"'四盘八碗'是这里的标准,双数吉利,量也足"。这些菜在宾客入席之前摆放好。

"八大碗"中有三碗的类别是固定的,两碗红烧肉,一碗炖鸡。前文中已经介绍猪和鸡在当地的重要性,猪肉展现了主人家酒席的档次,"谁家红烧肉做得好,他家的酒就讲究,说明主家家里经济好,对来吃酒的客人上心。吃完酒大家都给他个好名声(一般夸赞主家待客周到,促进以后的人情往来)"。双份的红烧肉隐含结亲的两个家族"红红火火",婚礼的喜庆要分享给前来吃酒的家门内亲。

鸡肉(炖鸡)出现在每桌酒席上(新娘拜堂酒席的主桌上所用鸡肉是新娘进门时摩公"凯瑟"时杀的公鸡),寓意"吉庆"。当地人形象地将结婚酒称为"吃鸡汤",谁家娶新娘办结婚酒,不会直接说"我家要办喜事",而是很隐晦地告知家门内亲"媳妇要来家,哪天来我家吃碗鸡汤"。另外,席间宾客交流互动行令劝酒,往往用到桌上的这只鸡。首先鸡头分给本桌最德高望重的人,他要唱"四句[①]",唱完后将鸡头回敬给他人,鸡腿、鸡翅、鸡肝等都会被用来互相敬让,那些编不出"四句"的人被罚酒。来吃酒的人不断"唱"与"回",歌词多描述现实生活,大

---

① 红白喜事中人们唱的五字或七字的诗歌,符合当时情境,大多是四句。

家互相称赞礼让，鸡肉的分食促进了亲属之间的交往互动。

其他"五碗"对食材的种类没有固定要求，多是木耳（山珍）、海带（海味）、豆腐和时蔬。盘菜一般是蔬菜炒肉，如果有一盘炒猪肝，算是比较高档的酒席（猪肝是比较珍贵的食物，一般只有过年杀猪宴的时候才能吃得到。家户得到猪肝后将其分成三份，一份送给外公外婆、一份留给家门的老祖、一份留在大年三十的年夜饭上全家分食）。

糯米酒多用于招待贵宾，水酒和高粱酒、荞麦酒多是日常走访和节日饮用，大型酒席上的酒多是苞谷酒（玉米酒）。结婚办酒时一般家庭请到的家门内亲大约有百十人，大家族甚至有几百人，1949年前革老坟村的一户地主摆了160桌喜酒。苞谷酒价格较之水酒便宜，可以供给更多来吃酒的人，"吃喜酒不在乎喝什么酒，跟每个桌上的亲人喝上才是最高兴的事"。

四 亲属"差序"

亲属关系形式类别和亲疏远近不仅仅在称谓上体现，仪式中不同人的参与方式以及礼物的流转间接反映了这些差异。

（一）喜酒中的"人情"

社会交往以个体、家族为载体，人情交往的深度决定了个人和家族在社会立足发展的基础。礼物作为人情的实物表现形式，连接了人情和人际关系。

1. 男女双方家庭的互通往来

结亲的两个家庭上升到姻亲层面，"礼物的流动"严格意义上讲从"卡开"开始。男方家带来两只鸡（一公一母，公鸡杀死祭祖，母鸡留在女方家喂养），两壶酒和两包糖。女家长辈作陪，"卡开"酒后，女方家回送男方家几块糯米粑粑，从此之后姑娘在身份上归属于男方家庭，双方家庭结为亲家。逢年过节，男方家要带着酒、肉等礼物到女方家拜年贺节。两个家庭的姻亲关系正式建立。"外家的事就是我们的事，过年要多割几斤肉留给亲家了"。

"得恰"酒上，男方家庭除了带来鸡鸭酒肉等礼物，最主要是给女方家送来6套衣裙和"乜咖""龙那"，这些开销完全由男方家承担。礼物的种类和数量限定了两家特殊的亲属关系，"乜咖""龙那"钱只存在于结亲的两个家庭之间。"乜咖"在当地称"奶母"钱,是男方家还给姑娘母亲的"养育钱",作为男方家族实力的象征,女方家通过"乜咖"钱了解女儿未来的生活质量。"龙那"钱一定交由新娘的舅舅,舅舅日后拿着"龙那"买一个衣柜给外甥女作嫁妆。"得恰"酒后,女方家把男方家挑来的担子摆在门外,挑来的礼物每样都要留一点回去,另外回送男家一对鸡(公鸡留在年三十祭祖,母鸡一直喂养)。来吃酒的男宾打趣:"明后天来吃第二顿酒(结婚酒)。""得恰"酒后双方家庭的关系更进一步,分属两个不同家门的人因为有了这层姻亲关系,日常集会更喜欢聚在一起。

> 个案:可布村的卢 QR 和王 PF 原来同在扁担山中学读书,两人在不同的年级,平日没有来往。卢 QR 的姐姐和王 PF 的哥哥相爱,不久办了"得恰"酒。虽然没有办结婚酒,两个家庭互相走动。此后卢 QR 和王 PF 在学校互相照应,周末回校给对方带自家做的辣椒和粑粑,两人一起到县城买衣服和鞋子,王 PF 经常到卢 QR 家住,晚上躺在床上说悄悄话。

前文讲到糯米在当地是珍贵的食物,结亲的两家挑选各自家门里命好的人打糯米粑粑送给对方,而且是对方家门中的所有人及在场宾客。糯米一般出现在祭祀等与祖先神灵打交道的场合,两个家庭将糯米粑粑作为礼物,表示对亲家的重视。婚礼中,除去男方家已经送过的"乜咖",新娘的公婆要另送新娘一件织锦衣、一条蜡染裙和一匹上好的红布。而笔者在扁担山赶场时了解到现在一套手工衣裙的价格十分昂贵,新娘婆婆至少送去两套衣裙,大约花费一万块钱。

姻亲关系在当地人心中占据重要位置,"有难处了,一个家门的帮不到,就找外家内亲"。不论新娘"不落夫家"期间还是长住夫家生儿育女,两家的姻亲关系一经确定,平日里走动频繁,逢年过节串亲戚要优先考虑姻亲亲属。平日里的日常劳作除了家门互助,最主要的劳动力来自姻亲。姻亲不仅提供相应的劳力物力,还有利于构建更大的社交网络。结亲的两家在称谓上有所改变,两家要承担起伴随称谓而来的义务和责任。比如起房子时舅舅送"主梁木",出殡时儿媳"送棺引路","古谢"时的

"nuo kui"①，女婿诵"摩规"经等，各种场合都有姻亲不可替代的位置。

2. 请客"吃酒"——人际关系的梳理

"办酒"意即请亲戚朋友来家里吃酒，作为梳理人际关系、加深亲属交往的机会，主人家在整个社会关系网络里邀请谁、如何邀请是一件非常重要的工作。

尤其是过去村民在小范围内繁衍生息，与外界沟通甚少，群体、家庭之间的合作互惠形成一个稳固的群体，内部个体在群体的保护伞之下存续发展。"办酒场面大，来帮忙、吃酒的人多，办喜事的人家人丁兴旺、家门昌盛，亲戚团结"。婚礼上参与的客人越多，侧面反应主人的社会关系网大，关系网越大，主人家族在当地的声望和影响力就越大。被请来吃喜酒的多是五服内的家门同宗和姻亲、村寨的邻居、朋友等。如果一个人没有被邀请或者不参与他人的酒席，那么大致可以断定这个人在当地社区被群体排挤。

扁担山一带布依族的婚丧嫁娶、起房子、小孩满月等事宜都会"办酒"。这里有个不成文的规定，不论什么酒席，家门中一定要请到"小宗"里所有人（一般20—30人）。当地以清明节祭祖扫墓为标准将家门宗亲分为三种规模。大规模指十代以上的同宗，人数可达数千人；中型规模指向上追溯五到十代左右的同宗，大概有数百人；小规模比较常见，一般是五代（五服）以内的家门，当地人称为"小宗"，大约有几十上百人。平日里的扫墓活动多以小规模为主，"小宗"里的人每年都会聚集在一起。

"一个家门的都住一个村，每天串门、上坡干活就能见到，不像你们城里住得远，要打电话。办酒的日子定了后，见着长辈说一句'儿媳妇来家，几号到我家来见见'，他们都明白了。没几天村里人都知道谁家儿子要结婚。"主家不用刻意派人到小宗各支请人，一个家门的血亲口头传递消息，在范围不大的村寨里，语言充当"请帖"的角色。"一家人，不用那么麻烦，话带到了，他们都乐意来帮忙"。来吃酒的另一个比较重要的群体就是村民口中的"内亲"，"内亲是家里比较亲近的亲戚，姑妈家、舅舅家、姨妈家，往上数姑太、舅太、姨太这些都算"。

---

① 古谢时砍牛祭祀的女婿，一般是大女婿或最小的女婿。

"父亲、祖父、高祖的姐妹、舅家也是内亲,他们和外家一样都要找家门的人专门去请来吃酒"。这些内亲的范畴一般向上数3代,多则十方,少则七八方。家族昌盛的内亲多,小门户的家庭人丁单薄,请来的内亲往往向上数5代。内亲往往分散在距离自己不远的其他村寨,日子定好以后,主家请家门内的血亲(叔伯兄弟姐妹)帮忙到内亲家里通知办酒的消息。"一般都是小辈到长辈家去,比如我结婚办酒,我的弟弟通知姑妈、姨妈、舅舅家,我的父亲要到姑太、姨太那边请人。"外家内亲一定要及时通知,不论内亲是否过来吃酒,主家必须请到,不然会被人笑话不懂规矩。

"跟着走的",在这里笔者理解为扩大化的姻亲群体,是随着家族之间的联姻而不断发展来的亲属网络。他们不用主家刻意请,一般自愿随主家的内亲过来。比如T的堂姐G嫁给旁村的W,T娶妻办结婚酒时,W家门的兄弟姐妹会跟随G和W一起来吃酒。W的兄弟姐妹和T家族之间没有直接姻亲关系和血亲关系,严格意义上属于泛化的姻亲。"跟着走的"来的人数越多,说明办酒的家族影响力和社会地位越高,"被跟的人"越有面子,这也间接为家族之间的发展提供了隐性资源。

> 个案:马琳的娘家在当地属于小家户,家门人丁单薄。"出嫁前我老爸经常要我多去堂姐家走动,堂姐嫁到高荡的伍家,伍家在这里门头很大(家世显赫)。他们家小儿子办酒,我和大哥都挑东西去咧。来的人很多,都是附近村里的亲戚,大家在那边见面眼熟,以后谁家有个要紧事能喊着帮忙。办酒的日子是堂姐告诉大哥的,我们只管包个红包,带着酒过去。他们伍家愿意我们去。"

另外,村寨里的乡亲邻里、外村族亲和主人的朋友都在被邀请范围内,这些客人的身份除了回避"独奢"没有其他限定和要求,"请他们来是图个热闹,如果有特殊情况来不了的,我们也不会强求"。

调查中笔者发现婚礼仪式的筹备主要依靠主人的家门血亲帮忙。正式拜堂仪式的前几天以及婚礼酒席,家门中的叔伯、嫂侄出人出力,协助准备所用的物料,招待前来吃酒的亲戚;内亲里关系较近的姑太、舅太以及外家亲戚也在拜堂前一天提前赶来。最亲的舅家和姑家、姨妈家喜欢提前来观礼，这样自己送的礼物就能尽早"挂红"① 给其他来吃酒的客人参观。拜堂仪式结束后，堂屋首先摆下两桌酒菜供给新娘和新郎的舅太、姑太以及家门其他女性长辈；随后主人家的家门、内亲、朋友、邻里共食午宴和晌午宴。下面笔者从礼物的差异详尽分析亲属关系的亲疏。

3. 礼物中的亲疏

阎云翔认为："在传统的乡土社会，'表达性的礼物'以交换本身为目的，给者和送者之间因为它而形成长期的社会联系，礼物的交换促生并维护了关系网，礼物创造了送礼人和收礼人之间的一种精神联系，不再是物本身，而是物所表达的人情。"② 婚礼中礼物的流动以办酒的人家为主体，基于血缘和地缘向外辐射扩散，办酒的人家接受客人挑来的礼物并准备饭菜招待。这种普遍性的"聚"的形式扎根于当地社会中每个个体心中，并通过亲属、村寨、朋友逐层向外扩展传播，礼物维系了整个社区的亲属社交网络。

"亲属关系的展示、确认和加强由多方面因素决定。首先是透过语言层面与经验的亲属称谓体系；其次是结合称谓语言与认知，得以推算亲属距离的系谱知识体系，也就是所谓的文化与认知的行动或理解。最后则更进一步藉由具体的礼物系统，特别是以米饭为主调表达亲属关系的可辨识特性"③。"关系有远有近，送礼有轻有重"，不同的人送的礼物种类和数量各不相同，我们可以通过婚礼中礼物的赠予判断出扁担山地区亲属关系的远近亲疏。当地人非常在意"礼尚往来"，家家户户办酒都会记录客人送礼的种类和数量，这影响着施予者和受赠者的交往关系。"找文书记下客人送来的东西，方便以后还人情，免得以后给他家送少了，那家人不高兴，影响以后的来往"。

笔者在调查时注意到如果是参与同一家门中某人的结婚仪式，他们对此表示"一家人没有送不送礼的说法，都是挑些新郎家里办酒用到的东西去帮忙"，"结婚办酒是家里的大事，那几天一个家门的叔伯婶侄放下

---

① 新郎家收到的礼物要摆在堂屋的某个桌上展示，尤其是内亲送来的红布，要挂在堂屋门口的房梁上，称为"挂红"。

② ［美］阎云翔：《礼物的流动：一个中国村庄中的互惠原则与社会网络》，李放春、刘瑜译，上海人民出版社2000年版。

③ 简美玲：《清水江边与小村寨的非常对话》，台湾交通大学出版社2009年版，第148页。

手上的活路，全家来帮忙的都有"。

  个案：王 TF 结婚办酒，一个家门的兄弟姐妹、叔伯婶婶提前送来黏米和一些肉、酒、黄豆等。大伯家送来一升黏米，半扇猪肉，10 斤酒；二伯家送来一升黏米，20 斤黄豆；堂哥（大伯的儿子，已分家）送来两升黏米，10 只鸡，两壶酒；堂叔送来两甑熟米饭，两壶酒；叔公送来一升黏米，10 斤豆腐；未出嫁的姐妹送来手巾和围腰。同村其他房族的王姓亲属来吃酒，大多送一壶酒、四斤豆腐或 20 元钱。

  扁担山地区的结婚酒，同一家门的血亲以"家户"为单位，必须送来一升（5 斤）黏米，另外他们带来酒席上需要用到的肉、酒、豆腐等食材。"这里不在乎家门的人拿多少东西，他们来家里做菜做饭，打杂、招呼来吃酒的亲戚朋友"。

  王 TF 从小跟着大伯做事，和堂哥关系亲近，结婚办酒虽说不用他们送礼物，王 TF 的大伯和堂哥担心酒席上的肉和酒不够用，特意在办酒前赶场买来鸡和猪肉送来。"多买点东西来减轻主家的担子，办酒要求高，他们（主家）有很多东西想不到，一家人就出力帮衬，免得来吃酒的客人笑话招待不周，这也是给自己家族长脸面的事"。

  一个家门的亲属，物品的质量和关系亲疏成正比。关系亲近的例如已经成家的兄弟，他们送的礼物种类多，质量好；其次是叔伯和堂兄弟，由此扩大到其他旁系的同宗血亲。另外，"帮忙、出力"作为一种隐性礼物是家门亲属区别于其他内亲朋友的标志。结婚仪式及酒席的筹备是项复杂的工作，它的顺利完成不能单单依靠新郎所在的小核心家庭，煮饭、做菜、端盘、迎客、放鞭炮等，这些都需要家门内部成员的共同合作。家门里那些未出嫁的姐妹喜欢送新娘围腰和枕巾，新娘和跟着来的伴娘都有份。

  "大宗里面出五服的亲戚，拿的东西就少了，虽然是一个家族的，关系远了，也不好让他们来帮忙，以前送一升米，现在拿几十块钱就来了。""住得远的族亲不来家帮忙，他们和那些内亲一样只是过来吃酒，送钱送酒。"血缘的扩散和空间距离影响族亲之间的联系，家门族亲的送礼方式发生变化，趋同于关系稍远的内亲（姻亲）亲属。

个案：王 LM 讲述结婚酒里内亲送来的礼物。"内亲是关系亲近的亲戚，舅家、姑妈家、姨妈家、舅太、姑太。这些内亲送来东西必须有3样。'红'（红布）、红包和酒，'红'就是红布，现在也有送蓝布的；红包就是钱；酒一般是苞谷酒，他们一定要挑两坛（40斤）来。"内亲来吃酒，一般女的送布和衣服，男的送红包和酒。内亲送来的酒基本上一样，家庭条件较差的内亲有时挑两坛"干酒"（酒坛里放粘米、苞谷等制酒原材料）。"红"大多是一四一丈二尺的布（红色、蓝色、青色），"红"上一般挂一副对联。已经出嫁的姐妹以及舅妈、姨妈、姑妈家送来的"红"的质量好于其他内亲，而且为了体现自己比其他女性内亲更"亲近"，她们还要送新娘衣服（锦衣、围腰、蜡染裙）。红包的金额也因亲疏远近而不同，不太亲的亲戚一般送50块或100块，有些送30块也可以；稍微关系近的内亲送100块左右。一般出嫁的姐妹家和姑家、姨妈家送来的红包金额差别不大，而舅舅家作为当地人心中"特别亲"的亲属，送来的礼金则最多。"虽然都是亲戚的，舅舅家和姨妈、姑姑还是有差的，因为送的东西要摆堂屋，大家都能看到，舅舅家挑来的东西和她们（姨家、姑家）一样，但是舅家拿来的红包钱比她们多，我儿子办酒时姑妈家拿了200块，大舅家拿了500块"。王 LM 结婚办酒，他的姑爹和舅舅另外送来一副碗和一副盘子。"特别亲"的舅家、姑家和姨妈家，除了必须有的3种礼物，还要另送一套餐具。餐具可以是一副"马蹄碗"，可大可小，或者一副盘子。"马蹄碗"是正经的酒席碗，送它来比较正式，这些餐具留着给新人分家以后使用。一般的内亲来吃酒，直接挑礼物到主人家，关系特别近的内亲通常会准备一小挂鞭炮放在担子里。"到了吃酒的村寨，内亲在村寨大门外点上鞭炮，主人家听到鞭炮声知道是舅家、姑妈家来人了，就会派人出来迎接。"如果是舅家来人，主家一定要准备酒去寨门接客。

内亲有远有近，一代之内（舅、姑、姨等）的长辈送餐具；三代（小家户延续到五代）以内的姻亲都会挑来"红"和酒，送来红包，不论是新结亲的内亲还是老姻亲，差序格局体现在礼物的质量和钱的数量上；内亲超过三代以上，通常少了"红"，只带点红包和酒；更远的姻亲甚至直接不请来吃酒。"平时跟那些亲戚不见面，太久没走动，都认不到了"。

"跟着走的"随主家的内亲来吃酒，他们大多数只带钱，关系稍微好些的会挑两坛子酒。现在外出打工的人多了，来吃酒的家门内亲为了省事直接送给新人相应数额的钱，钱的多少也间接反映了亲属关系的远近亲疏，内亲一般直接送红包，少则200块，多则上千块。

家门、族亲和内亲在酒席中共食家门挑来的米和肉，共饮族亲、内亲挑来的酒，新郎的家门内亲分享新结成的姻亲（新娘的娘家）所送来的糯米粑粑。新娘得到关系亲近的内亲们送来的衣服和布。家门、族亲、内亲、新结成的姻亲，不同的参与方式和礼物的分类展现了亲属关系的差序格局。

这种礼物映射亲属关系的情形同样适用于新娘的家族体系。"得恰"酒是女方家在整个婚姻流程中最热闹的聚会，这一天不仅有新娘的家门长辈陪男宾吃酒，新娘的一些亲近内亲也会前来观礼祝贺，和新郎家的"结婚酒"不同，来的人都是新娘的血亲和姻亲。新娘的家门通常送来一升黏米；她的姐妹、姨妈、舅妈等女性内亲送来织锦衣裙、鞋子和布；其他亲戚直接送来红包给新娘的父母。新娘回门后娘家家门血亲共食新郎家送来的糯米粑粑。

（二）酒桌座次

1. 新娘身份的认可——"拜堂"酒

"拜堂"酒是新娘进门之后首次和新郎的家门内亲共食。新娘拜过新郎的祖先，和新郎的亲属"吃在一起"，表明她的身份得到了男方家族的认可，"拜堂"酒吃完后新娘入洞房休息。不同于中午和晌午的酒席，"拜堂"酒必须有新娘和伴娘的参与，座上陪客都是新郎的女性亲属。"拜堂酒"的酒席只在堂屋摆两桌，座位和入席者的身份颇为讲究。

村民摆酒席多用"八仙桌"，神龛下为主席，堂屋正对着大门为次席。1、2是新郎家门里福禄好、儿女全的老太（新郎的奶奶、伯母等）；如果先生算好的大吉方位是3，那么4是伴娘的座位，新娘和伴娘始终坐在一起；5、6是新郎的内亲长辈，一般是姑太、舅太；7是另一个伴娘，她和雅古（8，新郎未出嫁的家门姐妹）坐在一起。次席的座位不像主席

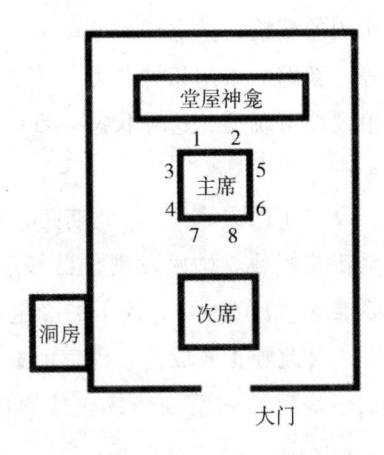

```
         ┌─────────────┐
         │  堂屋神龛   │
         │   ┌─────┐   │
         │  1│     │2  │
         │  3│ 主席│5  │
         │  4│     │6  │
         │   └─────┘   │
         │  7    8     │
         │             │
         │   ┌─────┐   │
  ┌──────┤   │次席 │   │
  │洞房  │   └─────┘   │
  └──────┴─────────────┘
              大门
```

"拜堂酒"座次席位示意

一般讲究，主家家门内亲中的女性亲属作为陪客随意入座。

神龛下的主桌座位是当地办酒时最重要的座位，这点不仅仅体现在"拜堂酒"的座席安排。在新娘的娘家，"得恰"时女方家门两个德高望重的长辈（爷爷、叔伯等）坐在神龛下的主席上，正对大门，男方来宾以及新娘的舅舅、父亲陪同，凑足8人。门口的次桌主要是新娘的家门内亲陪同。

中午和晌午的酒席中，新娘不再参与。为了表示对老外家的尊重，神龛下的主席一般是外家男性入座，主家家门的男性作陪；而堂屋的次席可以是外家其他男性亲属，也可以是外家女性。堂屋外面来吃酒的客人男女要分开坐，内亲长辈和声望高的客人坐在距离堂屋较近的"头十桌"，一起吃酒的客人不会刻意分出远近亲疏，"和谁一起拉家常都一样，平日里来往多的更喜欢坐一起"。

2. 留下来的人——"亲公太"

拜堂当天的午餐和晌午餐是喜酒的主场。大约下午5点，所有来吃酒的客人酒足饭饱后陆续离开，主家会邀请内亲的老人继续留在家中。新郎的外公外婆、舅公、姑公、舅太、姨太等其他内亲长辈晚上留宿陪新郎的家人聊天，为表孝敬，小辈们煮汤圆给内亲老人们吃。老太太们晚上探望新娘，有的老太这时候送给新娘手巾等小礼物。"新娘怕羞，晚上再见能说点交心的话，她和我们熟了，以后能尽早过来住"。老亲们一般次日吃了午饭后才回家。家门血亲自然是要帮忙到底，他们在"拜堂酒"的第二天帮主家收拾吃酒所用的碗筷，陪那些老亲聊天，帮主家准备新娘回门的礼物、打糯米粑粑等。新郎的家门姐妹担当"导游"，不仅送饭菜打洗脸水，还陪新娘和伴娘到坡上玩耍，这种状态一直持续到新娘"回门"。

（三）婚姻的圆满——"月米酒"

婚后新娘要经历一段"不落夫家"，在此期间，新娘的婆家找各种理由接新娘回家住，直至新娘怀孕。姑娘发现自己怀孕后告知自己的母亲，随后她的母亲通知婆婆准备"厂更考"。孩子的降生意味家的延续，女人怀孕在当地是件大喜事，自此她正式成为新郎家的成员，确立家庭主妇的地位。从女人怀孕到孩子满月，一系列传统仪式再次拉近亲属间的交往联系。

"卡独丫"，在前文中已经表述它是孕妇临产前的一个驱邪仪式，是为了迎接新的家庭成员平安降生。"卡独丫"算是喜事，男方家请新娘的父母、新郎和新娘的姑舅等内亲来吃酒，特别邀请一些命好的亲友保福，男方的家门前来陪酒。一般的"卡独丫"酒席有4桌左右，排场不及结婚酒热闹，所以来的客人基本是3代以内好命的内亲长辈。酒席上男方家门或内亲的两个妇女陪同孕妇敬酒，内亲送红包或说几句吉祥祝福的话。男方家把收到红包给外家，"贴补外家'满月酒'送来的背扇钱和柜子钱"。

小孩出生后30—40天，男方家请先生算好吉日，正式通知外家的外公、外婆和姑公、舅公和新娘娘家的其他女性内亲来吃"满月酒"。正式的酒席一般摆两天一夜。来吃酒的客人们除了小孩的外公、舅公姑公等内亲，其他全是女性。他们第一天来吃午饭，到第二天或第三天吃了午饭才回家。酒席十分丰盛，晚上客人们要通宵聚在一起唱酒歌、吃汤圆、喝啦酒。唱歌的歌手大多是中老年妇女，新生儿姑妈、舅舅家内亲们对唱，而新生儿的家门血亲主要陪舅舅家的内亲唱歌。礼物方面，来客都不送钱。新生儿的家门以"家户"为单位送来一升黏米，一筐鸡蛋（10—20个，必须有）和一些小衣服、小被条等；内亲送来鸡、鸡蛋和一些婴儿衣服鞋袜等；外家除了送上述的婴儿用品和营养品外，外公外婆必须要送新生儿一床背扇和织锦（最好的），送来后摆在新生儿家的神龛桌上。

"满月酒"和婚礼一样象征新的开始，有时候充当"结婚酒"的角色。对于那些私奔婚、外出务工等没有办"结婚酒"的人来说，"满月酒"是对婚礼的一种"补救",没有被群体承认的婚姻事实在孩子的"满月酒"中得到认可,此时两个家庭乃至家族新的姻亲关系不是巩固加强,而是刚刚建立。"满月酒"后,新的姻亲网络真正意义上展开,姻亲之间的权利义务和交往活动就此开始。

婚礼仪式展示了当地社会传统文化的礼教,向社会宣示了个体的新身份,传承发展了特有的习俗,它加强了个体之间的交流。仪式上联姻家庭的男女分工巩固了既有亲属关系,扩大了亲属社交网络。共食和共居是社会结群的根本,婚礼仪式为血亲和姻亲提供了"聚"的机会。粘米是当地人最基本的食物,平日里村民吃黏米充饥;糯米、鸡、肉则用于祭祀祖先和神灵,节日时才享用。黏米饭往往是个人食用,糯米和肉则是家门、族亲和全村共享,糯米粑粑只在建立了特殊姻亲关系的人之间赠送。不同亲属赠送的礼物种类和数量反映了他们之间不同的关系,礼物和亲属称谓的相辅相成辨识、确认了社会群体之间的亲属关系,婚礼让"亲人更亲",促进了社会中彼此的兴旺和延续。记录的礼单说明当地人非常重视"礼尚往来",这又为下一次的"聚"埋下伏笔。正是如此,熟人社会中小范围的联姻才被群体推崇,他们试图通过"交表婚"在既有的姻亲集团内延续这种亲属关系,加固"我群"各集团间的团结互助。而婚礼仪式重新调整了社会结构,确认了参与家庭的共有社会价值,强化了社会群体的同质性,所以当个体的婚姻受到群体的关注和干涉时,仪式的有无体现了个体被群体接受与否。

第五章 巫蛊指控与婚姻阶层

第一节 洋叉鬼与婚姻圈

一个民族的文化，既不是以物质因素来决定的，也不是绝对宗教意识的产物，而是在长期的民族社会生活实践中各方因素积淀而成的。

布依族民间存在着一个人群，被布依族人称为"洋叉鬼"。在布依族社会，洋叉鬼如同汉族社会中人们认知中的巫蛊一样，被列为布依族最大的禁忌，这个禁忌甚至影响了布依人的婚姻选择及亲属网络的扩展。被私底下暗定为洋叉鬼的人家会被干净人家所忌惮，他们家的女儿嫁不了当地干净的人家，儿子也娶不到干净人家的女儿，只能找和他们一样被认为是洋叉鬼的同类开亲，或是与非布依族进行婚配，要么女儿远嫁他方，儿子也远离家乡投靠妻方做上门女婿等。洋叉鬼人家从此被打上了不祥的烙印，他们是被布依族社会划分的另类群体。在婚姻所组成的亲属网络中，洋叉鬼的出现划分了两个相互平行的婚姻亲属网络，也将布依族社会基本划分为"干净"与"不干净"、"非洋叉鬼"与"洋叉鬼"两大亲属集团。这两大亲属集团长期的相生相斥，严重影响了布依族内部的团结。布依族人至今仍旧谈"洋叉鬼"色变，"染上"洋叉鬼的人被人群孤立，朋友疏远、社会歧视，就连亲人也不敢亲近。"洋叉鬼"究竟为何物？布依人又是怎样变成"洋叉鬼"的呢？它由布依族先民代代沿袭下来，深深根植于布依族人民生活的土壤之中，并由特定的文化生态环境孕育而生。"洋叉鬼"的存在，有其特定的历史文化环境。

一 洋叉鬼的定义

洋叉鬼，布依语称"锆盎"（音译）。"洋叉鬼"一词是后来引入的汉语称谓，"叉"比喻洋叉鬼魂魄头上长有像叉子的犄角，如同西洋人的叉子形状（在布依族地区，外来物品常被称为"洋某某"，如"火柴"称为"洋火"，"土豆"称为"洋芋"。在这里，"叉子"被称"洋叉"。）布依人说洋叉鬼是一种头上长有像叉子模样的犄角，看不见摸不着，但魂魄会叉人的东西。据布依人说："他们魂魄能与身体分离，在他还未到一个地方时，他的魂魄就能先到了，这魂魄常常会去叉人、叉猪、叉牛羊等，令受叉的生物七窍流血，甚是残忍，无论怎么医都医不好，只能请来布摩作法事了。作法事时可用烟杆、柳条等来才能将其制服。"它被传得神乎其神，传说染上洋叉鬼的人在经过干净的人家时会忍不住"ga：n"（汉语意为"勒"）干净的人，被"勒"的人会生病，甚至死亡。

在布依族社会，洋叉鬼群体是被他人指定的另类群体，他们被认为是"不干净"的群体，因此与他们相对的群体就是"干净"的群体。"干净"群体不会与被指定为洋叉鬼的"不干净"群体有过多的交往，更不会与他们进行婚配，两个群体只在被划为同类别的各自关系网络中进行婚配。据此，布依族社会被划分为二元对立的亲属集团，两个亲属集团没有姻亲关系的交叉，更没有血缘的联系。

"干净"与"不干净"的区分实际上是人与人的分类，在由婚姻所组成的布依族社会关系网络中，它实际上划分了"自我"与"他者"的界线，制造了"同类"与"异类"的分隔。

布依族信奉洋叉鬼，事实上也是一种巫术行为。人类学家弗雷泽认为，巫术是宗教、科学的前身，其赖以建立的思想原则是"相似律"及"接触律"。基于前者的法术叫作"顺势巫术"或"模拟巫术"，基于后者的法术叫作"接触巫术"。[①] 因此洋叉鬼问题与苗族巫蛊信仰一样，应被视作一种文化事项加以研究，而不是就洋叉鬼而论洋叉鬼，当作一段关于布依族的神秘传说加以传播。

二 洋叉鬼的产生

那么，布依族的"洋叉鬼"到底是如何产生的？对此众说纷纭，笔

---

① ［英］詹姆斯·乔治·弗雷泽：《金枝：巫术与宗教之研》，徐育新等译，大众文艺出版社1998年版。

者归纳了以下几种。

1. "私生子"说

"洋叉鬼"追根溯源，最初的原型是"私生子"。在布依族古代社会，姑娘家如若还未出嫁就生了孩子，会被认为是一件顶顶不吉利的大事，大逆不道，会触怒山神寨神，给寨子和家族带来灾难。于是这未婚生子的女孩家连同她的孩子、情郎一起被亲朋好友所弃、所隔离，成为人们所说的"洋叉鬼"。在镇宁等布依族地区，洋叉鬼又被称作"毒引"（音译）、"毒奢"（音译）。"奢"有"丝"的含义，即少女腹中的胎儿是少女身体里衍生出来的，结成"丝"一样的东西。因私生子产生的邪恶物质是"洋叉鬼"中的一种，在产生之后由血缘关系世代相传，永远祛除不了，人们从此耻于与之为伍，而将其孤立。传说，从前如若出现了洋叉鬼，本寨或邻近村子的人和牲口都会染疾病倒，有的甚至口吐白沫，四肢抽搐不已，人们便以为是被"洋叉鬼"缠住，山神寨神降罪人间了。村民们便对未婚生子的姑娘一家咒骂不停，说他们是洋叉鬼，人们对着他们吐口水、用粪水泼，用石头砸房子等。各种各样惨不忍睹的遭遇，令这些被指控为洋叉鬼的人家苦不堪言。

"洋叉鬼"在布依族地区一直为人们所忌惮。"洋叉鬼"起源于古代社会，在布依族民间悄然存在，以口述传说等方式流传，其出现形式除了"私生子"说之外，也在传说中出现许多不同的版本。

2. 洋叉鬼附身说

还有一种洋叉鬼的形成说法其实源于指控。过去，人们对疾病的认识不够，每当上山下地时，难免偶尔会突发急病，人们找不到原因，正巧发病时遇见某个过路人，便说是"某某掐了我"。人们于是在想象中建构了这样一个"洋叉鬼"的形象，将此过路人代入其中，认为该人被洋叉鬼附身，变成了会掐人的"洋叉鬼"了，其家人也遭受牵连，从此贴上"洋叉鬼"的标签。这样的事例在北盘江流域布依族中不胜枚举，笔者将在后面的章节中进行详细的阐述。

第二节 北盘江布依族"洋叉鬼"根源

笔者对于洋叉鬼的认知一直停留在知道和避讳，从未真正地了解其中的深意，直到此次田野调查，才开始真正接触并了解到有关洋叉鬼的基本情况。调查期间，人们向笔者讲述了许多有关洋叉鬼叉人的故事，笔者从不同的角度出发，将该流域沿岸的洋叉鬼问题串联起来，串成了完整的婚姻圈与亲属关系链。因此，从河流的源头出发向下游选取了该问题较为突出与典型的陇脚大寨、藤家寨、木则大寨、大小阿志、捞河、阿志河、毛口那当寨等多个村寨过去发生的案例来加以阐释与说明。然而，需要说明的是以这几个村寨来作为论述的主体，并不代表其他村落就不存在洋叉鬼的现象，只是疏通这几个典型村寨的关系便能基本清楚地了解到洋叉鬼产生的根源。

一　陇脚大寨

笔者的田野调查，最先来到北盘江支流月亮河的上游陇脚一带。在陇脚十二寨中，只有陇脚大寨球场边有一户韦姓村民被指控为洋叉鬼。

> 个案：韦SW，是一个残疾的单身汉，目前独居在陇脚大寨球场旁边政府出资给他买下的小平房里。他们家本来与寨中各房族都是很近的血亲关系，但他的祖爷爷在被认为是洋叉鬼的木则大寨的陈SM手下当差，并与陈家开了亲，于是寨中人说他们家已经沾染了洋叉鬼，全寨便将他们隔离出去，不再与他们家往来。（因洋叉鬼的缘故韦SW这一房从其祖爷爷那辈起便被族人从族谱上除名，在调查过程中，韦SW本人也不愿提及自己祖辈的事情，因而无法得到该房的家族谱系。）

但在访谈中，令笔者疑惑的是，他们家在被排斥和隔离之后为何不搬走，为何不干脆搬到木则的陈家去？后来笔者找到了答案，人们说："他家到底还是姓韦，木则是陈家的地方，到了那里也永远只是外人。"的确，从布依族人的居住习惯以及观念不难看出，布依族人聚族而居，同一个村寨往往是一个拥有同一血缘的家族的世居地，人们具有强烈的血缘排他意识。无论韦SW家与陈家关系再密切，血缘的排他性使他们无法真正融入陈家的群体之中，因此就不难解释，为何他们家不搬到木则去了。因此，由调查显示，陇脚大寨的洋叉鬼来源指向木则陈家。

二 藤家寨

按地理分布情况，笔者的调查顺着河流进行，第二站来到了藤家寨。藤家寨位于月亮河流那魁寨对面的半坡上，是明清时期因古驿道经过而建起的马店客栈所形成的一个以汉族为主体的杂姓村寨，建寨之初以藤姓族人为主而得名"藤家寨"。据了解，藤家寨来月亮河定居的时间比韦家晚，但在他们的观念里并没有布依族人那种先来后到，先到为王的观念。20世纪40年代末50年代初，打土豪分田地，又有了一些杂姓迁入，而布依族进入藤家寨的时间相对晚了许多。目前藤家寨有70多户人家，为藤、李、徐、杨等多姓杂居，藤姓占一半多。在藤家寨笔者了解了汉族人眼中的洋叉鬼，并记录了洋叉鬼相关的个案。

个案：采访藤ZQ（男，81岁，务农）。他说他从小就听说布依族中有一种洋叉鬼，看不见摸不着，但会叉人，在他小时候便亲眼见过洋叉鬼作怪的事情。藤家寨中姓瞿的人家喂有一头老母猪，一窝小猪死了，而老母猪被洋叉鬼叉着口吐白沫。这家人准备架锅杀掉了，路人看到后说他家的猪是被洋叉鬼叉了，瞿家人便找来阴阳先生帮忙看看是怎么回事。先生让瞿家人拿来女人的裤子，或是柳条、桃条鞭打猪身，边打边点着名骂寨中布依族洋叉鬼的人家。说也奇怪，骂完打完之后，猪便渐渐清醒过来，也不吐白沫了。

个案：对面那个布依族寨子叫那魁寨。从前寨里有个人叫罗YQ，是个秀才，有文化，谁家做事都离不开他，都要请他帮忙写写画画。有一日，寨上的杨ST家办法事，其间，有一个人突然就倒地不起，口吐白沫。人们知道那人是被洋叉鬼叉上了，便使了法子让他开口说话，问他是谁。倒地的人回答说："我是罗YQ。"然而此时，罗YQ正坐在旁边，气氛一时尴尬极了。然而第二天晚上，罗YQ就悄悄地带着家人离开那魁寨，再也没有回来过。有人说那是因为罗YQ知道自己的洋叉鬼身份被识破而离开，也有人说他是为了顾全颜面而主动离开，以免被人赶走，后代受到牵连。

个案：那魁寨还有另外一户洋叉鬼人家，户主叫卢QD。因为找不到当地布依族女子结婚而离开去了毛口河塘当上门女婿。据说，许多当地布依族洋叉鬼人家的女性在当地嫁不出去就嫁到毛口，因为毛口洋叉鬼群体相当庞大，人数众多。

个案：陇脚大寨韦 SY 是洋叉鬼人家，藤家寨卢家女儿嫁给了他，于是卢家也变成了洋叉鬼。然而卢家洋叉鬼的根在杨家，卢家娶了杨家的女儿。从此也陷入一个恶性循环中，他们家人再也无法与"干净"人家开亲。

此外，藤家寨中唯一的一户布依族居民姓杨，从小阿志村搬来。采访中，受访老人悄悄告诉我们说，杨姓这家人是洋叉鬼，因此被小阿志的人赶了出来，然而其他布依族村寨没人敢收留他们，只有汉族人不怕洋叉鬼，才搬到藤家寨定居。

以下是藤家寨布依族居民杨姓一家的家族谱系图：

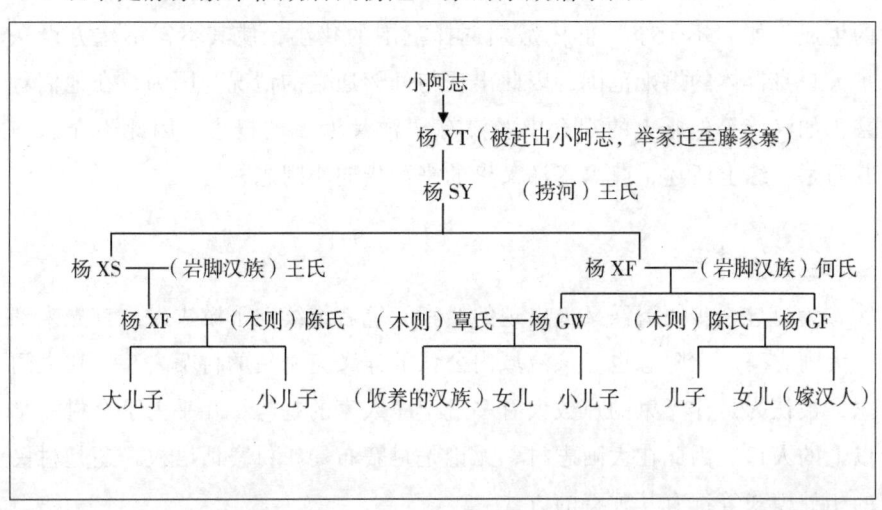

```
                            小阿志
                              ↓
                    杨 YT（被赶出小阿志，举家迁至藤家寨）
                              │
                    杨 SY ——（捞河）王氏
                    ┌─────────────────┴─────────────────┐
          杨 XS—（岩脚汉族）王氏              杨 XF—（岩脚汉族）何氏
          杨 XF—（木则）陈氏  （木则）覃氏—杨 GW   （木则）陈氏—杨 GF
          大儿子      小儿子  （收养的汉族）女儿 小儿子   儿子   女儿（嫁汉人）
```

从图中可知，该杨姓家庭因被认定为洋叉鬼而被原本村寨村民所排斥而搬出了故居，转而定居在藤家寨。从其后代的婚姻状况来看，家庭中有两名男性娶的是汉族女子为妻，三名男性娶的是被当地布依族公认为洋叉鬼的布依族女子为妻，女性多嫁给了汉人。

调查中，受访的汉人村民称"不是洋叉鬼不会嫁他家，要么就是汉人，洋叉鬼叉不了汉人"。

藤家寨黄家娶进了杨家的女儿，人们平时也和黄家打交道，但布依族人从此也将黄家列入洋叉鬼的行列，不能在他们家留宿，不能喝他们家的酸汤，不能用他们家的梳子、毛巾等。

还有一个例子。陈 TR 和徐 YG 都是汉族人。一个集日，两人去红岩收蚂蚁（从前人们常拿蚂蚁入药），当晚赶不回来，两人在赵家吃了晚饭并欲借宿赵家。然而，赵家只允许徐 YG 留宿，而没有允许陈 TR 也留下。原来，赵家本来与藤家寨的杨家是亲戚，但杨家变成洋叉鬼之后，两家便划清了界限。而陈 TR 的妻子是藤家寨布依族洋叉鬼杨家的女儿，在赵家看来，陈 TR 娶了杨家女儿就是洋叉鬼了。

从个案中即可看出，布依族社会中，洋叉鬼是婚姻选择的一大禁忌，洋叉鬼"不干净"的观念影响了姻亲关系的建立，且因对洋叉鬼的想象建构了"干净"群体与"不干净"群体的界限。这样做的后果，加强了"干净"与"不干净"各自群体内部的高度整合，同时加强了婚姻圈的封闭性，以实现群体内部资源的稳定利用；但同时却制造了更多不可控因素的生成，如"不干净"群体婚姻选择范围的狭小，使其不得不想方设法扩大自身群体的婚姻范围，因此出现与外族通婚的情况。因为，在他们看来，如汉族等外族人的观念中并没有"洋叉鬼"的概念，因此不介意与其通婚。综上所述，藤家寨洋叉鬼的来源指向小阿志村。

三 大阿志

为了进一步厘清洋叉鬼出现的线索，笔者继续向下游进发。首先来到了大阿志寨。大阿志也是该流域内公认的洋叉鬼密集的村寨之一。在大阿志，被认为是洋叉鬼的户数大有多过干净人家的趋势，几乎占了全村一半以上的人口。因此在大阿志村，无论是村寨布局、村寨话语权，还是村民的相处模式等都有其独特的方式。

（一）大阿志传统人群与洋叉鬼人群的分布情况

1. 按村寨居住地域划分，可分为四个部分

从寨子最顶端到寨子最底端分别命名为"醸谈傩"（音译）、"醸刚板"（音译）、"醸坝倭"（音译）、"醸坝那"（音译）。"醸"（音译）意为"堆、那些、那群"。

（1）"醸谈傩"（音译），意为"住在林子那里的人家"。其地处寨子的最顶端，住在挨近树林的区域，"傩"（音译）布依族语里即指树林，也是寨子最靠近边缘的地方，树林和深林的所在自然是最边缘、最荒无人

烟。从前这块区域只居住了为数不多的几户人家,他们同属一个房族。调查中得知,这一支房族之所以住在最边缘,是由于这一房族被寨中人暗定为洋叉鬼,明里暗里排斥他们。

(2)"酿刚板"(音译),意为"寨子中间的那群人","刚"指的是"中间","板"就是"寨"的意思。这个区域居住的不止一个房族,而是好几个家支,他们是这个寨子里的"干净"人家,因"干净"而聚拢。现在这块区域又被称作"谈姆"(音译),即"新寨"。新寨是相对于旧寨而言的。由于"谈锆",即"旧寨"原先是檐光家所居住的地域,但檐光家染上了洋叉鬼,干净人家便要远离他们,因此渐渐向现如今的新寨建房居住,村寨扩大后,从前村寨的中心檐光的居住地反而成了边缘。

(3)"酿坝倭"(音译),意为"住在井边上的人家"。因其位于寨子的水井旁边而得名,"坝"即"边上","倭"即"水井"。传说这一房族的老祖最初居住在此时,房屋旁边有一条水沟,水沟中央冒出一股泉眼,于是在这里建起了一口水井,也顺便用"井边上的人家"来称呼他们。

(4)"酿坝那"(音译),直译为"田边上的人家",也是大阿志寨主(檐光)房族所生活的区域。在布依族的观念里,田边的区域并不是最佳选择的住宅之地,田坎上居住地通常被认为比田坎下更好,说"gen buang, den buang"。但由于历史原因,这一支染上了洋叉鬼,寨主一支便渐渐与"酿刚板"(音译,寨中间的人群)和"酿坝倭"(音译,井边的人群)分离开来了,被赶到了田边去。

村寨按照居住区域的不同自行划分的四个部分,既是不同房族的分界线,同时也是"干净"与"不干净"的区分。此外,大阿志后来还扩展为旧寨和新寨。旧寨名为"淡锆"(音译),新寨名为"谈姆"(音译)。新寨是由旧寨分出来的,从某种程度来说,这也是区分干净与不干净的界线之一。旧寨大多人家被指控为洋叉鬼,是不干净的,但因旧寨寨主这一房族被认定为洋叉鬼,且寨子一支人数众多,家族中能人也多,因此寨主一支大多依旧居于旧寨;而新寨是干净的群体为了避开洋叉鬼人家而搬离而成的,干净的人家居多。

2. 按亲疏远近,可划分为十五个房族。

大阿志是同一个男性祖先的后代,那为何同宗的家族之中又会出现"干净"与"不干净"的区分呢?我们在田野调查过程中对大阿志的谱系进行了梳理来加以分析。

调查中，笔者还是直接从谱系关系入手，在厘清谱系的同时聆听访谈人的家族历史与社会关系。

大阿志的檐光亲属关系，还要从民国时期的钟字辈先祖说起。钟字辈先祖有两兄弟，两人共生育有三个男性后代，在这一辈后代中，团头（当地人以其职位而称呼之）是较有出息的一个。团头在清末民国年间，凭借个人实力成为当地首屈一指的领袖人物，声名显赫。然而，团头无子，只育有一女嫁到了陇脚大寨的韦家，且团头的哥哥也无子无女，于是团头从堂兄弟处过继了堂兄弟的小儿子来为其养老送终。传说这个被过继给团头的小儿子不小心抽上了大烟，弄得倾家荡产，甚至将檐光祖传的铜鼓都卖掉了换钱（这枚铜鼓被卖到下游河尾巴的赵家，至今仍保存）。

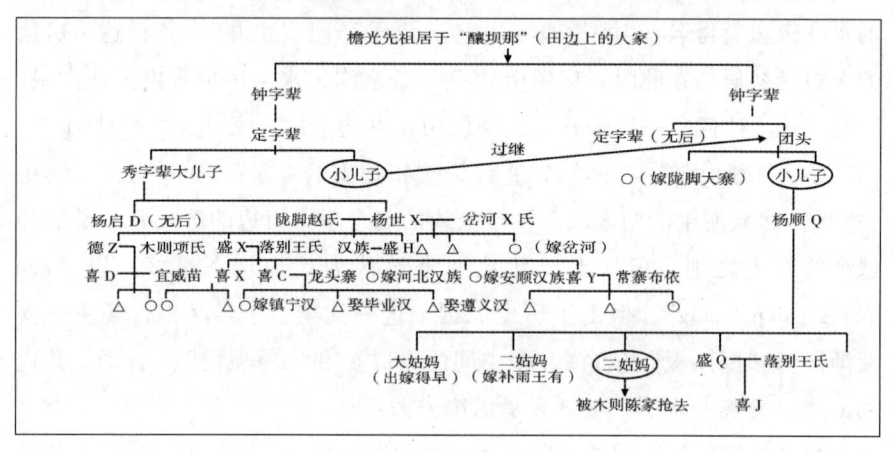

大阿志檐光谱系图

再来说说檐光的大房，茂字辈传承到了杨盛 X 的手中。据杨家族谱书记："国文钟定秀，茂盛喜发生，成林周起贵，庇护长朝廷。提笔当神助，犯者无后荫。"因此，所有的杨氏族人都要按照字辈取名，就算因为其他原因生前没有用字辈，在死后的碑刻、族谱中都要改回字辈。因此杨启 D、杨顺 Q 的名字同理，在死后的墓碑上改成了杨茂 D、杨茂 Q。杨世 X，又叫杨茂 X，他一生娶了两个妻子，第一任妻子娶自陇脚岔河，两人育有两子一女，但两个儿子在几天之内相继因病离世，唯一的女儿嫁回母亲的娘家岔河。第二任妻子来自河尾巴赵家，育有三子，其子即如今檐光的继承者。杨世 X 的弟弟叫杨启 D，杨启 D 一生无子无女，后由杨世 X

的儿子杨德 Z 养老送终。

在大阿志，杨世 X 被称作"布光络"（大佬寨），杨启 D 则是"布光涅"（二佬寨）。每当寨中有大小集体事务时，都由檐光组织十二房族扫寨，共同准备相关事宜。十二房族分别为檐光（包括团头一房）、茂 D 支、胜洪支、茂福支、喜元支、茂登支、茂顺支、胜连支、胜贤支、胜达支、许光支、茂志茂仙支。但是，如今大阿志的房族格局又发生了变化。首先，檐光分为了两支，即如今的檐光一支和团头一支。其次是茂志茂仙支分成了两支，这是由于茂志的妻子来自镇宁扁担山，她为茂仙的女儿胜芬招了扁担山布依族男子伍 PT 为上门女婿，如今伍与胜芬后人已三代还宗改姓伍。第三，许光支，杨许光原为三家寨王姓地主家庭之子，因家道中落，子孙四散，杨许光投奔大阿志的外公家，被母舅收养而改姓杨，如今也已三代还宗改为王姓。最后，大阿志现今还有一户赵家。赵家于1958 年从箐口乡下麻翁村搬迁至此，是投奔杨茂登而来的，杨茂登与赵国元结为了异姓兄弟。因此，如今的大阿志由原先的十二房族变成了十五个房族，即檐光支、团头支、茂 D 支、胜洪支、茂福支、喜元支、茂登支、茂顺支、胜连支、胜贤支、胜达支、王家、茂志支、伍家、赵家。被指控为洋叉鬼的是檐光支、团头支、茂 D 支。

（二）洋叉鬼的产生和传播

1. 大阿志最早被指控为洋叉鬼的房族

大阿志最早被指控为洋叉鬼的房族是居住在寨顶的茂 D 支。这一房族是何时变成洋叉鬼的，笔者在调查中已经无法得知，可见其年代之久远。据年长的村民称，他们很小的时候就已经知道他们家是洋叉鬼，所以被寨里人排斥。传说，大阿志的洋叉鬼就是从寨顶这个房族开始的。从前有客人去他家，走进家门之后就感觉冷冰冰的，坐如针毡，他们家不如一般人家那样热闹温暖，坐下之后就会觉得全身不舒服。哪一辈开始已经无从查证了，只是在人们的记忆里在他家坐着就是不舒服的，渐渐的人们都不愿意去他家了。更离谱的传说是，寨里有人家办酒宴的时候，他们家的洋叉鬼就会出来叉人。有人形容那种感觉就好像被人用叉子叉了一下，便昏昏沉沉的了，被叉的人倒下之后，人们请来祭师作法之后问被叉的人："你是谁？"这时，被叉的人会回答说："我是某某（寨顶被指控为洋叉鬼的房族的某个家庭成员）。"

从谱系关系图上看，如今最远能够追溯到的该房子的先人是杨茂D。听村里人说，他年轻时歌喉是当地数一数二的，常常去到落别、镇宁等很远的地方赶表，他的妻子就是在赶表时因对歌结缘而与他私奔而来。对于他选择妻子的方式，在布依族地区还算比较常见，但是其后代中大儿子娶的是远在木岗的布依族女子为妻，后来干脆前往妻子娘家定居了；二儿子盛F娶的是晴隆花贡的布依族女子，也是当地布依族的婚姻范围之外的；三儿子盛Z也同样，娶了被人们指控为洋叉鬼的长寨坪机的布依族女子。

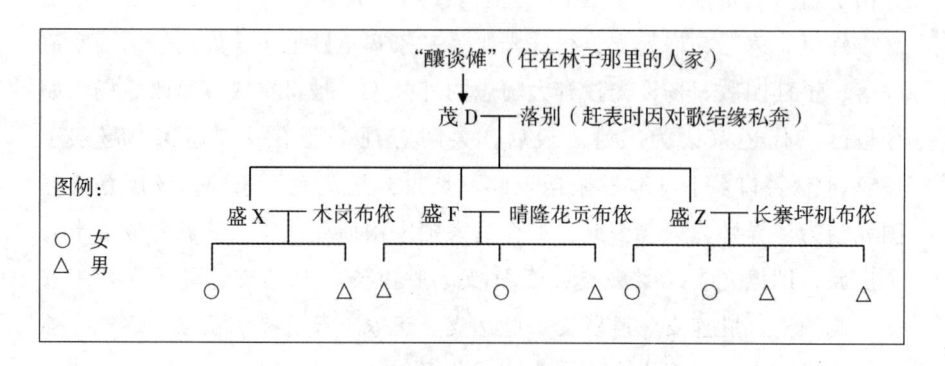

```
                          "酿谈傩"（住在林子那里的人家）
                                    ↓
                               茂 D ── 落别（赶表时因对歌结缘私奔）
          ┌──────────────────────┼──────────────────────┐
图例：    盛X ── 木岗布依        盛F ── 晴隆花贡布依    盛Z ── 长寨坪机布依
○ 女       ┌──┐                  ┌──┐                  ┌──┐
△ 男       ○  △                  △  ○                  ○  △
```

被指控为洋叉鬼的茂 D 支的家族谱系图

按照当地人的说法，洋叉鬼和基因的遗传一样，血缘里就带着基因，一旦父辈是洋叉鬼，他的子孙后代便都是了。这些娶进门的女子不是洋叉鬼是不会嫁给他们的，要么是太遥远而不了解这里的情况，要么就是其他民族的。总之，好人家的女儿不可能与他们开亲。

该房族被指控为洋叉鬼的年代不详，其产生的根源无从查起，且目前已几乎全部离开大阿志，很少回来。因此，该房族对大阿志洋叉鬼问题的壮大及传播并无实质性的影响，因此笔者也没有继续深究。但是显而易见的是，该房族无论是从居住地域上，还是从人情关系上都可看出，他们游离于村寨边缘的位置，或许这也正是他们渐渐离开大阿志的原因之一。

2. 檐光被指控为洋叉鬼始末

此次对洋叉鬼的调查中，最令笔者吃惊的事，莫过于大阿志寨身为寨主的檐光居然被指控为洋叉鬼了。笔者在大阿志寨子走访时听到一个干净人家的人这样描述道："檐光从前和我们是一边的，很亲，都是干净的人家。"

檐光被指控为洋叉鬼是从盛字辈开始的，源于家族中一名女性的遭遇。

  该名女子是团头过继的儿子的孙女，在家中排行老三，上有两个姐姐，下有一个弟弟。民国时期，月亮河木则的陈明思家很有势力，她花季之年被木则陈家抢去做了媳妇。

  木则陈家在当地一直以来被人们指控为洋叉鬼，少女被抢去之后也变得不干净了。按照布依族的传统观念，原本团头和檐光的房族依旧可以保持干净的，只要他们不要再认这个女儿，也不要承认这门亲事，断绝一切往来即可。

  然而这期间，团头这一支不复当年的光彩，家庭条件艰苦、生活贫困，少女嫁去陈家之后，自知自己也已经变成洋叉鬼了，因此并不想连累家人，于是表面上与家人断绝了联系，但在暗地里还是偷偷救济娘家。

  有一天夜里，她的父兄去陈家背了两袋花苞谷回去，不曾想被寨子里的人发现了。东窗事发，寨子里的人说他们家族已经认下了这门亲事，就表示她家人也染上了洋叉鬼，便与她的整个娘家家族都划清了界限。少女到陈家之后深感脱身无望还连累了娘家，觉得再也没有脸面活着，于是自杀死了。但是一切已经来不及了，从此之后，这个家族一直被同寨的人隔离开来，既不能再与所谓干净人家开亲，家中的女儿也不再被当地干净人家所接受。即使起初他家的女儿被抢去是值得同情的，但她毕竟去了那不干净的人家，在人们的意识里，洋叉鬼是会传染的，沾染不得。

参照檐光谱系图，在杨家少女被木则陈家抢去之前，少女的两个姐姐均已出嫁。首先，大姐年纪大，出嫁得早，因此未受牵连；其次是二姐，嫁到了补雨的王家，王家在月亮河上游势力强大，在过去曾与陇脚韦氏长期对峙，足见其实力之雄厚，因此，二姐嫁去王家未受牵连，与夫家强有力的庇护分不开。然而，其他晚于少女出嫁和娶妻的兄弟姐妹们就没有那么好的运气了，首当其冲受到影响的是少女的弟弟，从其妻子的娘家所在地已可看出端倪。盛 Q 的妻子为来自落别的王氏,该地已经处于月亮河布依族的传统婚姻范围之外。

另外,笔者在调查过程中产生过这样的疑问?如今寨主支与团头支已经分成了两个房族,并且离团头家被染上洋叉鬼是已经隔了两代,为何还会遭受牵连被指控为洋叉鬼?

调查中,究其原因,最直接的是血缘的联系。在布依族人看来,洋叉鬼的传播主要途径就是通过血缘的传播。团头支与檐光支血缘亲近,日常生活联系密切,两房尚在五服之内,且过继的儿子与檐光血脉的联系还是很紧密,因此两房在当地人的眼中尚未分支。并且团头去世之后,过继的儿子即是从檐光一支中抱养的,并且,抱养的孩子所生的儿子,与檐光血缘关系依旧密切。

因此,团头支被指控为洋叉鬼后,檐光支也受到牵连,渐渐也被认定为洋叉鬼了,家族中的年轻人娶不到干净人家的女儿,他们只好与相隔甚远的、分属另一个婚姻圈的布依族人家或汉族人通婚,他们洋叉鬼的身份便渐渐被坐实了。檐光谱系图上显示,也是这一时期,大阿志这两个房族婚姻圈开始与当地分离。与被木则陈家抢去的少女同辈的德 Z、盛 X、盛 H 均受影响,唯有三人同父异母早嫁的姐姐嫁去了陇脚岔河而未受影响。德 Z 的妻子为来自木则的项氏,盛 X 的妻子为来自落别的王氏,盛 H 娶的是龙潭的汉人。之后该房族的后人同样也是男的外来娶亲,女的远嫁。

笔者因此得出一个结论,大阿志杨家团头支与檐光支,谱系往上几代都是干净的,并未被指控为洋叉鬼,直到其盛字辈的女儿被木则陈家抢去之后才被指控为洋叉鬼,寨里的其他房族才与他们划清界限,把他们列到不干净的行列去。因此,我们可以断定,团头支并不是洋叉鬼的根源,其洋叉鬼的来源指向木则陈家。并且,由于檐光团头支和茂 D 支都是被指控为洋叉鬼,所以他们彼此认为对方和自己是一类人,因此两房认为兄弟、彼此亲近,常互相走动。而其余的部分则认为自己是干净的,对彼此没有禁忌,相互往来频繁。因此,用干净与不干净、好与不好、洋叉鬼因素作为区分符号将大阿志划分为两个界限分明的群体。

(三)大阿志"洋叉鬼"现象

大阿志的洋叉鬼现象在北盘江流域布依族地区具有典型性和代表性。首先,檐光被指控为洋叉鬼,这种现象在该流域的布依族中是从未有过的。从古至今，檐光在布依族社会中具有极其特殊的地位与作用，檐光遭到洋叉鬼的指控，不仅导致其亲属关系网络的分支，更直接影响了大阿志社会的运作。直接导致大阿志群体祭祀的变化。

大阿志和布依族其他村寨一样，拥有自己的神庆和神树，每年也都要举行"望祭"（音译），即祭山神仪式。大阿志在檐光被指控为洋叉鬼之前，大阿志的所有祭祀等集体活动都依照传统，由檐光组织进行，先由檐光杀鸡，之后人们才能一同前往神庆进行祭祀山神的仪式。檐光在布依族社会处于至关重要的位置，起着至关重要的作用。

从前大阿志的神树在檐光房子右侧的山包上，神庆则在大阿志的后山山崖下，大阿志的人们与檐光共同祭祀着同一个包吉兜。然而，在檐光被指控为洋叉鬼之后，人们想要与檐光划清界限，因此希望祭祀等集体活动也能分开。就在此时，"大跃进"运动为大阿志的村民愿望的实现提供了一个契机。这个时期，生产队砍伐大量的木材投入生产，大阿志的神树也没能幸免遭到砍伐。因此，大阿志村民需要找到一棵新的神树来代替旧的神树。机缘巧合在酿坝倭水井边的地里发现一棵同种类的榕树树苗正在发芽，村民都说这是天意，便将之认定为神树来祭拜。为了与之前神树相区别，这块长出小神树的地方被寨中人命名为"包吉兜涅"（音译），即"小山神"，而从前的神树山神"包吉兜"则被称为"包吉兜络"（音译），即"大山神"（"涅"即"小"，"络"即"大"）。但是不知道是否故意为之，祭拜小山神的通常只有"酿刚板"和"酿坝倭"的群体，檐光团头支和茂D支还是祭祀大山神。因此，洋叉鬼直接作用于大阿志的群体祭祀活动，自觉将大阿志划分为两个群体，干净与不干净的区分在此处得以体现。大阿志的群体祭祀一分为二，表明洋叉鬼现象导致的村寨内部分化在这一时期达到顶峰。

1. 洋叉鬼群体

在大阿志，被指控为洋叉鬼的群体因有了檐光的加入而变得庞大起来，虽受村寨中人的排斥，然而正如阿德勒在《自卑与超越》中描述的那样，"不干净"群体的人们因为自卑的心理，反而激发了他们无穷的动力，不断寻求自我的超越，纷纷外出闯荡，有的甚至能闯出些名堂。因此，其后人也因此得到了在外接受现代教育的机会，出了不少大学生，相比干净群体要多得多。相比之下，干净群体太过守成，由于没有受到心理上的纷扰而安于现状，愿意守在大阿志这一亩三分地之中终老。总体来看，洋叉鬼群体精英人群较多，渐渐掌握了村寨的话语权而使干净群体不得不退让。同样的现象在其他存在洋叉鬼现象的村寨也很多。

    个案：赵如 F，北盘江支流月亮河—捞河—阿志河下游布依人。曾任六枝特区某单位领导，而捞河的卢明 W 也在特区任职，但官职没有赵如 F 大。一日，卢明 W 与人交谈时劝他人不要去找赵如 F 办事，说赵如 F 是洋叉鬼。赵如 F 听说之后，在工作中处处找卢明 W 的茬。后来卢明 W 因存在经济问题最终被撤职入狱。

  布依族人经常说："洋叉鬼人家子弟出能人"，这话似乎不假，大多被指控为洋叉鬼群体的子弟因其家庭受到孤立而更加发奋读书，最终在布依族以外的社会中站稳脚跟，谋得一席之地。

2. 日常生活模式的特殊性。

  在大阿志，干净与不干净的区分在日常生活中几乎看不出痕迹。所有的排斥、隔离行为都在私底下悄悄地进行着，两方群体心知肚明彼此的边界，并保持这条边界从未提到明面上来。

  在笔者初次到此地调查时，一位干净人家的奶奶就悄悄把我拉到一旁交代不要随意提到洋叉鬼的事情，因为这稍有不慎就会引起争端。据说 20 世纪七八十年代之前，大阿志寨子中干净人家与指控为洋叉鬼的群体界限分明，干净的人家中有客人时，甚至都不让洋叉鬼从房前走过，如果看到他们路过还会打起来，寨子里有红白喜事时，也常因提起对方是洋叉鬼而打起来。现在这样的事已经基本不会发生，不知是干净群体底气不足，还是惧怕。总之，洋叉鬼这个禁忌只在暗地里悄然进行着。

四 木则

  木则村，在该区域布依族社会的洋叉鬼传说中，可谓是一个重点区域，好几个后来被指控为洋叉鬼的案例都与之有关。因此笔者决定追根溯源，前往木则一探究竟。

  木则坐落于一坐山崖下，因山体滑坡等地质灾害频发寨中人逐渐外迁，后分为木则大寨和木则小寨，木则大寨较早，但如今只有十几户人家居住。

民国年间，木则陈家是当地的大地主，陈 SM 曾在陇脚乡公所任乡长，暗地里木则陈家被人们指控为洋叉鬼。一天，陈 SM 的儿子陈 XW 从陇脚大寨韦 SH 家附近经过，恰巧韦 SH 的爷爷发现自家猪圈里的猪突然四脚朝天、口吐白沫，韦 SH 的爷爷于是开口大骂陈 XW，认为陈 XW 刚刚路过，洋叉鬼的魂魄叉猪了，认定自家的猪是被洋叉鬼叉身了无疑，便找来簸箕、烟杆等来打猪，猪一下子便醒转过来了。

在木则笔者同样从谱系下手，梳理了陈家婚姻亲属网络。

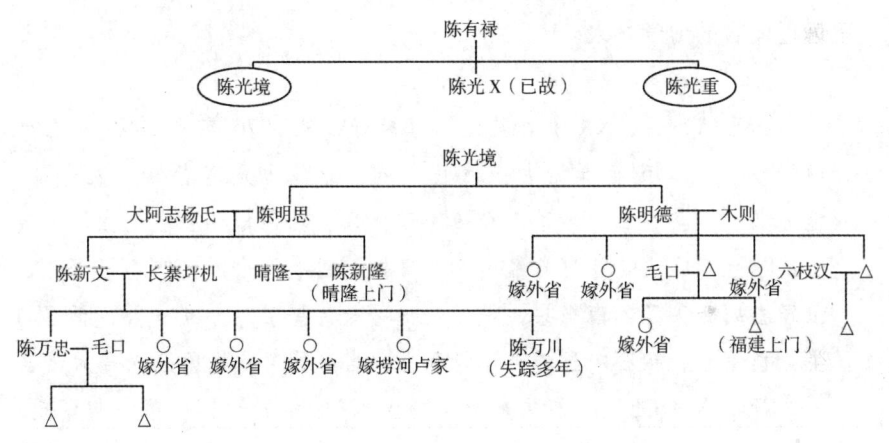

木则陈家谱系图

据邻近木则的其他干净村寨的人称，木则大部分都是不干净的，木则陈家家族从落脚月亮河起便不与当地干净人家开亲。之后在木则陈家的谱系图上笔者找到了大阿志杨家女儿的位置，从旁佐证了大阿志杨家与木则陈家的联系。这与我们在大阿志做谱系调查时得到的结果是相吻合的。

但村民们同时还表示，木则陈家老辈人也是干净的，是后来才沾染上的，因此木则陈家也并不是洋叉鬼的源头。笔者后来在木则走访时从谱系上分析，木则陈家从陈明 M 以上三代便与毛口那当、长寨阿志坪等地洋叉鬼开亲，月亮河流域洋叉鬼的出现是因其与毛口那当等地的洋叉鬼群体开亲而沾染上的。对此笔者作出了一个大胆的猜测，洋叉鬼的出现是由于社会流动过程中当地人对外来事物的不确定性以及对不同婚姻圈的排他性。在此，木则的洋叉鬼来源指向毛口那当一带。

五 小阿志

（一）小阿志基本情况介绍

在进入小阿志之前，笔者了解到，小阿志与大阿志一样也存在洋叉鬼的现象。该村寨规模不大，全村共有38户人家，五服之外分为四个房族，有一支房族被指控为洋叉鬼。大小阿志为兄弟村，两村相隔不远，小阿志处于大阿志下游位置，该村交通闭塞，目前都尚未通车，就连无线电信号也时常中断。

笔者前往小阿志直接找到了檐光，其布光杨喜A是该区域布依族社会里远近闻名的博学之人。

杨喜A，男，XX岁。其记忆力极好，他1976年到1996年在大阿志教书，1996年开始去捞河教书，因此他也是笔者的启蒙老师。他教书已经整整三十年了，经历了三代人，然而他几乎能记住每个教过的学生。在说起他自身经历时他曾提到过有一个学生叫杨喜X，自卫还击战时去了云南当兵，做了某师师长的警卫员。有一天，杨喜A去六枝看病，在医院里遇见了杨喜X，当时的第二人民医院是后方医院，杨喜X负责运送伤兵来此。杨喜X见到杨喜A的第一句话是："大哥，你来六枝办事啊？"（两人都是喜字辈，按辈分来说两人是兄弟关系）寒暄过后，杨喜X告诉师长这是他的老师，也是他的大哥，之后又招呼杨喜A去兵站吃了午饭。这个故事告诉我们，老师受人尊敬。

杨喜A的古歌师从杨茂S的父亲，他在大阿志从教的二十年，晚上的时候经常来找老人们（杨茂S父亲、杨茂D、杨元H）学习古歌，一个段落一个段落地学习，时而用笔记录，时而用心背下。这三个人主要教的是盘古古歌、前朝古歌等，爱情歌是杨茂S教的。

调查中，布光杨喜A给我们讲述了村寨的历史，并梳理了村寨的家族谱系图。话说杨文进、杨文才两兄弟同母亲被大阿志分配到小阿志建村落户，即"三娘母给"，因此小阿志的村寨名又叫"母给"（音译）。

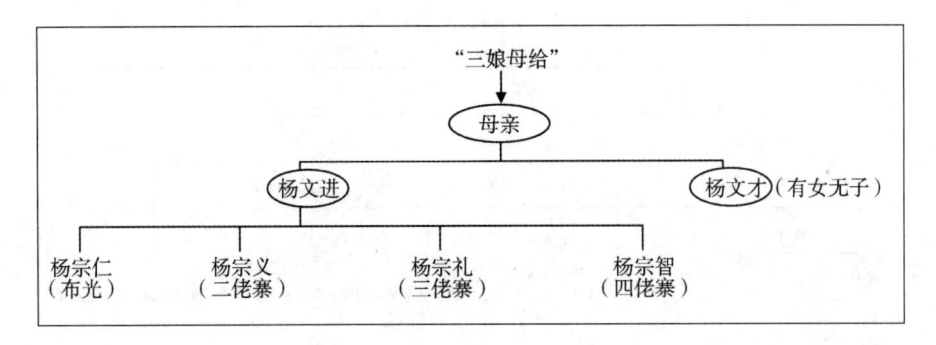

```
                    "三娘母给"
                        ↓
                      母亲
                    ／    ＼
                 杨文进      杨文才（有女无子）
              ／  ｜  ｜  ＼
           杨宗仁 杨宗义 杨宗礼 杨宗智
          （布光）（二佬寨）（三佬寨）（四佬寨）
```

小阿志建寨谱系图

定居小阿志后，大哥杨文进生下杨宗仁、杨宗义、杨宗礼、杨宗智四个儿子。四个儿子的后代即为小阿志如今的四个家支。并且，按照布依族的传统，建寨始祖即为檐光，檐光由长房长子继承为主。因此，小阿志的檐光由长房长子杨宗仁及其后代一支所继承。

杨喜 A 家世代为檐光，是杨文进长子杨宗仁的后代。杨宗仁育有三子，分别为杨定龙、杨定邦、杨定贵。三兄弟中杨定邦与杨定贵无子传后，只有杨定龙育有四子，分别为杨秀通、杨秀明、杨秀全、杨秀华。杨秀通、杨秀明、杨秀全所出全是女儿，只有杨秀华生有杨茂庭、杨茂全、杨茂才、杨茂兴四个儿子，

因此杨秀华将自己的三个儿子分别过继给自己的三位哥哥，为他们养老送终。老大杨茂庭过继给大哥杨秀通，老二杨茂全过继给二哥杨秀明，老三杨茂才过继给三哥杨秀全，留下小儿子杨茂兴为自己养老送终。三个儿子与伯父们即是养父子关系，又是叔侄关系；并且由于过继的缘故，相互之间的称呼发生了些许变化，三个过继给哥哥的儿子并不能称呼养父为"父亲"，而只能称呼养父为"伯伯"，只有嫁来的媳妇才能称呼丈夫的养父为"父亲"。

杨喜 A 的父亲名叫杨盛 Z2，排行老三，从前布光为老大杨盛 H，妻子来自捞河湾河卢氏，生有一个儿子。杨盛 H 抽大烟 25 岁就去世了，去世之后由于孩子太小无法担任布光便将布光传给老二杨盛 Z1。杨盛 Z1 的妻子来自捞河新发卢氏，但杨盛 Z1 也很快去世了，同样留有幼子无法担

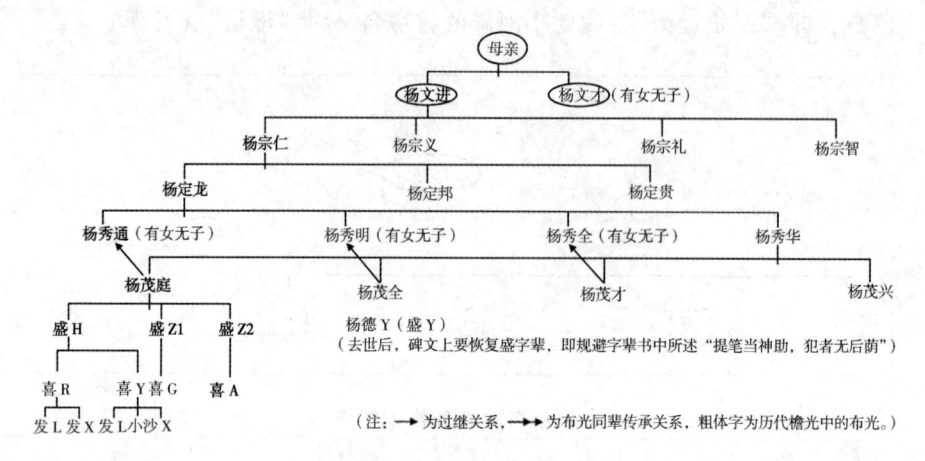

218　布依族的亲属制度与社会组织

小阿志杨氏檐光谱系图

（注：→ 为过继关系，⇒ 为布光同辈传承关系，粗体字为历代檐光中的布光。）

任布光，布光又在同辈传承，传到了杨盛 Z2 这里。

杨盛 Z2 的儿子杨喜 A 曾想过把布光重新让给杨盛 H 的儿子杨喜 R，但杨喜 R 及其儿子对此并无兴趣，加上担任布光需要承担诸多的责任，且需具备较强的领导能力和号召能力，而拒绝了重新将布光传回长房的提议。因此，现在小阿志的布光仍然是三房的后代杨喜 A。

除了檐光外，村寨还有另外三支，即分别为杨宗义、杨宗礼、杨宗智的后代，被指控为洋叉鬼的是四房杨宗智这一支。

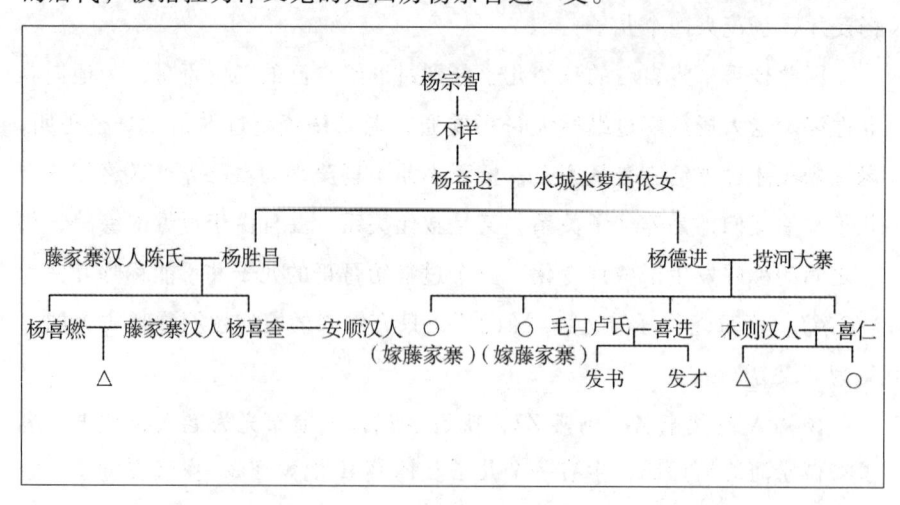

小阿志四房谱系图

（二）小阿志洋叉鬼始末

小阿志洋叉鬼现象出现的时间其实并不算久远，几乎与大阿志是同一时期，至今不过四五代人。问题出现在四房杨宗智的后代杨益T这里。

> 杨益T年轻时常常外出，在水城米萝结识了一位米萝的布依族姑娘，与这位米萝的布依姑娘成婚后把其带回小阿志的家中。他们一家回到小阿志之后，这位外来的媳妇儿却迟迟融不进村寨的妇女群体中。据寨里的人描述，该妇女异常彪悍，总是爱贪小便宜，还霸道地侵别人家的田地，常常一言不合就动手打寨里的妇女，身为丈夫的杨益T非但没有责怪她，相反的是常帮着她打架。因此，寨子里的人都说："怪不得她是'布那尤'（音译）。"

"布那尤"是该区域内的布依族对米萝一带的布依族的称呼，"尤"即"苗"，"苗"在布依族语言中，除了指"苗族"之外，还用作带有贬义的形容词，形容人"野蛮、不讲理"。于是，寨里的人说她是洋叉鬼，沾上了就不得了，于是暗地里排斥和隔离了杨益T一家。

打那之后，整个流域的布依族社会都知道他们一家为洋叉鬼，无论是寨里寨外，与他们一家的来往越来越少。因此，杨益T与妻子所生的两个儿子中，大儿子杨胜C在该区域的布依族社会中娶不到媳妇儿，只好娶了汉族村寨藤家寨的陈氏为妻，后迁居藤家寨，杨胜C的两个儿子后来也都娶了汉人。

> 再说杨益T的二儿子杨德J。杨德J年轻时古道热肠，为人敦厚善良，人们都说他人品好。其妻子捞河大寨卢氏就是因其个人品格而不顾洋叉鬼的传言自愿与之结为夫妇。然而，不久之后，卢氏怀有身孕，按照布依族传统，有孕之后就要到夫家去坐家了，卢氏的娘家人这才知道女儿沾上了洋叉鬼。卢氏的娘家人害怕连累整个家族和女儿一样被指控为洋叉鬼，便狠心地不认卢氏了。可是于事无补，当地人都知道他家女儿嫁了洋叉鬼，人们在平日里也开始对卢氏的娘家避讳几分。卢氏的娘家不堪舆论的压力，最终离开了捞河大寨，搬到马场一个汉人寨子里去了，但在当地的布依族洋叉鬼传说中，他们家却是

怎么也抹不去了。杨德J育有两子两女，两个女儿均嫁到了藤家寨的汉族家庭中，大儿子娶了距离较远的毛口那当卢氏为妻，小儿子则娶了六枝木岗的汉人，后随妻子定居木岗。现在回过头来梳理杨家四房后代的婚姻情况可以知道：

首先，杨德J两个嫁到藤家寨的女儿即是前面提到的"黄家人娶了杨氏女"和"陈太荣红岩收蚂蚁"的案例中的洋叉鬼杨家的两个女子，藤家寨黄姓男子和陈姓男子分别娶了杨家的女儿而被划入洋叉鬼的行列。其次，杨胜J大儿子的妻子来自毛口那当，那当在当地布依族社会是公认的洋叉鬼最为密集的区域之一，调查中据寨子里人说这位来自毛口的卢氏也是洋叉鬼。其三，按照布依族的婚姻传统，布依族男子通常以娶到地理位置上较自身上游的布依族女子为妻为荣，以就近娶妻彰显自己的能力，只有没有本事、娶不到媳妇的男子才会往下游、往远处娶妻。对照此惯例，四房的男性后代中，几乎都违反了此项惯例，要么往下游娶妻，要么远远超出了正常的婚姻圈范围之外。最后，传统布依族以族内婚为主，婚姻选择多在布依族社会内部进行，异族通婚现象少之又少。杨家四房的后代，与汉人通婚的比例占一半以上，然而这对于杨家四房来说应该是个无奈之举。

综合以上材料，可以明确一点，小阿志洋叉鬼现象的出现，是自水城米萝妇女嫁入之后才开始的。在那之后，该房族的男子因找不到"干净"群体的女子做媳妇，才渐渐与汉人或毛口等地的洋叉鬼群体开亲的。因此，笔者以上在小阿志的调查与在藤家寨所做的调查是相吻合的。藤家寨的洋叉鬼来源指向小阿志，而小阿志的洋叉鬼问题来源指向婚姻圈范围之外的水城"布那尤"。

（三）小阿志洋叉鬼来源

小阿志的洋叉鬼问题来源有一个明确的指向，即来自水城米萝的布依族女子。

第一，水城米萝妇女娘家离当地较远，已经超出了布依族所认为的安全的婚姻选择范围。布依族社会是一个熟人社会，青年男女从相识到缔结婚姻大多都由于父母的社会关系网络而达成，包办婚姻占多数。出于对亲属关系网络的维护与对婚姻选择的控制，人们以社会集体意识的想象构建出鬼神化的形象，洋叉鬼即为婚姻控制的手段的现实载体。

其次，米萝"布那尤"妇女自身形象的妖魔化。在北盘江布依族人对于米萝布依族人的印象中，米萝布依族人是野蛮凶悍的，因而被称为"布那尤"。这种形象被代入到来自于米萝的妇女身上，加剧了人们对她妖魔化的想象。于是，村寨中人们集体潜意识里加深了对米萝妇女就是洋叉鬼的怀疑。

最后一点是客观存在的原因，米萝布依族也是布依族社会中洋叉鬼现象较为普遍的区域之一。

此外，小阿志村可以算是现今保存得较为完好的布依族古村落。其村落形态集中，村寨以纵、横两条垂直相交的青石道路为界，从外形上看像交叉的十字，分为上、下、左、右四个部分，其中以左右的分法为主。村落内部房屋分布由中线向四面散开，道路交叉点旁为檐光房屋所在的位置。

面朝村寨，纵线的青石路左边部分被称作"潭那"，右边部分被称作"潭农"。"那""农"分别指的是"布那"和"布农"。取名"潭那"是因为其房族男子娶来的媳妇多为"布那"，"潭农"则与之相反，嫁入的女子大多来是布农。除了左右的分法，在小阿志还有上下的分法。村寨的上半部分被称为"谈寮"（音译），"寮"即指"上"；村寨的下半部分被称为"谈拉"（音译），"拉"即指"下"。上下的分法在小阿志同时也是"干净"群体与"不干净"的洋叉鬼群体的分隔线。

> 个案：前两年捞河一年一度的春节联欢活动，小阿志也要派代表队参加。然而，小阿志"干净"群体自己编排节目却没有叫上寨中被指控为洋叉鬼的"不干净"群体。为此，"谈寮"和"谈拉"发生口角，两方的少女甚至厮打在一起。（"谈寮"指干净群体，居住在寨子的上方位置，"寮"即"上方、上面"；"谈拉"指洋叉鬼群体，居住在寨子的下方位置，"拉"即指"下方、下面"。）
>
> 洋叉鬼群体质问干净群体为何寨中有活动不叫上他们，干净群体自觉理亏，后来让洋叉鬼群体加入了节目的编排中。但是在后来的节目中，细心的人们发现，就算在表演节目的过程中，也是干净群体的

少女们站在一边,洋叉鬼群体的少女们站在另外一边。

六 毛口

笔者在北盘江支流月亮河—捞河—阿志河一带所做的关于"洋叉鬼"的调查中发现,除了小阿志寨以外,其他村寨洋叉鬼现象的出现最终都指向了毛口地区,尤其是那当寨。笔者在毛口进行调查时,毛口地区对"洋叉鬼"同样讳莫如深,人们不得随意提起或接触。

笔者初到毛口的第一天,就目睹了一段因"洋叉鬼"传闻而被棒打鸳鸯的爱情故事。

> 个案:小A是毛口乡街上的一名年轻男子,24岁,身家清白,家族在当地是说得上话的姓氏;而女孩小B也属毛口乡人,23岁,家中经济条件一般,家住在毛口乡镇附近不远的村寨里,当地私下里传说他们家是"洋叉鬼"。两人之前是初中同学,从前关系也就一般,只是近一年来两人突然谈起了恋爱,很快就到了要谈婚论嫁的地步。婚嫁一事当然得让双方家庭互相了解,于是两家都各自在暗地里对对方家庭进行了调查。男方家倒是无碍,只是男方家人"暗访"下,竟然得知女方家据说是"洋叉鬼"。
>
> 在当地,女方家已经有好几代人被说成"洋叉鬼"了。人们平日里会尽量避免与他们家接触,就算不得不有交集,也只是敷衍地与他们说说话。他们家在当地从来收不到任何聚会宴请的邀请,就连他们至亲的人也不会邀请他们来做客,更遑论与之开亲了。人们不会去他们家过夜,就算不得已去他们家吃饭也不会带走他们家任何一件物品,例如平日里人们在白喜中赠送的长寿碗。
>
> 既然"暗访"的结果如此,女方家是否是真正的"洋叉鬼"似乎已经不那么重要了,因为就算不是,只要是沾染到了这样的传闻,都有被染上的嫌疑,男方家自然无论如何也不同意这样一门亲事了。很快,男方家轮番给男子摆事实、讲道理,告诉他无论如何家里人都不会答应他娶这个女孩,如果他执意要娶,就要将他赶出家门,从此不再认他。这样的话在当地并不只是吓唬吓唬男子说说而已,而是的的确确为了家族的清白,整个家族的人都会狠下心来实践的。如果男

子真的和女子结了婚,他们的婚姻不会得到任何族人的祝福,更会说他们是私奔的。

　　为了彻底断了男子和女孩的来往,家里在短短的几天时间里竟然给男子物色了一个身家清白的女孩,并说服了这个女孩和男子赶在春节之前订下婚约,因为来年是羊年,男子家羊年忌讳操办任何红喜。男子一直挣扎着,最终还是同意了这段"包办婚姻",与被说成"洋叉鬼"的女孩彻底分开了。

笔者当时在场,看见男孩的家人对此事态度坚决,第一次真实地体会到布依族人对洋叉鬼的忌惮。而后在调查中更是通过一个个案例,让笔者感受到洋叉鬼现象在北盘江下游一带布依族生活中的重要位置。

　　个案:一日,在同流域的上游不远处的集市中,笔者看到了一个第一次拿物品来这个集市里卖的妇女,她也是布依族人,但不是当地人,是来自被当地人称为"布那"的布依人。这位妇女拿来出售的是当地女子佩戴的头饰,款式很是独特美丽,很多布依女子路过她的摊位都忍不住多看上几眼。然而,这位妇女摆了很久,生意却很是冷清,几乎没有卖掉一件东西。后来发现,当地的布依人没有一个人敢去买,而是先在附近一直不断打听这女子的来历,几乎类似于查户口了。弄清楚妇女的家中情况,有的人甚至说与这位"布那"的妇女是远房亲戚关系之后,也就是在确定妇女不是"洋叉鬼"之后,当地人才敢开始在妇女的摊子上买走心仪的头饰。集市上一传十十传百的,都知道了这位外来的妇女身家清白,不多时妇女的摊位挤满了人,到了散场的时候询问得知今天妇女的生意还不错。

这件个案,也足以说明北盘江下游布依族人对"洋叉鬼"的忌惮,也说明洋叉鬼在布依族人的生活中并没有消亡的趋势。因此对洋叉鬼现象的追根溯源,并用科学的视角来解析洋叉鬼的成因,或许为布依族人破除洋叉鬼陋习提供些许参考。

在调查中,笔者对毛口地区做了大致了解,但遗憾的是因当地人对洋叉鬼比其他地区更加忌惮与避讳,笔者无法具体搜集到洋叉鬼群体的家族谱系。但从当地人的口述中仍然可以知道，毛口地区那当寨被指控为洋叉鬼的现象较为严重，已经延续了几百年之久。从当地人口口相传的历史传说中，得知毛口布依族的洋叉鬼的原型是"私生子"。当地布依族人认为，女子如果未婚先孕，人们就说她"盘瑟"（音译，意为"成丝了，一个未成婚的少女'成丝'是一件很不好的事"）。未出嫁的女孩子未婚便怀孕生子是大逆不道的，会冲撞山神寨神，招致祸患累及全寨，因而被称为"毒奢"（音译），即"洋叉鬼"。"洋叉鬼"一旦产生，便永世不会消除，除非全族人死绝，否则永生永世传递下去，累及家族万代。

此外，毛口地区一直被认为是古夜郎的故地，良好的传承使得当地的布依族宗族组织得以较好地传承发展。传说在过去，因对洋叉鬼的畏惧，当地布依族人用严苛的族规约束着族中的每个成员。如果家族中的子女违反规定沾染上洋叉鬼，檐光将组织众人将其杀头祭祖。严苛的规定，使当地布依族人对洋叉鬼更加望而生畏，因此人们对子女的管教更加严格，尤其是对女孩子。这又要联系到布依族人的"赶表"活动了。女孩子在外出时，一定要成群结队，不得与男子太过靠近。有时如果看到女孩子在赶表时，发现她的哥哥偷偷跟在后面，你一定不要觉得惊讶，因为那是由于家中长辈不放心，生怕女孩在赶表时出差错成了洋叉鬼而派其暗地监视。

七　洋叉鬼传说个案

个案：杀刀刀龙（方言，指斗殴杀人）

水城杨梅发耳地区一个小名叫小分的男子，因其弟弟娶了一个洋叉鬼的女子而把其弟杀死。据说他弟弟所娶的洋叉鬼女子长相很美，弟弟不顾家族沾染洋叉鬼的危险与其结婚。小分知道后，为了庞大的家族不被洋叉鬼沾染，而将其杀死。因为在布依族的观念中，一个大家族出现一个洋叉鬼，家族中人害怕受影响，只有杀掉才能断根。有人问，如果将沾染洋叉鬼的人驱逐，不与其来往，是否能让家族保持干净？但答案是否定的，为了从根源上避免，布依族人便采取这样极端的手段。小分后来因杀人罪入狱。

个案：捞河也发生过有人遭受洋叉鬼指控的情况。小河一个男子突然在大路上晕倒，同样也是七窍流血，周围的乡亲赶紧拿来烟杆和桃条来收鬼。人们用烟杆按住该男子，逼问他是谁，结果该男子说他是大阿志的杨喜S，他来卖锣，可此时杨喜S还在离捞河好几公里的地方。不久之后，人们在捞河街上听见有人敲响锣鼓，走近一看原来是杨喜S来卖锣了。其实杨喜S本人开始并不是洋叉鬼，只因他娶了个洋叉鬼的女子为妻，因而他也被指控染上了洋叉鬼。该男子通过婚姻缔结的方式由"干净"变成了"不干净"。

这些事例都可表明，离六枝特区布依族较近的镇宁、落别布依族也忌讳洋叉鬼，他们同样也认为洋叉鬼出现是由于少女未婚生子引起的。在当地，女子作风不正，未婚生下孩子的行为是不正当的，这样没有结婚、没有丈夫就有了孩子的女子在当地被称为"私孃"。私孃生私儿之后，会被家族之人排挤，她的子孙后代也被认为是洋叉鬼，世代被人们隔离开来。

综上所述，显然北盘江支流月亮河—捞河—阿志河流域布依族的洋叉鬼与毛口、镇宁、落别等地布依族的洋叉鬼现象出现的方式是不同的。从调查得到的谱系关系看，北盘江支流月亮河—捞河—阿志河流域的洋叉鬼现象是通过婚姻关系的缔结引起的，因此该地段洋叉鬼并不是先天自生的，而是后天被传染而遭受指控的。而毛口、落别一带的布依族中"私生子""私孃"的出现，才是洋叉鬼产生的开端与根源。

第三节　洋叉鬼的指控机制

一　洋叉鬼的传染

通过对田野调查材料的收集与分析整理，总结洋叉鬼的传播形式主要有以下几种：

第一，血缘传染。从调查中了解到，北盘江流域布依族洋叉鬼的原型就是"私生子"。在一个个体核心家庭产生"私生子"而变成"洋叉鬼"后，其家族中人，因与私自生子的女子存在直接的血缘关系而首当其冲被指控为沾染上了洋叉鬼。

第二，通婚传染。此种传染是通过婚姻的缔结而形成的。调查中笔者曾问，如果一个洋叉鬼人家一直与干净人家开亲，他们有无可能再变干净？但得到的回答是不可能的，其后代不会变干净，相反干净人家将被其感染而变得不干净。因为他的父母都是洋叉鬼，而他是父母所生，血液里流淌的是洋叉鬼的血液，是不可能变干净的。

一个"干净"群体的人与一个"不干净"群体的人结婚后，"不干净"的人通过性交的方式将"洋叉鬼"传染到"干净"的人身上。并且，通过婚姻仪式的认定，男女双方组成了一个被布依族人所认可的个体核心家庭，表明了双方家庭姻亲关系的达成。因此，从这个角度来说，双方家族便有了亲属关系，当家族中的男或女变成"洋叉鬼"后，其家族中人因与其的血缘亲属关系而将被指控为洋叉鬼。

因此在布依族社会，婚姻缔结的条件首先要看其家世是否清白、干净，其标准远胜于物质基础，就算洋叉鬼家庭十分富有，干净人家也是不会把女儿嫁去他们家的。

第三，接触传染。调查中发现，布依族干净人家不能用洋叉鬼家庭的酸汤、不能借洋叉鬼的桐油、不能用洋叉鬼的木梳，也不能沾染洋叉鬼的汗气，避免这些就不会被传染。这些忌讳与不开亲是一样的道理。干净人家找干净人家开亲，他们也会找相同的群体开亲，或许在他们眼中，布依族所谓的干净群体才是不干净的。布依族人认为，洋叉鬼身上有一种"气"，那股气就是洋叉鬼的标志。这也是为什么洋叉鬼一旦产生，其家族亲友会首当其冲被指控沾染上了洋叉鬼，就是因为亲属关系的纽带使他们之间的接触变得不可避免，从而被认为沾染上了洋叉鬼的"气"而变成了洋叉鬼。这种"气"被认为可以存在于酸汤、桐油、梳子、布匹等物品之中。这些物品因长期与被指控为洋叉鬼的人接触，浸润了洋叉鬼的"气"，因而携带着此种"病毒"，在被"干净"人家使用后便将"气"传染到了"干净"人家身上。

通过田野调查笔者发现，时至今日，布依族社会中对"洋叉鬼"仍旧深信不疑，即使受到良好的教育与科学知识的熏陶，也都宁可信其有，不可信其无。如果村寨中有洋叉鬼的人家，人们只会在心里或私下里心照不宣，平日里亦可与之交谈、来往，甚至吃他们家的食物（除了酸汤等），但绝对不能带走他们家的东西，不能留宿在他们家，也不允许他们留宿在自己家里。

二 洋叉鬼出现的原因

布依族地区"洋叉鬼"现象的出现，是因物质生产方式的自然性、社会发展的局限性、历史前进的阶段性、精神生活的落后性等因素，以及布依族族民对自然科学、人文科学认识的不足而产生的。

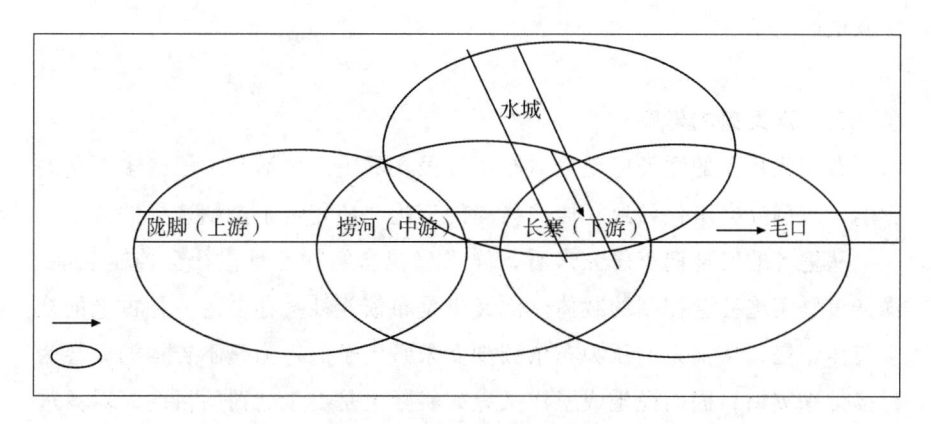

北盘江布依族通婚圈示意图

布依族强调婚姻集团的稳定性，并强化了对"性"的控制，对于不规范的"性"及其越轨婚姻进行指控，这一指控即为"洋叉鬼"污名，即布依巫蛊指控是不同的婚姻选择范围导致的。布依族社会的婚姻选择有一定的范围限定，超出布依族所认为的安全的婚姻选择范围的婚姻关系被认为是危险了，为了消除这种威胁，最好的方法就是隔离。布依族社会是一个熟人社会，青年男女从相识到缔结婚姻大多都由于父母的社会关网络而达成，包办婚姻占多数。出于对亲属关系网络的维护与对婚姻选择的控制，人们以社会集体意识的想象构建出鬼神化的形象，洋叉鬼即为婚姻控制的手段的现实载体。

示意图中每一个圈都代表安全范围内的婚姻圈，有时可能会产生些许交叉，这种交叉会给圈内居民带来一种不安定因素，被视为一种威胁、危险、恐惧的来源。由图中可见，北盘江支流月亮河上游和中游尚在一个婚姻圈，因而可结为姻亲关系；中游与下游距离也相对较近，也可算为一个婚姻圈，亦可以进行婚姻选择；下游地处河流交汇的三角地带，与图中中游、水城、毛口都有联系上的便利，因此它与这三个地区在婚姻圈都存在交叉现象。但可以明确的是，上游与毛口基本是没有交集的，不在同一个婚姻圈内，因此一旦相互开亲，便意味着跨越了一定的安全距离（范围）而受到人们的忌惮，这有可能就是洋叉鬼出现的原因。

北盘江支流月亮河上游的木则陈家就是与毛口开亲。木则陈家因被指控为洋叉鬼而从落脚上游起就没有与当地人开亲，而是舍近求远与毛口、汉人地区联姻。

三 洋叉鬼的影响

布依族社会的洋叉鬼现象对布依族民众的生产生活产生了诸多不利的影响。人群分类不仅导致了居住格局的变化，还划定了婚姻选择的范围。

从笔者的实地调查研究来看，洋叉鬼观念实际上承担社会控制功能，洋叉鬼是实施社会控制的载体。洋叉鬼是布依族社会存在的一种古老的社会集体记忆，从前人们认为布依族少女未婚生子的行为是不吉祥的，会为村寨带来灾祸，因而说她成了洋叉鬼，实际上是出于处罚的目的而对其进行排斥与隔离。

此外布依族借由"洋叉鬼"实际上明确划定了"我群"与"他群"的界限，影响了人们的婚姻选择行为从而事实上划定了婚姻圈。这种行为实质上带着功利性目的，希望能以一种"主动出击"的方式，遏制对方越界。洋叉鬼的观念指导人们的婚姻选择实践，导致干净人家只与干净人家开亲，洋叉鬼人家也只能找洋叉鬼人家开亲。洋叉鬼问题在布依族社会中的影响依旧存在，并对布依族社会亲属制度产生影响，使布依族社会同时存在两个不相交的亲属网络。

第四节 废除"洋叉鬼"习俗尝试

一 "包改革"的改革运动

洋叉鬼对于大多数布依族人来说，就像生活中的一个阴暗面，许多人对这一陋习敢怒不敢言，有苦说不出。人们其实都说不出这洋叉鬼到底是什么，有时也认为洋叉鬼本身并不存在，只是人们通过这种方式来欺负别人、孤立别人。为此，布依族人也希望废除洋叉鬼，让布依族社会内部得到平静与安宁。为此，个别走出大山的布依族精英就曾为废除布依族的洋叉鬼贡献过自己的力量。陇脚小寨的"包改革"就是最积极的一人。

个案:"包改革"韦洪X去世多年,在他有生之年,曾为废除布依族的洋叉鬼制度不辞辛劳地奔走忙碌。韦退休之后,回到老家陇脚小寨居住。他一直认为布依族的洋叉鬼现象是一项陋习,使许多的布依族同胞深受其害,如果能够将其废除,定是一件功德无量的好事。于是,他以自己在当地的号召力,联合当地说话有分量的几个人一起,挨家挨户向大家建议废除洋叉鬼。他提议干净群体和洋叉鬼群体约定一个日期,每家每户各出五块的份子钱,办好宴席,相约坐在一起吃饭、谈和,每家至少派一个人参加。他希望以此开个先例,以便干净群体和洋叉鬼群体从此以后能够正常交往,布依族社会再也没有洋叉鬼的现象产生。然而事与愿违,到了约定的那日,洋叉鬼群体倒是家家都有人出席宴会,干净的人家来的却是寥寥无几。

韦的改革运动宣告失败,但当地百姓却记住了他为此做出的努力,并称之为"包改革"(音译,意为"那个搞改革的老头")。他的外号的由来,不论是出于戏谑还是其他,都告诉后人一个事实,那就是布依族社会中也有人反对洋叉鬼陋习的存在,也曾为废除洋叉鬼陋习做出过努力与尝试。

二 火烧寨己酉"抬起"的例子

除了"包改革"提到明面上的改革运动之外,在布依族社会中,也有染上洋叉鬼没有被隔离且恢复清白的案例。

个案:己酉卢X,60多岁,本家姓杨,其父幼时过继到寨上卢家为子,卢成年后回到杨家,但仍然以卢为姓,到他儿子那辈才可改回杨姓,即"三代还宗"。卢的父母去世之后,他回到了杨家,但没有至亲的帮扶,他的生活过得并不好。到了谈婚论嫁的年纪,他从水城米萝带回了一个米萝的布依族女子("米萝布依族"被当地人称为"布那尤"),该女子体格健壮,平日里手里总拿着一柄长长的烟斗,酷爱抽叶子烟,捞河当地的布依族人称该女子是洋叉鬼,因此人们一度要隔离、孤立卢某。

当时己酉寨上杨家有个长辈在乡里任职，在当地说话很有分量。他有意帮衬卢某，于是发话说："刹给嘛刹，嘎有给嘛锆盎！"（音译，意为"注意什么注意，哪里有什么洋叉鬼！"）但他还是主张将米萝来的女子送走，才主动和卢某来往，吃酒做事都叫上卢某。卢某将米萝的女子送走之后，很长一段时间还是找不到媳妇儿，知道内情的人们都还是有所顾忌。后来在杨家本家长辈们的帮助下，去说了一个孤女来当家，卢某的生活这才慢慢回归正轨。然而，洋叉鬼的阴影还是笼罩了他的一生，他们家在寨中的生活一直处于一种游离的状态。

不过，这个案例说明，在布依族社会，洋叉鬼的指控的确被作为一种社会控制的手段在运用。同时，在掌握着布依族社会话语权的人的帮助下，将要被指控为洋叉鬼的人是有机会重获清白的，这与其在布依族的社会地位、权力大小有着直接的关系。

三 改革失败的案例

个案：捞河岩脚寨有一位当地有名的"布雅耶"（音译，类似于汉族的神婆）真D妈。一日，一名岩脚寨的妇女小C妈上山干活时昏倒在路边，口吐白沫，人们看她的症状有些像是被洋叉鬼掐了的样子，一边用土烟烟屎来喂她吃，一边问她："是谁害你变成这样的？"小C妈在迷迷糊糊中说道："是真D妈掐我！"这一回答从此让"布雅耶"真D妈被指控为洋叉鬼。先是岩脚寨的人，后是捞河的布依人，再是整条流域的布依族，都说"布雅耶"真D妈是"雅锆盎"（音译，即"洋叉鬼婆子"）。小C妈和真D妈也因此结下了仇怨。真D妈说小C妈诬陷她洋叉鬼，害得她的儿子找不到媳妇、女儿嫁不出去，害得她们家从此贴上"洋叉鬼"的标签。

的确，从那以后，布依族人开始孤立和隔离"雅锆盎"一家。最直接受害的是与之关系亲密的家人。

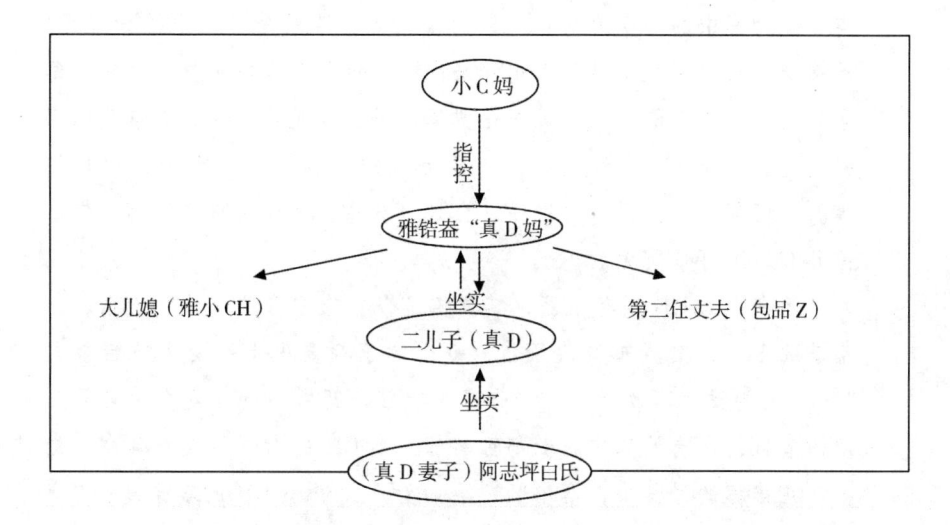

```
┌─────────────────────────────────────────┐
│              ┌──────┐                    │
│              │小 C 妈│                    │
│              └───┬──┘                    │
│                  │指控                    │
│                  ↓                        │
│         ┌──────────────┐                 │
│    ┌────│雅锆盉"真 D 妈"│────┐            │
│    │    └──────┬───────┘    │            │
│    ↓           │坐实          ↓            │
│大儿媳(雅小CH) ↓        第二任丈夫(包品Z)  │
│         ┌──────────┐                     │
│         │二儿子(真D)│                     │
│         └─────┬────┘                     │
│               ↑坐实                        │
│      ┌────────────────┐                  │
│      │(真D妻子)阿志坪白氏│                  │
│      └────────────────┘                  │
└─────────────────────────────────────────┘
```

雅锆盉"真 D 妈"被指控为洋叉鬼及其影响关系图

从图上看，雅锆盉真 D 妈先是直接被小 C 妈指控为洋叉鬼，不是从其他地方传染上，也不是因亲属关系而变成洋叉鬼。在变成洋叉鬼之后，雅锆盉真 D 妈直接影响了与她有亲属关系的人群：她的儿子、女儿、丈夫及其家族。下面笔者以个案的形式一一列出。

在雅锆盉家被坐实为洋叉鬼人家的前期，其实还是有机会重获清白的。为此，其家族四处活动，提出希望与寨子中人达成和解。由他们家准备了酒席，酿好了米酒，请寨中干净的人家坐下来谈。但是，其间又发生了一些小摩擦，干净的人家后来没有出席，他们家"转正"的机会就这样失去了。雅锆盉真 D 妈一生一共有两任丈夫，与第一任丈夫生有两子一女，与第二任丈夫生有一个女儿。随着雅锆盉真 D 妈的儿女长大成人，到了谈婚论嫁的年纪了，在当地却怎么也找不到亲家。她的二儿子真 D 娶了阿志坪的白氏为妻。阿志坪位于河流下游，那里洋叉鬼出了名的多。人们都说白氏是洋叉鬼，叫真 D 把她送回去，然而真 D 舍不得将妻子休离，不顾族人的劝阻执意留下了她。他们家从此便更加坐实了洋叉鬼之名。

个案：雅锆盉的大儿子叫小 CH，他娶的妻子在这里我称她为"雅小 CH"，即真 D 的大嫂，她在嫁入这个家庭之后也因此遭受牵连。她对寨中的妇女直言："你们孤立我，不就是因为罗罗她妈吗？不就是因为罗罗她妈是从阿志坪来的吗？但是我家不一样，我家从哪辈人起不是干净的，罗罗她妈是罗罗她妈，我是我，为什么连我们家也一起孤立呢？"然而人们并不理会她的哭诉，也没有因此而接纳她。人们都害怕一旦与之来往，自己也被指控为洋叉鬼了，因此宁可信其有，不可信其无。

后来，小CH英年早逝，其妻招了个"布农"来当上门女婿。几年前的春节，按照布依族风俗，每个寨子都要出上一两个节目参与"坪"内的集体联欢活动。岩脚寨的节目是寨中妇女自发自编自导自演的节目，所有的寨中妇女都可参加，小CH的妻子也参与其中。然而就在排练的过程中，寨中的一名妇女卢氏说小CH的妻子道："穿的衣服不一样就不要上台，免得影响比赛得分。"笔者无法彻底还原卢氏当时的想法，是否是出于对小CH妻子洋叉鬼的指控，还是单单只是对其衣着的评论。只是，小CH的妻子已经认定卢氏就是在指控和诽谤她是洋叉鬼，公开地歧视了她。小CH的妻子于是打电话告知她远在下游的娘家兄弟们前来向卢氏讨要说法。卢氏听说后害怕了，赶紧打电话给在城里的儿子。卢氏家族中男子众多，卢氏的儿子一下子把家族中的众堂哥堂弟都叫了回来。两方人都来了，在河沟处相遇，理还没来得及说，便打了起来。卢家的男儿人多且壮，打红了眼出手没个轻重，将小CH妻子的一个娘家兄弟打成了重伤。

洋叉鬼在布依族社会中可以说是一个"公开的秘密"。你可以在私底下说、注意、隔离，但不能将之摆在明面上来讨论、指控，否则将引起口角，甚至是打架斗殴等群体事件。

个案：同样直接受到影响的还有雅锆盎的第二任丈夫包品Z。雅锆盎的第一任丈夫去世之后，改嫁给了包品Z。包品Z知道雅锆盎被人们指控为洋叉鬼，但他认为洋叉鬼并不存在，是人们强加给人的一种污名，便执意与雅锆盎结为夫妻了。然而，就在他与雅锆盎成婚后，包品Z的家族中人便与之断绝了来往，就连他与前妻生的亲生儿女也同样与之划清界限。多年后，包品Z去世，他被埋葬在寨子后的山上。在葬礼上，由于他已经与雅锆盎结婚而被指控为洋叉鬼，因此他与前妻的儿女不敢认他，连一篮糯米饭都不敢送到他的坟前。后来笔者采访了包品Z的女儿，她说这是她这辈子最遗憾的事了，自己的亲生父亲去世，作为女儿连一篮糯米饭都不能送到坟前，实在是很不孝。但她表示，她并非不想去上坟，而是不敢公然挑战洋叉鬼的严重性，因为她有多个儿女，其家族亲友少说也有上百来人，不能害所有人都被指控为洋叉鬼啊。

第六章 布依族的社会组织

第一节 个体与群体

"婚礼"的举行向群体宣示了当事人的合法社会身份——"丈夫"和"妻子",群体和群体之间有了契约。这一复杂仪式过程不仅消耗了当事人所在家庭的人力物力,更加深了群体亲属之间的"人情",新获得的姻亲关系和配偶对各自家族来说是一笔"财产",为了维持这段关系,维持既有的婚姻事实,家庭和村寨秩序的捍卫者通过具体手段将青年人的婚姻推持在一个安全地带,防止"越轨"行为发生。青年人作为有自主意识的个体,必然不会心甘情愿听从摆布,他们采取一些反抗策略和拥有话语权家长们周旋博弈,最终能否获得情感的满足和群体的认可,这背后又有什么深意?

一 婚育中的规则

通婚规则和禁忌把结亲对象控制在家庭和社会认可的安全区域内。为了进一步保证既有婚姻和"小家庭"的和谐,维护社会正常运行,已婚者的行为也必须受到监控。新娘在结婚酒后同伴娘一起返回娘家进入"不坐夫家"阶段,生产和生活方式和婚前无异,只有农忙或过年过节,婆婆或小姑等人接新娘到夫家帮忙或过节。"不落夫家"的时间短则1—2年,长则3—5年,姑娘有了身孕或是夫家来"戴假壳",才能结束。这里的控制对象主要指那些"不落夫家"阶段的已婚未育女性,因为社会舆论对于那些当了父亲又"越轨"的男性,表现得相当宽容。

(一)监控或禁止女性赶表

对于那些"不落夫家"的已婚未育者,社会虽然给予她们赶表的自由，让她们在婚后依然和未婚青年一样享有对歌玩耍、结伴交流的权利，但是，在婚姻中占主导地位的男方家庭更多希望妻子在婚后"不落夫家"期间待在娘家做活，不要到场上表现，因为谁也保证不了妻子会不会在赶表的时候"移情别恋"。

个案：王TY，男，52岁。"结婚只是个仪式，完了新娘还要回娘家住。她们很多回门的都不出出去了，在家里等着丈夫家的人来接，那些老实的就在娘家做衣服，不出去玩。还有那些活泼的，她们结婚了还要跑出去比赛唱歌。结婚了大家都晓得，新郎村里的小伙子都不会找那个结婚了的姑娘单独出来，他们都知道这种姑娘惹不起，都是一个村里的，沾上关系了谁都不好讲清楚。新郎村里的小伙不仅不找她，还会和别的村里的兄弟说那个姑娘是嫁了人的，大家一起唱歌可以，不能和她谈恋爱，大家都是一起随便玩玩，谈恋爱要找那些没有许人家的。有的结了婚了，发现另外一个性格不好，感情合不来，她们也要和别人谈恋爱，不过这样的很少，要赔钱给前夫，说出去名声也不好。"

个案：马JH，女，62岁，红运村人。"我13岁就定了人家，18岁办了结婚酒。婆婆接我来革老坟做事，我和丈夫不讲话，以前没见过，见到了两个人都不好说话，脸皮薄得很。他对我讲结了婚要好好在家里做活，出去玩就没时间种田修房。娘家有活他也来，我在家做衣服，帮着父母喂牛、挑水。丈夫讲场上小青年都是随便玩玩，没有几个用真心的。我去场上都是和以前认识的姐妹聊天，有小伙对歌大家就一起对，想喊我单个出去聊天，我都要说我已经结婚了。我丈夫后来说不想让我跟小伙对歌，我就不去了。"

赶表为男女当事人提供了一种互相认识，增进感情的平台，那些婚前没有情感的夫妻在姑娘"不落夫家"期间往返交流，男方会主动在场上找自己的妻子，通过赶表和妻子培养感情，更多是把妻子限制在自己的可视范围内。

个案：王LB，男，59岁。"我们那年代都是父母介绍，结婚之前谁也没见过谁,有的看不上以前的对象,赶表认识喜欢的,都和新对象在一起了。我是不一样,结婚以后看见这个老婆就喜欢了。虽然她来我家做活,但是我们一直没有住一起,她在我家住一晚上又回家了。我不爱讲话,不知道她是不是看不上我。后来我妹妹说在场上看见我老婆和别人对歌,我着急啊,怕她跟其他小伙走了,以后她出来玩,我先打听好了,再出来找她。我家老太太说我着急就快生个小娃娃,有孩子我老婆就在家里了。她哪里知道我们没有住一起,我要好好表现,让我老婆心里喜欢。出去玩我要买些小梳子给我老婆,和她讲我在外面做工的事,平时我不在家,她要一直住娘家,我只能赶表的时候好好表现了。她是慢慢被我感动,其他小伙哪里有我用心。后来她拿了自己穿的衣服给我,女人送衣服给男的,就代表愿意和他过日子,我的辛苦没有打水漂,第二天喊我母亲接老婆过来,就住一起了。过去给她'戴假壳'以前,我们就是赶场天在长坝上见面,'戴假壳'以后她长住我家了。"女方的家人为了避免不必要的麻烦,也会干涉自家姑娘出去赶表,他们希望姑娘婚后尽早收心,在家学习相夫教子和各种生活技能,便于"坐家"后当家,承担家庭的责任和义务。

个案:伍 BP,女,43 岁。"我不像她们(伍 BP 的姐妹)和老公在长坝上谈恋爱,那些都是感情深了结婚的。16 岁父亲把我许给你这大伯,不怕你笑话,我当时看不惯他,不喜欢和他见面。婆婆来接我回去,我不好意思回绝,上午去,晚上就跑回来了。家里人多,种田挑水的活都有我哥哥和嫂子做,我在家闲着闷,玩山赶表我是要去的。中午吃了饭,村里的姑娘跑来我家喊我出去,我母亲知道我要出去玩了,她嘱咐我不要和外面的男孩子谈恋爱。我是坝上有名气的,很多男孩子找我聊天。有几个月,我两三天要出去玩一次,母亲怀疑我是不是和别人在一起了。她在家教我做围腰,还让我去坡上打猪草,姐妹来了她就说我在家做活准备去丈夫家了。后来过年,我又出去了几次,没多久怀孕了,没办法玩了。"

一些比较传统人家明令禁止子女婚后赶表,不允许子女另结新欢,否则会受到家族和村邻的谴责,有的被赶出村寨。

个案：解放前这里都是老传统的人家。我听村里的老人讲，有个新娘子结婚了在娘家住，她没有生小孩，丈夫家离得远，她不肯去。跟着村里的姑娘们玩，认识了别的后生，那个后生也是胆子大，找个结婚的姑娘谈感情。他们想一起跑，后生家里也是有钱的大户，拿了很多钱赔给姑娘家。姑娘家要面子，他们在前夫家丢人了，那些钱也没办法不让村里人对他们指指点点。后来姑娘的父亲不让她进家，她跟着那个后生走了以后再也没回来。现在都一百多年了，听说她生了4个孩子，那些孩子都不知道这里的路通哪家。

（二）"坐家"

夫家接新娘的时间集中在农忙和过年、过节。丈夫和妻子在"不落夫家"期间见面的机会屈指可数，丈夫为了和妻子增进感情，有些选择和妻子在赶表场上约见，另外一些不擅赶表或是家里事务繁忙的人，就会选择经常接妻子来家里小住。"坐家"次数多了，妻子无暇顾及和姐妹一起出去赶表，夫妻两人在家里一起劳作，增进情感。

个案：韦XC，女，51岁，平寨人。"我小姑心眼多的，她知道我在外面玩，很多男孩找我唱歌聊天。婆家事情多，家里还有个谷厂，老公忙得没有时间去场上。我是想出去了才出去，娘家事情也要我做，有时候过节外面热闹，我在家闷得坐不住，也跟着出去玩。小姑想我多留她家里，每次都拿糖来我家，让我跟着回去。结婚前我们是一起玩大的，我很喜欢小姑，她想让我和老公多见面。晚上她说'我哥不知道你是个宝，放你出去，我接你来，你们一起过日子，你喜欢他，他喜欢你，以后我嫁人走了也不怕你不在我家。'其他媳妇都不愿意太早来丈夫家，有的结了婚天天跑夫家的，外面人会说'她不怕羞，等不到生小孩天天来婆家，婆家有蜜糖，比娘家里的甜'。"

婚姻的主要功能是家族联合和生育后代。"性"观念在当地是羞怯、隐晦的。即使男女双方互相爱慕，希望婚后一起生活，她们也不得不接受"不落夫家"的习俗。女方羞于去夫家，男方会主动找些理由接媳妇"坐家"。

  个案：王 LX，男，60 岁。"结婚几天没得见她（王 LX 的老婆）又回娘家了。我等了一个礼拜，大嫂接她来家里住，是结婚以后第一次在一起。她来了也不和我单独讲话，家里的活都是抢着做。我老妈喜欢她，送她回娘家走了没几天，又要我大嫂接来。今天姑姑家办满月酒，明天表哥家办接亲酒，她们有很多借口，我心里也是高兴的。"

  "不落夫家"期间，姑娘只是间歇性地来丈夫家小住，直到有了身孕，姑娘才能名正言顺地不回娘家，和丈夫回夫家长住。调查时，这里的妇女都说："老天送了小娃娃来，有了小娃娃要去丈夫家，小孩子不能生在娘家，这不合规矩。"夫家是孩子诞生的唯一场所，有了孩子的姑娘会被接到夫家，姑娘要告别自由的"不落夫家"阶段，来到男方家准备承担起照顾家庭、生儿育女的重任。

  个案：王 TD，男，62 岁。"女人有了孩子就没那么多心思出去玩了。我们族不兴小孩生在娘家，知道女人怀孕，夫家遣人来，女人就是自己家的了。结婚不就是为了生孩子嘛，感情不感情的，几十年什么都没了，孩子才是最重要的。"

  姑娘婚后在生孩子以后才被确认为夫家的一员。男方在婚后通过明确孩子的归属，对接回家的怀孕女人享有独占权，他禁止妻子参加交友活动，要求她严守贞操。赶表场上的小伙自觉远离已经生育的姑娘。当地还有一种说法，有了孩子的男女，如果还和别人出去聊天谈感情，祖先会惩罚这个家庭，家庭不和睦，孩子生病甚至死亡。

  个案：王 FR，男，55 岁。"生了孩子的女人要老实本分，女人来家里当家，要照顾孩子，照顾公公婆婆，照顾自己的丈夫。那些赶表的小伙不会找生了孩子的女人，如果和那些有孩子的女人来往，村里人瞧不起，他们在村里待不住，要走到没人认识的地方。我年轻的时候出去玩，有个女人都生了小孩的，不在家做活，学那些年轻姑娘唱歌，这样的女人不好，我们一起玩的男青年都不理她。不晓得她丈夫为什么不拦着，如果是我的老婆和女儿，生了孩子跑出去谈恋爱，这个要打的。以前六马那边有个生了小孩的女人，她出去和流氓乱搞，老天看不惯，家里就不安稳了，丈夫家的小孩没多久得了怪病，家里花很多钱治还是死了。"

姑娘自身也会有角色转变的意识，有了孩子以后，就不能随便出去玩了，此时她唯一的想法是顺利生下孩子，稳定两人之间的婚姻，早日当家。

个案：卢 GH，女，43 岁。"怀了孩子做了母亲，再也不是当姑娘了，有了孩子就是大人，不能总想着玩了。定心生孩子，把婆家打点好，在村里才是个好媳妇。娘家有母亲负担，到了夫家我就得多操心家里的事了。丈夫出去找钱，我在家收拾房子，养好家里的鸡和猪，田里的活我也做，养孩子生活开销大，姑娘时我不想做活就跑出去玩，当媳妇跑不掉了，全家人的饭要做，衣服要洗，结婚前做的活都没有在婆家一年做的多。心全在孩子和丈夫家里了，再跑出去和年轻人玩，会被村里人笑话。"

夫妻年轻时的自由散漫被繁重的生产和生活压力消磨，不管双方感情如何，都有义务为了照顾孩子而生活在一起，离婚对于她们来说不再是个人情感问题，很多时候要考虑孩子和家庭。所以生育后的人更本分，他们都自觉维护现在家庭的和睦稳定。

个案：马 LL，女，47 岁，红运村人。"我和丈夫结婚了感情不好，他性子太烈，我不喜欢。他接我住家，我害怕怀孕，晚上再晚也要回娘家。婆婆盼着有个孙子，她留我，我也是和小姑住一起。我不是赶表认识他，和他没什么喜欢不喜欢。有个场上认识的小伙，他想带我走，我怕父母伤心，一直不敢和他们说。这样一直拖下去不是办法，我和丈夫住一起了，当时我想，如果有孩子就和那个小伙分开，如果不怀孕,我就等丈夫跟我离婚。一年多以后,我怀孕了,这是老天让我和那个小伙分开。我不能只想自己一个人,不喜欢丈夫可以不见,孩子是我的,不见他我心里疼。离婚在这里说出去不好听,有了孩子还离婚的村里没有,再大的苦也比不得离开自己的孩子。"

(三)"戴假壳"稳定婚姻

前文讲述在扁担山一带,新娘怀孕或到了一定年纪要"落夫家",在此之前夫家要选一个日子为她"戴假壳"。而婚后的"不落夫家"期间,新娘的头饰穿着和未婚的姑娘没有什么区别,没戴"假壳"以前,她有自由参加赶表活动,场上那些小伙也可以和她对歌玩耍。戴了"假壳"标志姑娘已经"坐夫家"或者为人母,小伙子们就不再找她赶表了。

> 个案:杨婆婆:"当家的太太都戴帽子(假壳),这和姑娘戴的不一样,坡上看那些女人的头发就知道哪个在婆家,哪个在娘家。以前有包办娃娃亲的,生了孩子要戴,没生孩子的想给媳妇戴也能去。"

孩子出生以前"不落夫家"的时间没有固定期限,为求家庭的稳定,男方必须设法把新娘接到夫家,享有独占权。新郎为了控制新娘在婚后"出轨",到了合适的时间,他会强制新娘戴上"假壳"。"戴假壳"是布依族妇女人生中的重大转折,它标志着女子自由的姑娘时代结束,在夫家当家以后必须收敛自己的个性,对丈夫和家庭忠贞,变成安分守己的家庭主妇,维持婚姻的稳定,为丈夫生儿育女。

> 个案:马KC,女,54岁,布依郎村。"结婚后我一点也不想去他家,还想出去唱歌。头两年我都没有住过老公家,早上去下午干了活就回来。我们这里结婚前几年,只要不怀孕可以不去丈夫家。家里的老人告诉我,如果不想那么快生孩子,来'那个'(月经)之前去,就不用害怕怀孕了。所以我都算好了日子去。如果不是那几天,婆婆她们又过来接,我就说已经跟家里的伙伴约好了上街去,这次去不了,婆婆没办法,又不能拖我回去。我妈妈有时候骂我,说家里人

来接都不去。他家有活干婆婆才来，没活干婆婆才不来接我。干活没有出去玩自在。婆婆见我一直不回家住，她和家里大嫂偷偷跑来给我戴帽子，那天我在院子里洗菜，进屋的时候大嫂突然抱住我，把我的辫子解开，我知道戴了这个就没自由了，推了大嫂跑到很远的表妹家。后来婆婆她们又来了几次，最后那次我妈妈在门口拦着，我没跑出去，想到以后不能出去找人唱歌了，我在家哭了两天，后来婆婆接我住家就没办法不来了。家里的活多分给我做，整天忙得没时间做衣服。开始我和老公不在一个屋里，他晚上偷偷跑来，天亮又回去，怕让家里人看见，半年多我就怀孕了。"

"假壳"一经戴上，青年男女正式转换角色成为丈夫和妻子，不论戴上"假壳"的女人是否和丈夫感情深厚稳定，年少时的任性妄为一去不复返，婚姻和家庭的稳定成了她最主要的诉求。

个案：罗JX，女，51岁。"'戴假壳'后好像有了责任感，要照顾孩子，要顾这个家。以前没有孩子的时候，我整天想着去玩，得一点钱就跑出去乱买东西，也不存起来。以前在娘家，想做工就做，不想做就丢在那儿，反正还有父母和哥哥。现在不一样了，自己当家就是'老人'了，你不做也没人帮你，不会做的慢慢学。以前不会去山上打苞谷，现在都要自己慢慢学。"

二　家庭和社会控制策略

理想婚姻和个体情感不会一味融洽，当理想婚姻的诉求被冲撞时，利益集团的掌权者必然会利用其所占有的资源对个体严格监控以达到限制个体婚姻的目的。社会规范旨在监督限制人的行为，为了达到约束效力，社会和家庭需要不断努力把规范固化成当事人的惯习，作为当事人的自我意识，并通过其他强制策略使当事人顺从。

（一）家庭的内在控制

家庭是社会生产和生活的基本单位，儿童教养主要由家庭来承担。家长通过严格教育和从小耳濡目染的行为准则向子女传递传统的道德规范和习惯制度。

1. 家庭教育

传统的家庭教育把孝敬父母和维护家庭利益放在首位。那些有损家庭利益的出轨行为在生活中被明令禁止，伤害父母亲感情的事也不可以做，不然就是对家族的大不敬；另一方面父母在子女小时候便告知自家血亲和可通婚范围，引导子女与可发展为姻亲的异性群体建立亲密关系。父母多年的言行教育使这种观念扎根于子女心中，严格地控制着子女的婚姻。

个案：卢BG，女，47岁。"以前我妈妈一直催我出去唱歌，多和姐妹出去玩，家里的活都是她做，还说现在年轻好好玩，嫁人以后不能这么自由，也不能随便出去找男孩聊天了。她和我说有男孩子约我出去，不能跟他们说不好听的话，也不能和那些男孩们坏了规矩（发生关系）。这些话以前老人们都会讲给自己的孩子，那些不听老人话做了错事的，家里都会遭灾。结婚以后在娘家住，妈妈教我做以前不会做的事，她说在（娘）家也住不了好久，赶表给那些没结婚的姑娘去，我这一年在家好好学做事，以后到了丈夫家有能力当家。"

个案：伍DK，女，38岁。"小时候妈妈在家照看我和弟弟，爸爸出去外面打工挣钱。家里的活很重，我和弟弟还小，她一个人又要种田，还要打扫房子，喂牛喂鸡。我和弟弟出去上学，早上天没亮她就起床准备早餐。爸爸不在家10多年，有时候打电话回来，我想他，弟弟喊他回来。妈妈虽然什么都不说，我知道她也盼着爸爸回家来。她和爸爸是家里外婆包办结婚，应该是后来一起生活才有感情吧，不像现在的自由恋爱，先有感情后结婚。妈妈一个人辛苦守着家，没有埋怨，我出嫁的晚上，她和我讲'走了以后好好和女婿过日子，生活辛苦，两个人没有异心日子才过得平安。'妈妈教我绣花巾，做衣服，说以后不管哪个婆家都喜欢贤惠的媳妇。"

"不落夫家"时期，男女双方即使还没有一起生活，他们也会自觉维护既有婚姻，维护家的安稳。家庭对其的品格和素质教育让这些青年有极强的自我约束力，他们彼此信任，在婚姻的这个过渡阶段，男女双方会恪守本分，夫妻之间的义务和责任与"坐家"以后同等。

个案：王 TC，男，58 岁。"我不担心她出去和别人玩，结婚之前我们在一起三年，感情深了才结婚。她父亲是文书，家里教的规矩都在，身为夫家女，处处要检点。虽然她不是大户人家的小姐，道德本分也是一辈辈传到现在。她在娘家准备当家的本事，我在家也不能闲着，多种田，多挣钱，孩子和她来了以后不吃苦。成家的男人不能只顾自己，以后家里的担子都是我和老婆的，不能在这个关头（"不落夫家"阶段）出岔子。我们以前找媳妇不容易，看上一个自己喜欢，家里也满意的，要去场上碰运气，运气好了找一个，运气不好谈七八个也找不好。"

个案：杨 WF，女，47 岁。"娘家外婆经常在家念叨那些结了婚还不老实的，她说夫妻应该和睦，姑娘应该严格遵守村里老人立的规矩；做人要有品德，不能学游手好闲，做事要懂礼；嫁了人的媳妇要守媳妇的规矩，心里想着丈夫，多学当家本事，多去夫家帮忙。我听外婆的，在娘家安心学做事，去婆家多关心丈夫和他们家的人。外婆虽然没读过书，她讲的都是大道理，家里的兄弟姐妹从小听她说这些，都是老实本分的人。我那些兄弟姐妹没有和别人乱来的，也没有离婚的，他们现在都有孙子了。"

家长对子女正常行为的鼓励以及对越轨行为的惩罚加深了他们对既有规范的认识，逐渐形成和社会价值体系一致的自然反应。库利认为："自豪和羞愧是社会互动中最为普遍的情感。当一个人违背了公众的意愿，而感到羞愧，他就能警醒自己正在脱离某种社会形式；同样的道理，如果人们参与到符合他人期望或公众意愿的社会组织中，产生自豪感，他会更加维护组织。"[1]

个案：罗 XZ，女，50 岁。"父母养大孩子不容易，在家不能惹他们伤心。结婚本来是件喜事，如果因为自己不听话，找了不好的人家，做了错事让他们难过，就是不孝顺了。我姐姐赶表跟着姐夫跑广

---

[1] [美]查尔斯·库利：《人类本性与社会秩序》，包凡一、王源译，华夏出版社1989年版，第93页。

东,退了和前夫的婚事。虽然姐夫拿了钱来我家,父亲没有同意他们办酒,姐姐在外面生了孩子,父亲也让她带回娘家。过节我回来,看见父亲不高兴,就知道他在想姐姐的事情了。母亲怕我学姐姐,他们也不给我介绍,叫我自己去外面找个喜欢的。我自己想,一定找一个父母看着满意的。在大抵拱见了我丈夫以后,我先问清楚他家里的情况才和他聊。丈夫家里条件好,人也老实能干,父亲很喜欢他,没多久我们就办结婚酒了。"

2. 经济控制

结婚需要一系列礼俗消费及聘金,对很多家庭来说,这笔钱是一个家庭多年的积蓄,男女青年在适婚年龄没有积蓄,他们的婚事需要家长提供物质供给。

个案:王FZ,男,63岁。"孩子结婚是家里的大事,过去那些年轻人有什么钱,还不是家里老人攒起的。过去那些人没有出去打工,找不来钱。我们这里结婚很多规矩。说亲要拿酒和糖,订婚要鸡和酒,'要八字'除了拿酒和鸡,还要准备聘金和鞭炮蜡烛。单是聘金要的钱就很高,有的大户给聘金都能买十头牛了。接亲办酒席也要花钱。我结婚早,花了300多块,家里都是种田的,这些钱父母存了20几年。刚结婚那几年,家里生活不好,积蓄差不多都花了。现在年轻人出去打工,挣的钱多,结婚花钱更多了。我小儿子前年找镇宁的媳妇,聘金就要了一万块,加上办酒、送礼、拍照片,也有三万了。家里还翻新了房子给他们住,又花了六万,现在媳妇都要不起了。"

种种礼俗和高额聘金使得青年男女的婚姻必须依赖父母家人的资助,家长掌握了经济大权,他们间接掌控了子女的婚姻,干涉支配子女的婚姻选择,按照自己的意愿为子女包办。他们不允许损害家庭利益的婚姻存在。

个案:王LQ,男,68岁。"可布有个太太,我们两个玩得好,都是奔着结婚的。她家里成分不好，以前是大地主，"文化大革命"家里人被抓到县城批斗，父母不想跟那家结亲，不愿意找媒人帮我问话。没办法，我托人过去要亲，可布家的父母问我要200块钱礼钱，说是大户人家的女儿，不能随便给我，我一个种田的，家里一年也没这么多钱。和那边商量，聘金少一些，她家里不同意，最后说要送2头牛才答应。我家父母更不乐意了，说他们成分不好还这么刁钻，母亲劝我和她分开，这种人家的姑娘嫁过来还要人伺候，我们家攀不起。后来母亲找了现在的婆娘，她只问我家要了几十块钱的礼钱，结婚办酒也没用多少钱。如果我有条件像现在的年轻人出去找钱，也不用听父母的话和可布的分开，她家要什么我自己给，你来家里见到的就是可布家姑娘了。"

不满包办婚的青年想和心爱的人再婚，除了正常的婚嫁开销，他们还要承担一部分经济赔偿。如果男方提出离婚，他之前支付的礼金不能再要回，甚至还要补偿女方家一定损失；女方提出离婚，另外补偿的钱更多。这些资金需要家长支付，那些没有经济来源的青年不得不遵循父母的意愿，和不爱的人结婚。

个案：王LX，男，65岁。14岁便被父母安排和10岁的妻子结婚，妻子当时年龄小，王LX一直拿她当妹妹。他已经在场上结识一个平寨的姑娘，两个人性格和睦，王LX拒绝接妻子"坐家"。"我是家里独独的男人，上面两个姐姐都嫁出去。父亲说以后家里要我支撑，娶的媳妇必须有能力当家，丈人家也要能用的着（帮衬）。家里的钱都是父亲存着，种田卖粮的钱我也拿不到，出去喝酒、玩，都是问家里要。平寨那个愿意跟我来家里，父亲不让进家门，我们只能住旁边亲戚家。出去找活不像现在容易，那时候帮别人修房子，插秧，一天工钱只够我们吃饭的，布和肉都买不了。我和平寨那个在外面住，吃了几个月洋芋和莴笋，身体瘦了十几斤。父亲让叔叔来劝我，如果不回去和妻子同房，就断了关系，家产全没我的。平寨那个又一直没怀孕，外面日子没家里好过，我慢慢后悔。以前每次要钱花家里都给，自己在外面又没有手艺，一直这么下去会饿死。没两年我送平寨的姑娘回家了，她没孩子，我们没办酒，也好找人家，后来听说她在场上找了个死了老婆的。后来在大抵拱街上见过，她见了我哭，我也伤心。"

个案：王TW，男，47岁。"10岁时父亲和他老朋友开玩笑，把那家女儿要回来了。听家里人说她大我4岁，已经进屋拜过祖先了。家里给了500元彩礼。我和她没见过，赶场出去也不见她，对她没感情。17岁我在红运认了个好姑娘，就是你大妈。我和她处了两年，商量着要结婚。你大妈也是小时候许了人家，如果我们在一起，赔给她前夫的钱要翻倍，我去问了她前夫，那边要1000块才同意放人。回来求父亲借钱给我，他本来就满意先前定好的那个媳妇，不同意我离婚再娶，他们一分钱也不给我。你大妈那边家里人也逼着她去前夫家定心。没有办法，我跑去前妻家里，商量和前妻离婚，以前给的500块钱要不回来，还被她们家人骂死。村里有人出去打工，说外面的钱好赚，我跟着堂哥去六盘水做临时工，和大妈的前夫商量，2年把1000块钱给他。你大妈没多久就怀孕，孩子不能生在娘家，我们家的门她也进不了，只能接她来六盘水的出租屋生。我住的条件差，她生了孩子后身体一直不好，现在都做不了重活。都是没钱害的，你大妈不怨恨，我对不起她，让她跟着我受罪。"

（二）社会舆论和裁定

革老坟村村民的行为逻辑核心是"自己人认同"。同姓结婚、私生子、抛下妻子丈夫和别人外逃等行为在当地是违反常规道德规范的，当这些行为可能危害到自身利益、影响村寨的名誉和安危时，处于熟人社会中的其他个体势必采取措施控制这些行为。王德福认为："社会生活中的'公'必须是由个人的'私'扩大生成的，不存在脱离个人之私而客观存在的'公'，由个人之私扩大而成的公，其实就是自己人群体的公共利益，自己人边界也就是公的边界，自己人的利益就是个人要捍卫的利益，自己人的荣誉就是个人要维护的荣誉，外人对自己人的侵犯也就是对个人的侵犯，此时，如果个人不能坚定立场，就会因'胳膊肘向外拐'而被自己人排斥。个人私利如果与自己人的公益发生抵触就要自觉让步，否则就是不会做人。"①

> 个案：对于寨子里的一些出格行为，村民们大多数会统一观点，舆论在小范围内迅速传播，对当事人的行为责难。"都是一个村的，谁家有什么事，不到一天整个村都传开。这里的人没有秘密。先前谁家的孩子犯错我们都是说一句'不懂事'，你想啊，村里出了不好的事情，附近村子也会慢慢知道，我自己出去也会被人说'你看，这是革老坟村的，他们村谁谁不好，干什么坏事，肯定是村里人没教育好。'还有其他更难听的话，真是出门都抬不起头。"

除了家庭控制，村寨内部社会同样对寨内人进行教育和监督。村里多数人对某一行为做出反应，这个行为可能得到鼓励，也可能得到责难。"个人具有通过获得同伙赞许、避免责难来赢得社会给予的奖励和避免责罚的愿望；其次，个人和同伙一样知道某一行为会带来的奖励或责难不同而对具体的行为方式做出反应，根据与社会主流标准相一致标准来权衡自己的行为"②。库利的"镜中我"概念指出："人的行为很大程度上取决于对自我的认识，而这种认识主要是通过与他人的社会互动形成的，他人对自己的评价、态度等等，是反映自我的一面镜子，个人通过这面镜子认识和把握自己。"③

前文中对"独奢"的恐惧和排斥是当地人对未婚先孕行为的最严厉制裁，包括对他们的道德批判以及打骂驱逐，这些责罚对未婚先孕行为来说是个警示，一方面它的存在时刻提醒未婚男女自我约束避免发生越轨行为；另一方面，如果社群中有人违反了这个禁忌，厄运不仅降临在当事人身上，他的家人、族人乃至整个村寨都会遭受灾难。虽然有些行为并不会导致灾难性后果，一旦有了不好的行为事实，村民的舆论会将后果不断夸大，带来"灾难性后果"的影响。赶表过程中青年男女不会偷偷约见，

---

① 王德福：《论熟人社会的交往逻辑》，《云南师范大学学报》（哲学社会科学版）2013年第3期。

② [美] 拉德克里夫－布朗：《原始社会的结构与功能》，潘蛟、刘文远译，中央民族大学出版社1999年版，第230—231页。

③ [美] 查尔斯·库利：《人类本性与社会秩序》，包凡一、王源译，华夏出版社1989年版，第118页。

散场后要立刻跟随姐妹回家,如果哪个姑娘或小伙偷偷约见被旁人发现,不久村里便会有他俩发生不正当关系的风声。为了避免个人和家庭声誉受损,男女在交往过程中都会小心翼翼。

> 个案:伍丽的表妹马娟今年26岁,4年前嫁到革老坟村,育有一子。她的婚姻完全由双方父母协商介绍,因为家里的长辈有"私奔"的前科,她从小就知道不听话的人会被父母骂,被村里人看不起。"犯了错的人都跑到外面去,很多人结婚以后十几年都回不来,我的姑姑年轻时不听话,和我姑父跑到浙江,走了之后我再也没见过。他们没有孩子,村里人谁家姑娘不老实结婚,就拿我姑姑的事吓唬她们。还有村里嫁得好的人都是父母介绍,两家人知根知底,彩礼钱和嫁妆都给的多,这里的女孩都没怎么读书,很多都怕遇到骗子。听老人的有好处,日子过得安稳还不怕被人背后嚼舌根。"

(四) 冲突与抗争

人的存在具有生物性和社会性,人不可能脱离社会文化的制约而仅靠本能意愿行事;同时也不会磨灭自己的本性而无条件顺从于社会规则。由于年轻时相对自由的交往让青年男女有了释放个体情感的习惯,当他们的婚姻受到来自家族和社会的干涉控制时,年轻人往往会义无反顾地选择"随心",被自己情感左右的当事人不顾家族的反对和阻碍去挑战权威,破坏规则。个体交友的自由和婚姻的严格限制互相矛盾,青年男女必然会出现对规则和控制手段的抗争。冲突中的青年通过具体的抗争手段和策略获取婚姻的自主性,当事人及其家人的情绪在个体情感和集体利益的战争中有举足轻重的作用。

1. 情人间的秘密往来

未婚的青年男女在相恋过程中没有过多的交往禁忌,只要不是"同宗",两人在谈及婚姻之前并不会受到周围人的阻拦。有些人向父母表达自己的心意时,如果遭到拒绝,当事人不会起正面冲突,而是采取迂回手段解决。一般来说当事人瞒着父母和喜欢的对象偷偷交往,时间久了父母定会催促自己结婚,当事人的"非暴力不合作"会磨耗父母的耐心。最后父母不得不妥协,男女当事人在冲突中获得了情感上的胜利。另外一些人没有那么幸运，即便偷偷交往了很多年，违反结亲规则的行为得不到族人的宽恕，他们只能通过短暂出逃，即后文中描述的私奔来抗争。集体利益、个体情感和双方的情绪将会决定谁最终赢得胜利。

个案：王灵巧年轻时和大抵拱村的罗 SX 交往密切，出去玩几次便确定了恋人关系。王灵巧的姑姑嫁到大抵拱，她的家人托人打听罗 SX 的家庭条件不好，家里有个生病的弟弟。王灵巧的父母担心女儿嫁过去后吃苦，开始不同意罗 SX 的提亲。王灵巧怕父母伤心，不敢瞒着他们偷偷跑罗 SX 家，所以表面上和家人说已经不和罗 SX 来往。她和罗 SX 私下交往了两年，家里看到王灵巧已经 22 岁了，就到处给她找合适的对象。王灵巧每次都以各种理由拒绝，后来她和姑姑说心里一直有罗 SX，托姑姑和父母商量。姑姑劝说："女儿大了留不住，她愿意跟着去就随了她意吧，他（罗 SX）是个老实人，活可以慢慢找，钱可以慢慢赚。我们老的也管不了。"灵巧的母亲晚上问及她的意思，对女儿的选择表示担心，后来看到王灵巧态度坚决，便同意了这门婚事。

个案：和王灵巧比起来，伍 HW 的婚姻没有那么幸运。伍 HW 的妻子家是上坝苗族，上坝苗族过去是在革老坟村帮忙种田的佣工。上坝的苗族不外嫁，他们知道自己条件不好，嫁过去会被革老坟村的人看不起。伍 HW 和他的妻子是小学同学，场集上她的妻子也会来玩，慢慢两人就在一起。伍 HW 的父亲当时是村里的副主任，他坚决反对儿子娶苗家人。伍 HW 经常跟着乡里的歌舞队到外地演出，私下瞒着家人和苗家姑娘见面。后来伍 HW 的父亲从乡里听说儿子还在和苗子处对象，立刻打电话让儿子回家。伍 HW 的父亲直接说："要让她进这个家门，先从我身上踩过去。"伍 HW 是家里的独子，万般无奈下带着妻子到贵阳投奔表亲做活路，夫妻两人租住在棚户区，生活艰苦。三年多以后两人带着两岁的儿子回家，伍 HW 的母亲喜欢孙子，表面上骂了几句不孝顺的话，最终接受了苗族媳妇。

在赶表场上，那些对父母安排的婚姻不满的青年男女遇到了自己喜欢的对象，虽然女子在"不落夫家"期间可以和异性自由往来，但为了避免不必要的麻烦，两个相爱的人选择私下交往为自己的感情争取独立的空间，每次见面的时间都很短，等时机成熟后再想办法摆脱无爱的婚姻。个人情感得到了暂时性满足。

个案：TY年幼时父母做主订下一门亲事，赶表场上他和一个婚后"不落夫家"的姑娘关系很好。姑娘和丈夫关系疏远，婚后只是在场上见过几面，并没有到丈夫家帮忙（没有同居）。TY和姑娘每次都要单独交谈，姑娘的丈夫是红运村人，虽然知道自己的妻子和别的男人交往，但因为并没有亲眼见过TY和自己的妻子有亲密的来往，所以姑娘的丈夫对此事没有过多干涉。后来TY和那个姑娘因为感情不和分开，姑娘的丈夫是村里有名的老实人，后来听父母的安排接姑娘来家住，不久姑娘怀孕，TY和姑娘断了联系。

在家长安排的婚姻中，大多数人因为感情不深而没有过多的嫉妒心，所以未育的青年男女并不会限制对方参与正常的交流活动。但是如果妻子或丈夫在外面和异性建立了长久的情人关系，妻子可能选择隐忍，而丈夫会产生强烈的独占心理。对于男性来说他们已经在婚姻中花费一定数额的钱财（彩礼钱、定亲酒上的肉钱酒钱等），即使没有形成事实婚姻，拜过祖宗的女人在身份上已经是自己的妻子，他会百般阻挠这段所谓的"婚外情"。"某个人或某些人被认可拥有一种对某种财产进行独立处置的权利，人们对自己占用或生产的东西有保护和处置的欲望。由于失去或担心失去对其的独占权，人本能的产生一种愤恨之情。"①

另外，长久专一的男性情侣在一定程度上取代了"丈夫"的角色，丈夫本身的权威受到挑战，在熟人面前丢了面子，男性会时刻监督自己妻子的行踪。

个案：节日中村民喜欢在酒宴上唱歌，那些平日里见不了的

---

① ［芬兰］EA.韦斯特马克：《人类婚姻史》，李彬等译，商务印书馆2002年版，第267页。

"情人"在酒席上躲过亲属和配偶的盘查，顺利隐瞒。王 LM 年轻时和一个有夫之妇有瓜葛，他经常借着到那个姑娘娘家所在的村子吃酒偷偷约会，王 LM 把姑娘约到表哥家后的树林里，两人互送礼物。有天姑娘的丈夫在河边偶然发现了王 LM 两人，喊村里的表兄弟们出来抓人，姑娘害怕事情败露后王 LM 被打，谎称王 LM 是其妹妹的相好，她替妹妹送礼物过来。姑娘的丈夫心生疑虑，但是又找不到证据，只能作罢。

询问村里私下结为"情人关系"的案例时，被采访的村民开始都以"我没时间找，结婚以后就老实了"的语言回复，后来和村民熟悉后他们讲出村里其他人的"婚外情"，少数人会向我坦白他们的秘密。暴力、赔偿在此期间都曾发生。

  个案：村里的老人讲以前在场上经常看到两群人打架，严重的还进了医院。"看到自己没进门的婆娘和别的男人好，谁都忍不了要打架。我花钱娶的婆娘，以后要来家里做活伺候我，去场上唱歌可以，绝对不能和哪个男人搞一起。坡上我二叔家的弟弟，听说自己的婆娘和大抵拱的一个男人好了，喊我们一个家门的兄弟到大抵拱捉人。他那个婆娘脾气犟，不愿意和我弟弟回来，还说要跟那个男人去关岭。我们当时去的人多，眼瞧着讲道理不行，我们把那个男人打了，还去他家砸东西。那个男人同村的兄弟不愿意了，两伙人越打越凶，乡里的警察都来了。后来我弟弟要那个男人赔钱，一万块不好拿，那个男人再也没敢来场上找我弟媳。"

  个案：卢 K 在嫁给丈夫王 LD 之前被父母许给王 LY，王 LD 和王 LY 是一个家门的堂兄弟。王 LY 在卢 K 13 岁时和其结婚，婚后卢 K 一直在娘家。王 LY 年长她 3 岁，农忙时经常去卢 K 家里帮忙，有时候王 LY 还会带着堂弟王 LD 一起到卢 K 家。卢 K 16 岁时和同村的姐妹出来赶表，王 LY 出去做木工赚钱，平时很少赶表，而弟弟王 LD 性格开放，又和卢 K 熟识，两人经常单独出来谈心。时间久了卢 K 和王 LD 互相有了感情。一天，卢 K 和王 LD 在河边谈心，突然听到远处王 LY 的喊声，两人非常紧张，王 LD 偷偷看到大哥过来就搪塞说找卢 K 商量收稻谷的事，王 LY 没有察觉两人的关系。半年后王 LD 请家里的长辈劝说王 LY 和卢 K 离婚，公开了和卢 K 的关系。两兄弟因为这事一个月没说话，后来王 LY 说："都是一家兄弟，也不能因为女人断了关系，他们愿意就让他们过吧。"王 LD 觉得愧疚，主动给了王 LY 五千块钱，后来还主动把自己场上认识的好姑娘介绍给王 LY。

一个家门的，血缘关系决定了亲属成员"打断骨头连着筋"的亲密关系。即使知道配偶和自己亲友发生"婚外情"，他一般会保持沉默，丈夫告诫妻子"以后不要做这样的事了，家人知道会伤心的"。男子一旦被加注了丈夫的身份，分家以后便在新的核心家庭中占据领导地位，有了保护妻子和家庭稳定的责任。女人一旦成为妻子，她的社会地位以及经济更多地依附于丈夫和新家庭。另外他们还要作为结为姻亲的两个家庭的纽带，处理好他们之间的关系。丈夫和妻子之间的关系是非血亲的男女关系。夫妻既有各自的义务和责任，又互相依赖，当地的传统观念认为这种关系结成之后便非常亲密，不易解除。有婚外相好的人，他的父母或兄妹会劝阻。如果配偶自此和他人断了来往，原有的婚姻关系不会破裂。为了给爱情找个稳定的处所，婚姻是唯一的途径，当和家人或原来的配偶谈不拢时，就出现私奔、殉情。

2. 反抗策略——殉情

因矛盾冲突过于激化，男女双方为了在一起而做出激进的选择，比如殉情等，他们这种决绝的抗争行为不仅仅是自主成婚的一种途径，也是个人情感对家族的一种反抗威胁，其目的是让家族为了更大的名声利益而选择妥协，接纳他们的感情。"只有当遵从规则的利益大于无视规则的利益时，社会行动者才会遵守某项规则"[①]。社会干涉青年男女主要是担心他们的婚配有害于"家族利益和社会稳定"，自杀殉情这一极端行为无疑已经产生了危害结果，当矛盾冲突双方有一方妥协时，另一方势必要有所

---

① ［法］皮埃尔·布尔迪厄:《实践与反思——反思社会学导刊》，李猛等译，中央编译出版社 1998 年版，第 157 页。

牺牲。

村小学韦老师："有时候家里为了更好地发展而暂时睁一只眼闭一只眼接纳了私奔者；有时是私奔者被家族遗弃，父母和子女断了往来；还有的随那些私奔者跳崖也好，溺水也罢，反正他们的死也不过是更加强化了家族的权威和名誉，几十年后谁还记得死了的人是谁。"

拥有强烈爱恋的男女产生一种"非卿不选"的观念，为了在一起情愿拿自己的性命做赌注，其目的仅仅是一种获得族人承认的迂回手段。一般来说家族亲人会本着"多一事不如少一事"的态度接纳，而当事人也觉得自杀是最下策，"留的青山在，不怕没柴烧"，所以扁担山地区自杀殉情的案例很少。

个案：这里殉情的案例比较出名的是1949年前红运村的马家姑娘上吊自杀。17岁的马家姑娘赶表场上和坡桑的伍XX相识。马家姑娘7岁时便被父母包办给布依郎村的一户人家。马家姑娘和伍XX逃到关岭，后来被前夫的家人抓回来，前夫不愿放人，逼迫马家姑娘同房，马家姑娘在家门的树上上吊自杀，伍XX随后喝药自杀。

个案：对于采取殉情手段是否能在一起，村民都说："那些自杀的是被逼到山窝窝里了（无路可走），家里都怕自己的孩子死得不好，变成厉鬼害人。那些要死要活的人都是唬人的，只有这么说家里人才同意，即使村里不同意两个人还能跑外面。死了就不能在一起了，再说，哪有这么多感情深的非要把命搭进去。以前那些死人的事传得很邪乎，家里的老人都说这么做不好，所以年轻人都不会真的这么做。"

3. 男女私奔

男女青年在自由的交往活动中相识相恋，相伴终身，此时青年男女的情感和个体性得到最大化的自由。但是，费孝通说过："配偶的选择从来没有一个地方是完全自由的，所谓的自由也只不过是在某个范围内罢了。"[①] 即使子女的婚姻没有受到父母的全权包办，他们婚姻对象的选择

---

① 费孝通：《乡土中国 生育制度》，北京大学出版社2005年版，第129页。

仍然受到传统婚姻制度规则的约束。男女青年在配偶的选择上更偏向自己的情感判断,当两人情感上升到缔结婚姻的程度,遭到社会反对的时候,通常会采取短暂出逃的形式反抗,私奔在当地是一种常见的抗争策略。

(1) 私奔类型分析。当地情歌中很多歌词从侧面反映了青年男女在婚姻中冲破家族束缚的决心。笔者收集的扁担山地区相关资料里把女子未经父母同意私自到男方家成婚的行为称为"走方"或"走地方",现在很多学者将其描述为"逃婚"。"相爱的男女为了躲避父母或他人的反对而离家出走自相结合的事实婚姻,一般发生在婚姻极不自由的情况下,是为了逃避反抗买卖婚、包办婚、交换婚、幼年订婚等不自由婚姻,已婚者因离异困难而外逃和他人结合也包含其中"①。韦斯特马克在《人类婚姻史》中也表明了这种观点:"女子在未得两亲同意,或违两亲意见,不能得到彼所心愿的良人的场合,则以相与私奔为达到此种目的的极普通的手段。"②

当地布依族女子逃婚有两种情况:

一种是未经订婚的青年男女在赶表过后建立感情情投意合,有意结为夫妻,女方的父母家人因各种原因(经济、距离、通婚规则等原因)不同意,女方跟随男人到男方家,这是最为常见的私奔方式。男方家庭对于私奔过来的女子大多持接受态度,对他们而言,女子的到来既节省了高昂的婚礼聘金和各种礼俗开支,家里又多了劳动力,在婚姻交换中,他们是利益获得方。与此同时女方的家长处于利益交换的弱势,女儿的私自离开挑战了家长权威,他们在情感上没有思想准备,而且因为没有常规的结婚仪式女儿就到了别人家,没有得到乡亲族人的认可而感到脸上无光。私奔缔结的婚姻在名誉和利益等方面不如明媒正娶的婚姻,"私奔仅仅是表示当事者两个人相互的同意,在结婚手续上不能称为完备"③。

另一种情况是:女方在年幼时没有婚姻自主选择权便经由父母强制与其他人订婚或结婚,青年时期通过赶表找到心爱的人后私自到男方家成

---

① 陈永龄主编:《民族词典》,上海辞书出版社 1987 年版,"私奔婚"条;陈克进主编:《婚姻家庭词典》,中国国际广播出版社 1989 年版,"私奔婚"条。

② [芬兰] EA. 韦斯特马克:《人类婚姻史》,王亚南译,上海文艺出版社影印 1988 年版,第 103—104 页。

③ 同上书,第 104 页。

婚。很多家族间的矛盾纠纷和打架斗殴事件都因此而起。冲突的双方一般是已订婚的女方家庭和女子的"前夫"家，有时候冲突也会发展到两个男子所在的家庭。前文介绍已经订婚或结婚的男方家庭往往已支付大量聘礼给女方家庭，一旦女子私奔到别处，她的"前夫"必然不会善罢甘休，向女子家人要人或者要求赔偿各种钱财物品。这些赔偿金可能是女子家赔偿，但大多数由后来接纳私奔女子的男方家承担。如果女子的"前夫"没有得到满意的答复，就会联合家族成员到女子私奔去的男子家抢人闹事。此时接纳私奔女子的男方家族往往需要有强大的财力和势力，以便赔偿"前夫"家的经济损失，应对"前夫"家的攻击。

个案：赶表时候唱到"生不丢来死不丢，等到蚂蚁生骨头"就差不多成功了。这时候姑娘丢下一条裙子试探小伙，小伙敢捡起来，姑娘就随小伙到他家里去。姑娘偷跑出去，她的父母自然是要"找"女儿的，即使是心里默许也要表现出寻找的态度。一般都是过了个把月，男的送女的回娘家来，男的带着鸡和酒赔罪。姑娘的父母如果同意，就会补办婚礼，如果不同意，就会打架。一般打完了还是要接受事实办婚礼。也有的姑娘家人不愿意女儿回家，就和女儿断了来往。

而男子选择私奔的情况往往是未经婚配的男子在赶表时找到的女子家庭不被自己的父母族人接受；或者是婚姻在幼时受父母包办，赶表以后找到喜欢的女子而不愿和原有婚配对象成婚，或者没有能力给"前夫"赔偿的，他一般会选择带着女方外逃，远离家乡组建家庭。

个案：王SH，男，46岁。"我和我爱人1987年结婚。她是我同学，在一起的时候我父母反对，因为她是贞丰那边来的，两个村子太远了。我在县里读过书，知道父母包办的都不好过。那时候我对父母讲'你们非要给我找，我结婚了也不幸福，还要得罪你们。'后来没办法，我带着爱人跑到叔叔家住，让叔叔劝我父母。我叔叔是村里的文书，他说现在年轻人不像他们那时候没自由，就随我们年轻人的意。后来我爱人怀孕，我父母才给我们办酒。"

个案：王YZ，男，39岁。1994年王YZ跟着孔马的姑父去广西打工，认识孔马村里的一个姑娘。他们两个在厂里谈恋爱被姑父发现，姑父说那个女孩是有夫家的，他们结婚会很麻烦。"姑父把我谈恋爱的事告诉我父亲，我父亲很恼火，打电话让我回家。我没办法，和她坐车回家，父亲不让我进门。我还借钱给了那个男人三千块钱，开始他不同意，我妻子威胁他不拿钱就跑，最后钱都没得拿他才放人。家里不接受就买了去普定的车票，我们这边看不起我老婆那种'考林'人家，那我就带她去别的地方。在普定待了一年多，我想回家看父母，求他们原谅。他们态度一直坚决，还说因为我娶了短工家的女儿，以后祭祖我妻子都不能去。我一直和妻子在普定生活，前年父亲去世，家里只剩下我妈一个，我不放心，才回来了。"

(2) 私奔婚的仪式过程。男女相恋以后，如果女方不满既有婚姻或父母不同意，她会跟着心爱的小伙来到他家。小伙先让姑娘在村口等候，自己先回家和父母表明态度。一般来说，如果不是特别忌讳，男方家长会同意姑娘的到来。但有的父母因为姑娘出身不好态度坚决反对，小伙就直接带姑娘进家，家长也不能赶姑娘出门。女方私奔到男家的婚礼不似传统仪式复杂，一些仪式被简化，新娘的娘家不参加，而且也少了"不坐夫家"的程序。

男方家根据男女双方的生辰"八字"算好日子后准备让姑娘进家。男方家要事先和异姓邻居（村里没有异姓要到邻近的异姓村寨）商量好，此时的邻居暂时扮演姑娘"娘家"的角色，先在邻居家给姑娘戴上"假壳"。私奔来的媳妇不能回娘家"坐家"，婚礼后即在夫家长住，因此姑娘要先戴上"假壳"表示已经从姑娘过渡到人妇。男方家送一只母鸡、一壶酒给邻居，"戴假壳"仪式结束后杀鸡摆酒招待男方家人（男方的母亲、嫂子）吃饭。戴了"假壳"以后，男方家人直接在吉日请亲朋好友过来吃酒，姑娘在小姑子的陪同下完成进门仪式。如果没有准备"假壳"，姑娘可以先进家，半个月以后再戴"假壳"。

姑娘进夫家大约几个月后，男方家人要请人告知女方家人。那些被请过去说合的人（新郎的父亲、兄长、家门长辈）要带上酒、肉、钱等礼物到女方家赔罪。女方家人很生气，一般在男方家人第一次上门的时候拒绝开门。男方家人要如此前去3—5次，女方家人觉得女儿已经"生米煮成熟饭"，不好再拒绝，接受了男家的礼物和补偿，他们的婚事算是被女方父母承认。事后姑娘可以带着酒、肉、鸡回娘家走亲戚串门。如果姑娘在此之前有婚约，她要等父母和原来的夫家商议好，赔偿前夫家的聘金礼钱以后才能回娘家。如果在此之前回家，前夫会过来抢人，甚至有的父母因脸上无光或没钱赔偿而主动把女儿送到前夫家去。

个案：卢巧妹讲述自己的婚事和对私奔媳妇婚姻仪式的了解。"现在很多也没有'戴假壳'，女孩子直接就住婆婆家了。大家看见新娘子也不奇怪，没办酒的都知道是偷偷来的。进夫家几个月，婆家人要请人通知跑来的姑娘家。有时候是新郎，还有他父亲、哥哥，要带上酒、肉、钱去姑娘家赔罪。姑娘家人不高兴，新郎家人第一次上门的时候他们拒绝见面，很多人要去三五次，娘家人觉得女儿已经有了决心，只要不是不好的人家也不好再耽误，尤其是怀了小娃娃的。过年过节姑娘可以带着酒、肉、母鸡回娘家走亲戚。以前有个和别人有婚约逃走的，她等了好多年，原来的夫家上她娘家要人，她一直和丈夫在外面不敢回家，回家会被那个前夫绑走。她老公拿钱和娘家商议好，赔偿前头那家的礼钱以后才敢回来。"

不论是女方在初期私自跑到男方家成婚，还是男女双方一起离开家乡在别处成婚生活，回到家乡后男方家必须要带上各种钱财礼物（肉、酒、糖）到女方家"诺娜"（赔礼道歉），女方家原谅后便请家门的亲戚和朋友参加酒宴，以此取得女方家人的同意祝福，使二人的婚姻"合法"，并弥补因女方私奔而给女方家造成的名誉损失。现代社会的"诺娜"已经演变为补办结婚酒和小孩的满月酒。

（3）私奔婚中的情绪。私奔婚的仪式相对简化许多，两家人的血亲、姻亲关系并没有在仪式中得到最大化体现，姻亲往来也要等到当事人被家族认可后才能正常继续。婚姻涉及村寨、家族成员和当事人个体，其中个体和家庭成员的情绪态度往往是私奔婚最终结果的决定因素。笔者从一则案例入手，强调日常生活中个体的感受，分析当地婚姻的灵活性。

个案：三婶结了两次婚。12岁的时候，三婶的姐姐陪她到一个男孩子（前夫）家里，记不得干什么了，在那个男孩子家住了几天，就回来了，三婶也没见过他。后来去赶表，三婶唱歌唱得好，每次出去都有人喊她对歌。有个落别乡的男人 GY 唱歌唱得好，还买梳子、小镯子给三婶。两个人经常在坡上聊天，GY 给她讲自己在城里见到的新鲜事。三婶很欣赏 GY 的见识。后来有一天，GY 说想跟三婶结婚。三婶告诉他小时候家里说了一个，问他愿不愿意。GY 表示他不想三婶嫁给别人，不管怎么样都要和三婶在一起。三婶不愿意一辈子跟一个没见面的人生活，虽然知道 GY 经常不在家，她还是偏向于跟 GY 在一起。

回家以后三婶和她妈妈讲了自己的想法，三婶的"前夫"家和三婶家有亲戚，是三婶外婆的侄子。家人劝说三婶不要和 GY 来往，还把三婶关在屋里。GY 平时在六枝城里打杂，后来在场上见不到三婶，就问三婶那些姐妹，她们告知三婶被关在家里，马上要去丈夫家。GY 很着急，他喊他们村里的兄弟去"前夫"家里商量，"前夫"家里的老人很生气，隔天带了酒和肉来三婶家里接人。三婶听到她们来了，把门锁得紧紧的，任谁敲门都不开。晚上三婶睡不着，一直想办法逃出去。三婶喊饿，到旁边的厨房拿吃的，她妈妈睡得早，就不管三婶了。

凌晨 3 点多她偷偷开门跑出去，不敢回头，就一直往外面跑。那时候是冬天，很冷，革老坟村离 GY 家很远，她只带了平时穿的外衣，所以不敢跑远，就跑到村口的一个小姐妹家。早上三婶的妈妈发现三婶不见了，她喊三婶的大娘一起找，三婶一直躲在小姐妹家不敢出去。

等到下午三婶让小姐妹带话给 GY。因为三婶长得好看，力气大，"前夫"家人都喜欢三婶，不同意离婚。最后没有办法，三婶和 GY 商量晚上直接去他家。

到了落别，村里都知道三婶是自己跑来的，有革老坟村嫁过来的姑娘回娘家，三婶跟 GY 私奔的消息很快传到家里。"前夫"家也知道三婶已经跟着 GY 了，他们和三婶的哥哥一起到落别要人，但三婶和 GY 在六枝城里。后来 GY 的父母拿了三千块钱给其"前夫"，"前夫"的家人非要一万块才同意离婚。三婶托人写信给"前夫"，信上表示自己一定要跟 GY 在一起，如果不放人，就这么一直耗下去，最后连钱都没有。三婶和"前夫"家僵持了三个月，后来"前夫"看三婶态度坚决，最后商量拿了五千块钱赔偿便离婚了。三婶的家里人很生气，他们都讲三婶没出息。三婶的爸爸是家族中有头有脸的族长，她的出逃让其在村里被人谈笑，后来把三婶的衣服全都拿村外烧了。三婶的父亲托人带话说："以后不能回家，回来就打断腿。"

三婶从六枝回落别后婆婆待她很好，家里的重活也不让她做。GY 忙着去六枝找活，一周只在家歇一天。三婶一个人在陌生的家庭生活，虽然摆脱了束缚和喜欢的人在一起，而且还在六枝城里生活了一个月，但随后的孤寂让她对自己的选择产生怀疑："我不知道自己这么做对不对，以前就是自由习惯了，不想和村里的姐妹一样一辈子在家打猪草带小孩，我想和老公一起出去做工，我们有的聊。他（GY）和我在一起三个多月就不在家了，我以为他骗我，只是和我随便玩玩，那时候也没有办酒。晚上我自己睡觉就会乱想，老公是不是在外面又找到相好的。我偷偷跑出来，家里人都很生气，那些结婚办酒的都还可以回家看老妈，我想家了只能和老公讲，他不在家我只能一个人偷偷哭。"

三婶偷跑出去后，家里的妈妈和奶奶整天哭诉，一个家门的婆妈姑婶怕她们伤心，每天都从家里拿些自家种的葵花子来，家门和邻居女眷围坐在火炉旁炒瓜子。和三婶父亲的愤怒态度不同，女眷多是伤心和对三婶生活状态的担忧。"也不想我和奶奶怎么过，养她这么大，说走就走。奶奶和她亲，现在家里不见人了，奶奶不和我们讲话，每天吃了饭就把自己关在屋里。不知道丽丽（三婶）在那边惯不惯，他（GY）家日子苦不苦，他年纪这么大才找到对象是不是家里不好（担心 GY 家是有独奢或是考林）。"村里那些从落别嫁来的婆婆媳妇都向自家娘家打听 GY 的家世，一有消息就告知三婶的母亲，劝她安心。

后来三婶的妈妈生病了，怕自己见不到女儿，就求三婶的爸爸原谅他们。妈妈不肯吃药，就是要见三婶，三婶的妹妹偷偷跑来 GY 家，GY 拿了鸡和酒到三婶娘家赔礼道歉。前几次三婶爸都丢出来不要，后来他去乡里面开会，三婶妈把东西留下来，晚上等三婶的爸爸回家。三婶听她妹妹讲老爸很恼火,一直在屋里抽烟,她的妈妈在旁边哭。后来奶奶出来说通,三婶爸爸很孝顺,不想三婶奶奶伤心,就起身回屋了,让三婶老公白天再来。妹妹晚上哪里睡得着,她让三婶大伯家的堂哥陪着她到落别。知道家里人同意之后三婶高兴得睡不着,在屋里一直盼着天快亮。外面鸡打鸣了,三婶穿好衣服,那天是赶红运场,三婶和GY一起去街上买了肉,还有酒和烟,早上9点多就到娘家了。三婶妈和三婶奶奶看见三婶来了,她们说:"你个么良心,有了相好忘了我们,我们在家想你落泪,你在他家快活。"三婶和GY一起见爸爸,他说三婶做的事老祖先不喜欢,养的女儿没有教好,给祖先丢人。"现在已经这样了,钱也赔起,你们也一年多了。不原谅你们奶奶她们伤心,原谅你们别人又说我不会教。你(GY)拐了我女儿,以后要好好过日子,不要在歌场上拐别个。他们(三婶前夫)家是没有脸面再见了,以后能走的亲戚也就是你家了。"GY很听话,后来一直在学校教书,也没有再出去玩。

后来三婶生大女儿办酒,娘家也送了背带和柜子,妈妈又念了三婶几句,教三婶女儿不要学三婶,以后让爸妈伤心。

当个体的择偶行为凌驾于群体的婚姻理想之上,私奔婚这一婚配形式不仅仅是个体对社会理想婚姻和规则的挑战,"人"和"家"的情感周旋决定了这场冲突中群体和个人相互接纳的可能。

男女幼年时候接受来自父亲和母亲的家庭教育,村子里的血亲和朋友也担当教育者的角色,15岁左右开始和同性的伙伴结伴赶表,他们在日后的赶表场上积累和同性或异性交流谈话的经验。而上升到爱慕高度的情感个体不会告知家人,他们只会向亲近的兄弟或姐妹提及。前文中介绍赶表为青年男女提供了抒发内心情感的机会,更多的是朋友之间的交往结伴,以排除日常生活中的烦闷情绪,而赶表后期发展来的异性结伴和私奔行为则体现了爱情的本能——个体情感的放纵。

当然,促使男女当事人私奔的动力虽然有"爱情",但这并不足以构成其违背家族、社会理想,挑战权威规则的理由。笔者调查的大多数私奔者中,语气和表述都透露出对私奔前既有生活状态的不满以及对未知未来的美好憧憬,这些都催化了私奔个体的自主性。当事人通过私奔表达自己对强加于他们的种种规制的不满，释放被压抑的个性。

个案：35岁的TR二嫂经常抱怨原来村里的枯燥生活。"城里条件好，不像农村，什么都不方便。以前是没条件，女人结婚以后只能在家煮饭带小孩。1996年我跟着村里的姐妹去昆明打工，回来家里给介绍马厂那边的人，马厂和我家一样没有自来水，嫁过去我不习惯。你大哥（TR的丈夫）大我一岁，他在昆明时间久，都是扁担山的。平时也是几个人一起出去喝酒，我们两个在外面谈恋爱，出去自由惯了就很讨厌家里那些老人，他们安排你做这个做那个，很烦。我不喜欢家里人天天念（啰唆），偷偷跟他走了。"

私奔出走的大部分女性跟随丈夫到夫家或是更远的地方，夫妻、婆媳难免有矛盾纠纷，她们的孤独和伤心因为无人诉说而日益膨胀，笔者调查的私奔案例中半数妇女都有忧郁期。大多数人认为私奔是对村寨、家族权威的藐视，是见不得光的丑闻。所以那些选择私奔婚的人不仅要冒着和家族断绝关系的风险，还要承担社会舆论的压力。多方未知压力下的他们对私奔以后的生活状态完全不能确定。

个案：伍DK的前夫家境贫困，两人赶表一年后准备结婚，遭到伍DK母亲的反对，就跟着前夫私奔到花七村。赶场时她的婆婆要她担青菜去卖，因为红运场上很多熟人，伍DK不好意思抛头露面。她的婆婆骂她"光吃不干，要我儿子白白地养你，还不如养头猪。"半年多伍DK没有怀孕，婆婆更看不起她。有时候前夫在外面喝酒回来还会打骂她。"那时候小，他（前夫）说什么都听，跟他来之前也想过会不会过得不好，你也知道，年轻人感情昏头了什么都不管。娘家不要了，也不敢回去告诉他们我过得不好。结婚嘛，就是赌，遇见好人一辈子笑，遇见坏人一辈子哭。"

个案：王FQ性格比较内向，缺乏主见。年轻时不顾家人反对和可布的男人私奔，后来哥哥带着家门的兄弟过来接人。与此同时，王FQ的小姑是村里有名的厉害人物，整天对王FQ的行为冷嘲热讽。

王 FQ 的哥哥来到可布后打断了那个男人的胳膊。王 FQ 不敢反抗家人的行为，虽然男人表明态度要带王 FQ 离开扁担山，但是王 FQ 承受不了家人、小姑以及村里人的议论，她后悔自己当初的选择，辜负了父母对她的好，也不知离开这里未来日子怎么过，最终逃避现实跟哥哥回到娘家，听从父母的安排嫁去凹子寨。

私奔婚中个体的自主性和对未来的不确定性一直伴随着当事人，他们的这种矛盾情绪会影响与群体对弈的最终结果。冲突一方中当事人的情绪和态度间接与另一方（家长、亲族）的情绪态度发生反应，原本对立的双方在情绪场中变得暧昧。

三婶的出逃给她的娘家带来严重损失。首先她的行为违背了理想的结亲规则，家长权威受到了挑战；经济方面，娘家要赔付其前夫一笔悔婚金；熟人社会中，三婶的娘家和原来的夫家属于姻亲，结婚酒以后已经走动多年，农忙时两家互相帮忙生产，三婶的出逃使娘家损失了可以依靠的姻亲；另外她的家人要承受巨大的精神压力，当地社会非常歧视私奔的女性，尤其是已婚未育的女性，周围的人会责怪或嘲笑她的父母没有教育好自己的孩子。受汉文化影响颇深，私奔在村里意味着羞愧和道德败坏，只有不懂事才会私奔，当一个家庭中有子女违背家族意愿出逃时，社会对私奔的人以及他所在的家庭发出负面言论。虽然私奔的行为并不像私生子"独奢"会危害到村寨里的其他群体，但在传统道德规制约束的村寨，人们对此种行为颇为不屑。那些私奔的人之所以选择这种形式大多数是因为违反了社会主流婚配规则，当事人的父母在得知私奔消息的时候会出现愤怒的情绪，尤其是"同姓结婚""独奢"结合更不被当地人接受，这种愤怒的情绪一直持续到当事人被原谅。

私奔行为触发家长的愤怒情感，除此之外更多的情绪是伤心和担忧。在不知情的情况下，子女尤其是大多数的女儿偷偷离开自己的家，和陌生人跑到一个陌生的地方，他们在没有家长的参与下完婚。对家长而言这是一件"不高兴的事"。家长尤其是女性向家门血亲和姻亲哭诉自己的悲伤心情，亲戚们带些"慰问品"（糖、瓜子）前来劝慰。这时候亲戚的走动和参加常规的婚礼不同，礼物中没有酒、米，私奔并不值得大家来祝贺，只有家族关系亲密的内亲（叔伯兄嫂、外家亲戚等）才会前来。经过多次亲戚聚会,"不高兴的事"所带来的伤心情绪慢慢被消减,私奔当事人家长的态度也会随之缓和。

家长的担心情绪表现在对私奔子女对象的不了解以及对其私奔后生活状态的未知。三妽离家后,她的母亲和奶奶整日以泪洗面,除了埋怨三妽的不辞而别,更多是担心三妽在外面受苦;她的父亲则担心"女婿"是否是"正常人家",家里条件好不好,两家以后方不方便互相走动。对于三妽后来在落别的生活状态描述多是"那个男人家房子是新修的""家里兄弟都是正经人""不是'独奢'也没有'考林',祖辈都是落别板照村的杨姓""公婆对她好"等等,私奔后这些言论在三妽的娘家村寨流传。私奔婚后村子里流传的关于当事人的现状及评论一方面转述和扩散了家长的担心情绪;另一方面,这些言论间接影响家长对私奔婚的态度,决定了他们对子女带来的另一半及其家庭的接受与否。婚姻维护了理想的社会界限,将越轨的人群排斥在外。

个案:三妽的丈夫人品好,家庭条件不是特别差,两人的结合并没有违背当地的通婚禁忌,所以后来三妽的娘家接受了GY的"诺娜",承认了这门亲事。而那些违背通婚规则,比如违背"同姓婚配"或找了"不正常人家"的婚姻,家长的反对态度坚决,即使不认自己的子女,也不接受子女有违社会规则、损害社会稳定的婚姻。80年代革老坟村的一个姑娘和小寨村的男人私奔,男人家是"独奢",两人在外面生了三个孩子,姑娘的父亲不准他们来革老坟村,当时全村的人都知道男人家不好,村里人一起在寨门外提防姑娘回家。

(4)博弈中的胜负。扁担山是传统的家庭和人情社会,脱离了这个大环境,个体的爱情孤助无援,得不到认可的婚姻更是偏离了婚姻存在的本质。私奔者抛弃亲情和熟悉的环境,冒着巨大的道德风险、承担未知生存压力来解脱自主的情感,一方面,私奔表达了当事人情感的坚决;另一方面,当事人试图通过私奔这一行为迫使其婚姻掌权者给予自己自由选择的权利。笔者在调查中发现,男女当事人之所以私奔是因为他们被现实逼迫到绝境,来自家庭和社区的种种压力阻碍了他们"把情感最终归属到婚姻中"的意愿。私奔者最大的期许是自主的结合能得到家庭和社会认可，私奔二人的关系"合法化"。

对私奔当事人而言，私奔不是自杀殉情，他们只想把这种冒险的成本和风险降到最低，最终得到一个好的结果；对私奔者的家人来说，虽然没有实现最理想的婚姻状态，但子女私奔带来的危害还在社会可控的安全范围内，他们事后会接受这段婚姻，两个矛盾家庭结为姻亲，行使正常婚姻程序后姻亲之间的权利和义务。子女的情感得到满足，家庭收获姻亲带来的利益，二者达到"双赢"状态。

> 个案：47岁的王TW在镇宁县城赶表认识了现在的妻子叶美。两人在一起一年，感情深厚。王TW和叶美年幼时都许过人家，叶美还没有办结婚酒。当他们两个向各自父母表达结婚意愿时，遭到了反对。王TW的父母讲叶美娘家太远，不方便走动，叶美的父母嫌弃王TW家在村里，家境不好。叶美许的那家公公是城关镇的副主任，他们准备拿五千块钱彩礼钱。
>
> 叶美的父母把她关在家里。男方来订婚的前两天叶美偷偷找到王TW，王TW的父母反对叶美进家门，最后两人私奔到六盘水。后来叶美在六盘水生了孩子，王TW的父母为了孙子接受了他们，叶美的母亲心疼女儿，最后在家招待了前来赔礼道歉的王TW，两家人建立了姻亲关系。"诺娜"酒没多久，王TW在村口另起新房，叶美的哥哥和弟弟送来两千块钱和几根上好的梁木，王TW也经常给老丈人家送自家酿的糯米酒和腌肉。

村里大部分私奔婚的结局和三婶、王TW一样，私奔者的冒险最终打动了家长，通过"诺娜"的补救，当事人的婚姻被家庭和社会接受，姻亲的往来互助在两个家庭之间展开。村寨间有关他们私奔的故事也逐渐被大家淡忘，生活恢复往日的平静。个体情感得到满足，情感引导下的自主婚姻得到了认可，个体在冲突中获得了"胜利"。当然，私奔婚不可能完全满足当事人的意愿，解决所有的困境。当私奔婚违反了当地通婚禁忌，或者严重危害到家族和村寨利益时，短暂的私奔并不能得到家长和社会的妥协接受。乡土社会中的个体必须依靠自己的家族村寨生活，私奔者在外会面临各种困境。种种压力使得私奔者无奈地分开,大部分人初期心有不甘,当他们重新找到被家族认可的对象后,很快调整心态,回到原来的生活状态。

  个案:布依郎村的大婶卢 HF 属于当地人口中的"考林",他们家族的人因为层次比"正常人家"低,所以周围的"正常人家"都不愿和他们开亲。卢 HF 打小明白自己身份的特殊,平时村里的姐妹和她一起做事,唯独赶表的时候没有外村的小伙子约她出来。老抵拱村有个小伙在外当兵回来,27 岁还没有讨老婆。在红运场上认识了卢 HF,两人在一起半年后,小伙将两人的事告知父母。小伙的父亲托人打听到卢 HF 的家庭不好,强烈阻止两人继续往来。

  小伙的母亲专程到布依郎村劝卢 HF 离开自己的儿子。"外面还有好的后生,你也别拖着我儿子,你家里的情况都知道,我儿子就是要找个好人家的媳妇,以后死了还有人给带路①。"卢 HF 拿不了主意,小伙就带着她到镇宁的招待所住着,两人在县城待了半个月,所有的钱都花光了。后来小伙的叔叔来县城找人,告知小伙他的母亲生气得了心脏病,已经住院了。小伙被逼无奈只能和卢 HF 分开。卢 HF 告诉笔者虽然当时很伤心,但是想到自己会害了人命,就成全别人了。后来她嫁给了广西的一个离异汉族男人,男人对她很好。这件事是她心里的秘密,男人对此并不知情。卢 HF 告诉笔者过去的事已经不多想了,现在年纪大了,一心就想着自己的儿子考个好大学,将来能过更好的日子。

  由于自身力量的薄弱,私奔者没有充足的资源(经济、人脉)去抗衡家庭、社会的阻碍,最终只能回归到群体所期望的理想状态,接受社会群体的安排,牺牲自己的情感来成全群体的利益。1949 年前有些私奔的人甚至被家族成员捉回来处死。在与群体的斗争中,个体争取婚姻自主权的理想被现实磨灭,个体情感在群体力量面前显得不堪一击,私奔者争取理想婚姻的行为以失败告终。

---

 ① 当地老人去世出殡时,由儿媳妇在棺材前给死者引路。

社会群体在接纳新的成员之前都会想方设法了解其背景，如果社会群体发现新成员对群体有危害，社会群体会将其排除在外。情感不受自身控制、违背了当地通婚规则的青年男女坚持在一起，他们无法妥协于传统的文化情境，不甘心家族的禁锢和安排，私奔当事人只能和家族村寨断绝关系。

个案：王FX的姑家表妹马小兰年轻时和一个马姓男人相爱，两个人的祖先往上数十几辈是亲兄弟，两人在血缘上属于远亲。当地人对同姓结婚的事情十分忌讳，认为这是孩子不懂事，在一起会污了祖宗的清静。两家人前期教育说服，希望他们主动分开，但是两人感情深厚，家人的反对更坚定了他们在一起的决心。王FX："我家表妹性子泼，就像现在的年轻人一样冲动，认死理，姑爹拿她没办法，只能天天关着。谁知道那个男人半夜带着她跑了。听说她们村里都出去找，两个人不晓得躲到哪里了，找了半年多没找到。后来她在外面找钱回来，姑爹不让她进村。听说那个男人的老爹死了也没喊他回家。都十几年了，表妹没生养小孩，现在领养了一个女孩。"革老坟村周边的几个村子都知道马小兰的事，有些人甚至拿她当反面教材："这种不听话的要遭报应，生不出小孩都是老天在罚她哦。那几年赶表都要先问清楚姓什么，一个姓的都不唱了。"

这种被家族村寨排斥在外的案例在当地不多见，一旦决裂，对双方当事人来说就是不可逆转的灾难。当事人的血亲和其他亲属与其断绝关系，从此以后不再往来，村寨的其他熟人和朋友或指责、或排斥。大家把他们当成"另类"看待，甚至有些私奔外逃的人被赶到无法生存的深山以示惩罚。

个案：罗HK的姨婆和姨公60年前被村里的人赶到革老坟东北的荒山。姨公家里是地主大户，姨公的父亲是当地有名的"大恶人"，村里人都不愿意和他结亲。姨婆在山上割草摔了腿，幸好被遛马的姨公看到，姨公当时把她背回家。后来两人经常在山上碰面，慢慢熟络起来。赶表的时候两人确定了关系。姨婆的大姐偷偷劝她不要和姨公处感情，姨婆的父亲知晓后摔了家里所有的东西阻止，告诫姨婆如果跟了姨公，他就不认女儿。姨婆偷见姨公，两人想通过生孩子让家长妥协。姨婆的父亲知道自己的女儿未婚先孕后更加生气，召集家门内侄到姨公家抓人。村里人害怕姨婆生下私生子不好，寨老商量把两人烧死。后来有人说新社会不能杀人，村民们就把两人赶到荒山，让他们在山上自生自灭。后来两人的父母都过世，家门后辈才敢去山里找，姨婆在山里已经生活了30多年。

这些被村寨排斥在外的人虽然在情感上得到了满足，看似赢得了和家族抗争的胜利，获得了婚姻自主权，但是他们已然脱离了社群，成为被孤立的个体。这些人在获得爱情的同时失去了亲情、友情。亚里士多德说过："能够不在社会里生存的人，不是禽兽就是神明。"个体脱离了群体社会，很难生存。

在外的生活艰辛足以让这些私奔当事人产生悲伤情绪，被迫无奈的背后往往抱有一丝"回家"的希望。在笔者调查的个案中，所有私奔在外的人无论年龄大小，都向我表露出对家人的思念，这份"断了骨头连着筋"的血缘亲情被社会的"排他"文化隔断。亨廷顿认为："认同是维系人格与社会及文化之间互动的内在力量，从而维系人格统一性和一贯性，社会就是一种以认同为纽带的共同体。作为一种归属感，认同满足了人类基本的社会需求之一，并在很大程度上影响着人们的行为方式与准则。认同影响人们的行为。无论一个人还是一个群体，若缺失认同，即出现'认同危机'，就会产生严重的无方向感和不确定性。"[①] 原生论的认同体系认为，一群有血缘亲属关系的人长期处在某一特定区域，他们拥有共识的体表特征、语言、文化、传统习俗、宗教和共同社会行为而被归为一个群体，这种认同是天生固定不变的。严重违背群体规则或危害群体利益及发展的被群体视为"他者"，"我群"中的个体明确和"他者"划清界限，将"他者"排挤在社会边缘。在"正常人家"眼中，"独奢"和"考林"是社会的"他者"，被家族村寨放逐的私奔者也是有悖"我群"

---

① [美] 塞缪尔·亨廷顿：《我们是谁？——美国国家特性面临的挑战》，程克雄译，新华出版社2005年版，第21页。

而被"我群"抛弃的"他者"。

随着生产力的发展，社会分工带来了资源不平衡，社会分层随之产生（"考林"）。革老坟村是同质性较高的乡土社会，"独奢"这一文化分层逐渐在社会运转中形成。

"我群"社会中的各种规范制度对内部个体的行为发挥制约、控制作用。处在同一群体阶层的人们相互依赖，个人的利益与所属阶层的群体利益一致，群体权威维持着社会中的规范制度。一旦成员出现"越轨"行为，群体权威必然制裁，群体对"越轨"者的排斥是对原有稳定秩序的恢复，把"越轨"的"他者"不安定因子剔除，把被破坏的秩序和社会关系恢复到原来的正常状态，"我群"社会再次被高度整合成一个稳定和谐的有机体。

在尊崇自由恋爱的现代社会，男女自主结合的婚姻越来越广泛，婚姻自主权被家长剥夺而私奔、殉情的情况越来越少。

个案：王SH，男，26岁。"我在六盘水读书谈了一个女朋友，家里开始反对，怕我和她留在六盘水不回来。父母年轻的时候也是赶表自由认识的，他们说现在不讲汉族、布依族了，但是不想我找离家远的。后来村里都出去打工，很多人在浙江那边两年都不回家，我在六盘水还是离家近的。我父母现在身体还好，田里不需要什么活，家里的稻谷没人种了，我又不放心他们出去打工。我女朋友人很好，过年来我家，在家什么活都帮我妈做，我妈喜欢，让我今年就把酒办了。"

个案：伍YC的丈夫有个妹妹，在宁波打工。"我家小姑没有找这边的，她在宁波认识的妹夫家在清镇，离贵阳近的。清镇比我们这里好，我家公公说现在都有火车，她回来也方便，只要不是去广州、四川，他都没意见。现在我那个妹夫在贵阳搞装修，过端午我公公婆婆坐车去贵阳，在城里住了半个多月。回来我婆婆讲她这个女婿家里有钱，又带她去城里，比村里那些不务正业的人好。"

"家"是血缘亲属共同生活的基本单位，每个人都要尽力维持它的正常运转，个体扮演的角色不同，承担的责任和义务不尽相同。"不落夫家"期间的男女虽然没有长久生活在一起，因为婚礼仪式的举行，当事人有了"丈夫"和"妻子"的社会身份，新的姻亲关系建立。为了维护事实婚姻的稳定，已婚者受到小家庭的监控限制。家庭教育使当事人潜移默化地形成一种"自我约束"，经济控制是最直接的干涉手段，当家庭的权威势单力薄时，以村寨为主体的社会舆论充当监督青年自觉遵守社会规则和家族意愿的"督导"。社会中不可能有一味的服从，当个体情感冲破青年的理智，情人们为了给自己的感情找到载体——婚姻，必定会冒风险与社会主流文化对抗，挑战权威，将个体利益置于"我群"的群体利益之上。私下往来使情感获得暂时的释放，殉情自杀以威胁社会妥协，通过私奔博取族人的同情，迂回取得抗争的胜利。个体情感和社会利益不断磨合，有的牺牲情感回归群体；有的获得族人的原谅，爱情婚姻双丰收；有的成全了爱情，被自己所养的乡土社会抛弃，因为脱离了"我群"，他们最终是失败的。毕竟个体不是一个独立的生物体，他的存续发展需要依附于群体社会。种种博弈不过是社会运转中的"整合"，符合"我群"发展的继续留在这里服务，那些边缘人物被贴上"他者"的标签游离在"我群"的边缘。"我群"社会依旧正常运作，其中的小分子——个体为了它的稳定而继续合作、听从规则，它则继续保护自身和小分子的利益和发展。

第二节　布依族社会聚合的组织纽带

一个民族的文化，与婚姻家庭亲属制度、社会组织、风俗习惯、道德法规等文化因子的有机结合密不可分。人在生存的尝试中组成了共同的生活，并建立起一定的社会组织。布依族的社会组织同其他所有的民族共同体一样，呈现出其特有的复杂性、结构严密性以及组织的完整性。布依族的社会组织总的来说可以分为两个部分，即民间社会组织及国家政治体系下的行政系统。

笔者对北盘江流域布依族社会的描述将按照以下顺序进行：首先以"地名"为切入点描述布依族社会的形成与划分，从宏观了解布依族的社会形态，厘清群体与村落、地域的联系；接下来描述由村落群体中的个体核心家庭的扩大和裂变而形成的房族关系、血缘宗族组织，继而由联宗共祖而追溯到地域村寨中的姓氏群体，再到以姓氏为单位形成的村寨下因宗族的分裂而产生的房族关系、个体核心家庭，从家屋空间血缘宗族组织、房族关系等方面，抽丝剥茧层层解读布依族内部社会组织结构。

一 地名与空间

地名的形成在历史过程中构成了北盘江流域人民生活的社会，对地名的关注可以帮助我们对当地的历史有一个完整而详细的了解。以北盘江支流月亮河源头龙分水为起点，河流两岸每一个地名都充满了神秘而传奇的故事，将之串联就是一段完整的有关该流域布依族人民历史生活画卷的重现。

在布依族社会中，地名的命名依据通常是该地所处的地理环境特征，或是其地曾经发生和流传过的故事与神话传说等归纳性的描述。下面是河流两岸部分地名的来源、村寨的形成及其名称的来历：

月亮河是一条地理意义上的河流，全长六十公里，是北盘江的一条小支流，位于我国西南山地少数民族地区。当地布依人称月亮河为"交荣大"（音译，汉意为"一带河"）。

远古时，月亮河一带被茂密的森林所覆盖，布依族先祖步入河流时，正是午夜时分。虽明月当空，但茂密的森林，遮住了他们眼前的路，什么也看不见，只有耳边不时传来潺潺的流水声。先祖随着流水声四处搜寻，却发现一轮簸箕大小的明月静静地躺在林海中间。

走进一看，才看清们原来躺在林海中的明月，竟是一大盆水。他们艰难地走近那大盆水时才发现那是一个大河塘，布依人称之为"洪大邦"（音译，汉意为"敞开的河坝"），这个河塘就在如今湾塘村寨的脚下，也因这河塘正处于一个拐弯处，其形状好似一轮弯弯的明月，后人把这条河叫作月亮河。又因月亮河两岸均是布依族村寨，故外人常称这条河流域为"布依槽子"或"布依一带"，"一带河"（交荣大）因此而得名。

月亮河源头在龙山山脉一个名为龙分水的地方，龙分水的出现正好将水隔断，使得月亮河不往东流，而是调头往西边流去。然而，起初月亮河河水是和其他河流一样自西向东流的，它之所以改向东流，据说源于一段流传在这一流域的美丽传说。

相传在很久很久以前，一户人家住在月亮河边。一天晌午时分，一位挖野菜的妇人觉得很累，虽然当时天上飘着细雨，但她还是汗流浃背，于是就去神泉边喝水，不幸碰上独鳄鱼（音译，即彩虹）正在那里吃水，五颜六色的龙身，长角鼓眼的龙头，吓得妇人昏倒在泉边。当她醒来时，已躺在自己的竹床上。自那以后，就算睡三天起来也感到很累。

阴阴阳阳过了九九八十一天，妇人觉得肚子里好像有什么东西，说遇着神，神也敬了，说碰上鬼，鬼也退了，而且还暗中来了个"神药两解"，吃了不少中草药，但都不见效。肚子里的东西一天天长大，直到10个月后的一天清晨，肚子里会动的硬块"哇"的一声，才知道原来是身怀有孕，得了贵子。人们给它取了一个美名——阿龙。

布依族男女青年谈情说爱的发源地可以说是集市的花线巷。十岁的阿龙，独自去赶集。人们发现阿龙总是在雨后或晨雾时刻去赶夜郎洲的最繁华的花线巷的集。经过多次窥视，终于发现雨后或晨雾时分，有一条大彩虹，一头在月亮河畔，一头却在南方最远的天边——牂牁江，阿龙就是凭借这条彩虹进出夜郎洲的。阿龙来到这里是想找到他梦中出现的姑娘，但却总是寻觅不到。

传说，居住在牂牁江畔的布依人家，有一位美丽而可爱的姑娘，粉红的脸庞好似盛开的花，她的美盖过牂牁江一带任何一个，阿妈给她取名——阿香。一天阿香背着阿妈前往夜郎洲赶集，这一天刚好是那个美丽的姑娘在阿龙的梦中出现的第七七四十九天。功夫不负有心人，阿龙终于在夜郎洲的花线巷盼到了梦中常出现的那位姑娘，她就是阿香。阿香比他在梦中见到的更美，更可爱，阿香见到的阿龙也是个美男子，这是天意，前世的姻缘。一时间两人对望着发呆，一见钟情，很快两人窜出了集市。动听的布依情歌从两人的歌喉中传了出来，他们用歌声互吐真情："你是茅口的仙女，布依举世无双的美人，让我叫你茅妹吧！""你是月亮河独一无二的帅哥，是人们眼中的美男子，也允许我称你月亮哥吧！"

从此两人频频幽会于夜郎洲，一日却不幸被夜郎王手下的一名宠臣听闻，那人急忙回宫讨好夜郎王，说他得见一美女，穿戴朴素却盖过夜郎城其他的美女。夜郎王于是让他将茅妹请进宫来。

第二日，宠臣从城里回来却没有带回美女，打听之下，得知美女是布依人，家住牂牁江畔，也是夜郎王的臣民。夜郎王便让宠臣星夜带人赶去牂牁寨，将茅妹带了回来。一位千娇百媚的布依少女，竟使富丽堂皇的殿堂失色。夜郎王想留下美人却被拒绝，阿香告诉夜郎王说："我也有心爱的情人，早已定下自己的终身！"夜郎王得知月亮哥的存在，第二天就令人将阿龙带到了王宫。夜郎王对他说，如果他让阿香进宫，就可以得到丰厚的补偿。阿龙拒绝了，他说所有的东西都比不上他与茅妹的爱情。

然而夜郎王不甘心，于是又出了毒计，说："我可以成全你，不过得有个条件，限你三日之内将月亮河改成从东向西流，如期完成，则为你们主持婚礼，要完不成，则割掉你那诡辩的舌头，砍掉你这趾高气昂的狗头！"阿龙为了爱情什么都答应了。走出夜郎洲城门，脚一跺眼一眨，一条彩虹架在天边，一头扎在月亮河边，阿龙回月亮河了。

阿龙回去后一直思考着如何把茅妹带出夜郎国，远离这无法无天的夜郎王，想着想着却睡着了。梦中，一位白发红须的老人对他说："孩儿，你不能逃离夜郎国，那里有养育你的月亮河布依母亲，有曾支持你，帮助你的布依兄弟姐妹。要河水向西流有何难，有龙才有水，有水才有河，水是我们管，水流我们定，月亮河西流来日定完成。"原来白发胡须的老人就是老龙王，阿龙睡着，其实是回龙宫求援去了。

第二天深夜人们似乎感到天摇地动，竖耳倾听，西方天边还不时传来天崩地裂的响声。清早起来，人们感到太阳好像比以往晚出了许多，认真细看，原来东边的山比以往高出了许多。

阿龙一眨眼工夫在月亮河走了一个来回，并到了东流的源头，已经分了一半注入月亮河，后人称之为"龙分水"。西头，只见山腰似乎有个大溶洞，河水从那里出口，据说因岩石过大，石块一时找不到存放处，但为了方便后人来往于南北两岸，龙王提出打个大涵洞，于是后来人们称之为"天星桥"。

神话传说故事直接反映了北盘江支流月亮河布依族与茅口布依族的联系，他们历来有通婚的传统，世世代代共生共存。"龙分水"和"天星桥"的称谓沿用至今，人们常说的月亮河，实际上是指上起"龙分水"，下至"天星桥"河段。然而这只是布依族地名形成故事的缩影，还有数不清的故事丰富了该流域布依族的历史文化。

二 布依族的村寨——"板"

在北盘江流域，除去国家政府体制下的行政区划，布依社会有一套自己的社会运行方式，是以村寨集结而成的乡民社会为其社会聚合的基本特点。"板"指的是共同居住的地域，是一个空间上的概念，布依语作"板"（音译）意为"村寨"，即是我们通常所说的自然村。在布依族的划分中，一个村寨即是一个相对独立的整体。

（一）村寨的命名与形成

"板"在布依族地区经常直接用于村寨的命名，如"板刚"（音译）、"板吭"（音译）等村寨。

以月亮河上游布依族村寨陇脚十二寨为例，落户最早的是板刚（陇脚大寨），陇脚大寨，布依语称"蔓刚"（音译）。"刚"，意为"中心的、中间的、正中的"。

历史上曾有人提出过"时间上领先，权利上优先"的"先占原则"。传统布依族社会就贯彻实行了"先占先得"的居住原理。陇脚大寨是布依族落脚陇脚片区的首户，其开寨始祖即为檐光，是陇脚十二寨祭祀等活动的发起者和举办地。有的区域实行檐光世袭制，其开寨始祖韦氏在过去的几百年里掌握了陇脚片区布依族的中心地位，后来由于土地资源的限制而繁衍为"陇脚十二寨"，即"板刚景潭"（音译），"景"指的是数字"十二"，"潭"有"一片、地方"的意思。有的人也许会问：它名叫"大寨"，那是否还有"小寨"？还真是有陇脚小寨，陇脚小寨也是由大寨衍生出去的，其开寨始祖是陇脚大寨的二寨主，分出去另起炉灶了。为了显示两寨的从属关系及先后顺序，人们便用大小加以区分。陇脚小寨，布依语叫"潭捏"(音译),"捏"即"小"。位于陇脚大寨背面的河对面,相距半里路。如今陇脚小寨不仅有韦姓,还有杨姓、赵姓的加入。陇脚十二寨,分别指陇脚小寨、岔河寨、高潮寨、阿内寨、岩脚寨、贵子陇寨、纳梗寨、板雷寨、偏巴寨、纳鲁寨、阿阳寨十一个韦姓村寨,加上陇脚大寨,一共十二个。陇脚十二寨几乎以韦姓为主,是该地姓氏宗族最为庞大的群体。其他杂姓是后来才加入进来的,从建寨至今还出现过其他一些小村落,但因人数少又搬回大寨居住而不复存在。

岔河寨,布依语叫"拱界"(音译),"拱"指的是"下面、下方","界"指的是"河坝"。岔河寨在龙山脚,离陇脚大寨大约两公里路,"拱界"来源于该地有一条小溪汇入月亮河,汇合在一起的地方形成一个岔道,村寨就在河坝下方,于是起名"拱界"。

高潮寨,布依语叫"嘿崴"(音译),"嘿"是小溪的意思,"崴"是"坝"的意思,是建在一条小溪坝上的村寨。

阿内寨,离陇脚大寨有两公里,走路要二十分钟。有韦姓、白姓,白姓有五六家。姓白的来的时候和韦家认弟兄,以前白家和韦家没有开亲,都是这一代才开的亲。

岩脚寨,在巨大岩石脚下面建起的寨子,就叫岩脚了。布依语叫"巴给"(音译)。

贵子陇寨,布依语叫"噜挖"(音译)。

纳梗寨,"梗"是窝窝的意思,有一块田在窝窝里,周围都是高的。

板雷寨(音译),"板"除了指"一片",还有"偏坡"的意思,几家人在一个偏坡的意思。现在已全部迁入小寨,只留有地基在那里。

偏巴(音译)寨"偏"是"爬"的意思,"ba"指的是"山崖、崖壁",意思是房子起在陡峭的岩石脚下。它以前又被汉族人叫作三家寨,以前韦家在这里只有三户。

阿阳寨(音译),以前曾搬到高潮,后来又单独划分出来。"阳"是"亮"的意思。

纳鲁(音译)寨,"鲁"是"角落"的意思,田在一个冲子里面，山旮旯的意思。

除了十二寨外，区域内还有许多其他姓氏布依族村寨及汉族村寨。如湾塘、藤家寨等。

湾塘，布依寨名为"板吭"（音译），"吭"意为"问"，传说多年以前板吭的开寨始祖王氏来到该地时，不远处的陇脚大寨已经有人居住了，为了向当地首户表示尊重及寻求保护，其先祖就问对面的陇脚大寨"我们能不能定居于此？"陇脚大寨同意了他们的请求，人们说这个寨子是"问"来的，于是便取名为"板吭"。直到今天，陇脚大寨与湾塘仍旧存在一种从属的关系，每当大年三十放标志过年的土炮时，板吭总是要等听到板刚的炮声响起之后才开始放炮。

以上村落为代表的布依族村寨，分布较为分散，主要在河流沿岸的山间谷地，房屋依山而建、朝水而居，包裹在河流两岸的山脊之下。村寨的选址也常常受到地理位置、风水、神话传说等因素影响。村寨周围种植有护蓄树木或竹林，气候炎热的地区还会种植芭蕉树。人们聚族而居，很少有与其他少数民族杂居的现象，大的村寨有几十户至上百余户人家，小的寨子则十几户。此外，每个村子都有一块神圣不可侵犯的"领地"（即神山、神树等所在的祭祀地点）作为全寨的中心，这块地方有时会选在村寨的入口处，有时会按风水选在据说能让村寨兴旺的地方。总之，这块领地就是村寨的标识性的地标。

根据陇脚韦氏家族传说，明朝洪武年间，朱洪武"调北征南"，一韦姓将军带领十六姓入黔，后落脚陇脚大寨建寨，将陇脚大寨命名为"板刚"，意为"中心的村寨"。该村寨坐落于地形地貌从远处看形似两条巨龙相对、呈"双龙抢宝"之形态的山脊之上。陇脚大寨所在的位置便是龙头所在位置，陇脚十二寨的神庆所在地就是"双龙抢宝"之"宝珠"所在的位置。陇脚大寨从村寨选址与取名上无不凸显其在当地的重要地位。

（二）板内的亲属群体

一般而言，一个布依族村寨大多是拥有同一男性祖先的亲属群体，采用家族式的居住模式，并以村寨为单位构建起同质性的布依族社会。以家庭为基础而非以个人为基础组织而成的布依族社会，增强了村寨的团结与凝聚力。

1."板"的扩大

随着人口的增多，使得村寨内部群体分化，群体身份发生了变化。先是一村多房，后来裂变到多村多房。一村多房，即一个村寨内部因兄弟分家而分化为多个房族；多村多房是指房族扩大之后，人口增长过快，出现了兄弟村，即分家后兄弟中的一个或多个重新寻找地点安家建寨而形成的相邻村寨的情况。如月亮河上游与中游交界处的大阿志村和小阿志村，大阿志村为"哥哥"，小阿志村是"弟弟"。

> 大小阿志的故事还得从两寨的先祖说起。朱洪武"调北征南"，大小阿志先祖由江西迁来。先祖入黔后最先定居于长流乡，那时候长流的原住民是喇叭苗，过去称为"老巴斗"，因其男子常常拿着一个长烟杆的烟斗而得名。喇叭苗人多且擅长放飞药，在吃食里面放上一点，如何中招的都不知道，人就会晕倒，布依族人害怕便商量离开长流。杨家有一个老人生有三兄弟，老母亲年事已高，不愿意迁离，于是小儿子留下陪老母亲，大儿子携家带口一路来到了大阿志，二儿子则迁往红岩打巴一带。在离开长流时为了掩盖踪迹，把祖先的坟碑倒立埋入土中，把碑上的碑文全部抹掉。
>
> 老大来到大阿志之初，最先落脚在一个名叫手巴岩的岩洞里，他带着狗在洞里住了好几天，每天他的狗都会跑到大阿志现址的田坝不肯回来。老大去找狗的时候看见一片宽阔的芦苇荡，他心想这个地方应该是很好的，便带着狗在大阿志这个地方定居下来了。如今，手巴岩的岩洞还在，杨家藏宝的故事更是引来无数的寻宝人。传说，杨家先祖从长流迁来时，抬了八抬宝贝就藏在手巴岩的岩洞中，并留有一份藏宝图。这份藏宝图后来流到民间，引起很多觊觎宝藏的人前来。就在十几年前，就曾有真实的寻宝人来过，并葬身洞中。

大阿志，布依语称"阿基"（音译）。关于村寨名称的由来向来有两种说法：一说原先阿基的开寨始祖遵从长辈之命从长流来，说让老大

"自己去外面立志气","大阿志"中"阿"即指"大哥、老大","大阿志"因此得名。"阿基"即在外面成家立业,在外面奠基、打基础。另一种说法,从前有杨氏后人捉潭猫,边捉边走来到大阿志,这时他已经很累了,走到水出洞这里停下来休息了两三天,可是这两三天没饭吃,饿得走不动,便生气地留下来在这边想办法谋生。这是一个令他生气的地方,于是又叫"阿基"(音译,"基"在布依族语言中也有"生气"的意思)。渐渐地大寨不够住了,于是开荒到了小阿志。大阿志人口越发多了起来,需要的土地也多,寨里的人每次放牛、做活路都得走上一两个小时的路程(这个地方是指大阿志与小阿志之间一条小河旁名叫"田坝"的土地),人们觉得路途实在遥远、往返实在太难,大阿志的村民们便商量分一户人家去种小阿志那方田地,说:"要不我们就干脆分一拨人住在这里吧!"人们觉得这个主意甚好,便分了寨中的一家人三娘母(一个母亲带着两个儿子)定居在小阿志,当时用俗语说道:"喊她三娘母给!"("给",音译,意为"去")小阿志的布依名称"母给"(音译)即由此而来。

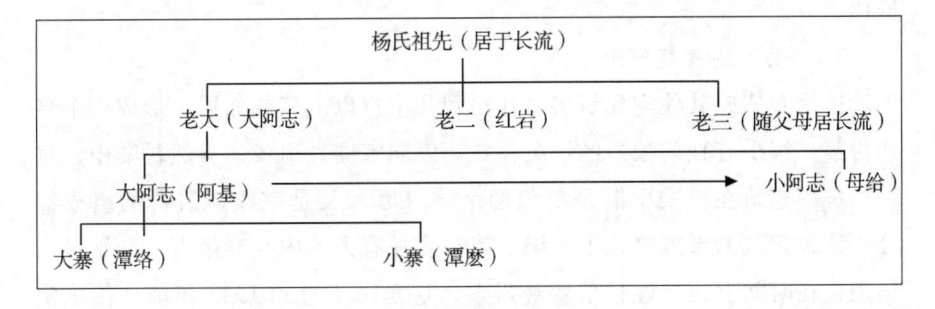

```
                    杨氏祖先(居于长流)
         ┌──────────────┼──────────────┐
    老大(大阿志)      老二(红岩)    老三(随父母居长流)
         │
    大阿志(阿基)─────────────────────▶ 小阿志(母给)
         │
    ┌────┴────┐
 大寨(潭络)  小寨(潭麽)
```

大小阿志关系图

大阿志寨中有一块四棱碑,碑文上记载了杨家的迁移史,上面用古代书写方式倒写并记载了杨家字辈:"国文钟定秀,茂盛喜发生,成林周起贵,庇护长朝廷。提笔当神助,犯者无后荫!"后面两句是说字辈一经确定就如与神签订了契约而不得更改,告诫杨家需按祖制按字辈为后代取名,否则将得不到祖先的护佑。

据调查,大小阿志几百年来都使用同一套字辈谱,并遵照祖先遗训,一直以来都严格按字辈给后代取名。兄弟村的形成除了上述原因之外,还有交通、经济等多种因素,如通村公路的修建、煤矿的开采等。

大阿志村在20世纪七八十年代起，就因其丰富的煤炭资源吸引了外来的投资商投资办煤矿。煤炭的开采征用了不少大阿志居民的土地，居民得到了一笔不小的赔偿款，有的村民用这笔钱离开寨中在煤矿边修起了漂亮的小平房；且为了运出煤炭，上级部门斥巨资将公路修到了大阿志村民们的家门口，村里人因便利的交通，都跑到公路边修房子。因此，随着这批人的定居，新的村内小群体小寨形成，并与原先的大寨相互独立开来。因此，大阿志由原先只有大寨，多了一个小寨，小寨用布依语称为"潭麼"（音译，"麼"意为"新"），与之相对应，大寨就叫"潭络"（音译，"络"意为"大的，原来的"）。

大小阿志追根溯源为同一个男性祖先的后代，两个自然村的关系即为兄弟关系，其形成的原因是由于社会环境的变迁及人口的增长而引发的村寨的变动及裂变。而大阿志裂变为大寨小寨的情况，则是因外来因素的干预造成的结果。因此，村寨与村寨的变化不仅在指称上发生了改变，而是伴随着房屋居住地点的更换，而使人群结构发生了变化以及产生了新群体。

2. "板"内的建筑群落

传统布依族其住宅建筑多以几户到几十户以上聚族而居，形成一个自然村寨，很少有独门独户的情况存在。以同宗同姓组成的自然村寨中，每一栋房屋建筑在村寨中既是单独的个体家庭，又是宗族建筑群的组成部分，该种建筑的形成物化了传统宗族制度强有力的内在凝聚力。杂姓村的出现，在时间上比单姓村落要晚得多，这是由于直到1949年前，传统宗族制度所反映的自觉的排他性，使得外来姓氏根本无法立足于宗族式的村落中。极少的例子出现，都是由于上门女婿其后代随父姓或是抱养的养子三代还宗等个别原因才产生的杂姓。

个案：大阿志杨茂X的女儿胜F招了扁担山布依族男子伍培T为上门女婿，如今伍与胜F后人已三代还宗改姓伍。一位名叫杨许G的男子，他原为三家寨王姓地主家庭之子，因家道中落，子孙四散，杨许G投奔大阿志的外公家，被母舅收养而改姓杨，如今也已三代还宗改为王姓。还有一户赵家，于1958年从箐口乡下麻翁村搬迁至此，是投奔杨D而来的，因杨茂Y与赵国Y结为了异姓兄弟。

然而，在布依族村寨中还有一条不成文的规矩，任何一户招上门女婿的家庭，其女儿女婿婚后所住房屋要建在该家族中的边缘地带，标识其外来的血统，并不完全被村寨中人所认可，其社会地位在村寨中较为低下。以上三个例子中，三户异姓家庭无一不是由于与原村寨中的亲属关系而得以留下，伍姓的上门女婿凭借姻亲关系，王姓男子则依靠母亲一脉相承的血缘，赵姓家庭则通过拟亲属的方式立足于以杨姓为主的大阿志寨中。

布依族的村寨，建筑布局都大同小异，村寨内以檐光的房屋为中心向四周扩散，房屋统一靠山而建、朝阳而居，村中道路以青石铺就，交错纵横。其居住格局以亲属关系的亲疏远近进行分布。

3. "板"内的房屋格局及功用

布依族传统房屋为干栏式建筑，房屋主体为木质结构，四壁以木板横装或围以竹编的芭折，底部中空以喂养牲口，人住于楼上。古老的干栏式建筑既可防虫蛇猛兽之害，又可避免潮湿，下面还可以养猪牛，堆放农具，总的来说有良好的通风和防潮性能。布依族绝大部分生活在贵州山区，从事农耕稻作，以自给自足的农业生产为生。而贵州的气候属于亚热带高原季风湿润气候类型。受大气环流及地形等影响，气候在不同地区和高度的差异比较明显，具有"一山分四季，十里不同天"的气候特征。降水较多，雨季明显，阴天多，日照少。因此在当地自然生态条件允许的情况下，布依族结合自身生产生活的需要形成了独具自身民族特色的半楼。

近代以来，随着木材的减少，布依族的房屋渐渐改为木石结构，且因地制宜，在地势倾斜坡度较大的地区，建起干栏式半楼，其屋基前低后高，靠坡一边为平房，前半间立在下一级地基为楼房，楼与靠山的半间相平。

通常普通布依族居民房屋为三开间，面积约为六平方丈，檐光则是五开间或七开间或更大。檐光的房屋是村寨中最显眼、最大、木工最精美的建筑。从前布依族存在一夫多妻的情况，因此檐光的房屋旁边或下方，有时除了是家族兄弟的住房之外，也可能是布光为其小妾及孩子所建的房屋。房屋规模的差别，象征了权势和身份。

半楼的房屋基本为木质结构，背靠山坡而建，一般为三层，一楼蓄养家畜，设猪圈牛舍；二楼住人；三楼搁放杂物或建仓储藏粮食。楼前平地设为院坝，然后从一楼架起楼梯直接通往二楼的外堂。一楼一般砌起一道石栏分隔为两间，好将猪牛羊分开饲养，然而现在捞河布依族大多只养猪。

二楼是人居住、生活、休息的区域，一般设五间或六间房，一般包括外堂、卧房、伙房。一般是四间一堂，房屋设五间，中间为中堂；两侧分别设两间房，三间作为卧房，其中朝阳的两间为主卧；另一间作为厨房，厨房设在靠山的阴面，与厨房对应的另一面为客房或老人的卧室。

其平面结构分为三部分，即中间为中堂，两边分别为伙房和卧室。中堂设两道门，第一道为半遮蔽式左右两扇开合门（白天常常打开大门而关闭这道半遮蔽的门，为的是使屋内光线充足，又能防止家禽闯入家中）；第二道为左右两扇开合大门，为正门，这扇门从早晨家人起床起就不会关闭，直至闭户歇息。

中堂空间作为待客、祭祀祖先、家人共餐之用；在收获季节外堂还可暂时堆放粮食。有一个说法说中堂上面不再设楼，直接可以看见瓦顶，这样的设计夏天可纳凉，最主要的是为了能在里面施展联架，以给收回的谷、豆脱粒。

再来就是主人家的卧房，男女主人卧房设在阳面，男女主人的卧房一般人不能顺便入内。

伙房的设置，按风水来说本应建在面朝日出的方位，但许多村民为图方便有的也不按风俗来，而是用背靠山的阴面一间作为伙房。伙房上的阁楼上面堆放每年收获的玉米、辣椒等食物，为了这些玉米、辣椒能尽早烘干，阁楼的地板一般只用竹子铺就，以便每年在下方烧柴火熏腊肉时，上面的谷物也能烘干。

两侧的第三层阁楼较窄，一般用于搭建谷仓或堆放杂物，还有的为存放为尚在人世老人准备的棺木。亦可放置一两张床铺，为有时留宿的客人使用，从前家中孩子较多的家庭，大一些的孩子也可睡。通常情况下，中堂上面不再设第三层阁楼，直接可以看见瓦顶，这样的设计便于夏天散热纳凉和采光。

作为文化展演的空间，家屋空间的分配显然是为了安排人，但安排人同时就是安排一种次序，表明人在家中的地位与次序。因此在家屋空间分配时布依族也是有讲究的。

布依族三世同堂的家庭房屋多建成五间一堂，房屋设六间，四间卧房，中间为中堂。布依族人建房，要先立中柱，"中柱"布依语叫"梢拗"（音译），"巨大的、高大的"就叫"拗"。布依俗语称："三个中柱顶高梁"，按照布依族的传统，中柱是外家送的。已婚的夫妻住在中柱上方两侧的房间，没出嫁的女儿和未娶妻的年轻小伙子要住在中柱下方，靠近大门的一侧，结婚之后才能住上侧。家中有一儿一女的，就把儿女分别安排在中柱下方两侧的两间房中。如果家中四世同堂，布依族人还会在正中间外堂祖先神位背后隔出一间卧房，这间卧房只能是家中最年长者方能居住，说是认为只有家里的老人才能受得了高位，青年人和小孩福未满受不了与祖宗平起平坐，住了会折寿或是生病。

  个案：四世同堂的家庭（杨J家），家中年龄最大的是杨J的爷爷杨茂X，今年已经98岁高龄。除此之外，家中还住有杨J的父母、弟弟一家以及他和妻子女儿。这个家有些复杂，爷爷杨茂X一生跨越了两个世纪，在年轻时更是娶了两房媳妇。原本两房媳妇都是住在同一栋房子里的，但在两房媳妇都相继生子之后，家庭矛盾有些尖锐，于是爷爷杨茂X在主屋的右侧另建了一栋半楼，让二房和儿子住了进去。原本商定是在每一房的屋里住个小半年的，但后来爷爷经不住大房的闹腾，此后的人生都是和大房住在现如今的主屋里。

  大房主屋在十年前将屋顶重建改为水泥顶，主屋两侧向前延伸盖了两间平房，房屋的格局变得像一个四合院的模样，房屋右侧的两间房间分别作为杨J和弟弟的婚房；左侧房间作为厨房和饭堂，全家人共用一个厨房，四代人未曾分灶。主屋原来的五间房布局不曾改变，一间是爷爷的房间，一间是父母的房间，另两间在房屋扩建后，其中一间的厨房也改为住房成了客房，另一间是孙子孙女现在的房间。

  二房住的半楼，比主屋面积小了许多，二房住进去后就从未改变过格局，如今，二房和儿子媳妇相继过世了，只留有孙子曾孙，孙子去了乡镇工作定居，这半楼只有逢年过节时会住上一段时间，寨里人

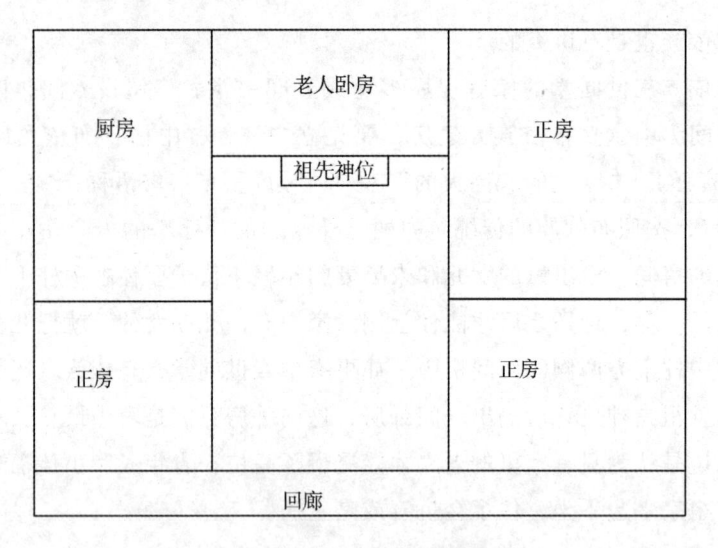

四世同堂上层房屋分配图

杨J家大房、二房家屋空间分配平面示意图

相继都将房子改建为水泥顶了，这二房的半楼也没有重建，只是做定期的维护，仍然保留至今。

但无论是木质半楼还是水泥钢筋混凝土打造的房屋，家屋空间的分配中都遵循一个原则，即未婚子女的卧房都必须安排在房屋中柱靠近大门一侧，而不能被安排在靠近供奉家神神龛较近的一侧。

三　布依族的区域——"坪"

（一）"坪"的命名与形成

村寨"板"（音译）和区域"坪"（音译）是布依族传统的聚居方式与组织形式。如果说"村寨"是布依族结群的基本形式，村寨结群的最初形态是以血缘宗族为纽带的；那么区域"坪"则是更大规模的，共同生活在同一片区域内的社会组织，这个组织突破了血缘上的界限，是社会经济生产生活上的共同体。"坪"在规模上相当于如今一个行政村，或多个行政村相加，现在"坪"更多是布依族民间对区域的划分。

"坪"（音译），有"那一片、那块区域"的含义，是指"一定人群集团共同居住的地域"，如布依语说到"坪布那"，即指"布那人生活的那个地方"；"坪布农"，即指"布农人生活的那个地方"。布那人口中的"坪"，实际上是一个"村寨群"，是由多个相邻或相近的村寨共同组成的。

北盘江支流月亮河—捞河—阿志河流域，布依族村落坐落在这条自东向西流的河流沿岸，包裹在一条绵延数十公里的山脊之下，这条山脊为河流流域的划分提供了自然的界线。流域内形成了以布依族沿河居住，汉族以及其他少数民族以河岸为中心向山内扩散的分布方式，以血缘为纽带集中，以不同族别、不同姓氏血缘集团作为依据各自为界，形成了既分散又集中的多民族大杂居小聚居的居住特点。

在采访中，一位汉族居民给笔者介绍了"坪"的一种分法。上游月亮河河段较大的村寨一共十二个，合称"月亮河十二寨"，在这里即可作为一"坪"来理解，当然坪内并不仅仅只有十二寨，而是用较为典型和规模较大的村寨笼统地代表了整片区域。"月亮河十二寨"分别为岩脚寨（木易）、木则、后窝寨、大树脚、当者、湾塘、藤家寨、那魁、陇脚小寨、阿内、岔河、陇脚大寨。月亮河十二寨中，除去藤家寨和后窝寨以外，其他村寨都为布依族村寨，占据了整个月亮河上游地段。

可以看出，"月亮河十二寨"与之前提到的"陇脚十二寨"不同在于，相较于陇脚十二寨以姓氏宗族为联结的单一民族为主体的布依族村寨群，月亮河十二寨中，布依族村寨占多数，但也有汉族村寨的加入，因此"坪"的区位概念范围更大更广。

然而相对于汉族人所分类的"月亮河十二寨",布依族人显然更为直接,布依族人直接将"月亮河十二寨"的范围称为"坪段寮"(音译),指的是"河流上游那片区域",将中游以下河段的区域称为"坪段拉"(音译),即指"河流下游的那个地方"。以大阿志寨和小阿志寨为例,这两个村寨为关系紧密的"兄弟村",但因其所处地理位置的不同而分属两个"坪",大阿志属于"坪段寮",小阿志则属于"坪段拉"。

(二)"坪"内的亲属群体

布依族的传统村落通常是以血缘为基础的,其建寨始祖通常是同一个祖先繁衍下的同胞兄弟,因此村落以单一姓氏为主,同村亦同姓。而姓氏是血缘的符号,因此布依族最先在这一区域定居的祖先,即是以同姓宗族为单位的迁徙,也因此规定了布依族同姓不婚的习俗。

既然同一个祖先繁衍下的同姓不婚,那么只能选择其他姓氏开亲,实行外婚制度,因此外婚的范围确定了由姓氏结合的婚姻关系所产生的亲属的范围。开始说到,布依族许多村落都是以单一姓氏为主体的,姓氏赋予了村落地域性的含义,因此,在布依族社会,最初很少有异姓的家户能真正融入一个单一姓氏的村落的生活之中。故而北盘江月亮河流域布依族社会,区域范围内各异姓布依族村寨相互缔结婚姻,最终形成完整的布依族社会,延续了各宗族的血脉。

个案:大阿志男子杨茂S告诉笔者,他们寨子里都是姓杨的,大家都是亲戚,找媳妇只能去"段寮"(音译,指"月亮河上游陇脚一带")找。"我们和韦家、王家开亲几辈子了,我们家的姑娘嫁他们那边去,他们那边的姑娘也嫁我们这来。我们是他们的外家,他们也是我们的老外家。"在杨茂S向笔者描述的同时,笔者抓住一个关键词,就是他们主要是与上游通婚,于是笔者问他们有没有和下游开亲。得到的回答是:"我们也算是'段寮',首先要在'坪段寮'找对象。和'段拉'也开亲,只是老辈子说只有找不到媳妇才往下去找。"

可见,布依族的亲属关系首先建立在板与板的异姓通婚基础上,并且同一"坪"即为一个小范围的婚姻圈,其次才延伸到坪与坪之间的更大的婚姻范围。

四 "板"与"坪"的血缘组织

血缘、婚姻、地缘关系共同构建了布依族的社会。如果将布依族社会的地缘组织"板"和"坪"看作一个较为正式的社会组织形式，那么传统社会的血缘组织则表现的是布依族社会的非正式的社会组织形式。血缘组织首先作为氏族组织的特征为布依族群体认同提供了社会保证，成为维系整个布依族社会运行的一个基本要素。

（一）姓氏

当人们走进一个社会，首先进入人们视野的是这个社会的全貌。这个村寨有些什么人居住，都姓什么，这个姓氏的成员有多少，规模是否庞大，有无共同祭祀的宗祠等情况会被人们第一时间所关注。布依族社会是以姓氏为单位组成了一个个自然村寨群落，姓氏显然是最直观的关注点。

姓氏是不论男女的每个人从父亲那里获得的符号，这个符号将终身伴随着每个布依人。

韦、卢、杨、王、柏、陆、伍等姓氏是北盘江流域布依族人的几大姓氏。陇脚十二寨的家族传说中，曾提到韦氏先祖等十六姓"调北征南"而来，这与毛口乡布依族卢氏族谱中的记载相吻合。

"鉴牧受命，聚议各处知亲，自来守仁，相亲相爱，实为一体，方协同众亲韦卜鸾、陆汉宗、杨向德、罗明宇、柏发荣、王有仁、伍定国、岑崇山、吴宗富、李明坤、鲁文亮、潘朝统、廖应朝、陶国珍、梁万和等十姓有六，外来随从者不知其数。"（摘自《卢氏族谱》）

从这份族谱的记载中来看，这一带的布依族十六姓为卢、韦、陆、杨、罗、柏、王、伍、岑、吴、李、鲁、潘、廖、陶、梁，其中大部分大致能与布依族人数较多的姓氏相吻合。在布依族社会的发展进程中这些姓氏世代往来，或约为兄弟，或互为姻亲。以上的十六姓中，实际上在布依族社会中，只有卢、韦、陆、杨、罗、柏、王、伍、岑九个姓较为普遍，其余七个姓在布依族社会中并不常见。

现将十六姓的部分姓氏在该区域的分布情况列表如下：

姓氏	卢	韦	陆	杨	王	柏	伍	岑	罗
所处区域	毛口、捞河大寨	陇脚、捞河箐脚	晴隆一带	捞河、大阿志、小阿志	三家寨、补雨、捞河	月亮河下游	镇宁晴隆一带较多	黔南罗甸等地	黔南罗甸等地

根据家族传说得知，十六姓原属汉人，并非亲兄弟，而是同一军中的将士，入黔之后结成异姓兄弟，于明朝时通过与当地布依族联姻进入该地，占据原住民生活的地域建寨繁衍而形成新的民族群体，有的与布依族通婚，融入了布依族群体，有的则与彝族通婚，融入了彝族的群体，有的则依然是汉人。据《毛口卢氏族谱》记："各居土民，色犹仡佬相杂甚多，不守王化，聚集于纳三……"在建寨的过程中，以姓氏为单位各自占据不同的区域繁衍生息，形成了布依族传统社会中的单一姓氏村落。从当地布依族的姓氏分布情况来看，河流上游以韦、王二姓为主体，中游有杨姓、卢姓、韦姓，较为冗杂，下游柏姓较多，而北盘江毛口河段卢、陆等姓占多数。

布依族社会和汉族社会一样，是以父系单系继嗣为继嗣原则的，共同的姓氏就是划分的标志。村落中，同姓的人相信彼此之间存在较为亲近的关系，然而在同一姓氏内部又划分出不同的支系，用字辈进一步将群体进行分类，从而呈现出因范围的缩小而联系更加密切的宗族团体。

个案大：大阿志、小阿志以及捞河都有杨姓。大阿志与小阿志是同属一个男性祖先的，因此这两个村寨的杨氏在字辈的使用与传承上是完全相同的，都使用的是"国、文、钟、定、秀、茂、胜、喜、发、生"，而捞河的杨姓家族使用的字辈则是"茂、胜、喜、元、锦"。对比来看，两地杨姓的字辈只有两个不相吻合，但是显然大阿志与小阿志认为他们之间的关系更加密切，从家族迁徙史中也能明确是同一个男性祖先的后代；而对于捞河杨姓，大阿志与小阿志虽然也认为他们是从长流迁徙而来，并且也认为是同一姓氏的家门，但由于字辈的不同而分属不同的支系，在亲疏关系上也要远一些。

(二) 宗族

宗族是同一个姓氏下出于同一男性祖先的血缘共同体单位，相比姓氏有更明确同宗同源的系谱关系，在布依族语言中称作"同栅"（音译），指的是"同一伙人、同一群人"。

北盘江流域许多同姓布依族人分散居住在不同的村寨，大小阿志和捞河的杨姓根据各自宗族的祖先记忆，都说是来自长流乡，且几乎是同一时间分别定居于大小阿志和捞河。

但调查中发现，大小阿志和捞河的杨姓分属不同的宗族，两者字辈有所差异，双方也无法追溯到共同的祖先。依我们臆度，在从长流迁徙而来之前，或许两者本是几代以外的同宗，但子孙的传世将血缘的亲近关系渐渐拉得更远，时间让两者的同源共祖关系无法追溯；而大阿志与小阿志从移民之初与建寨传承，都有共同的祖先记忆与完整的系谱关系，因此二者的同源关系切实无误。由此可知，大阿志与小阿志同属一个宗族，而大小阿志与捞河杨姓则分属两个宗族。

北盘江流域的布依族社会中，姓氏是一个相当重要的符号，姓氏是外婚的单位，同姓不允许通婚，同姓同宗的外婚单位才可做亲属，同宗强调系谱同源关系作为亲属的前提。姓名是一个人存在世界上最直接的标志，也是人们厘清亲缘关系的直接办法。人们通过厘清每一代祖先的姓名来完整地呈现亲缘关系，拥有相同的男性先祖姓名即意味着彼此之间的共祖关系。

在北盘江流域牂牁江河段北岸，以毛口四寨（者今、那当、板凤、鲁共）为中心的布依族社会中生活着一个人口数量较为庞大的卢氏宗族。据毛口当地的民间传说，自明洪武年间实行军屯卫所制度后，汉人从江西陆续迁移至此。卢姓与陆姓两姓族人便是迁至毛口的汉人中人数最多的，后来这两姓汉人与当地布依族人通婚，遂衍变成后来的布依族先民。据《毛口卢氏族谱第三修谱·序》记载，"大明洪武，祖由赣联入黔……弃江由广入黔地，永治事业仰明君。由赣入黔，共计肆拾余舟。"这是说卢氏入黔至毛口的始祖卢耸云，于明洪武年间"调北征南",故而由赣入黔的。当时,同行人数多,从江西来到贵州,总共乘坐了将近四十多只船。后又改走陆路从广西借道入贵州,历时约三年时间最终才抵达贵州,最终卢姓始祖居于仙人坝(即毛口),在夜郎故地落脚,与当地布依族人通婚,繁衍生息。

以卢氏为首的十六姓落地毛口后,经过几次三番的迁徙,才最终落脚于后来的毛口四寨之一的鲁共。当时的毛口,处处是深山密林,野兽频出,加上当地山上的土匪(当地语言称为"布瘟")时而下山骚扰,人们不胜其扰,因此一同入黔的十六姓人家便如同游牧民族一般迁居多处。这些人有的留在原处,有的则迁往镇宁、有的迁往南门等,卢氏家族便是在毛口地区定居下来的一部分人。然而多年过去了,当人们的生活安定之后,人口发展很快,鲁共的土地便不够耕种了,唯一的办法只有迁居、分寨。新寨是鲁共分出的子寨。鲁共是主寨,为总马头;次是板风,为次马头;第三是者今寨,为三马头;最后是那当寨。后来,又由板风寨分出顶发寨、毛口山寨、纳情寨等子寨,板风寨即是后来的木城。此外,据说中寨的捞河,晴隆县靠近牂牁江畔的左阁村,中菅的义勇寨等均从毛口分出。①

据笔者调查,毛口四寨自 2009 年水利工程建设而被迫移民迁居,毛口四寨也因迁往新址而出现汉人加入村寨的情况,变成多民族杂居的村寨,但迁移后的村寨仍然是以毛口四寨的原名来命名。

无论是宗祠、族谱还是祖坟,它们的功能都是一样的,不仅是宗族的象征和宗族组织的组成要素,也是一种记忆的载体,它承载着个人和家庭的记忆,以及对宗族和村落的集体记忆。卢氏家族的宗祠在移民工程启动之后淹没在幽深的江底了,只有祖坟在 2009 年库区淹没之前及时迁移,和族谱一同留给后世子孙。

1. 联宗

2010 年,为了保留卢氏宗族的历史与传承,凝聚宗族力量,加强宗族联系,卢氏族人联络了各方族人,举行了率十六姓入黔的卢氏

---

① 郎岱古镇编委会:《郎岱古镇》,大众文艺出版社 2013 年版。

先祖祖坟迁坟仪式。在迁坟前期，毛口四寨的檐光及寨老们共同组织分工，先后联络了镇宁、晴隆、捞河的族人，通过追溯各自流传的家族谱系、字辈，确定了这几支与毛口四寨卢氏的共祖关系，将散落各地的卢氏族人联了宗。

此次联宗大致确定了卢氏宗族一共有三万来人，并由族人自愿募捐集资修建新宗祠，并约定每年清明时节，居于各处的族人都要回来祭祖。自2010年新宗祠修建好后，每年都会有一些从前未联络上的族人前来认祖归宗。

2. 祭祖

布依族的宗族活动中，祭祖是人们每年最重要的一项活动。布依族人对祖先较大规模的祭祀，在每年的春节和清明节两个时间。为什么说是大规模的？因布依族无论大小节日，都要祭祀祖先，但是一般的节日中，只需在家中供奉烧香烧纸即可，只有春节和清明节不同，族人须前往祖先的坟地去祭拜。民国以前，布依族祖先通常都会被埋葬在同一块特别划定的祖坟地中，后来布依族人信奉风水，在老人去世之后，按照风水选择地点埋葬。因此，近百年来，布依族各宗族先人的坟墓四散，有的在村寨附近，有的则葬到苗族、汉族村寨附近的山上去了。春节的大年初二和清明节这两天，祭祖仪式由宗族各家户共同参与。

清明节时，像毛口卢氏宗族这样人数比较多的宗族，人们只需按时各自前往祖坟地集中便可。笔者于2015年清明节前往毛口，亲眼见识了卢氏宗族的清明祭祖仪式。

笔者大约早晨11点左右到的，当时卢氏先祖新坟前已经聚集了上百来个族人，有的是从江对面的晴隆、关岭等地来的，稍远镇宁等地的族人也陆陆续续驱车前来，把带来的贡品都放到坟前去供奉。各地来的族人很多都是第一次见面，但很快便相熟了，坐在一起你一言我一语地一起追溯着祖先的历史。调查中，有的族人是第一次来参加祭祀活动，算是认祖归宗，他们找组织管理的宗族长辈捐了孝，捐孝的钱可多可少，比较富裕的就多给些，困难些的少给些都是没关系的。之后长辈告诉他，等祭祀结束后会让人将他们家的名字刻到石碑上。

　　由于很多远处的族人是近期才联系上的，因此此次祭祖的食物，如糯米饭、连渣捞、鸡汤、鱼肉等都是由居住在当地的毛口四寨的族人集资购买准备的，远处来的族人只需各自准备祭祀祖先的鞭炮、香烛、纸钱、糯米饭即可。在祭祖仪式开始前，由族中长辈牵头，约定今年先把明年祭祀活动的份子钱交了，以备明年为大家准备食物之需要。

　　到了下午三时许，族中德高望重的长辈宣布祭祀仪式开始，各位到场的后人一同跪拜。祭祀仪式结束之后，年轻人七手八脚地帮忙抬来准备好的食物，摆在空地上一同食用。等到酒足饭饱，祭祖仪式才结束。

此次参与的人，有共同祖先的即以男性父系继嗣血脉的同一个宗族内部成员，包括未婚的女性成员及男性成员和他们的因婚姻关系结成的配偶，作为布依族宗族祭祖的主体，他们在宗族祭祖活动中担任起不可推卸的责任。

而对于宗族内部已经出嫁的女子及其配偶、后代是否能够参与宗族活动在此需要特别加以说明。首先可以肯定的是，出嫁的女儿及其女婿是可以参与娘家的清明祭祀活动的。在未出嫁之前，女儿同儿子一样从父亲那里继承了姓氏，并终生保有，因此在这个层面来说，女儿也属宗族、房族内的一员。然而，当女儿出嫁之后情况会发生些许改变。出嫁后的女儿仍旧拥有父辈房族成员的身份，但是同时又具有了夫家房族成员的身份，且在布依族社会中是以父系为主，出嫁从夫的传统也在发挥作用，因而女儿在回娘家参与清明祭祀的问题上就得区别对待了。

出嫁女参加娘家的清明祭祀必须得遵守另外一些规则，就是出嫁女是不能够为父亲一方的祖先插挂着白幡的树枝的，只能带着贡品前来焚香烧纸。"插白幡"即人们所说的清明节"挂青"，挂青是男子的特权，是父系的象征，只有家中没有儿子延续后代才会允许女儿与女婿来娘家挂青，这也就意味着娘家后继无人。最后，女儿挂青的特例也是可以存在的，就是女儿为父亲的家庭招赘入门，子嗣随母姓，承继父系的香火。

布依族的宗族祭祖带有自身独特的宗族祭祀特点和宗族组织意义。布依族的宗族制度作为布依族社会组织的一个重要内容，以宗族组织成员之间的血缘联系为线索构成并反映了布依族的亲属关系，因此反过来说，亲属关系一定程度上决定了整个宗族制度的存续。

但该祭祀只是每年祭祖活动的开端，接下来的一两天内，宗族内各家户还要分散祭祖，如毛口四寨的族人如今已出五服，宗族之下又分为许多个房族，因此各个房族各自还要祭祀近百年新逝的先人。

（三）房族

包含于宗族之内，"旮"（音译）是一种重要的继嗣单位，"旮"布依语里意为"分支、支系"，与汉语语义中的"房族"相近。同一宗族下又可分为多个房族，这是由于宗族的裂变而对代际关系远近所做的区分，指的是由同一个男性祖先的家庭中分出的子家庭，房族中同辈男性为兄弟关系。布依族社会，"旮"是一个很重要的继嗣单位，以"旮"为核心将布依族群体划分为一个个的关系紧密的亲属集团，祖先祭祀是区分同一房族的有效方式。

布依族的清明祭祀，时间为农历四月里，一般来说是不能超出四月这个时限的。每年清明节，同一房族的人包括其配偶、子女都要参与祖先祭祀。清明节的祭祀活动，除了大规模的宗族祖先共同祭祀以外，还要按房族之分为各自亲缘关系较近的祖先挂青。

《陇脚韦氏简传》

楚汉之争，韩信助汉王刘邦打回中原，夺取汉室江山，因韩信助汉劳苦功高，汉王特封韩信为淮阴侯，但韩信认为功劳大封侯职务低，特向汉王请求封王。汉王刘邦对韩信这一请求认为是居功自傲、心怀不满，认为将来韩信定有逆反之心，故特与丞相萧何密谋铲除韩信，诛灭九族以除后患。但韩信的一对幼子却被韩信部下的一员何姓将领救出逃亡在外，留下汉室一脉。为逃避朝廷追杀，所以隐姓埋名去掉"韩"字半边改成"韦"姓流落到江西吉安生活下来。到元末明初，明太祖朱元璋登基立位之后，南方反乱，当时韦姓这一家族在吉安已经发展壮大成为一支不小的行武之家。为了报效国家，响应朱元璋"调北征南"的号召，韦姓家族带着兵马征剿南方，于洪武六年进驻贵州，韦家便在贵阳"铜匠"街（今喷水池一带）居住下来，朝廷又将贵阳郊外的五里坝分给韦家作为生活的基业。经过一百多年的生活，人口不断增加，有限的家业已经不能满足整个家族的需要，家境逐渐衰败，故四处奔波另谋生活。陇脚韦氏一脉带着家眷流落到月亮河一带陇脚定居落业发展至今。

这是笔者在北盘江支流月亮河上游陇脚做调查时，陇脚韦氏族人家谱记载的韦氏族源。然而笔者发现，陇脚十二寨韦姓族人虽然同属一个宗族，但在清明节时却分成了四个房族来分别进行祭祀，这即是笔者要在宗族之下再进行房族的分类的原因。

据调查，如今以韦氏宗族为主体的陇脚十二寨大体上分为四个房族，分别是由陇脚大寨中的四个房族向外分散的。

陇脚大寨内部分为四个韦氏房族，上寨和下寨各有两个房族。根据布依族的习惯，按其所生活区域的特点，四个韦氏房族分别有不同的称呼，分别为上寨两支的"釀坝倭"（意为"住在水井边的人家"）和"釀梗倭"（意为"住在水井上面的人家"）；而下寨两支为"釀谈大"（意为"住在河边的人家"）以及"釀谈拉"（意为"住在下寨的人家"）。寨中还有三个异姓人家，王家与卢家还有冉家。王家如今只剩下三户，其中两户为两亲兄弟，一户是曾经王家收养的孩子。上寨的"井边人家"（檐光一房）大部分分散去了岔河与陇脚小寨；下寨中的"下寨"一房则大部分分散到了贵子陇。韦氏四房族人拥有同一个关于祖先的记忆与祖先的来源，因此他们承认彼此的同宗关系。但是在定居后的几百年间，由于时间的推移，产生了代际关系亲疏远近的变化，宗族由此裂变而成房族。人们只能依据能够追溯到的最早的共同祖先来确认与自己同属一个房族的族人，就在这时，韦氏的四个房族各自追溯到的祖先姓名出现了分歧，因而人们自觉划分为了四个房族。清明节时，这四个房族便以各自所追溯到的祖先姓名而分别进行祭祖活动。

以韦氏檐光一房为例，从族谱上看，这一房拥有的共同祖先姓名叫韦尚 C，被葬于石头寨大石拱桥头西山上。檐光一房从这位祖先起，后面每一代的祖先姓名都可在家谱中找到，因此拥有这位祖先姓名的后人都被认作是陇脚十二寨韦氏檐光的房族成员。而另外三个房族的家族谱系中并没有韦尚 C 的名字，故而他们认为他们与檐光这一支分属不同的房族。

"计□祖宗名单"

老祖宗葬于坡旁，小名报永。又生祖公，名报信，小名戛某，葬在屯上。祖公报信又生报成，报晨，报春，报罗，报章。报成葬阿内又生秉清，乳名和林。报晨葬坡旁大地边又生报勇，报勇生秉科。报春葬坡旁大树脚。报罗葬田墓。报章葬屯上。（摘自韦鸿志家藏八字书）

这是布依族人以汉字记布依音书写的家谱残卷记载的文字，根据韦鸿 Z 家所藏族谱推断谱书上书"报永"应该指的就是韦尚成。"报永"是直接以布依语音译为汉字的，"报"是布依族人对老年男性的称呼。除了以谱书的形式记录家谱外，韦氏宗族的族谱还被记录在碑刻上面，该碑刻位于陇脚大寨寨子下方不远处。笔者在调查期间发现，布依族人喜好用石刻记录家族谱系，认为碑刻能永久地保存信息以达后人。因此，无论是毛口的卢氏宗族还是陇脚的韦氏宗族，都有用碑刻记录家族谱系的习惯。

韦尚 C 之后几代是韦相 Z 和韦相 X 两兄弟，大哥韦相 Z 即是陇脚大寨檐光的祖先，韦相 X 则因故迁至岔河，成为岔河一脉的先祖，因此岔河一脉与陇脚大寨檐光一脉同属一房，血缘关系上较为亲近。

在清明节到来之前，房内长辈会召集大家商议清明祭祀的相关事宜，并让每户缴纳份子钱，用作买祭品（如买鞭炮、买糯米打糍粑、做大锅饭的食材等）的经费，因为房内人口众多，每家缴纳的钱为五到十元不等。

到了清明祭祖活动这天，同"旮"的家户被召集在一起同去祖宗坟前祭祀。大约早晨八九点，妇女们早起将酒菜等贡品准备好，便会前往空旷的院坝里等着宗族内各家各户陆陆续续到来，之后一同前往祖先坟地。到了墓地之后，各家把自带的粑粑、酒、三两个菜品等摆放在祖先墓前供奉。由于几百年来祖先的坟墓渐渐增多，人们无法在一天之内同时跑遍所有的坟墓，因此有时房内会事先将人分成很多个小组，分别前往不同的祖先坟墓前祭祀，最后会集在韦尚 C、韦相 Z 及韦相 X 的祖坟前共同祭祀。在挂了青，共同祭祀完祖先、扫完墓后，人们把带来供奉的菜品、粑粑、酒水以及凑份子买来的食材找个聚餐地点一同享用。因为房族分散在不同的村寨中，因此共餐的地点是轮流着的，比如今年在陇脚大寨，那明年就会到岔河，再下一年就会到陇脚小寨，房族内部相互协调、相互迁就。

可以说，共同祭祀与祭祀后的共食聚餐都是对整个房族、同一血缘祖先的认可。

（四）家

"家"，布依语里作"垠"（音译），"垠"意为"家、家庭"。家庭是布依族社会中最小的社会单位，是最基本的社会组织，同样也是基于同姓血缘的逻辑之下、生物性的血缘组织之中，是指由父母的家庭中分裂出来的，包括丈夫、妻子及其未婚子女，有时还包含老人在内的长期共同居住的核心家庭。家庭由生育关系（有时也包括收养关系）与婚姻关系共同支撑，繁衍后代。

布依族社会中，当所能共享的资源越来越少，特别是居住空间的缩小，活动范围有限会导致很多家庭矛盾的产生，久而久之，分家是唯一的解决办法。当一个联合家庭分家之后，一个家裂变成几个小家，每个小家都有一家之主，就是这个家的男主人。分家后，分出来的个体核心家庭开始独立拥有参与社会事务的权力，布依族人常说："垠蒙羹挡撮寨啊？"（音译），意为"你家另起炉灶了啊？"即表明从此以后这个家庭就是独立的家户。例如要担负起独立供奉祖先的责任，即无论父母是否已经供奉祖先，这个独立出去的个体核心家庭也要再做一份贡品供奉祖先，而不再与父母共担一个祭祀。

再等到后辈长大成家，这个小家又分成几个更小的家庭，长此以往，小家越来越多，而演变成房族，循环往复。维系这些小家与房族、宗族之间联系的就是血缘关系。

综上所述，布依族传统社会组织是血缘组织与地域组织相互交织、共同组成的。血缘组织与地缘组织的区别在于，血缘群体成员之间的关系是以血缘为纽带的，建立在继嗣关系与血缘关系基础之上的，就算群体成员不居住在同一地域范围之内，也割不断彼此之间看不见的血缘的联系。即布依族社会存在着以血缘为纽带的姓氏—宗族—房族—家庭的层级结构，这个因血缘而形成的层级结构与地缘组织下的坪—板这一层级结构共同作用于布依族社会，形成了布依族自我管理的社会控制力量。

第三节　布依族社会的檐光组织

一　檐光的产生与继承

个案：20世纪解放前期，土改在布那地区推行，陇脚十二寨"檐光"是作为家中长子的韦洪X。按照政策他们家被划为地主，于是韦洪X一家被赶出陇脚大寨，撵至岔河寨。然而，根据布那的传统，一个地方是不能没有"檐光"的，于是韦洪X将"檐光"传给了自己的弟弟韦洪Y，之后十二寨的祭祀等活动便都由韦洪Y来组织。在韦洪Y百年之后，他将"布光"的位置传给了自己的长子（也是唯一的儿子），后来又由儿子传给自己的孙子韦世H。但是这个时期人民的生活已经步入正轨，前任"布光"韦洪X的儿子韦开R得到许可回到了陇脚大寨，并且还分到之前历代属于"檐光"的土地（这个土地如今已经不具有"檐光"世袭使用之功能）。韦开R一家回到陇脚大寨之后，现任"布光"韦世H曾提出要将"檐光"的位置交还给韦开R一家，但韦开R一家拒绝了。原因在于作为"檐光"，在享受这个特殊称号带来的荣誉的同时，也要相应为十二寨民众做出贡献。比如说过年的舞龙仪式，五月的"望祭"仪式等多次祭祀都需要有"檐光"来负责组织进行，除此之外还要由"檐光"自己提供糯米和酒等食物供给民众共同享用。因此，作为"檐光"必须具备足够的人力物力财力，也正是这个原因，韦开R一家相比之下实力不如韦世H家，加上"檐光"已经传出，新一轮的世袭传承已经开启，没有再交还回去的先例，便拒绝了"檐光"交还的提议。如今，陇脚十二寨的"檐光"是韦世H。

布依族社会遵守严格的寨头制度，基本上较大的村寨都有一户"檐光"，有的区域几个寨子共有一户"檐光"①。布依族古话常说："板有光，檐有卜娥"（音译），意为"寨中有檐光，如同家中有父亲"，一个家中父亲作为一家之主，而一个寨子中布光即是一寨之主。从前的布依族社会，人们无论有什么问题，都由檐光来帮助解决，家庭纠纷会到檐光请布光来断定，以解决纠纷，是为布依族社会村寨的首领，这是布依族社会传承了几百年的传统。

布依语"檐光"（音译），意指"寨主家、寨首家"。"檐"在布依语中指的是"家、户"，"光"则指"先、最早的"。因此，从字义上来理解，"檐光"应是布依族社会中最早来到当地的首户。檐光的称谓是一个特定的专用名词，同时"檐光"是被当地社会所公认的。

"檐光"中有"布光"，"布光"即是"檐光"的家主，通常由男性担任。"布光"最主要的职责就是组织和带领"檐光"社区的集体祭祀活动。

总结来说，檐光的继承与产生条件如下：第一，檐光是世袭的，其传承遵循长子继承制，布光在出身时便注定了，并且是终身不换的。其次，在长子继承制之后，是弟承兄位，即布光是长子继承为主，兄弟继承为辅。只有当长兄去世且长兄无子或长兄之子年少还未能担负布光的重任之时，可以将布光传给弟弟，二弟去世也可传给三弟，以此类推。但是布光在传给弟弟之后，新一轮的继承便开启了，即二弟去世后，即使二弟的儿子已经能够独当一面，作为布光的二弟也需要优先把布光的位置传给前一任布光（自己的哥哥）的长子，而不是传给自己的长子，只有当前一任布光的长子拒绝接任布光，才能传给自己的长子。

总之，檐光与布光的传承都在宗族内部，檐光的继承与布光的产生是以血缘为基础，以个人能力为辅的继承制度。这种较为灵活的继承制度使得檐光能够保持足够的力量管理檐光社区内部事务，能够赢得众人的尊崇。

---

① 例如陇脚十二寨就共同承认一户"檐光"，因为陇脚十二寨是由陇脚大寨衍生出去的。

二 檐光社区

在此，笔者引用"社区"的概念来理解布依族的"檐光"制度（寨头制度），即布依族社会在形式上是由一个个的"檐光社区"所组成的。由同一个檐光带领共同祭祀同一个神庆的群体，就是一个独立的"檐光社区"。从旧社会时期檐光在布依族社会的地位来看，这应该是一个既定世系群体世袭的管辖范围，一个社区内有且仅有一个"檐光"。

檐光带领和管理社区内其他家户，可以说，檐光就是社区的头人、寨头。但檐光不完全等同于"官家"，布光也并不就是"长官"，布依语中用"布赛"（音译）表示上级人物，"赛"意为"大官、高高在上的人、神仙"，在不同语境之中，其意义不同，有时可指"天上的神仙"。

在布依族社会中，布依族人是明朝洪武年间迁徙而来的说法被广泛接受，那么这段历史和檐光是否有所关联？根据布依族人的口述，我们得到这样一个说法，即檐光可能与封建王朝的土司制度相关连。据史料记载，土司统治早在元代时期就已经开始进入布依族地区，如望谟布依族的桑郎。《六枝特区史志》载有明万历四十年"毛口六坠造反"事件，此为关于布依活动最早的记载。土司在桑郎的统治中，曾出现过"亭""亭目""把事"，桑郎布依语称"亭目"为"布苏"，意为"主子、主事"；称"把事"为"布赶"，"布赶"为土司下属亭目内设置的"专门为亭目管理正粮、秋米的征收，并调解民间诉讼"。[①] 月亮河与桑郎的布依族语音因语区的差别而呈现出些许不同，但我们还是有理由相信桑郎的"布苏"和"布赶"就是北盘江月亮河流域布依族的"布光"和"檐光"。

> 个案：笔者在月亮河村访谈时了解到，旧社会月亮河一个团塘的管辖范围，以夹桃和夹岩为界，形成一片相对封闭的区域，当地有俗语说道："上有夹桃，下有夹岩。"团塘中有五塘，分别为湾塘、纳马塘、牛角塘、照妹塘、铜鼓塘；有三坡，分别是小滕坡、月亮坡、三塘坡；另有两潭，名为嘎龙潭和母猪龙潭；两城为寡婆城和木城；还有一座马鞍山。这个团塘曾由木则丁家丁达山管理，丁达山因此得

---

① 王启武：《月亮河夜郎布依文化》，六盘水布依族学会 2012 年版。

称"丁木塘"。月亮河年纪较大的老人告诉我们,丁木塘系月亮河一带土目的管事。这里的"土目"应该就是桑郎布依族所称的"亭目",只是因方言的差别而有所不同。

既然布依族的檐光、布光能与土司制度相联系,那也必然绕不开土地问题。前面说到,土司制度下,"布赶""专门为亭目管理正粮、秋米的征收,并调解民间诉讼"。在北盘江流域布依族人的记忆中,檐光一般是当地的地主,土地众多,普通家户要向檐光租借土地来种粮食,即檐光为地主,普通家户为佃户。因此,之所以"檐光"地位在布依族社会中如此特殊,也令人羡慕,其原因不仅仅在于地位上的尊崇及受到人们的尊重,同时也由于除了精神层面上的地位尊崇,檐光更是得到了一些物质资源上的优待。在布依族社会,檐光都有一块专门的田地,布依语叫"那赛"(音译,意为"神仙大官的田")。从字面上理解,"那赛"就是专门为神仙大官种植作物的田,其目的就是祭祀之用;另一层含义则是檐光独特的地位所致,"那赛"所产出的粮食,相当于贡赋的形式作为檐光的日常生活之用。

"那赛"通常是村寨空间内最肥沃、最平坦开阔、水源最好的田地由檐光自种自收。每一年檐光家用"那赛"专门种植糯米、水稻等以用作每年集体祭祀时檐光家为大家准备甜酒和糯米饭的原材料,该田种出的作物除了用作前面所述的原材料以外,剩下的部分檐光家便可自留。

个案:陇脚十二寨檐光的"那赛"位于寨子下方河边,当时为一块完整的水田,面积有XX亩,主要种植水稻。听当地人说,"那赛"是这片区域里位置最好、最向阳、最肥沃、水源最充足的水田,世代都为檐光所有,直到封建制度废除,土地改革檐光由当时的布光韦洪 X 在被赶出陇脚大寨时传给了族中的弟弟韦洪 Y,土地重新分配,檐光的"那赛"也被分给众人,"檐光"制度名存实亡。如今陇脚十二寨的檐光韦世 H 家再没有专门的"那赛",每年的祭祀活动中檐光要为众人准备的甜酒、糯米等食物都由韦世 H 自掏腰包,韦洪 X 的儿子当初拒绝了韦世 H 家让回檐光的提议有部分因素是因没有能力为众人无偿提供祭祀物品。巧合的是,之前的"那赛"也阴差阳错地回到了韦洪 X 的儿子手中，却不是因为他们家再次成为檐光，而是解放后如同普通众人一样分到的土地，"那赛"也不具备从前的功能了。

"那赛"直到近代中国才失去原有的功能，在土改时期被分给了贫农和贫下中农；而檐光也大都在同一时期被划为地主阶级而在政治上遭到批斗，失去了对社区内部民众的土地控制权，从而失去了优势地位。

三 檐光社区对神的祭拜与地域社会的整合

（一）檐光与社区的"神"

在布依族社会，有檐光的村寨都有一座神山，名为"神庆"（音译）。神庆上有神树，被视为神物质实体的表现形式，这些神树都是历经百年或几百年的古老树木或树林，因人们认为神灵附于其身而受到尊崇与祭拜。在过去，布依族人生活的区域多为森林所覆盖，森林在战事发生时可充当天然的防御屏障，而使得外敌难以入侵，因此布依族人认为，人们得以安居乐业是由于树木和森林之神灵护佑的结果。到了和平年代，神树则能护佑村寨的人畜平安，家宅安宁。因此，布依族人对神树、神山极为崇敬。

神庆和神树是布依族先祖传承下来的，不能随意变更。只有当神树自然死亡或因不得已的人为因素[①]，经过布光召集寨老们共同商议，寻找契机决定新神树与神庆来替代原来的神树与神庆。神庆与神树一般离寨子不远，或干脆就在寨子旁，檐光家族的房屋居所一般与神庆最为接近，或干脆就在神庆旁，便于檐光管理和守护神庆。事实上，布依族地区大多寨子的神庆都在寨子周围，因为建寨之初，檐光即是首户，是寨子的创建者，神庆与檐光的房屋紧紧相连，或许寨子经历了几百年的传承，其间因家族成员的增多而向外扩展，但神庆是始终不变的，世袭的檐光要守护神庆，也是始终围绕在神庆周围的，所以许多寨子的神庆与神树就在离寨子不远的位置。世世代代，布依族人的日常生活中，神树与神庆的范围内一草一木都约定俗成受到人们的珍惜爱护，神庆里的树，就算不是被人们选作神树的也都同样不能任意处置，更不可随意砍伐，就算树自然死亡也只能任

[①] 例如布那村寨大阿志在 XX 年就新立了一棵神树替代老神树进行祭祀。

其在神庆内腐朽消亡，甚至它的枯枝败叶都不能捡拾，如果有人私自拿回去用，则可能招致祸患。

个案：大阿志寨子在几代之前重新设立过一个新神庆，并用新神树替代了从前的旧神树。大阿志靠山而建，旧神庆位于寨子上方不远处，神树是一棵需要五六人才能合抱的巨大古树，和布那地区其他寨子的神树一样在"破四旧"时期被砍伐。然而这并不足以让寨子里的人换掉世代祭祀的神庆，而是由于檐光染上了布那人忌讳颇深的洋叉鬼。从前无论大小祭祀，总是由檐光组织进行，檐光有着至关重要的位置，起着至关重要的作用。檐光染上了洋叉鬼之后，大阿志的祭祀仪式悄然发生着改变。被染上洋叉鬼之外的人群因为害怕被传染，从而另寻了一棵神树来祭祀，后来寨子里为了区别新神庆与旧神庆，便用"包吉兜络"（音译，"络"意为"大"）和"包吉兜涅"（音译，"涅"意为"小"），即大小包吉兜来相区别。大包吉兜是檐光一直带领大家祭拜的寨神，而小包吉兜是指檐光染上洋叉鬼之后，寨子干净的另外两支后来另寻的一个祭祀山神的所在。

由于寨里干净的一群人害怕被檐光这群所谓染上洋叉鬼的人所感染，人们心里早就萌生了不再祭祀同一个神庆的想法，且正好神树被砍伐，为干净的人群提供了一个契机，人们需要寻找到一棵新神树。也是同一时期，水井边长出了一棵新榕树，人们认为这是旧神树重新投生的结果，便将之认为神树，作为神灵来祭拜。

个案：捞河火烧寨杨家女儿要出嫁到纳草，男方家砍树建婚房。正值破四旧时期，公社砍伐神庆的树，他家分到一块上好的木料并用它做了婚床。婚后有一天，村里许多人来他们家开会，有的坐在门边、有的坐在堂屋里，突然有一条蛇盘踞在门边，之后又来了一条悬挂在墙上的装辣椒的抹布袋里。这两条蛇被打死之后，人们发现又有一条蛇游走在鸡笼边。后来三条蛇都被打死了，但事情过去三天后杨家女儿便疯了。家里人很着急，便请来"包耶"（音译，指"算命先生"，特指男性）指点迷津，包耶问他家是不是私自用了神庆里的树（包耶事先并不知道他家分到神庆的木料）。后来在询问之下才知道，他们用分到的神庆里的木材做了婚床。包耶指出这正是问题所在，说他们私自使用神树，冲撞了神灵才导致杨家女儿的疯癫。后来在包耶的指引下，夫家作了一场法事将婚床上那根木料送回了神庆，向神灵请罪，渐渐地杨家女儿的疯症才得到缓解，慢慢地清醒过来。

布依族的村寨除了供奉山神，还祭拜"包吉兜"（音译），意为"守寨神"。"包吉兜"一般用一块形似人形的奇特石块，或用木头扎成人形来充当，作为村寨群体公共祭祀、共同祭拜的对象，每年布依族的几个较大的节庆中寨里每户人家都要在檐光的带领下去祭拜。总的来说，神庆、神树、包吉兜的祭祀范围围绕同一座"神庆"、同一"神树"、同一个"包吉兜"进行，形成一个独立的祭祀圈。这个祭祀圈是在同一个檐光带领下进行共同祭祀的，因此祭祀圈与檐光社区是完全重合的。共同祭祀的山神、寨神划分出一个个以檐光为核心的独立社区。这些社区在规模上大小不一，有的村寨人数少，但有自己的神庆和檐光即可作为一个独立的社区；而有的神庆是周围十几个村寨共同拥有的，并由同一个檐光带领祭祀，这十几个村寨也只算作一个社区，如陇脚十二寨、毛口四寨。

布依族人对神灵的崇拜观念从未因受到外界文化的干扰而减弱，说明了布依族社会组织结构的稳固。并且即使檐光失去了封建社会时期对布依族社会的管理权，但檐光作为聚落共同祭祀的领导地位却仍然在发挥着作用，依然具有较强的社会号召力与权威，无形中形成了巨大的社会控制力量，维系了布依族社会的运转。

（二）檐光社区的祭祀仪式

布依族有着深远的民间信仰习俗，并伴随固定而隆重的祭祀仪式，每年最重要的祭祀主要有三个："敬老包"仪式、"玩龙"仪式和"望祭"仪式。

"敬老包"（音译），直译为"祭老包"，"老包"在布依语里是对老年男性的称呼，"老包"也叫"包吉兜"，在布依族中指的是"先祖"。"敬老包"仪式定在大年三十和大年初一。"玩龙"（音译），即指"耍龙、舞龙、玩龙"，仪式定于每年春节正月里，正月十五闭龙。而"望祭"（音译），"望"布依语意为"祭祀、供奉"，"祭"字面上指祭祀的地点"塘祭"，也即"神庆"。望祭仪式定在每年的农历六月初六。

敬老包、玩龙和望祭三个集体祭祀活动都是在檐光社区之内进行，无论是次数还是祭祀内容都承袭定制、遵照传统，敬老包作为一种定制每年都在举行。玩龙并不会每年都举行，但一旦举办，举办的时间则是固定的，正月初起龙，最多不过正月十五就要闭龙，玩龙在多个檐光社区可能同时举行。望祭仪式通常一个区域内不同檐光社区会将时间错开，比如陇脚檐光社区过虎场天，毛口檐光社区可能过的就是猴场天，但共同之处在于都必须在农忙过后的农历五月内或六月初（近年来，仍旧在举行望祭的檐光社区因旅游开发、便于记忆等原因将望祭的时间固定在每年农历六月初六）①。

1. 敬老包仪式

几百年前，布依族先民从远方迁徙而来，为了表达对远方祖先的追思而选择一块名叫"塘祭"的区域将祖先的灵魂安放其中，以便后代可以时时拜祭。于是，布依族人大年三十在家做好年夜饭敬祖先之后，以同一个檐光社区为单位的寨子中的家家户户便带着酒菜等祭品集中在塘祭"敬老包"。布依族春节的敬老包祭祖仪式与春节玩龙仪式是相结合的，仪式在大年三十夜与初一相交的凌晨举行。

"敬老包"时檐光除了带酒菜之外，还要带一只大公鸡前往。由布光与摩公站在最前方，寨中人站在两人身后，行跪拜礼。之后，布摩（音译，指"布依族懂风水八卦的先生"）发言，大致表达的意思是"今天是年三十，我们来敬老包，希望老包保佑大家未来一年日子过得红红火火、老人身体健康、孩子快乐成长……"。摩公发言的同时，由布光杀鸡祭祀。

杀鸡祭祀之后，家家户户将从家中猪牛羊圈中拿来的用来捆牲口嘴巴

---

① 布依族对节日时间的安排遵从历法规则，即大多节日时间与公历是不一定的。布依族的节日时间首先根据历法与节气相结合安排大致周期。如五月"祭田、祭水口"，农历五月秧苗基本插完，为了祈求秧苗能在水田里苗壮成长，布依族人民于是想通过祭祀等方式表达自己的美好愿望。其次是对事件的安排，这更是反映了布依人与生存环境的紧密关系。五月"祭田、祭水口"布依族不同区域时间不同，如从前在月亮河一带森林茂密，常有老虎等野兽出没，危害乡里，为了对虎表示一种威慑力，便选在虎场天过；而有的地方，如红岩一带猴子猖獗，红岩人民便是在猴场天过的节。最后，人们对节日具体时间的选择。按照农历纪年，天干地支对应十二生肖一共十二个轮回，一个月中有时并不只轮到一个生肖，因此人们在确定节日的具体时间时并不是唯一的，人们可以根据前面所说的任选一个月中任一个猴场天或是虎场天等过节。

的索套在"老包"跟前"凹麼"（音译，意为"讨彩头"），同时布光在一旁大声喊出："愿来年子孙满堂、牛羊满圈、家庭和睦、兴旺发达"等，在布光的吉祥话声中，家家户户用绳索套住塘祭场中的一小块石头牵回家，拴在自家的牲口圈里，寓意"牛羊满圈，人丁兴旺"。"敬老包"的仪式便结束了。

2. 玩龙仪式

在"敬老包"之后，人们要共同商议、集资以准备春节期间"玩龙"等祭祀活动的相关事宜。在布光的组织下，人们会商议每家凑多少钱。以前还要贴告示，告知方圆几十里的人，今年要玩龙，欢迎大家前来，彼时晴隆、关岭、镇宁、水城的人都会来一同观赏玩耍。

陇脚十二寨以韦氏为主，韦氏来此地已有700多年，玩龙的历史也有700多年了。老人们说自从落脚陇脚后就开始玩龙了，虽然也说不清具体哪一年开始玩的，但是到20世纪六七十年代还一直玩，中间断过一段时间，80年代末90年代初才又开始玩，从恢复玩龙到现在也已经有20多年。

当地人说韦氏玩的龙是从镇宁请来的。月亮河全长50公里左右，从龙分水到天星桥，并不是所有寨子都能玩龙，只有陇脚和捞河的韦家、毛口那当卢家敢玩龙。能玩龙的寨子玩龙过后方圆几十里都风调雨顺，而不能玩龙的寨子玩龙会招致灾祸。

传说几十年前，邻近陇脚大寨的花德河有一段时间寨子不顺利，出现火烧房子、打架的事情，寨子不平安、不和谐。寨上人认为需要什么来冲冲喜，于是他们就胡乱捆了一条龙来耍龙，但是过了一个礼拜，村子里就死了好几个人，牲口也相继死去，寨上更是乱成一团，直到今天也不得安宁，在外打工死的、喝酒死的、掉河死的，每年都有。无独有偶，曾经中寨乡的火坑寨也想耍龙图吉利，便邀请陇脚寨子的人去扎龙，一开始弄的时候没问题，起龙的时候却突发状况，整个寨子死伤过半，有的病死，有的意外死亡，寨子很不安宁。

后来有摩公算出原因，原来是因为这些寨子龙脉招架不住，冒然玩龙，伤了老百姓。因此，布依族社会中，只有为数不多的檐光社区能够玩龙，而且一旦决定玩龙，就必须连续玩三年，经济条件好时，年年玩也可以。但若很久不玩龙了，重新起龙后必须玩满三年，即使遇上社会大动乱，都必须举行个仪式，象征性地玩龙，不然寨子将会不得平安。

玩龙时间规定为三日，即农历正月十三起龙，正月十五闭龙。因此人们大约正月初一至初三之前就得开始动工扎龙了，并赶在正月十三起龙之前完工。

（1）扎龙。人多时五六个人一周就能扎一条龙，只有两三个人时要花上十几天才能把龙扎完。扎龙首先要准备好材料，要选择柔韧性好的竹子，比较硬的烧纸、白纸，和装饰的颜料、彩色布等。以前要在郎岱买金粉、银粉，自己调成金色和银色的颜料，现在直接在安顺的文具店购买金纸、银纸和彩色颜料。扎龙很有讲究，工序十分烦琐精细，单龙头就有100多道工序，需要会美术、有耐心的人才能做。扎龙头要选好日子，先由嘴巴开始，用竹子将龙嘴定型，扎好龙头框架，放在门口吃过一晚上露水就能定型，等到第二天便可开始扎龙身了。先用较硬的烧纸垫底，再用一层白纸糊好，晒好晾干，再用金纸银纸裹小条装饰龙头，用红色、绿色的颜料画图描色，贴上彩布、彩线等装饰，龙头就算做好。一般龙身不易坏，不必每年扎，但是龙头必须年年扎，现在为了方便不用年年扎，但是龙头也要每年维修。而且，除了扎龙还要扎狮子、天鹅、鹬蚌等，所以，要一次龙要花费很多精力。

（2）起龙仪式。陇脚十二寨结合风水与地形地貌来看，陇脚大寨中神庆所在的地方恰似一颗宝珠，当地人称为"龙宝"，相对应的陇脚大寨所在的位置则是龙头，起龙仪式便从是从神庆开始。

正月十三这天清晨天蒙蒙亮，寨里的人敲起锣鼓，吹起唢呐赶到神庆处，举行起龙仪式。首先在"龙宝"塘祭里摆好一桌菜，有酒有肉，点香烧纸供老祖先，取二龙抢宝之意。龙头对着祭祀的桌子，先由布摩请师，在神庆前"通说"，请示神处，说"我们陇脚十二寨今天开始玩龙，请示先祖，望保佑年年风调雨顺、人人平安、牲畜兴旺、庄稼年年好"等。接下来由布摩杀鸡，说四句："此鸡不是非凡鸡，头戴红冠子，身穿五彩六色衣，别人讲你无用处，陇脚十二寨将你做个起龙扫杀鸡，自从今日起龙后，保佑整寨家家老小平安无事、风调雨顺。起。"然后将鸡血点在龙头、龙腰、龙尾三处，布摩宣布起龙，唢呐奏响，鞭炮齐鸣，烟花燃放。以前陇脚十二寨还有自己的武装，因此起龙仪式时会用几十杆火药枪当作烟花鞭炮，场面十分热闹。起龙仪式一般持续十几分钟，布摩在龙鼻处放黄烟，表示龙吐烟，活灵活现，唤醒这条龙，把好的东西带回来。

（3）赶龙。陇脚十二寨老一辈人玩龙时要从龙分水开始"籁龙"（音译，"籁"意为"赶、追赶、辗"，"籁龙"直译为"赶龙"）到陇脚大寨。

玩龙为期三天。第一天从龙分水赶龙来到陇脚大寨，第二天主要活动范围在陇脚大寨周围，第三天（正月十五）则是闭龙仪式。玩龙需要十个人共同完成，一个人负责舞龙宝，另外九个人舞龙身追逐龙宝。玩龙者没有特别规定，只要是檐光社区内的年轻人都可以，秉着自愿原则，只要求身体强壮即可。玩龙的人定下来后，以劳力大小来安排，力气大、手脚灵活的人掌握龙头，跑得快、腿脚灵活的人掌握龙尾。玩龙时有规定的一套步伐，舞龙者需要跑起来且过程中不能换手，龙宝在前，龙头时刻追逐着龙宝。舞龙姿势有背对背、面对面等，龙嘴快含到宝时在舞龙场的四个角停顿，一个角要三下，按右一左一右、从左到右的节奏进行。

起龙仪式过后，耍龙队举着龙先跑到龙分水（据说龙分水从高处看去，正处在龙的龙尾处），从龙分水开始沿着龙脊撵下来，一公一母狮子、天鹅、鹬蚌等跟随左右，年轻人、小孩等跟着凑热闹。途经龙分水—滥坝—以那—纳毕—龙墓—新寨—大荒地—杨家屋基—高寨—卜喜—石头寨上面—岔河—陇脚。

赶龙路线由远至近，最后回到起龙地点收龙。玩龙所经路程有几十公里，对身体要求很高，体力消耗很大。所经地全是山脉的最高点，耍龙队就这样在山脉上狂奔，翻山越岭。遇到荆棘，前面有人便拿着弯刀砍出一条路，途中遇到水井，则要将龙头对着水井处，用一个土葫芦舀一点水放在龙口处，意思是路途辛劳给龙喝点水，再装一些水带回寨子，倒入本寨水井中，寓意水一年比一年发。由于从龙分水到陇脚大寨路途遥远，其间还要绕道——经过陇脚十二寨，因此耍龙队在天蒙蒙亮起龙仪式之后便要出发前往龙分水，有时天黑了也难回到陇脚大寨。

（4）娱乐活动。玩龙的同时，寨上还会举行篮球比赛、丢沙包、拔河、赛跑比赛等，将欢庆春节的气氛推向高潮。由于现在出去打工的年轻人增多，为了热闹，起龙的日子也有所提前，不固定在正月十三。近年来，只要选好良辰吉日就可以玩，起龙仪式都提前到初五初六举行，玩龙的时间随即延长，但闭龙时间不变，十五必须闭龙。

（5）闭龙仪式。正月十五这天，玩龙队将再次走遍陇脚十二寨。经过寨子时，寨子里家家户户炸好粑粑，摆好糖食果饼，准备好酒菜等摆在门口，等到龙来到家门口时放鞭炮迎接。龙必须从社区内每一家门口都经过，主人家会邀请耍龙队喝酒吃饭。因为户数很多，耍龙队在每家象征性地吃一些，主人家会将糖食果饼分给跟随而来的小孩，希望龙带来家庭兴旺，随行的人则象征性地收取人们祭祀龙的酒菜。龙必须在当日回到主寨，不能在别寨借宿，不回来证明龙没到位，会不吉利。回到本寨闭龙，到铜鼓台上面，也摆上一桌菜，布摩再次"通说"："今天玩龙顺利，百事大吉"，说完向地上洒几杯酒，之后在烧纸钱时将龙头、狮子、天鹅、鹧蚌等一起烧掉。如今人们秉着不浪费的原则，并没有将龙头全部烧掉，而是剪下几根胡子，取下甲壳等象征性地烧掉，直到玩满三年才必须全部烧掉。没有烧掉的龙头必须在檐光保存。

3. 望祭仪式

农历六月初六是布依族每年最重要的节日——"望祭"。这一天是一个举族欢庆的节日，同时也是布依族重大的祭祀仪式。望祭仪式时间通常安排在农忙之后，最初的愿望是求取庄稼收成好、希望五谷丰登。

毛口四寨的檐光为卢姓，居于毛口四寨中的那当寨。在毛口有个不成文的规定，即毛口四寨只有那当能够举行望祭与玩龙仪式，只有者今寨能够耍狮，那当不会轻易去耍狮，者今也不能随便去玩龙。①

（1）仪式的前期准备

六月初六之前，那当布光卢香 Y 与寨老们早早地开过会，商讨今年祭祀的相关事宜，并确定明年轮值的四户执行者。

针对毛口四寨每年的望祭仪式，除了相对固定的寨老，社区内部每年

---

① 这与前面提到的只有陇脚十二寨能够玩龙的事例相似，不能玩龙的村寨玩龙会招致祸患，不能耍狮的村寨耍狮也是不吉利的。

还会选出四户人家轮流担任该年祭祀的具体执行人员，一年一换，直到社区内部所有的家户都轮完，又再次重头开始轮。家户的选择不按姓氏，不论来自哪个姓氏宗族，只要是居住在檐光社区之内，便有权利参加檐光社区的祭祀活动，只要轮派到的家户就要无条件派出一个人去做檐光的助手，除非没有居住在社区内，否则就算才搬来也要遵从这项规定。这四户人家每家派出一名成年男子，四户总共派出四名男子，另外再由这四个男子再各自寻找一个副手，从而组成了一个八个人的檐光助手小队。

这八个人最主要的工作就是负责在祭祀前准备、购买祭祀所需物品、协助布光和摩公做好一切与祭祀有关的事宜。但是檐光助手小队只负责采办事项，不负责账目管理。账目管理者相对固定，通常是从寨老中选出一人担任，此人与每年的檐光助手互相配合，记好每一笔支出的账目，使得祭祀活动财物支出公开透明，以避免社区集体活动因账目问题引发纠纷。

多年以来，那当的账目管理者为那当寨老之一的卢兴M老人。老人现年72岁，年轻时曾担任过村支书，多年来为本寨劳心费力。据卢兴M老人介绍，那当寨有73户人家，约330多口人，他出生至今，他们家总共轮流担任了四次望祭的四户执行者之一。这一年又轮到他们家，然而他年事已高，但儿子们个个成器，都是他的左膀右臂，于是他也就放心将任务下放给儿子去了，自己也乐得轻松，管管账目便可。今年他的儿子除了认真做好执行者之外，还通过自己的人脉请来了省电视台对这次望祭仪式做了宣传报道，博得了大家的赞誉。

六月初五，寨子里的青年男子们被安排前往塘祭做打扫、砌火塘、找柴火、架锅等准备工作。而另一边，檐光则相对要忙碌许多。檐光女主人搬出前几日就做的甜酒坛子，目测了一下，这一个坛子估计能容纳好几十斤，旁边还有一个同款的酒坛，装有二十来斤米酒，女主人说做甜酒她每年都要用上十几二十斤糯米才够一个寨子老少食用，这些都是檐光的职责。但说起这糯米，女主人告诉笔者："旧社会檐光有'那赛'（即檐光专属的田地，种出的粮食即作为集体祭祀之用），糯米都是从那赛里出的，但现在檐光没有那赛了，每年酒和糯米都要檐光自家出，是一笔不小的开销嘞。"

不一会儿，厨房帮忙的寨上妇女说糯米蒸好了，说话间两三个妇女七手八脚抬出一个热气腾腾的木质蒸锅往大门口走去。门口的石杵已经清洗干净，把蒸好的糯米倒入其中，旁边看起来很强壮的男子二话不说已经开始打起糍粑来。可能是糯米太多，其间换了两三个男子才把糍粑打好。这回又轮到妇女们上场，只见旁边早就准备好簸箕的妇女将一个鸡蛋黄碾碎在簸箕里，一手拿着簸箕，一手拿着勺子将打好的糍粑舀出来，后将之揉成圆形大饼状，又在上面撒了些干的糯米粉。这糍粑是明天檐光要分发给每一位前来参加望祭活动的人的。做好了这一切，妇女们的准备工作告一段落，开始闲话家常。到了晚上，布光和寨老们又开了一次会，确定明天祭祀的所有安排才各自回家。

(2) 仪式的进程

六月初六凌晨5点左右，天还未大亮，八名檐光助手已经出发前往寨中拉猪，没多久，猪叫声与鸡鸣声此起彼伏，人们从睡梦中醒来，准备迎接新一天的到来。由四户派出的四个人将猪牵进祭祀场内（这时"没有编制"的另外四个副手不需帮忙），暂时系在神树下的火塘边，等待仪式的开始。到了下午两点多，寨子里的人都自发地聚集到了神庆（即塘祭）①，塘祭中神树的周围聚满了人。只见塘祭中神树底下放着五只鸡、捆着一头猪，旁边有一个用木板钉成的庙宇形状的半人高的小房子，其内部用木板隔成三层，摆着祭祀山神的祭品。小房子下方是一个简易的火塘，上面架起一口大锅，正热腾腾地烧着水。布光早早就沿着自家房子背后的小路来到塘祭，来到神树前做准备。不多时，布光示意大家安静，然后恭敬地对着神树大声"通说"（说吉祥话）。祭祀仪式开始了。布光面朝神树，他的身旁站着摩公，民众安静地围在四周。

---

① 那当的神庆位于水库移民后的牂牁江畔，神庆中有一棵有着三百来年历史的巨大榕树，榕树几经大火，然而在每次烧过之后树干原处又重新发芽成长，盘根错节的根茎铺满整个塘祭，一次次的浴火重生，更是让当地人对它心生敬畏。人们很庆幸水库建设未曾将其淹没，移民后的檐光将房子修建在神庆下。

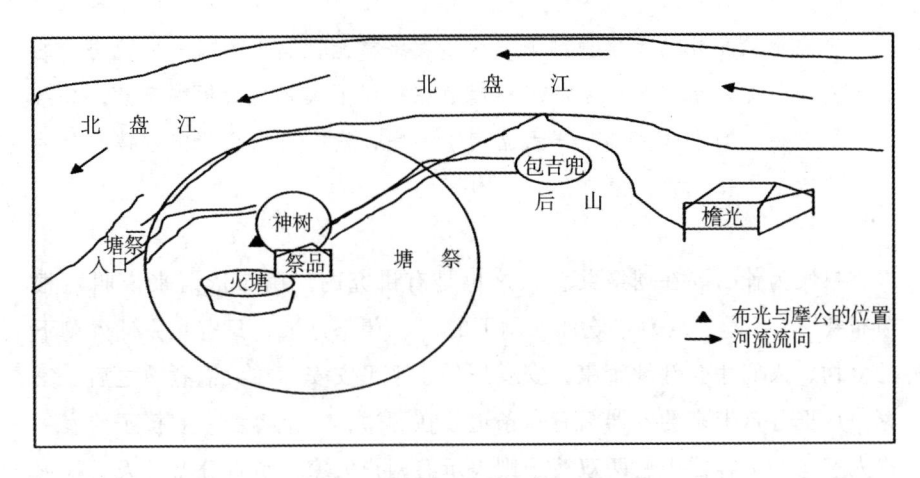

图为毛口四寨望祭位置示意图

无论是过年的敬老包、玩龙，还是望祭仪式中，布依族民间自发地以檐光为主导、"三老四少"理事会共同协商，形成了布那社会檐光社区一套完整的社会组织及其运行机制。社区中檐光与三老四少缺一不可，在祭祀中，布光与摩公同样重要。檐光在三老四少的协助下要带领一般民众做好一切杂事，而布光则要与摩公合作完成整个祭祀仪式。在仪式中，摩公引导布光与神沟通，在摩公的念诵声中，布光一步步完成仪式。仪式在摩公的引导下进行，一共分为六个步骤①：

第一，请师：祭山神

第二，杀鸡：拜塘祭和神树

第三，杀猪：祭山神

第四，再杀鸡：祭当地土地神

第五，完成之后，回熟祭山神

第六，祭完山神后，按当年户数分到各户去，拿回供祖宗，保佑全家老幼人人清洁，个个平安，五谷丰登，金银满库。

仪式过程中，布光手中拿着一只鸡，待摩公念完祭文，布光将鸡杀死，鸡血滴在神树树根上流入泥土中，然后对着神树祭拜三下，仪式便宣告结束。之后，由布光指挥大家把猪杀了。首先要将猪头割下

---

① 详见附录：望祭仪式中布摩所念诵的祭文（参照布摩罗光S手稿）

来供奉，此外还要单独割下一块肉留给檐光，剩下的部分中，全部的内脏和部分猪肉和杀了的鸡一起放在神树下架起的大锅中烹煮，分给所有在场的人吃。如果当天猪肉吃不完，没有煮的生猪肉则按当年的户数分给每一户人家。

村民为什么要在塘祭共食，这也是有讲究的。用布依语来说叫"根攒布赛"（音译，意为"吃仙人剩下的"）。望祭这天，只有吃完仙人剩下的食物，人们才会健健康康、安安乐乐、平平安安。在大锅煮熟之后，家家户户把各自带来的容器沿着一条道放在两边，一个容器一双筷子代表一户人家，一个容器中放两双筷子则表示有两户人家，负责分派的人会根据容器中的筷子决定要分几份，两双筷子的即分到两份，以此类推。生猪肉的分法与熟食分法相同。

大约下午五六点钟，人们在塘祭热热闹闹地就着檐光为大家准备的糯米吃着大锅烹煮的熟食，喝过檐光准备的甜酒，望祭活动圆满落幕，各家便可以带着分到的生猪肉回家祭拜各自的祖先了。

（3）仪式的后续工作。首先，仪式结束晚些时候，布光拿着在神庆单独分给檐光的一条猪肉和一只鸡带着人们前往"包吉兜"拜祭，从前是社区内部民众都要参与的，但近年来只有檐光前往祭拜，其他普通民众参与与否全看他们各自的意愿。那当寨的包吉兜在水库建设后，原址被淹没于江水之中，檐光家遂把包吉兜迁往新地点，即檐光自家新房背后的山上。（包吉兜搬迁地点也是有讲究的，必须安放在有年份的大榕树下。）祭包吉兜的仪式中，布光将鸡杀了，取鸡血从包吉兜处向下倾倒，如果鸡血能够顺利流下没有间断，则说明该年雨水充沛，庄稼生长成熟得快、收成好，人们的生活顺当无灾。其次，单独分给檐光的猪肉在所有仪式结束之后，晚上檐光要用它宴请摩公，招呼重要的客人。

笔者着重还原社区仪式完整的展演过程，对仪式过程中人、物、人与人、人与物、人与神等多重关系进行了全局式的描写。檐光社区通过三场重要的社区仪式将社区居民聚合在一起，成为一个强有力的统一体。在这个社区祭祀场合中，每一个社区民众可以与他人交流沟通，建立社会联系，使家庭、宗族和姻亲等关系都进一步加深。此外，在祭祀仪式中，人们虔诚地相信通过祭祀，就能被祖先、神灵所庇佑，让未来的生活更加美好。总之，各种身份的社区民众在仪式中相互配合，保证了仪式有序地进行。

（三）社区仪式中的"人群"

1. 布光

前面笔者已经对布光进行了详细的描述，布光是布依族社会中特有的檐光世袭传承的村寨首领。

作为寨头他的身份是与生俱来的，在布依族封建社会时代还曾担任过布依族社会管理者。然而今天，国家政治体制改革使檐光和布光失去了对布依族社会经济、政治等方面的领导权，布光在布依族社会中只保留了部分领袖的地位。即布光在民间的祭祀领袖地位仍然受到布依族人的承认，布光作为各种布依族传统祭祀活动的主祭者，在布依族的传统祭祀活动中占据着不可替代的位置。可以毫不夸张地说，如果檐光家族最后一名男丁去世的话，整个布依族望祭、敬老包等具有公共祭祀性质的仪式活动将不复存在。因为在布依族人的观念中，只有檐光才有权力组织进行望祭等活动，布光虽没有实权，但作为名誉领袖其存在也是不可或缺的。

2. 布摩

如果说在檐光社区中，檐光的身份是与生俱来的，那么在社区中还有另外一种身份是后天形成，却与檐光、布光同样重要，那就是"布摩"（音译），布依语也叫"布嘚"（音译），专指布依族各种祭祀活动中的祭师。

布摩的产生在布依族社会中既是偶然，也是必然，且通常都带有些许神秘的色彩。笔者采访了几个布摩，他们都说是冥冥之中有"人"选择了他们，这个"人"并不以实体存在于世，只以一种魂灵，或者说以一种"意识"，通过托梦等形式挑选他们，教会他们各种五行八卦、阴阳学说，使之慢慢成长为布依族社会中的布摩。

个案：一个布摩诞生的过程。

20世纪80年代，捞河岩脚寨有个叫小江的男孩出生了。十多年过去，孩子长成了大小伙子，起初他和寨子里的同伴们一样外出打工,老大不小时娶了个媳妇,生了个娃,日子好似还过得去。然而孩子出生没多久,他媳妇儿却改嫁了,他变成了光棍,也不再出门打工,整天在家无所事事,家里人对他的生活状况有些担忧。光棍打了好几年,父母托了亲戚朋友帮忙问有没有合适的女子愿意嫁给他,却一直无果,原因是他这个人平日里有些神神叨叨,总说些异于常人的话、做些不同寻常的事,但家人亲友从未关注过他到底在做些什么。直到几次偶然的机会,家人发现他对五行八卦很是在行,每次谈论起来都头头是道。家人觉得奇怪便问他是怎么知道这些的,他说有师父在教他,每次他在火塘边打瞌睡时,他的师父就来教他了。家人听后只觉得他在胡言乱语,并没有在意。

但后来通过很偶然的机会,他帮人算了风水,却无比的精准。比如有一次他算到"段寨"(上游陇脚一带)有一个人家的祖坟不安宁,他说是有蛇干扰了祖先的灵魂。那家人起初不相信,觉得他一个毛头小子在乱说的。但那段时间那家人的确烦事缠身,便重新找了个德高望重的布摩来看。没想到布摩也说祖坟有问题,需要迁坟,但并没有说祖坟中有蛇。那家人之后便着手迁坟了,但挖坟那天,人们挖出了蛇。那家人面面相觑,这才信了小江的话,觉得他还真厉害。自那以后,开始有人渐渐地找小江看风水、作一些简单的法事了。小江正一步步地成为布依族社会中新一代的布摩。

一个檐光社区内通常有一个或多个布摩,但并不是所有的布摩都有资格担任共同祭祀仪式中的布摩,要想在众多的布摩中脱颖而出,成为能够和布光一起主持集体祭祀的祭祀布摩,那还得综合考量多种因素。

其一,懂得基本的五行八卦、阴阳之道,这是成为布摩的基础条件。

其二,在摩公行业中有口皆碑,出类拔萃。

其三,年长且阅历丰富,人际关系良好,受到众人尊敬。成为祭祀布摩是众望所归的。

在布依族现实生活中,祭祀布摩年纪都稍长,因为他们丰富的阅历才足够使人信服,因此祭祀布摩通常还是村寨寨老。

3. 寨老

由檐光为核心的区域社会中,布光并不是社区事务的决策者,还有众多寨老作为布光的下属。"寨老",布依语称"洛首"(音译),"洛"指"大、年长、老",所以洛首直译就是"家中的长辈",在这里引申为"族中的长老"。寨老并不一定是与檐光同一个姓氏的,而是生活在社区内来自不同宗族的德高望重的老人。寨老的人数不做限制,议事时大家都可参与,只是看个人提出的意见、建议能否得到众人的认可与采纳,而这与平日里个人说话的分量有关,即与自身的修养、能力密不可分,这也是成为寨老的资格所在,即寨老是能者为之。寨老的主要职责就是建言献策,并协助檐光筹集祭祀所用钱银、米粮,管理账目等。

4. "三老四少"理事会

"三老四少"理事会一般由多位寨老共同组成,这个组织在社区内是公认的较为公正、能秉着共同协商原则为大家办事的。这里的"三老"指的就是寨老们,"四少"则多表示作为执行者的年轻力壮的青年男子。组织成员并不是一成不变的,也不是规定好的,而是当面临问题时,临时组成的。因此,原则上来说只要是社区内的成员都可成为"三老四少"的成员。

个案:毛口者今寨有老人突然离世,其子女找到摩公推算适合安葬的坟地。不巧的是,这块坟地在那当寨的范围之内,需要前往那当寨协商要坟地。于是,丧者的子女请来寨子里的三老四少向他们表明此事,而后者今寨的三老四少在丧家的嘱托下带着一只公鸡和一瓶酒前往那当寨。首先他们找到那当寨的三老四少说明来意,那当寨的三老四少便带着者今寨的三老四少找到了坟地所有者的家中。在布依族的传统观念中,秉着死者为大的原则,一般说来,坟地土地持有者都会同意出让土地让丧者安葬的。在这里,三老四少以社区民间事务协调者的身份为社区居民解决困难提供了方便,因此组织存在的合理性从未被人们所怀疑,并以其自身的方式一代代在布依族民间社会延续。

5. 檐光社区人群的关系

由布光、布摩、寨老以及每个普通民众所构成的布依族檐光社区,实际上是一个由血亲关系与非血亲的地缘关系所组成的社会组织。以上多种身份在该社会组织中都有其存在的必要性，并且这多种关系交织互动才能完成各种"规定"动作，保证布依族社会的正常运行。

就拿布光与布摩之间的关系来说，布光虽然是檐光社区各种祭祀仪式的号召者与主祭者，但布光本身不会念诵各种祭祀仪式中的祭文，也没有与神相通的能力，因为每一场仪式中，这些事项都是由布摩来完成的。布摩通过念诵祭文等方式达到与神沟通的目的，布摩就是布光与神沟通的桥梁，布光在布摩的指引下一步步完成祭祀仪式的操作。即布摩动口，布光动手，两人协同合作才能完成一场完整的祭祀仪式。两者谁缺了谁都不行，因为布光没有直接与神交流的能力，布摩也没有单独祭祀神灵的资格。

三 有关檐光组织相关问题的讨论

（一）檐光组织的本质

通过前两个章节对什么是檐光、檐光的产生与继承、檐光社区对神的祭拜与地域社会整合的关系等情况的论述，可以反映出檐光在布依族社会中的地位，以及以檐光为核心的檐光社区是如何运作的。布依族的檐光组织在封建社会时期曾是占据一方的强大力量，在政治、经济、社会生活等方面都产生巨大影响。从政治方面来说，布光就是布依族社会的首领，檐光组织拥有管理社区居民的权力，有一套完整的规章制度规范社区内居民的行为，如有违犯者，以布光为首的檐光组织有权对违犯者进行处罚。如前面章节提到的布依族少女如若未婚先孕，变成了"洋叉鬼"，檐光组织内部极有可能将其处死。

从经济方面来说，从前的檐光社区不仅是一个政治组织，还是一个经济组织。檐光组织的形成得益于社区民众的共同劳动，这是最基本的，也是最首要的动因。前面说到，檐光之所以能成为布依族社会的领导者，除了是建寨始祖之外，檐光还占有大量的土地等生产资料，社区内的普通民众要从檐光手中租种土地，维持生活。即檐光是地主，普通民众的身份是佃户。经济组织作为社会组织的一种，在本书中本该作为重点来讨论，但檐光组织所发挥的经济组织职能在国家力量的干预下已不复存在，因此笔者在此一笔带过。

从社会方面来说，无论在过去还是现在，檐光组织都在发挥着自身的领导作用。特别是现在，檐光社区民族依然认可檐光祭祀领袖的身份。

综上所述，檐光组织在北盘江布依族社会普遍存在，这是建立在血缘亲属关系和地缘关系基础之上的布依族内部自我管理的社会组织，它以其存在的等级关系，按照一定的组织方式明确了社区内部各种身份成员的行为，约定俗成的行为模式使人们各司其职，保证了布依族民间传统社会的正常运转，构成一个完整的有机的民间社会组织体系。

（二）国家身份

布依族社会在国家视野下是一个多民族杂居地区，檐光组织固然在布依族社会具有一定的社会控制能力，但相较于国家所展现的力量还是处于从属地位。这里笔者所说的"国家力量"指的是我国历史进程中中央政府在少数民族地区实行的行政管理体系。布依族地区除了民间如檐光组织这样的社会组织系统外，从唐朝开始，同时作用于布依族社会的还有中央政府任命的行政系统。如唐朝时期的羁縻制、元朝开始实行的土司制、清代的流官制，以及民国政府建立的保甲制。从相关史料来看，布依族的檐光组织与土司制关系最为密切，许多学者都认为檐光的首领布光是土司下属的地方小吏。在布依族老人的记忆中，檐光曾负责收取社区民众的粮食以充赋税。直到保甲制度施行相对减弱了檐光对檐光社区的控制作用，檐光失去征收赋税的权力，但宗教事务、世俗事务仍由檐光进行组织管理。因此，这一时期的檐光组织依旧是一个相对独立，并带有一定自治性的社会组织。

20世纪50年代后，国家力量在布依族社会已经实质性地深入布依族社会，国家在包括布依族社会在内的少数民族地区实行现代行政管理体系。布依族基层社会以村民小组为单位，设立了村支书等职务管理乡民社会。但在20世纪那个动荡的年代，布依族社会由檐光领导的如望祭仪式等传统文化活动一度被要求停止，甚至布依族民众所尊崇信仰的神树都被砍伐，祭祀活动因没有了表达信仰的媒介而被迫中止。

国家力量一步步深入檐光社区，檐光权力不断被国家政治体制吸纳。实际上，根据布依族社会檐光组织权力的丧失过程来看，虽然檐光组织是具有一定社会控制力量的社会组织，但在面对比自身力量更强大的外来力量时，它们的力量显得太过于弱小，组织规模也过于松散，因而在互动的过程中，社区民众只能无条件地选择接受外来的权力与文化。如今，檐光组织只能凭借着布依族民众对传统习俗、宗教的信仰，维持着檐光社区社会世俗层面上的传统的延续。

（三）传统檐光制度的复兴

21世纪初，我国政治经济结构发生重大转变，利用少数民族地区特色进行旅游经济开发，借檐光组织这一古老的文化传承因子推动当地的旅游资源开发，布依族的檐光制度再次进入人们的视野。由檐光为核心的仪式活动被人们重视、开发，以一种展演的形式呈现在大众面前，一方面由于国家力量的干预，对于檐光制度原本的东西进行了改造，从而失去了对传统的坚守。另一方面来，国家政策的重视促进了传统檐光制度在世俗事务、习俗文化方面得以复兴，檐光组织这一布依族的文化象征得以传承。

四 结论

本书致力于对布依族亲属制度和社会组织的基础研究，旨在最真实地还原亲属制度与社会组织在布依族社会最基本的面貌，以民族志描写的方式告诉大家布依族的亲属制度和社会组织是什么样的，又是怎样在生活中运行和展现的。因此，本书是基于对布依族传统组织形式家庭和社会组织历时性与共时性相结合的基础研究。

判定一个社会系属最重要的标准是血统制度。根据布依族的生育观念，认为人类来源于父亲身体里的"wan"（音译，即'种子'），母亲的肚子是孕育"种子"的土壤。虽然父亲与母亲都在新生命的诞生中发挥了作用，但由于父亲提供的"种子"显然更为必要，因此父亲决定了新生儿出生后的社会血亲身份，男性在生命的诞生中起着比女性更为重要的作用。这样的生育观念决定了布依族是一个父系社会。布依族血缘的观念禁止同一宗族的异性成员发生性关系，更禁止结婚。布依族社会严格的性禁忌，还规定了同姓不婚的原则，即使不是同一个男性祖先的社会血亲，只要是相同姓氏就不能联姻，因为人们相信同姓有可能是同宗，就算血缘关系淡了，也改变不了这个事实。与布依族的生育观念相对应，布依的亲属称谓制度、婚姻家庭制度都是以父系来主导，女性必须依靠男性缔结婚姻关系来获得社会身份。由两性的结合产生了姻亲关系成为亲属关系的重要组成部分。

布依族的婚姻制度核心原则是由男方主导的，男娶女嫁是其婚姻形态，女子婚后必须从夫居。在男女的婚姻过程中，女子的主导地位只有在完成婚姻缔结仪式之前得以体现。在男女结婚前，须由男子主动去提亲，得到女子家庭的认可，在婚姻仪式中，有人说女子回门象征性地"不落夫家"就是母权制度最后的抗争。

亲属关系的展示、确认和加强由多方面因素决定。首先是透过语言层面与经验的亲属称谓体系；其次是结合称谓语言与认知，得以推算亲属距离的系谱知识体系，也就是所谓的文化与认知的行动或理解。最后则更进一步借由具体的礼物系统表达亲属关系的可辨识特性。[1] 布依族的亲属群体主要由男方亲属群体与女方的外家群体所构成，在结婚仪式、丧葬仪式等社会交往活动中有力呈现了布依族的亲属关系。首先，不同性别的亲属有不同的行为方式，在仪式中担当的角色不同，礼物的表达也不同。如新生儿的满月酒中，女性要带礼物作为主客参加，男性则只能作为陪客参加或直接不参加。在丧葬仪式中，男性亲属才有资格为逝者抬棺、扛幡，女性亲属的主要表达方式则是哭丧。其次，不论是新生儿、婚礼仪式还是丧葬仪式，姻亲关系在亲属关系中的重要性凸显。在布依族社会，外家的地位非常受重视，外家在仪式中都是主要的邀请对象，如在新生儿出生之后，父方需立刻差人去通知外家；在丧葬仪式中，外家要为孝男孝女送孝帕等。

布依族社会现存亲属制度中存在一个特殊现象，即以"洋叉鬼"作为区分的与布依族社会传统亲属网络相平行的亲属集团，为此笔者做了深入的调查与研究。这两个亲属集团虽同属布依族，其亲属网络却像两条平行线，是没有交集的。在布依族社会中，"洋叉鬼"是随私生子问题产生的，被认为是相当不干净的东西，并且具有传染性，通过血缘、姻亲、接触而传播，一旦被染上，被指控为洋叉鬼的人家生生世世都无法抹去这个邪恶的因子，因而布依族人对其退避三舍。

但是，从笔者的实地调查研究来看，洋叉鬼观念实际上是布依族社会一种社会控制的手段，洋叉鬼只是人们实践的载体与现实的表现形式。洋叉鬼是布依族社会存在的一种古老的社会集体记忆，从前人们认为布依族少女未婚生子的行为是不吉祥的，会为村寨带来灾祸，因而说她成了洋叉

---

[1] 简美玲：《清水江边与小村寨的非常对话》，台湾交通大学出版社2009年版。

鬼，实际上是出于处罚的目的而对其进行排斥与隔离。

　　洋叉鬼之所以如此令人唯恐避之不及，首先在于布依族借由"洋叉鬼"实际上明确划定了"我群"与"他群"的界限，影响了婚姻选择。"干净"人家不与被指控为"不干净"的洋叉鬼人家开亲，从而导致两个群体的分野，发展为相互平行的两个亲属网络。其次，洋叉鬼影响了人们的婚姻选择行为从而事实上划定了婚姻圈。洋叉鬼的观念指导人们的婚姻选择实践，导致干净人家只与干净人家开亲，洋叉鬼人家也只能找洋叉鬼人家开亲。但不管怎样，洋叉鬼问题在布依族社会中的影响依旧存在，并对布依族社会亲属制度产生影响，使布依族社会同时存在两个不相交的亲属网络。

　　布依族社会组织是地缘组织与血缘组织、民间社会组织与官方社会组织两组形态的叠合。总的来说，布依族社会民间的社会结构为家庭—房族—宗族—姓氏—板—檐光社区—坪。布依族的家庭、房族、宗族是以血缘为纽带的组织，而板（布依族对村寨的称呼）、檐光社区、坪（布依族区域的概念）则是以地缘为纽带的组织。布依族社会组织是以村寨为单位构成檐光社区，一个或几个村寨同属一个檐光社区之内。檐光的传承表现出了亲属制度对布依族社会组织的影响，如布光的世袭身份是以血缘亲属关系而进行传承的，亲属制度保证了檐光世袭身份的合法性。檐光组织在过去除了是宗教事务、世俗事务的共同体外，还是一个相对独立的政治组织、经济组织。时至今日，檐光组织作为一种政治共同体与经济共同体的部分已经完全被国家力量吸纳了，但檐光仍然担任着布依族社会祭祀活动的主祭者，檐光组织还在发挥着作用，具有维护布依族传统文化传承、维系社区民众人际关系的作用。在民间权力与国家权力的整合中，布依族社会也在不断形塑着自己的历史与文化。

附录1 布依族碑刻文献

屯上修路碑[①]

尝闻

福果津梁、凭善总之修缉，寿海泳梁，靠阴骘之培。兹有落僇黄天锡，思慕古风，度蚁埋蛇，尚且扬名于奕世，吾人虽不及，荷蒙载道之为幸也。今乐措资修葺，以免往来崎岖之叹，非邀目下速报之缘。惟愿椿萱永固，岗林之茂已耳，谨记。

皇飞五十五年二月吉旦置

禁约总碑[②]

立之□碑□□□□□□□□□为禁止贼盗，以裨地方。□□□□□□□圣王之世，道不拾遗，□（昔）无盗推追而安在哉？今竟昼夜屡遭侵害，贼匪盗窃牛马家财，（田）禾五谷、山中树林、菌（园）内菜果种种，盗贼不一而足，只得众寺（等）邀集，同必协力捕拿，昼夜严禁。若有不法之徒，拿获各费，送公究治，不得推索。其盗窃物件，必一培（赔）九。若窝贼分肥，知脏不报，禀公处究。内外亲疏，言出法随，决不姑宽。各处朋友，早回心向善，而天下和平，各习道艺（守）纪，乡

---

① 此石刻位于册享县城正西六公里，帽盒山半坡大路边的石岩上，占地宽120厘米，高80厘米。就天然石壁凿平镌字于上而成。

② 该石碑位于兴仁县城东南的陈家沟乡曾家庄，距城30公里。曾家庄是一个布依族聚居的寨子，一条古驿道穿寨而过，上至百卡，下至咔呷寨，禁约总碑立于寨中古驿道旁。

碑体为砂石，高133厘米，上宽60厘米，下宽66厘米。字体楷书，刻工粗糙，碑文竖排，共十行。据碑文落款载：为清道光四年（1824年）七月所立。由于年代久远，风雨剥蚀，已有部分文字模糊，辨认不易，现碑体基本完好。

里中之乐事乎！

为此　谨白
道光四年七月

阿红大寨乡规民约碑①

　　普安直隶府保鲁布三营世袭部厅龙□（为）出示晓喻护□小大以（杜）饥馑事：照得阿洪北方界连县地，人民杂处，每见山、梁二项，非被盗□（窃），即受践害，皆由民等自不留心之故。布置此梁可补田，补不济之需。民当各爱恤情。前经屡示，不若故闻，□据该兵目伙头等禀称，该寨人民被害，遇年岁荒歉，田谷几无。本年秋来栽种荞麦豆菜，诚恐邻村纵牲践害，挨近窃等情。当四处出示晓喻，为此示仰阿洪兵目伙头花户知悉，遵照护蓄，勿得乱放牲践害，并防窝匪为奸。嗣后如有不遵及任匪入寨赌博酗酒，不以种蓄小春，安分守己为要，本司严拿惩处，决不姑容，毋违□（此）示：

　　一议重大小春不准乱放牲践踏。

　　一议不准养贼害民。

　　一议不准窝藏赌博。

　　一议被盗耕牛各带盘缠跟踪。

　　一议护民不准私拷私合。

　　一议不准乱盗小东小西。

　　一议不准聚裹入寨。

　　一议匪徒拷碜捆解送官。

道光十四年（一八三四）七月初五日示八月十七毂旦
右仰道知　立
告示　实贴阿洪一带晓

---

① 顶效区万屯乡阿红大寨，位于兴义县城北 45 公里，北与兴仁县格沙屯相接。碑立于寨中石板路左侧，坐东向西。碑高 43 厘米，宽 87 厘米，厚 20 厘米。

册亨者冲总路口石碑①

垂芳千古

今将

公议款式刻碑于左：

第一件：有君臣、父子、夫妇、朋友、昆弟，各守五伦，各尽人道。

第二件：君尽道，臣尽忠，子尽孝，妇敬夫，弟敬兄，各尽其诚。

第三件：人家有规，敬老慈幼，勿忘宾礼。

第四件：处邻里而和乡党，莫使愧心而昧骗。

第五件：需要众人而合一心，休藏戈矛刀剑。

第六件：山林树木，地饶敦朴，人丁兴旺，求宽怀以待人。

第七件：善良者宽刑，凶暴者逞威。信振家风，天必从之。

第八件：富贵贫贱、红白会期，□□（扶幼）助老，邻里相帮，一境和悦。

第九件：世有刚直（烈）者，因小事而威逼大事。各方劝化，谨戒奢华。

第十件：世为匪窃得物投宿，凡我境内之人，查实盘问，方可借宿。

第十一件：有年壮女姿者，苟合私奸，此等不法，父母族内伙同治之。

第十二件：妇女独行者，乃遇寻花问柳之鄙夫，昧心拐逃，恐有后累，切莫隐匿，不可招留。

第十三件：世有不法之徒，昼夜游赌，刁害民家之子弟，各人警戒，勿喧哗。

第十四件：（世有）游手好闲，日夜其饕餮，借酒逞凶，此失其大节，切莫以行以留。

第十五件：各户种植之谷物各管，不可私窃，勿为狗盗。

第十六件：如有土地凭证，凭中典当或卖，不可妄害生讼，枉害

---

① 该石碑位于册亨县冗渡区者冲乡岩洞寨大路边。距者冲乡政府约1500米，距县城25公里。碑为砂岩，高190厘米（脚35厘米），厚22厘米，宽78厘米。四方均刻字：正面为【立碑安民】碑，系册亨理苗州布告。背面是【垂芳千古】碑，属乡规民约。署年道光二十八年（1848年），而正面的布告署年是道光十七年（1837年），说明当时册亨州布告在前，后来，乡民们另议乡规民约，刻于碑的背面。

受罚。

第十七件：假害生事，丢赃诈骗，盗窃牛马家财，内外查实，连窝同办不恕。

第十八件：各户多种五谷，瓜果蔬菜，务使肥己利家。

第十九件：世有做贼之人甚多，每思牵牛拉马，□款之家，□落通盗论。

道光二十八年立

附正面安民碑文

署册亨理苗州加三级录五次严：为严禁匪徒，以安民生事。案据把事请禁等禀称：【缘者冲、喇邑、大水井、大庆、央庆等处地方，居民杂处，往往有无籍游民，三五成群，诱赌盘剥。以乞丐为名，身栖岩洞，日则窥探门户，夜则鼠窃狗偷，盗谷物杂粮。或遇良善，估讨估要，稍有不遂，即撞头蛋骗，贻害地方。是以联名禀请出示严禁，以靖地方。】等情前来，据此。查此等不良匪徒，深为地方之害，自应严拿究办，以安良善。除禀批示并饬差密拿外，合行出示，严为此示，仰等处一带地方民苗人等知悉。嗣后如再有前项不法之徒，在于此地方扰害，许尔等被害之家，投明寨把、地主，即时连人捆解赴州，以凭严伐惩治。尔民苗人等，毋得循情贿纵，亦不得藉端滋事，挟嫌妄害无辜，致干并究，各宜凛遵毋违。特右仰通知

道光十七年八月二十二日示（年号上有方框印章）

实贴者冲总路口晓谕

慢纳地方首事人李仕儒

关山地方首事人 高世文

边担地方首事人郭汉清

三家寨、手扒岩、冲门口、赖坟、偏坡、毛坪、水冲、营脚、陇射石、龙井首士李发龙、□□□、安腾云、陈应魁。

大水井地方首士胡清、温元龙。

董家洞地方首士董正署。

央炼寨首士罗卜南。

四楞碑

正面"永垂千古"①

众善慈心更将崎岖道路改平坦，来往驷马免走险阻途程作艰难。

领首：田大凤 王荣华 钱十二斤

杨光凤 周明龙 黄仕岗 何可金等十三人各捐钱六斤

道光二十年（一八四〇）二月吉旦

右面"盖闻帝君垂训曰"：

【人之喜事，一念权功成，能修崎岖之道路，造千万人往来之桥，功德也。】今有坡嵩往来古道，历年久矣，每岁多遭洪水洗为崎岖，往来经商，多受跋涉之苦。余见其不忍，余一力难成，故诚心募化，众善携扶。百斤，以为匠作工资，故将崎岖道路改平坦。冬凌夏凉，以免往来作艰难。今捐修工成，以此为序，将各善首，刻碑于后，作万古流传矣！

左面"捐献"：

廖世才捐六斤，丁凤举等五人各捐三斤。邹道元四斤，龚正魁等十一人各三斤。马明书等十八人各二斤、张国玉、汪朝荣、王朝胜、王朝柱、各出工，自修路一段。

柯桃水淹凼乡规四楞碑②

正面

为团众协心以请地方各寨乡、各户人等公议，列□以□□条规。

一议被贼挖墙入室，以盗家财实物等项，失主务要切实具赃，不得冒作虚报，凭之后众等务须同心验贼与窝家，□□捆缚解官究治。

一议在团人等，务须各家本分，□□□□一人，匪棍不得□（聚）赌，□（日）□（抢）夜偷扰害地方，倘经众□（人）查出，□□□□解官究治。

一议被贼盗窃牛马者，即报地方团头□簿人等，各带盘费，四路追

---

① 该碑位于册亨县坡坪乡打岩村和安龙县龙蛇乡四楞碑村交界处。距县城60公里。碑高135厘米，宽33厘米，碑帽厚35厘米，宽55厘米。三面有字，笔画工整苍劲。碑已断成两截。

② 该碑立于柯桃水淹凼村西路口，位于兴义县城北48公里。因碑呈方形，俗称四楞碑。碑高150厘米，正、背面各宽41厘米，左右两侧宽33厘米。竖于天然石基上，碑面损坏严重，字迹大多模糊，难获完整资料。

贼，倘无踪迹，一里十家务要同心查实，失主不得虚报，若已失众□□失主□□□众□□□□亦得一半，如即时赃款（钱）两获，众等送官究治。

一议被贼已盗马牛，不熟与瓜菜竹木等项，即时拿□□□众团头，罚银十两充公。

一议上下往来客商，人行□□，以及村寨宅前屋后，务□失火□□□倘无火烛出声□中杨□□□□人众究治。

大清道光二十三年（一八四三）冬月初二日同立

该碑西面（右侧）和东面（左侧）字迹模糊太多，每条仅偶存数字，不能连成句逗，失去参考价值，因此不录。

册亨马黑乡规碑[①]

永垂千古

盖闻：【士农工商，是君王之正民；奸诈淫恶，乃乡里之匪类。】所有奸情盗贼，起于赌博。我等生居乡末弹丸，少睹王化之典，各宜所有。务要出入相友，守望相助，勿以相仇之心，少男当以耕种女绩纺。庶乎家家盈宁，殷室□（安）□（居），乐享光天化日。自立碑之后；□（严）示子弟。贫不可为贼，贱只宜卖气，倘忽行乱偷，通寨一力禁革。上下邻村多有被盗苦案。只因强盗告失主之事。今我寨上，若有为非及行强盗告失主者，人众必同力面差吊打，支用银钱不能相丢。倘有白日夜晚，拿得是贼是盗者，众人一力上前砍手剜目，使成废人。若窝藏匪类，勾引外贼，必定擒拿送官治罪。若有贼人枉告中人，以为磕索者，此事指鹿为马，众人不致相丢。兹恐无凭，特立碑为照，再列禁革软目，列载于后：

一禁革不许赌钱。

一禁革不许偷笋盗瓜。

一禁革不许掳抢孤单。

一禁革不许调戏人家妇女。

[①] 马黑寨位于册亨县东南面南盘江畔，隔江与广西田林县境相望，属册亨秧坝区秧项乡。清朝初年石泗城府和西隆州的交界地。清雍正五年（1727 年）拨粤归黔，为永丰州与册亨州的分界。据当地人说，过去马黑地当要冲，有航运之利，嘉庆、道光年间有居民七八十家，近五百人口，现仅有住户七家。

碑质砂石，高 100 厘米，宽 75 厘米，厚 10 厘米。碑文尚清晰，现保存在马黑岑卜义家。

一禁革不许游手好闲。

一禁革不许窝藏匪类。

一禁革不许偷鸡盗狗。

一禁革不许做贼反告。

寨老　岑抱台　黄朝通　覃抱必　覃应贤　岑抱慕

　　　覃抱赖　杨卜平　陈抱龙　班卜改　黄秉秀

同众花户人等共立

　　　　道光二十七年（一八四七）秋七月谷旦 立

公议碑①

　　立公议碑□（事），落溪、落坝、落央、阿能等，为强盗□（扰）良，以靖地方事。四怜（邻）合作勤劳，只望□（安）□（居）□（守）成之□（业），□（不）上偷国家，□□□□（下扰邻里），□（纯）□（乡）□（里）之风□（尚），俗□（雅）□（正）之规。盗贼□（欺）□（善）良，□□□□（狐朋狗友），□（肆）□（行）□（违）法，从不务农，□（我）□（头）□（人）召集百姓□（四）□（邻）□（等），□（公）众议规。日则摇钱赌博，夜则偷盗□（营）生，□（招）□（惹）□是□（非），□（一）□（时）盗贼甚多，□（刨）□（墙）□（挖）□（壁），暨□（穿）□（窬）入室，□（富）者□（偷）□（去）□（财）□（物），□（贫）者盗去牛马，善良遭殃，情□（实）惨极。偶□（闻）□（良）□（民）□（口）□（出）□（怨）言，遂生事端，良民敢怒而不敢言。遇□（有）禾苗成熟之时，三五成群结交，偷割田谷，并□（暗）□（中）□（陷）□（害）等项。良善□（罔）耕，均为盗贼食其粒，以致良民有种无收，实是难忍。只得几寨人等，齐心协力，禁止盗窃，以安乡村。凡有牵牛过者，问明白方可放行。如有隐匿同党者，头人秉（禀）明凭□（送）官处究，勿谓言之不先矣！

---

① 该碑原立在安龙县城东平乐乡的顶庙丫口，现移至平乐乡阿能寨水井边，距县城10公里。阿能寨是一个布依族聚居寨子。

碑体为白石粉，高118厘米，宽80厘米，厚14厘米。碑体完好。楷书、竖排，共17行。部分文字已被磨平，难于辨认。碑文落款刻于清道光二十六年（1846年）。

一禁放鸭之人，不得捡禾苗。

一禁窝藏盗贼者即报。

一禁山林不准乱砍。

一禁有□（口）角细故，要经头人，不可枉控。

道光二十六年（一八四六）六月十五日几寨人等同立

宜哨石碑①

册亨甲下汾亭宜哨上下六□（寨）

为禁革事，照得我寨党内，各宜安分守法，诚恐外面棍徒人等，妄行入寨，赌盗为非，指鹿为马，索诈多□□□。勿得窝藏匪类。田地相连，菜谷瓜果，山林竹木，笋、坟亦不得偷乱挖凿。具此合行禁革。齐众宰牛，斟酌议定大齐合心□服，倘有此情者，凭内外人等，凭众捆解送究。众得守望相助，弗得拒□之耳，各宜懔遵勿违。特立碑。

咸丰四年（一八五四）六月二十六日　碑示

兴义顶效镇绿荫村保护山林石碑②

窃思天地之钟灵，诞生贤哲；山川之毓秀，代产英豪。是以维岳降神。赖此朴械之气所郁结而成也。然山深必因乎水茂。而人杰必赖乎地灵。以此之故，众寨公议，近来因屋后丙山牧放牲畜，草木因之濯濯，掀开石厂，巍石遂成嶙峋。举目四顾，不甚叹息。于是齐集与岑姓面议，办钱十千，榙与众人，永为世代，□（于）后龙培植树木，禁止开挖，庶几龙脉丰满，人物咸□（兴）。倘有不遵，开山破石罚钱一千二百文，牧牛割柴罚钱六百文。勿谓言之不先矣！

计开助钱之人姓名开列于后（姓名略不录）

咸丰五年（一八五五）冬月二十五日

---

① 此石碑原竖立在册亨县秧坝区板用乡宜哨寨大丫口社神树脚，位于县城正南，距城40公里。碑高120厘米，宽70厘米，厚13厘米，碑为砂石。碑文除少数风化外，其余完好，现已将此碑运来县城烈士陵园内保存，并列为县级文物。

② 此碑竖于兴义县顶效镇绿荫村第四村民小组汪定宣家石墙，碑嵌于墙内。碑前是寨中大路。此寨全为布依族，共100余户。碑高130厘米，宽62厘米，顶呈半圆形，镌【永垂不朽】四个楷书大字，碑文小字楷书。字体清秀，明晰可辨。

贞丰必克坟山禁砍树木碑[1]

众议坟山禁砍树木碑

吾有戎瓦、戎赖祖祠坟山，陆氏一支议定，每年清明挂祭，以存报本之心。宜效先前世无改，故古之道观，历来名山，以树拷为尊，平阳以阴林为重。况坟山所以培植阴阳之美，可不重验之哉！故戎瓦坟山，积树以培风水，戎赖岗林止伐，以补后龙。不惟先人佩德，且后裔沾恩。公同议禁，一概勿许砍伐，倘有亲疏冒昧，不遵禁约，横行估砍，一经查觉，即赴伸鸣族长，公□（议）向令，责罚奠谢。倘敢辞傲，即行重究，谨此示闻。合族公议，别无异言。今立碑，永垂不朽。

今将合议等事并列于后，一议戎瓦戎赖山林、树草、秧青并不准割，若肆行故违者，罚银八两八入祠，若有仁人见者报信，谢银一两二，赃贼俱获者，谢银二两四。以碑是实。

光绪三十四年（一九〇八）季春三月十五日立

长贡家族护林碑[2]

尝闻古之所云：【三不让者祖茔为首】。盖龙之砂木原赖子孙逢节洒扫，栽蓄树木以培风水，光前代兴裕后人。自清朝以来，罗氏一门，将祖茔安厝于弄房之阳，茂阴儿孙，一脉相传，今为数枝之广所。蓄大树，数树原赖后龙，家之鳞毛而已！竟有不识之子孙，几毁伤龙脉，砍伐古树，惊动龙神，祖茔不安。是以合族老幼子孙，合同公议，故立碑以示后世子孙，如有妄砍树木，挖伤坟墓者，严拿赴公治罪，莫怪言之不先。自禁以后，各宜凛遵，毋得行毁伤龙神。以后罗氏一门后代，受情莫测。特此故立石碑禁止，告白。如有遵碑，毋得擅砍坟山，子孙发达，常产麒麟之子，定生凤凰之儿。此吾等罗氏一门之光宗耀祖也。

咸丰七年（一八五七）正月初六日公立

---

[1] 此碑乃四棱碑，坐南向北，碑后莽莽丛林，郁郁葱葱，距贞丰城北7公里。碑高100厘米，宽27厘米。阴刻，楷体竖书。

[2] 此碑位于贞丰县城西南方向，距城6公里。山上森林茂盛，古树参天。该碑坐南向北，南偏西150度，高127厘米。宽64厘米，厚12厘米。碑顶有长12厘米，宽11厘米的横字楷书三字，其余皆竖书、楷体。

阿能寨谨白碑①

谨白碑

其法国有律条，乡党有禁约。全寨岑、韦二姓秉心公议，将鸡、猪崽、口（酒）水，在此井边合息禁止：一凡（不）洗菜、布衣污秽水井。一凡寨内不许窝赌藏徒引脚贼盗。一凡若有估骗藉故拷（敲）磕者，定约人口口口口口。一凡有盗贼进寨，大众撮迹，谁户不秉人等行查根由者，将伊命贼口（同）党。一凡各畜（蓄）边田边地树木柴薪，不许砍伐口口。一凡各依碑序，以口（确）保善畜。若有不遵公议，干口（罚）猪、鸡、酒加培（倍）赔完。公谓言之不先矣，特此 谨白。

附记：修路碑

大清咸丰九年口（公）立
本境岑士林令孙元贞建造

册亨坝江乡规碑②

尝闻：【强盗出于赌博，命案出于奸情。】故绝盗源，须除赌博；欲憨民命，须除奸情。除赌博而乡中之男善，除奸情而邑内之女贞洁。凡于寨中，虽属壤地褊小，亦皆莫非皇土。父务之教，必先子弟之率。出入相友，守望相助。男务觊觎，女思贞洁，革旧从新，使其路不拾遗，狗不吠盗之风也，不亦宜乎！今日后，倘若何人效往，乡党不睦，三心二意，互相串通，昧刁暗引，面生歹人，不熟之流，窝藏密室，专赌为盗，私下串伙，交合磕索，三五成群，四六结把。日则隐藏家中，盗牛盗马；夜则穿墙挖壁，偷粟盗物。若有私盗外方，丢赃磕害，拖累地方。倘有，等日后查出，庄目立严禁，乡党寨老遵依。或闻，众户同情协力，共心捉获，而呈官究，理法不容。倘若何人强硬不依，合众齐心，更罚牛一条，重有一百五十斤，酒五十斤，盐二斤，米四十斤，以作祀社之费。言之不先也，

---

① 该碑位于安龙县城东平乐乡阿能寨，距县城10公里。原与一【修路碑】立于寨中水井旁，后移至公房门前。
碑体石质，高70厘米、宽45厘米、厚8厘米，碑体完好。碑文楷书，竖排，共九行。

② 该碑在册亨县秧坝区乃言乡坝旁寨子脚大路边，距县城76公里。碑高120厘米，宽80厘米，厚16厘米，砂石，文字尚清晰可见。坝旁寨位于县城南面，近南盘江北岸，现有12户人家，全是布依族，立碑至今124年。

特此计开犯条。

藐法背伦，串奸有孕，罚钱九十六斤。

白日强奸，罚钱八十四斤。

星夜通奸，罚钱六十三斤。

毒药缢死二比天命，罚钱三千六百文。

偷盗各行，罚钱一千二、二千四，三千六。

被人拐逃，夫家者协访，二比不多事。岳者贪财二嫁，罚钱一百五十斤。

祺祥元年吉日

秧佑乡规碑①

从来为善必福，为恶必殃。是知虽属□□□□□贵当遵与其□□率伪□□溺□□咎，作德而归于昌之为要遵也。□□邪作异，引纪纲之中，情必露于世，□□□同乡之□□，处升□之□□□体大，王章浇漓之秋，尤急敦天鉴，劝兄弟妻子之邻，共安耕纺织，相友相助之义，协同正直公平。我等各户集齐为善，协议禁条，但□同心好善，此系取舍是非。

一不准赌博贪婪，诱惑孺子。

一不准窝藏招匪，致偷设害。

一不准勾引刁棍，平空讹诈。

一不准□□讼公，波害良家。

一不准估淫人妻，活夺□□。

一不准估偷竹木，争夺田地。

一不准偷鸡盗狗，摘瓜偷笋。

一不准恃尊凌卑，凶行磕索。

自立禁碑之日，告知我村各安守法，比户虽殊，视若一体。诸恶莫作，众善奉行，各守典则，形成天体。倘有不遵本禁，违条过犯者不拘寨头花户，理应照条实罚，依犯重究，而将资以为赏罚之用。其中违犯之人，罪人亲属，礼以家无全犯之事也。各宜慎之勿违，特禁各条并列于左：假契谋业，罚钱十二吊

---

① 此碑立在册亨县秧坝区秧坝乡秧佑寨中，距县城60公里，碑高150厘米，宽100厘米。碑文局部风化剥蚀。

一不准赌博，违禁者议该罚钱二十吊

一不准勾结讹磋，违犯者议该罚钱二十四吊

一不准偷鸡狗、盗瓜笋，违犯者议该罚：

犯偷鸡狗盗罚六吊四，犯偷竹笋竹木罚三吊六。

一不准偷竹林夺田地，违者议该罚钱十二吊。

一不准窝藏贼匪，违者议该罚钱二十四吊。

一不准□□词讼，违者议该罚钱十二吊。

一不准纵火烧林，违者议该罚钱一吊二。

一不准恃尊讹磋，违犯者议该罚钱七吊二。

同治六年（一八六七）丁卯仲冬合择戊辰吉日

册亨八达乡规碑[1]

  尝闻吾乡之老辈，勤俭各为家风，朝出耕以资仰侍父母，暮入息聚议场围桑麻。要以后相劝，绿野月明到处犬无声，堪称仁厚之俗，常颂光天化日之下，降及我等之淑。

  民风渐薄，贪婪启心。乡中自有一党子弟，游手好闲，无思种土，学作狗盗尤古齐国之风；恒听鸡鸣，渐出函关而步。或时窥墙壁，窃取什物；或时行山岗，偷拾花谷。无论亲疏，一概掠之无忌。但得狗命，活其蓬头之妻。观来此肉眼之辈，久已非行，未知害了多少孤贫。

  兹我八达一乡，全无体统，实涤良心。故乡中耆老等，齐心众议，挽此颓风，禁此不良。如有痛改前辙，可与妻子聚乐，堂上堪娱双亲。如不悛心悔过，一时护之，必为鬼蜮，害了妻孥。由今砌碑以后，若有人犯此禁者，轻则聚众行罚，重则约众诛戮。虽其家有余，富冠江南，财如石崇，皆不准赎命。众等亦不敢累其妻孥并其族党。惟有护之自归，交其族党自诛，莫得推辞。再言捉犯之辛力钱，赏赐十二千文。此条出自乡中清户，莫赐予犯人之族中。此间虽独□□盗事，□□之大小各犯之事，特以附后，镌于碑中，永远为例。

---

[1] 此碑竖立在册亨县秧坝区乃言乡八达寨中大榕树下，距县城70公里，碑质砂石，呈四棱形，高100厘米，每边宽40厘米。字迹除少数风化模糊外，绝大部分清晰，现已列入县级文物保护。

一例穿窬盗贼并及野外花谷□（人）□（赃）两获者无赦命，□（罚）谷□□□。

一例寨内有人引线，坏人来相害，并从中矢箭□□，□□□□，罚钱七千，□与众寨□。

一例偷人瓜笋，□（盗）人林木，男者罚钱三千六百文，女者罚钱一千二百文。

一例酒肉飧□贼，共罚□□□□□。

一例自杀己儿，嫁害人者，众寨悉依妄行，使其自理。

一例黄见龙悦赏辛苦，得到于□□□□□一千二百文，赏钱六百文，相沿照之。

一例合□事罚钱十二千文。

一例若犯强奸，罚钱二十四千文。

若拿贼赃两获，族人兄弟赦命者，罚钱二十四吊。

族人兄弟不愿出钱出结，出钱二千四百文。

光绪十九年（一八九三）七月中旬众寨立

者骂者六等寨齐团合同

立合同凭据字人：

者骂寨陆明宗、陆锦元、黄国兴、何朝富。

青会（新位）、边山寨韦尚元、贺朝富。

者六寨黄国荣、韦卜鸟。

者七寨苏国荣、陆卜管。

八卧寨韦奉斌、韦永祥。

央庆寨罗有元、李文才、王明德、王正宗。

板陈李□□。

者屯潘士德。

板那（纳）岑忠禄。

九寨等人，情因为地方变乱，红白未分之际，恐乱世推扰，只得合寨大众公议齐团。协力同心，安分守直，毫无妄为，各宜冰心。父戒其子，兄勉其弟，老幼全安，切莫听其旁人唆哄，肇事生端，共享升平。倘有日后红白来，过境安抚地方，或是投诚者，或是要完纳粮项，大众公议，一力同然，不使自专。又有各寨人等，一切田主婚姻之事者，最要投明寨老里长等，宽容理论了息。倘有不遵此者，二比一切再禀明团内，望祈里老人等施仁慈，分明了事，一体同仁。倘有不遵此者，胡行乱为，仍然引匪往挖别团，又引外贼人入境，伙串害地方，大众齐心，拿获治罪，自贻后悔，谨之慎之，合众分明。恐后无凭，立合同凭据一纸，交赴团首长老人苏国珍收执存照。

代笔人黄玉明
咸丰七年（一八五七）二月二十日立合同

团烘、打言、板集等寨齐团合同

立合同齐团凭据人团烘十九寨，并板集十二寨，打言、央候三寨等，窃惟蕃衍日增者，害苗之莠也，扰乱无休者，病民贼也。故莠属可恶，除之则无滋蔓；贼属可畏，防之则无奸宄日盛之患。诚以内变不生，上下均享其福，外患即作，军氏（民）尤防其乱。况于贼匪猖獗，搜抢村寨，今我等欲求救于官兵，恐捍卫不及，此势有所不能；欲顺从于贼匪，则有干法逆罪，此事更属不可。是故一人不能有济，众志始可以成城。故特约束人下，载牲会盟。自此以后，凡我同盟之人，互为唇齿相顾，共作屏藩之永坚。倘长毛等蹂躏我境，即速相传，随喊即到，不可拖延，即速约齐，各带粮草，一力剿灭。倘有不法之徒，引贼入室即将诛戮。并及调集日期不服载劳者，一经查出，当凭团首治究，不可宽贷，庶几我四境之内，得以耕田凿车，男耕女馌夫而后荡平之日，上可以对得官员，下得以保夫身家，将来国赋之有奉矣。惟兹一策，是我齐团之首务也。是为可序。

咸丰十一年（一八六一）五月十三日立合同凭据

丫他八窝齐团合同

立出合同字据除贼盗安靖地方事：照得我等境内，自乱以后，未曾齐团合心，自相仇杀，深为祸患，是以七寨人等，公议齐团，吉凶相顾，患难相扶。

一者严禁贼匪，不准窝留无赖外棍，各宜父戒其子，兄勉其弟。

二禁旧仇不准报复，虽实异姓，犹如同胞。或不遵自行攻杀，许族长捆解大团。如婚姻、田土、口角细故、大小事件，各寨各劝了事。倘有抗拗，解团理论，公同处治。

三禁赌博，免出盗贼。

四者援应府属回乡，剿浼回逆，各存天理，出入顾盼，或有坐视，许该首事严治，决不姑宽。若有家物、牛马、田木禾苗乱偷者，拿获立即治罪，断不宽容。

为此书立公议合同之后，惟愿邀天下之灵，回逆授首，譬如我七寨人等，方才得安生乐业，以享升平。若后反悔，有违公论者，上天定然不佑，神人愤怒，大众罚之，各宜遵之勿违。

合共执照
同治二年（一八六三）七月二十二日立

龙渣板街等寨联防合同

立出合团以靖地方事：

龙渣亭苏国珍　板集亭韦凤斌

板街亭陆文龙　团烘亭罗明魁

板坝亭罗朝贵　者告亭陆建业

顶烘亭韦玉禄　者贵亭林茂之

央坝，下汾黄金贵并众等。

缘于世道，当日混浊，忠实切难保守，善良叠遭逆累。只得大众集于板街塘，共商公议，和气同心，出入相友，守望相助，然后得以各安职业。无容不启良心，从逆窜累，勾引入乡。并不得以强凌弱，以众欺寡，因私灭公，害众成己。倘有此徒，大众共相处治，实不留容。倘若团内有大小事务者，理宜投鸣团首，理剖公平。不得以小作大，以私忘公。若有团边四路，陡有贼逆入境，急书随到随出，各带口粮追堵，或三日五日，十天半月，不得分出彼此。自公议之后，若有违犯，共相处治，待自岁平之日，自有官法主张。今公共议和，合为一心也，立此为据。

代笔　苏国珍
同治五年（一八六六）六月初十日　大众立

板街板集亭等齐团合同

立出结义合同齐团以杜患字人：上半甲贺廷莲、贺宗恒，板街亭黄宗福、板集亭李士凤、团烘亭陆美德、龙渣亭陆成明、苏国珍等。

情因贼匪临境，不分皂白，四处烧杀，祸害非轻。是以公议，如有贼匪窜入，不拘何寨星夜飞报，字到，各宜传齐旗下，立即救援。药铅、军器、口粮随带，协力同心，和意剿除，追击出境。业已当天盟誓，生死相顾，患难相扶，勿得临敌退缩，坐观成败。倘有等情，天神共鉴，众等鸣鼓攻之。若有兄弟不遵约束，妄取本团货物，惟头行是问。为此书立合同，各执一张。

代笔：何其秀
凭中人：王占科　李士承
陆明宗　黄建德
黄金华　李荣芳
同治十年（一八七一）八月初十日立

册亨者六众寨合气协防合同

立合气协防凭据，以张故土字人，者六众寨姓名等。情因今好奸者多，纯良者少。譬如耕者，先除莠荻蔓草，以免乱田苗。而人生尘世，必当禁防奸搢、偷贼、匪徒等人。因我寨中众姓，不分内外夷汉人等，鸣讦公议，商酌协防。今将每户出稻谷 X 斤净，钱 X 百等数，若人氏名，另簿册本。倘有勾引外来不法等徒，无辜突然起搢，生疗那户，即鸣攻讦，或理剖化散，或出钱若干，彼时众等，同心协力相助，每户出 X 百文，若将会谷办出者，公众商酌，凭中理排，自惹情非，此事自招自结，不可派众。若有一春不耕，独为盗窃，每窥田地，五谷乱偷，不分亲疏，或时拿获，或后查出，报明理剖，罚出钱 X 千文。若勾引外来贼徒，盗窃家财、谷仓、圈畜等徒，亦责罚同样。凡寨内有不平争端，不论大小事件，必当凭寨老理明排解。若冒渎不明，突然具控经官，众公罚钱 X 千文，以为修路之资。自我寨中合气立协防奸徒凭据。以后须必同心同德，有事者不可袖手而观，宜相助而相望，不可以小弃一，以一而弃十等弊。心以忧乐相徇，患难相顾，朝夕扶持，昼夜同防，以后言归于好，不可违犯。今恐人心不古，众等公议，合气协防凭据一纸为照。众姓名列于后：

X 三人等执掌会谷钱，共集日收 X 百斤，X 千文等数存储，每年内将放借聚益等。

计开人名（略）

宣统二年（一九一〇）八月二十五日丙申日 灯稿

册亨八窝板陈等寨协力防匪合同

立合同协力防匪，以靖地方字人，众姓人等，为奉父母恩主扎，饬办事宜，设团会商，保顾乡党等谕。日者鸣讦，凡概全入团内，传招齐集。是顾各遵招到，并不分汉夷，大寨小村，庄佃花户，远近人等。大众同心，互相一体。自后各寨相戒严禁，少年不准勾匪徒，窝留外来单身独人。面生可疑者，访有立见即鸣众传壮，驱逐出境。不论昼夜，皂白速步，若有东北隅有警者，准三枪连声，号角鸣呼，西南隅立即前往救援。若西南隅有警者，东北亦前往捕征。须必出入相友，勿得反目，顾外贻祸团内，守望相助，不可袖手而观。喜乐同与，患难等视。倘有不法之人，胡行乱为，串同匪夥勾引害团内，有此者，或时拿获，或后查出，即鸣团长共攻讦，妥送解官惩究，亦将在团内治罪示众。彼时大众同心，相商一体。凡我团等，用牲办事，已设立一团，尤如瓜葛之亲，姻娅之谊，最是大众同心协力，保顾乡党至要。若有每寨不平之事，必须凭团内三老排解理剖，不可挟嫌冒告，经官狭害秀良等人。

团首长陆景云

八窝寨姚蓝轩什家长

者七寨陆显德伍家长

者六寨陆元仁佰家长

者索寨黄朝良什家长

央庆李绍忠　板陈黄忠贵

宣统三年（一九一一）十月十六日在者索大田坝齐团稿合同

永远遵照例①

署兴义县正堂加五级，记录六次王，为出示永遵例规免滋后累事：案据奄章土弁黄明经具控黄克明等，有科不税一案，业经差提，续据黄克明等转禀黄明经□□□□不报互控在案等情。据黄克明具限请勘除各□□词情备案外，本县檄委捕□□□勘查□□奄章、平寨□□之田，历系八围粮田共六十四处。今实行粮田三十四分，纳赋当差属实。据该寨□□岑□□黄□□吴挺□王先凤、贺文昭、李春贵、查明经等，以灭公田为私呈诉前来。据此，除批示外，合当立即传讯卖田主黄明经，究知其田已零星抽卖，捏为私开以报赋多田少，乃该弁竟不知其祖贻害于地方耶！敢以隐科不报，具禀在案，是赋上加赋。本县岂忍令小民或受其毒也。

除将黄明经究惩之外，合行出示晓谕。为此示，仰奄（章）、平寨民、苗知悉：自示知后，务遵此例，一切粮赋、夫马、差徭，按田椆派，仍归入围，不得以三十分之科田纳六十四分之赋。其执事□□□按□佃耕种，俾公科不致贻误，在黄明经等固不敢籍端苛扰。示即奄章各寨遵行，各安本业，尚（倘）敢仍蹈前非，紊易旧规，是尔等自取罪戾，决不姑宽。禀之遵之。勿违。

特示遵右仰通知。

嘉庆九年四月初一日示

告示押实在（贴）奄章晓谕。

兴义阿红晓谕碑②

普安直隶府保鲁布三营世袭部（捕）厅龙，日出示晓谕护大小□以□饥馑事：照得阿洪北方界连县地，人民杂处，每见山梁二项非被盗即□

---

① 兴义奄章"永远遵照例"碑在兴义市城南12公里则戒乡布依族聚居的奄兽寨。清嘉庆九年（1804年）刻，系署兴义县正堂王永祐签押的告示，碑高112厘米、宽76厘米。碑文部分被磨损，字迹大部分清晰。碑文记述奄章九寨一带的"八围田"制，即将各村土地划为八份。"八围田"制是这一带（少数民族地区）土地管理的一种特殊形式，地方文献中未见记载，此碑是研究当地土地管理制度的实物资料。碑文参考贵州省民族事务委员会编：《布依族文化大观》，贵州民族出版社2012年版。

② 该碑在兴义市城东北45公里的万屯镇阿红村，清道光十四年（1834年）立，碑高143厘米，宽87厘米，厚20厘米，碑文为普安直隶厅保鲁格三营世袭捕厅出示的晓谕，文后列出8项禁令。碑文参考贵州省民族事务委员会编：《布依族文化大观》，贵州民族出版社2012年版。

受践害，皆由民等自不留心之故，不知此梁可补田补不济之需，民当各爱恤情。前经屡示，不若故闻。□据该兵目、伙头等禀称，该寨人民被害，遇年岁荒歉田谷无几。本年秋末，栽种荞、豆菜，诚恐邻村纵牲践害，挨近窃等情，当四处出示晓谕。为此示，仰阿洪兵目、伙头、花户知悉：遵照护蓄，勿得乱放牲践害，并防窝匪为奸。嗣后如有不遵，及任匪入寨赌博、汹（酗）酒，不以种蓄小春，安分守己为要，本司严拿惩处，决不姑容，毋违，□示。

议重大小春，不准乱放牲践踏；

议不准养贼害民；

议不准窝藏赌博；

议被盗耕牛，各带盘缠跟踪；

议护民不准私拷私合；

议不准乱盗小东小西；

议不准聚裹入寨；

议匪徒拷磕，捆解送官。

道光拾肆年柒月初五日示八日（月）拾七谷旦

右仰通知　立。
告示实贴阿洪一带晓□

贞丰岩鱼谕碑[①]

钦命贵州□巡贵西威宁等处晓兵备道加十级·记录十五次钦命贵州等处提巡按察使兼管驿传事军功加十级□带加一级军功·记录十六次钦命贵州分巡贵东古州等兵备道加十级·纪录十五次（理贵州粮储道贵阳正堂加三级·纪录五次）

□再行严□晓谕，查禁科□以安闾门（阎）事：照得此次奉旨，编

---

① 该碑在贞丰县城珉谷镇北3.5公里的岩鱼寨，为四楞碑，有碑座及碑帽，高140厘米，宽95厘米，厚34厘米，四面阴刻宋体碑文。清道光十六年（1836年）立。碑的第一、二面除个别字模糊外，尚可辨认，第三、四面字迹模糊，不易辨认。碑文反映清嘉庆、道光之际，地方豪绅、寨头趁机兼并土地，敲诈勒索，四乡苗族、布依族人民群起告状，清廷命员、按、道大员出巡，出示晓谕，严禁土地掠夺和藉科派钱文，以安抚百姓。碑文参考贵州省民族事务委员会编：《布依族文化大观》，贵州民族出版社2012年版。

查通道汉民典买苗寨田土□□□□款，使□苗永安，待此生计宽裕，同享太平之福。蒙抚宪奏明选派文武公勤大员，发给经费千两，一切夫马饭食均自行雇备，不准丝毫派累，民间□□节约。本司道出示晓谕，通□民、苗无不共知共见。乃近有普定厅寨头毛海林、贞丰、贞丰州亭目林美林，胆敢不畏法纪，藉称编查户口勒派钱文，现经本司委员捉拿□厅行讯，从重惩办。该二处寨头等既藉端派科，别属亦难保必无。除密访查处，合再出示晓喻（谕），为此示，仰各属寨□寨头、土目、约保、民、苗人等知悉：无论已查未查之处，倘有舛差，寨头、约保等串同午（舞）弊，藉编查户口之名，勒索钱文，尔等即赴地方衙门申诉，指名禀究。尚（倘）地方官岛庇不肯究办，许赴本司道衙门申诉，以凭严惩。不得缄默隐忍，□不得挟嫌诬告，自干□□（以下因字迹模糊未录）

附录2　月亮河流域布依族民歌与器乐[①]

一　布依族民歌

（一）温友

"温"是布依语"歌"的意思，情歌是男女青年赶表[②]时演唱的一种歌曲，布依语为"温友"。关于爱情歌，当地人精彩地描述道："郎一针，妹一针，好比花线对花针，哥是花针朝前走，妹是花线后头跟。"过去，男女孩长到十岁左右时，由长辈或者兄长、姐姐教他们唱爱情歌，待到成年后便可以参加赶表，寻找合自己心意的伴侣。爱情歌忌讳在家中演唱，因为大家认为这种直接表露情感的歌曲在家中演唱是对长辈的不尊重。演唱爱情歌时无论是男生还是女生都采用真假声相结合的方式，歌声细腻、委婉。调查时，几位年轻时非常喜好唱歌的中年妇女和中年男士，约好在夜深借着月光聚在院子里唱爱情歌给我们听，看着他们羞涩的表情，欣赏着优美、深情的歌声，仿佛把我们带入了他们年轻时那歌声传情的动人场面。

如下，是捞河杨喜安翻译的由当地老人传下来的布依族爱情歌歌词。

布依语《温友》，汉译《情歌》

第一段：

1. "找乐"（汉译：找药做酒）意译：从前没有风和雨，没有阳光照耀大地，人类想找酒药无法晒。后来才有风和雨，才有阳光照耀大地，人类才找酒药来晒，学制酒药。

[①] 2008年8月，贵州大学音乐学院曾雪飞到六枝月亮河进行布依族文化调查，采访了月亮河杨喜安歌师，本资料即是曾雪飞调查整理、杨喜安演唱并翻译的文本。

[②] 赶表是男女青年以求偶择配为目的所进行的一种群体性的恋爱社交活动。

2."找老"（汉译：造酒歌）意译：卢林和杜康，造酒有七方，隔壁三家碎，开坛十里香。

第二段："温根朝"（汉译：唱吃晚饭歌），有两首，意思相近。

意译：待到吃晚饭时，听到碗筷声响，听见情妹脚步声，站在房脚等哥喊，站在门口等郎声。

第三段："温同档"（汉译：相逢歌），有两首，意思相近。

意译：久了见郎不相识，如今见了妹心翻，见了郎哥言难尽，见了阿哥死心甘。

第四段："巴炸"（汉译：赞扬河边），有三首，意思相近。

意译：鲜花开在江河畔，见花颜色不一样，见妹群群站河岸，不知妹心想哪边。哥想阿妹想忘食，不知阿妹在哪方，哪时和妹见个面，见了一眼也心甘。

第五段："温找卧"（汉译：找水井），有两首，意思相近。

意译：口甘想水半山腰，爬到山腰水不淌，哪个制水来解渴，哪个喊我上山腰。

第六段："温友随大"（汉译：行河欢畅），有三首，意思相近。

意译：兄妹双双顺河上，不见蝴蝶双打双，只见蜻蜓对打对，哪时和妹（指远方妹）把家当。

第七段："温很果"（汉译：上寨子歌），有两首，意思相近。

意译：顺河而上心欢畅，但不见新藤缠新藤，只见新藤缠树子，我找了半天和谁缠。

第八段："温锁大捏"（汉译：小河淌水歌）

意译：顺河而上水不响，听见小河响叮当，行人过去水不响，水响成了（情）妹声音。

第九章："温昂己昂缪"（汉译：猜神禁 猜菩萨），有两首。

1."猜神禁"，意译：带了阿妹上树林，见了林中棵对棵，不知哪是神树，不知哪妹知心人。

2."猜菩萨"，意译：随妹进了新庙房，里面菩萨几十个，菩萨等双人拜礼，哪时和妹来拜堂。

第十段："温昂平碰"（汉译：猜狗）

意译：什么动物叫汪汪，什么阿妹想阿郎，哪时喂狗守门槛，哪时得妹进屋堂。

第十一段:"温早平问"(汉译:唱本朝歌)

意译:本朝(指本地方)原是无人管,土匪人下反上来,只看阿妹心和意,一共反匪建家园。

第十二段:"温左平左难"(汉译:唱建朝建土歌)

意译:古根没朝又没土,无法生存(郎、妹)心慌,仙人撒下肥泥土,郎妹朝中建世人。

第十三段:"温约奔约览"(汉译:抬天上升)

意译:单人顶天天不上,单人在世心不乐,人多顶天天上升,心多想事事不成,一心顶天天升了,二人心事办不成。

第十四段:"温栽坡栽巴"(汉译:犁土成坡)

意译:仙人犁土成山坡,层层叠叠难见哥,踏平山坡成平地,走完山路见阿哥。

第十五段:"温左巴左好"(汉译:造菜造饭),有两首(一首是造菜,一首是造饭)

意译:何人造菜来办酒,何人造饭办家堂,建了家堂何人管,造了酒菜办何人。

第十六段:"温左且"(汉译:建市场),有两首,意思大体一样。

意译:世上建市给人赶,郎到市场冷冰冰,阿郎赶场冷不管,只怕阿妹来变心。

第十七段:"温仲金仲罗盘"(汉译:放罗盘),有两首。

意译:放了罗盘好建房,盘针本是指南方,(心)想和妹成双对,不知阿妹想哪方。(方是指情人)。

第十八段:"温当元"(汉译:建房屋),有三首,(1."当奢"(汉译:看日子);2."当元"(汉:立房);3."借元"(汉译:装饰房子)

意译:建了房屋何人装(饰),装饰(了)房屋何人管,如有阿妹管家产,那时阿郎心也乐。鲁班造屋给妹管,堂前屋后(打)扫干净,郎从坡上(生产回来)心也欢。

第十九段:"温等门神"(汉译:唱贴门神)。

意译:新房门神多又多,门前的看坡对坡,妹在家中心也闷,哪时做饭等阿哥,门神贴来驱妖邪,家神贴来保平安,贴了家神家运顺,五谷园茶堆成山。

第二十段:"温抬元不老"(汉译:赞颂新房),有三首,意思一样

意译:老人新房间连间,盖了瓦来行对行,里面乐器挂满了,一两年子孙满堂。老人上房对下房,上房本是媳妇在,下房又是老人堂,亲戚朋友中房坐,阿哥阿妹喜洋洋。

第二十一章:"温友叮又谈"(汉译:赞芦笙、笛子、二胡、月琴之意)

歌意:芦笙(笛子)声音轻悠悠,郎提月琴串寨弹,二胡声响逗郎爱,月琴声响逗妹愁,手提碗来想郎面,郎弹琴来妹纺线,妹纺线还为了郎,哥妹(指夫妻)在世心自由。

第二十二段:"温友期友问"(汉译:赞松柏青翠)

意译:松柏叶子青又青,问妹真心不真心,若是真心无假意,生要连来死要根。

第二十三段:"温长挖长勒"(汉译:赞花)

意译:各种花开红艳艳,很多情妹心不平,好花开来都会谢,阿妹好话会断情。天上下雨起黑沙,前面走了一枝花,三天赶马赶不上,擦起眼泪转回家。

第二十四段:"温长弯长招"(汉译:赞扬帕子、花荷包),有两首,意思大体一样

意译:妹绣帕子与荷包,绣好给郎挂身腰,挂多来郎不爱,挂少来妹心焦。

第二十五段:"温友送挨"(汉译:谢主人的宵夜饭)

意译:吃了主人的夜宵,好似与妹过山腰,哥有心来妹有意,妹掉水牢哥来挑。

第二十六段:"索用索哟"(汉译:姊妹心翻),有两首

意译:坐桥头,坐在桥头望水流,望见鱼儿成双对,望了情妹哥心愁。坐桥腰,坐在桥腰望水漂,望见鱼儿成双对,望了情妹哥心焦。

第二十七段:"温友该愁"(汉译:唱鸡叫歌)

意译:鸡叫五遍妹想家,等我回家问爹妈,和我爹妈问好了,说起成家就成家,鸡叫原来本五更,等我回家问母亲,和我母亲问好了,说起成亲就成亲。

第二十八段:"温友坐静"(汉译:爱情永不离),有三首,内容一样

意译:连妹连到这如今,问妹真心不真心,砍下头颅不要紧,生要连来死要跟。连妹连到二十三,若有对头上法院,尖刀拿当凳子坐,铁链拿做裹脚包。

第二十九段:"温烟卡烟开"(汉译:出嫁远路伤心歌),有两首,内容一样。

意译:妹嫁远门泪汪汪,郎在家中想断肠,不然同郎私奔了,吃了野菜心也甘。妹嫁以后泪汪汪,郎在家中想断肝,不然同郎上法院,自主自愿自结婚。

第三十段:"温言勒言牙"(汉译:他家不好),有两首(结亲嫁女时不能唱,只能在闲时,年轻人唱)意思一样

意译:妹嫁得个破家产,只会吃饭不出声,只有妹一人做生意,转来句句骂狗声,狗吃饭会摇尾巴,自己夫人看家狗,猪狗不如他也不吭声。(注:接亲家女时不能唱,只是农闲时唱着玩,但也不唱为好,唱了有伤感情。)

第三十一段:"温冤恒完"(汉译:订吉日)

意译:初三十三二十三,郎拿皇历不会翻,良辰吉日妹订好,随你约我哪天贪(哪天玩),约妹走了五里坡,走了一坡又一坡,同妹多来有人见,同妹少来心不乐。

第三十二段:"温同配同条"(汉译:同心私奔),有两首,意思大体一样

意译:同妹私奔过大潭,过了一潭又一潭,私奔多天人够了,人累死了心也甘。同妹私奔过山坡,过了一坡又一坡,人累心死魂魄掉,相对笑来心也乐。

第三十三段:"温锅唱":(汉译:心不愿向法院告状)

意译:心不愿向法庭告,小得父母包办心不乐,跪在庭前法官问,为啥双双跪桌前,妹站上来讲大声,父母包办了婚姻,法律上婚姻自由,男女双方笑吟吟。

第三十四段:"温坐用"(汉译:唱天亮歌或分离歌)

歌意:同妹唱歌唱不尽,唱到天亮又分离,唱了情歌说不完,说起分离眼泪滴,说起分离就分离,分离就像水下潭,说起分离眼泪淌,淌了十

年擦也擦不干。

此外，月亮河流域的布依族地区有一个名叫"放迷纳"的活动，也给爱情歌提供了一个表演的场所。放迷纳是一种带有迷信色彩的娱乐活动，通常在每年农历的七月十四、十五两个晚上在寨子得晒坝上（是指寨中人们平时聚会的空地）举行。傍晚，一些年轻且喜欢赶表的女士，聚在晒坝，面对北方坐在木椅子上，旁人帮其蒙上耳朵，用帕子盖住脸。待迷纳附体时，旁人松开耳朵，放迷纳者便全身剧烈地抖动起来，眼中掉眼泪，随后代替村寨中去世的人（一般代表未成年或非正常死亡的人）唱爱情歌。旁人可以问放迷纳者关于她代替唱歌的人的所有信息。倘若放迷纳者是代替男性唱爱情歌，则声音也变为了男性音色。在放迷纳的过程中，旁人也要遵守一定的规则。首先，旁人只能站在放迷纳者的左右两旁，前后要留出一条路，据说如果放迷纳者前后站有旁人，她会感觉很累。其次，旁人在观看放迷纳的活动时，不能放屁，如果有人放屁，放迷纳的人会晕倒在地。因此，放迷纳者的家人在其放迷纳期间都要在她的身旁保护，以防一些醉酒的小伙子搞恶作剧。居住在这里的老人们说，这个活动在他们小时候就有了，直到20世纪80年代初还保留了这一活动。过去，一些唱歌唱得非常好的迷纳，经常会和身旁喜好唱歌的族人唱整个晚上，在场的其他人也听得津津有味，无不被感人至深的情歌所打动。第二天天亮后，人们就在放迷纳者的身上重重地拍一下叫她醒来，若放迷纳者迟迟不醒来，大家便拿围裙仍在地上，口中大声喊道："蛇来了，蛇来了。"这样放迷纳者便会醒来。如果要问起放迷纳者晚上发生的事情，她们都说不知道，只是睡了一晚。现在寨里的人们给我们讲过去参加放迷纳活动的情景时，都还不停地赞叹歌声的优美。

（二）酒令歌

酒令歌是属于礼俗类的歌曲，通常是在室内演唱。在喜事场合中，由男女双方的歌师演唱，歌词内容与情歌相近，表述较含蓄一些。曲调方面，酒令歌与爱情歌在歌头歌尾处有细微的差别，其主要的旋律音调相似。

（三）古歌

古歌的布依语为"温布老"，是一种有关该民族历史文化的叙述性歌曲。月亮河流域的布依族古歌通常是在婚礼场合中，由男女双方的歌师同时演唱。演唱时布依语与汉语交叉使用。古歌一共分为九个部分，每个部分又包括 3 个或 4 个小段。在婚礼场合中，男女双方通常各有六名歌师，双方歌师在演唱时，顺序很有讲究，例如，女方歌师唱第一部分的第一段，男方歌师也跟着唱这一部分，待第一部分的各段唱完以后再从下一部分的第二段开始，以此类推。此外，演唱过程中男方歌师要特别注意，不能把古歌演唱完整，总要少唱某个部分的其中一段，以此表示对女方的尊重。演唱时，男女双方的歌师各自围坐在两张桌子旁，女方歌师用的桌子也一定要比男方歌师用的桌子高，以表示姑爷家（男方）对外家（女方）的尊重。从这些姑爷家和外家细微的差别中便可以看出，布依族人民极为重视相互间的和谐关系，因此，接亲的姑爷家就格外尊重嫁女儿的外家。这种相互尊重的关系就在歌唱以及陈设等小小的行为中悄悄地体现出来了。

布依族古歌（温前朝）中"制谷子"（温找好找布）：

一

古时候，
人们在田里生产，
庄稼生长得很好，
夜深人静的时候把成熟的粮食收进家，
有的收在家，
有的收在外面，
有一天晚上谷子对玉米说：
"他家人没有保管好，
咱们要想办法走。"
突然有一天，
有些谷子掉在一堆牛屎上面，
他家奶奶看见了就捡起来，
捡来后将谷子壳剥去便吃，
谷子对玉米说：
"这位老人家把我们保管得很好，
我们要把这个老人服侍到过世后我们才走。"

后来老人过世。
几年后谷子和玉米就飞走了，
这家人没吃的，
只好逃荒。
不知过了多少年，
洪水朝天后，
狗游到河对面，
对面人家户把谷子晒在地上，
狗在上面打个滚，
才有谷子贴在上面，
又游回来，
主人见有谷子在里面，
把谷子收好，晒干，留作种子。
他们又找树根充饥过日子，
后来把谷子种好后才有很多很多的粮食，
从那时起人们才把粮食保管好。

二

古时候，
大家吃树根，
吃果子，
不会做吃的，
不会做穿的，
后来神龙皇帝时才来种下谷子，
分成五谷，
有苞谷、高粱、稻谷、天心米、小米。
粮食是神龙皇帝种的，
衣服是轩辕皇帝时才制的，
原先人拿树皮、坡上的藤麻，
拿来煮，
煮好后，

男女老少大家一起动手，
背到有水的地方洗，
洗干净后再背回家来晒、拉、捞，
姊妹们搓的搓，
纺成线后又织成布，
后来学用布来避寒，
身上的麻布不贴身，
又拿树叶背在身上，
裹在脚上，
人的身上感觉暖和，
从那时起人们才会做布，
会做粮食，
有了粮食又不会做吃，
只好把用来烧，
烧好后乱抓来吃，
有的吃了煳的也不认识，
你吃的苦味，
我吃的甜味，
大家就相互换着吃，
没有煳的米吃起来甜，有香味，
拿谷子来烧，捡来吃，
从那时起，
人类才开始学会做吃的。

三
古时候，
还没有粮食，
吃树皮，
无法生存，
有一只动物跑到他们身边来，
叫麒麟，

样子像山羊，
从河的那一边带得粮食来，
又还不会做吃的。
有一天，
一家有一对夫妇，
女人在家里淘米，
男人上山捡柴，
女人在家淘米来吃，
说她馋嘴，
男方拿柴捆成一捆一捆的，
用鞭子赶柴下山，
柴一下滚到房屋边，
打出了很响的声音，
女人正在家里淘米吃，
一下慌了，
便说：
"下一次你不要用鞭子赶柴，
要用肩膀扛，你才来，
不用肩膀扛，你就不要下来，
弄得我的粮食只有一小点，
烧煳了、可惜。"
古时的柴是用鞭子赶，
后来人们才用肩膀扛，
女人到地里看见粮食很多，
看见苞谷秆上每一节都长有一个苞谷，
苞谷上面有谷子、谷穗，
收割的时候很麻烦，
就把谷子就栽在田里，
苞谷栽在地里，
经过这个女人的奉承后，
苞谷就少了一点，

一棵只有一个苞谷。

从那时起,

苞谷一个秆只有一个苞谷,

到现在每一秆就有一个苞谷了。

二　布依族器乐

（一）木叶

木叶是一件少数民族地区常见的乐器。用以演奏的木叶要选用较薄的树叶,不仅便于发音,音色也较清脆。在月亮河流域的布依族地区,木叶调是不能够随便吹奏的,因为木叶通常是作为青年男子向自己心中意的女孩子传达信息的一种工具。木叶调的旋律来源于情歌的旋律,正如情歌一样,一首木叶曲代表一定的意思,当地的人们能够从木叶调的旋律走向判断出木叶曲表达的意思,这也是民族音乐中常见的乐器表意的现象。人们把蕴藏在心中的情意通过木叶调表达出来,知晓这种乐化语言的人便能够明白其中所蕴含的意义。

己酉寨的卢支书演奏了两首木叶调,木叶调（一）是男方在山上吹奏给女方听,询问女方,你在坡上,还是在家里？在家里就来和我相会。木叶调（二）是男方向女方表达：我在郎岱,我是捞河,你是陇寨,我为啥赶到郎岱,是为了见你才赶到郎岱。

注：郎岱、捞河、陇寨都为月亮河流域布依族地区的地名。

（二）铜鼓

铜鼓是布依族人民非常珍爱的一件乐器,在具体的使用中,铜鼓凸显出了与其他乐器相区别的意义,它是一件发挥了重要祭祀功能的器物。人们认为正月打铜鼓是为了保佑布依族人民新的一年里五谷丰登、风调雨顺、六畜兴旺。因此,除了每年的正月、七月、有人去世和打嘎能够使用铜鼓外,其余时间均不得敲击铜鼓。他们的解释是铜鼓一旦敲响,很多神仙便会聚集起来,如果平时敲击铜鼓引来了神仙寨子就会不吉利。每年的七月是学习铜鼓的时间,所有对铜鼓演奏有兴趣的人都可以拜师学习铜鼓。

在铜鼓的使用中,有着诸多的禁忌。在每年正月初一第一天妇女不能触到铜鼓,若裙角触到铜鼓,妇女的嗓子就会哑,所以在祭祀铜鼓之前,妇女走在铜鼓的附近要格外小心。据说曾经有一位妇女不小心碰到了铜鼓，当时嗓子就哑了，过了好长一段时间才恢复。一旦祭祀铜鼓完毕，就没有这个禁忌了。通常祭祀铜鼓后，在铜鼓面上的太阳花正中倒上一点儿酒，然后端起铜鼓摇三下，将铜鼓吊起来，观察酒在铜鼓上留下的图案，倘若图案像一条龙，说明当年的河水要涨，倘若图案呈虾的形状，说明当年风调雨顺。接下来，要将铜鼓吊起来，用力向铜鼓鼓面的中心敲三下，再用力将铜鼓朝顺时针方向转一次，待铜鼓转停后，观察铜鼓的口对准什么方向，住在铜鼓口对准的方向的人们中，当年会有人去世。如果铜鼓的口对准祭祀的铜鼓的堂屋中神龛方向，说明这家人当年要注意，家中有可能发生不好的事情，倘若家中没有什么事情发生，那么家族中都会有不好的事情发生。

平时布依族村寨有人去世和祭祀亡人用铜鼓时，需要请人到存放铜鼓的人家中去请铜鼓。若铜鼓存放在本寨的某户人家中，请铜鼓时只需拿一瓶酒敬铜鼓后，便可以借走铜鼓。如果是向其他寨子的人来借铜鼓，要带上一只公鸡、12斤酒、一把香、一扎钱纸、一丈2长的白布（孝帕）。到了存放铜鼓的人家后要杀鸡看鸡卦，如果鸡卦卦象不好，就不能借走铜鼓；说明借走后会损伤铜鼓；如果鸡卦的卦象好便能顺利借走铜鼓。借铜鼓的人在存放铜鼓的人家高高兴兴吃过饭后就将铜鼓带走，在路上的时候要用一个围裙或者布等将铜鼓盖上，因为大家认为铜鼓此时不能露天。

杨喜安收集并翻译了六枝特区中寨乡箐脚村小阿志组杨氏家族的铜鼓谱曲，还记录下了有关布依族铜鼓方面的主面材料，现摘录如下：

民间还有这样的传说：铜鼓在古代主要用来作战鼓。相传在朱洪武"调北征南"时期，战鼓是打仗时指挥战斗的号令，但是由于战鼓体大，携带不便，为了行军方便，逐步把鼓体改小。战争结束，天下太平了，祖先们安居乐业后，为了让子孙后代们纪念"铜鼓"，了解铜鼓的来历，祖先们就按一年十二个月的生产、生活中经历分别创编了十七段铜鼓口诀，供整个布依族在每年（正月初一至三十）进行娱乐使用。

布依族铜鼓谱曲在贵州其他布依族地区的谱有"十二则"，六枝特区中寨乡箐脚村小阿志寨的铜鼓谱曲有"十七则"。它的流传演变，主要有两种形式：一是家族祖传，一般有较完善的铜鼓谱、鼓调和比较规范的演奏方法，以及表达内容；二是民间流传，一方面带有祖传性质，另一方面这些家族还广泛吸收外姓的铜鼓谱，相互学习、补充，于是逐渐在民间中流传开来。

六枝特区中寨乡箐脚村小阿志组杨氏家族传承的铜鼓及铜鼓"十七则"鼓调，据家族老人讲，大约有400多年的历史。鼓调与其他家族铜鼓调有所区别。在1949年前每个村寨都有一面铜鼓，并有齐全的铜鼓曲谱。1949年后至"文化大革命"期间，在月亮河一带很多的家族铜鼓文化遗产全部流失和消亡。

现在在月亮河一带的上、中、下游只有五面铜鼓了。据说每一面铜鼓为"母鼓"，（一面"母鼓"）还配有一面"公鼓"，现在只有箐口乡下麻翁村赵式家族还保存有一面"公鼓"。"公鼓"和"母鼓"形状相同，但是比它小得多，"母鼓"的重量有四十斤，"公鼓"只有十来斤重。"母鼓"声音震天，"公鼓"不响，吊打"母鼓"时，要把"公鼓"放在旁边，不打时就把"公鼓"背在"母鼓"身上（鼓面）。据说不把"公鼓"给"母鼓"背上，"公鼓"会下江或河潭，是去和龙王打架，打输了就转来，胜了就在潭里称霸王，再也不转来了。所以，现在月亮河一带就没有"公铜鼓"了。

布依族也可以用铜鼓来办丧（布依语"古谢王"），就是布依族所说的"打卡"，就是"串卡"，隆重的"古谢王"仪式若没有铜鼓是不能举行的。"古谢"是布依语，直译为"做客"或"做鬼客"。因为"古谢"是布依族特大的祭祀仪式，参加的亲友姑爷，姑妈和前来参观者可达上万人。主人家都视作客人予以款待，故有"古谢"之名。"古谢王"在布依族人民中世代相传，各地流行的"温古谢"就是"孝歌"，虽然不相同，但也同样叙述了该地方发丧、送葬或送老人归天的全过程。丧礼一开始就要打铜鼓，并且打的时候精力要集中，不能打错，否则老人归不了天，就要重新去找附近对铜鼓谱曲熟练的人来重复地打第二遍。布依族特有的"古谢"风俗，叙述了布依族对人的生老死葬的观念和礼仪，反映了布依族对开天辟地远古社会形态以及演变的种种认识。布依族举行丧葬仪式时，铜鼓在仪式中起着重要的作用。

布依族铜鼓谱曲来自民间广泛流传，丰富了少数民族民间音乐文化内容，对继承和弘扬民间铜鼓文化具有重大的现实意义。

现将分别表示敲击铜鼓和不同部位。瓜和道、乐——击鼓中心。只指每一句的"瓜和道"击鼓中心，其余的击鼓腰，朵——击鼓边。

布依族古老传统文化：《温云》
汉语（铜鼓谱曲）

第一则《拉云》

瓜，卦卦瓜，卦腾瓜道瓜。瓜，卦卦瓜，卦腾瓜道瓜。腾腾道立腾腾道，卦腾道立腾腾道。

注：表示男女老少欢度春节的意思。

第二则《道且》

道，卦卦道立卦卦道，卦卦瓜立卦卦瓜，卦卦道，卦卦道，卦卦瓜，腾腾道道且，道立道。卦卦瓜，卦腾朵立道立道。卦卦瓜，卦腾朵立道立道。腾腾道立腾腾道，卦腾道立腾腾道。

注：表示春节末，人们欢快地过小年，打油炸粑来欢庆大年的末一天，准备生产到来的意思。

第三则《挑卦瓜》

道，卦卦道立卦卦道，卦卦瓜立卦卦瓜，卦卦瓜，卦卦道立卦卦道，挑卦瓜立挑卦瓜，卦卦瓜，卦腾乐道乐。卦腾朵道，卦腾朵，腾腾朵立道立朵，卦腾乐朵乐，卦卦瓜，卦腾朵立道立道。卦卦瓜，卦腾朵立道立道。腾腾道立腾腾道，卦腾道立腾腾道。

注：表示正月过后，人们上坡劳动，新的一年劳动开始了。

第四则《送云独剖》

瓜，卦卦瓜，卦腾朵立道立道，卦腾乐朵乐。瓜，卦腾瓜，卦腾朵立道立道，卦腾乐朵乐。腾腾朵立道且道立道。卦卦瓜，卦腾朵立道立道。卦卦瓜，卦腾朵立道立道，腾前辈道立腾腾道，卦腾道立腾腾道。

注：表示二月间人们劳动，有的打秧田，有的铲土皮灰等农活的意思。

第五则《粉朵》

瓜，卦卦瓜，卦腾朵立道立道，卦腾乐朵乐。腾腾朵立道且，道立道。卦卦瓜，卦腾朵立道立道。卦卦瓜，卦腾朵立道立道。腾腾道立腾腾道，卦腾道立腾腾道。

注：表示三月份的清明前后，人们准备打头道田，妇女挑粪放田，你追我赶，非常快乐的意思。

第六则《道双且》

道，卦卦朵立道，卦卦道立道，道，卦卦朵立道，卦卦道立乐。卦腾乐朵乐，腾腾朵立道且，道立道，卦卦瓜，卦腾朵立道立道且腾朵乐，腾腾朵立道且道立道。卦卦瓜，卦腾朵立道立道。卦卦瓜，卦腾朵立道立道。腾腾道立腾腾道，卦腾道立腾腾道。

注：表示四月份人们准备在四月八前后栽秧，还进行四月八日小节季的意思。

第七则《送云得二》

瓜，卦腾瓜，卦腾屯道朵，卦腾朵立道立乐。卦腾乐朵乐，腾腾朵立道，腾腾道立朵，卦卦腾朵立道，卦卦道立乐。卦腾乐朵乐。腾腾朵立道且，道立道。卦卦瓜，卦腾朵立道立道。卦卦瓜，卦腾朵立道立道。腾腾道立腾腾道，卦腾道立腾腾道。

注：表示人们紧张劳动过一段落，迎接过小年"虎节"。青年姊妹们进行包"仲粑"的意思。

第八则《兰屯》

瓜，卦腾瓜，卦腾屯道朵，卦腾朵立道立乐。卦腾乐朵乐，瓜，卦腾瓜，卦腾屯道朵，卦腾朵立道立乐。卦腾道。腾腾朵立道且，道立道。卦卦瓜，卦腾朵立道立道。卦卦瓜，卦腾朵立道立道。腾腾道立腾腾道，卦腾道立腾腾道。

注：表示人们栽插结束，安安心心地过小节季"六月六"，男女青年欢天喜地在河边玩水，非常高兴的意思。

第九则《冈冈碰》

瓜，卦卦瓜，朵立道，道立道。道立道立道，冈冈碰立冈冈碰，碰冈冈立碰冈冈，冈碰朵立碰，冈冈碰立冈，冈碰冈立碰立朵，卦卦瓜立卦卦瓜，朵立道，道立道，道立道立道，冈冈碰立冈冈碰，碰冈冈碰冈冈，冈碰朵立碰，冈冈碰立冈，冈碰冈立碰立朵，卦腾立道立朵立卦腾乐朵朵。卦卦瓜，卦腾朵立道立道。卦卦瓜，卦腾朵立道立道。卦卦瓜，卦腾朵立道立道。腾腾道立腾腾道，卦腾道立腾腾道。

注：表示人们栽种结束一段落后，进行过"七月半"小节季，青年姊妹们晚上成群结队地在院子里进行放"迷纳"嬉戏的意思。

第十则《送云得三》

瓜，卦腾瓜，卦腾屯道朵，卦腾朵立道立乐。卦腾乐朵乐，腾腾朵立道且，卦卦瓜，卦腾朵立道立道，卦卦瓜，卦腾朵立道立道。腾腾道立腾腾道，卦腾道立腾腾道。

注：表示男女青年上山游玩，讨新豆、唱山歌、谈恋爱，布依族说的是"赶表"。迎接"八月中秋"到来的意思。

第十一则《三杠》

瓜，卦卦瓜，朵立道，卦卦瓜，道立朵，卦卦瓜，朵立道，卦卦瓜，卦腾朵立道立道。卦卦瓜，卦腾朵立道立道。卦卦瓜，卦卦瓜，卦卦朵立道，卦卦道立道，屯得屯道朵，卦腾朵立道立乐，卦腾乐朵乐，卦卦瓜，卦腾朵立道立道。卦卦瓜，卦腾朵立道立道。腾腾道立腾腾道，卦腾道立腾腾道。

注：表示人们紧张收割在"九月初九"以前秋收完成，年轻姊妹们迎接"重阳节"的心情。

第十二则《乐冒》

瓜，卦卦瓜，乐冒，且腾乐朵乐。瓜，卦卦瓜，乐冒，且腾朵乐，瓜，卦腾瓜，卦腾屯道朵，屯道朵。朵乐，朵乐，朵乐。卦腾瓜，卦腾朵立道立道，屯得屯道朵，卦卦朵立道卦卦道立屯，屯得屯道朵，卦腾朵立道立道乐，卦腾乐朵乐。卦腾朵立且道立道。卦卦瓜，卦腾朵立道立道，卦卦瓜，卦腾朵立道立道。腾腾道立腾腾道，卦腾道立腾腾道。

注：表示人们秋收秋种紧张场面的心情。

第十三则《道理》

道，卦卦朵立道，道，卦卦道立道。道，卦卦朵立道，卦卦道立朵。卦腾朵立道立道，道，卦卦朵立道，道，卦卦道立道。卦卦道立朵。道朵道，卦腾朵立道立乐，卦腾乐朵乐，腾腾朵立道且，道立道，卦卦瓜，卦腾朵立道立道。卦卦瓜，卦腾朵立道立道。腾腾朵立道立道，卦腾道立腾腾道。

注：表示十月劳动完后，男女青年在河边玩耍的意思。

第十四则《送云得四》

瓜，卦腾瓜，卦腾屯道朵，卦腾朵立道立乐卦腾乐朵乐，瓜，卦腾瓜，腾腾朵立道，腾腾道立朵，卦卦朵立道，卦卦道立乐卦腾乐朵乐。腾腾朵立道且，道立道。卦卦瓜，卦腾朵立道立道。卦卦瓜，卦腾朵立道立道，腾腾道立腾腾道，卦腾道立腾腾道。

注：表示人们在冬月匆忙准备燃料的劳动场面，有的打柴，有的挑煤，你追我赶，非常热闹的意思。

第十五则《口且》

道，卦卦朵立道，卦卦道立道。道，卦卦朵立道，卦卦道立乐。卦腾乐朵乐，腾腾朵立道且，道朵且，朵道且，且腾乐朵乐，道，卦卦朵立道，卦卦道立道。道，卦卦朵立道，卦卦道立乐。卦腾乐朵乐，腾腾朵立道且，道朵且，朵道且，且腾乐朵乐。道，卦卦朵立道，卦卦道立道。道，卦卦朵立道，卦卦道立乐。卦腾乐朵乐，腾腾朵立道且，道朵且，朵道且，且腾乐朵乐。腾腾朵立道且，道立道，卦卦瓜，卦腾朵立道立道。卦卦瓜，卦腾朵立道立道，腾腾道立腾腾道，卦腾道立腾腾道。

注：表示人们一年中劳动收获，心情很愉快的意思。

第十六则《送且》

道，卦卦朵立道，卦卦道立道。道，卦卦朵立道，卦卦道立乐。且腾乐朵乐，腾腾朵立道立道，腾腾朵立道立道，腾腾道道朵，腾腾道道朵，腾腾朵道且，道朵且，朵道且，且腾乐朵乐。道，卦卦朵立道，卦卦道立道。道，卦卦朵立道，卦卦道立乐。且腾乐朵乐，腾腾朵立道立道，腾腾朵立道立道，腾腾道道朵，腾腾道道朵，腾腾朵道且道朵且，朵道且，且腾乐朵乐。卦卦瓜，卦腾朵立道立道。卦卦瓜，卦腾朵立道立道。腾腾道立腾腾道，卦腾道立腾腾道。

注：表示寒冬腊月的大雪天小孩子们欢天喜地堆雪人，打雪仗，玩得很开心的意思。

第十七则《乐朵》

瓜，卦卦瓜，乐朵，腾腾朵立乐。瓜，卦卦瓜，乐朵腾腾朵立乐，瓜，卦腾瓜，卦腾朵立道立乐，腾腾朵立道立乐。卦腾乐朵乐。瓜，卦卦瓜，卦腾瓜道瓜，瓜，卦卦瓜，卦腾瓜道瓜，瓜，卦卦瓜，卦腾瓜道乐。

瓜道朵，朵乐，朵乐，朵乐。卦腾瓜，卦腾朵立道立道。卦腾乐朵乐。腾腾乐立道且，道立道。卦卦瓜，卦腾朵立道立道。卦卦瓜，卦腾朵立道立道。腾腾道立腾腾道，卦腾道立腾腾道。

注：表示人们准备年货，开开心心过好吉祥的春节，迎接新年的到来。

三　唢呐乐队

唢呐乐队通常由两支唢呐、一个小皮鼓和镲、铓锣组成。镲和铓锣用一条红布连接起来由一个人演奏。唢呐演奏的曲目分为喜事谱、丧事谱、青年谱和老年谱。各谱中又包含3个或4个独立的曲调。喜事谱主要是在结亲嫁女时演奏，丧事谱只能在丧事场合中演奏，平时忌讳演奏。青年谱和老年谱在喜事和丧事场合中均可以演奏。在具体的演奏过程中，由一支唢呐起头，紧接着第二支唢呐跟上，两支唢呐演奏的旋律基本相同，偶尔出现高低八度音。小皮鼓和镲、铓锣跟随唢呐演奏的节奏敲击，在丧事调中不使用铓锣。唢呐调在音乐上的明显特点是每一首乐曲都由几个固定的旋律音调发展变化并组合起来，节奏性也很强，加之唢呐的音色高亢，在仪式活动中唢呐乐队的演奏能够很好地烘托气氛。所以，在当地热闹的习俗活动中都少不了唢呐乐队的加入。

四　"八音"乐队

"八音"是由两把月琴、两把二胡、一只笛子、一个箫和两片木叶组合起来的小乐队的称呼，演奏的曲子统称为"八音乐"。目前，由于能吹奏木叶的人越来越少了，八音乐中自然缺少了木叶的参与。所以我们在调查时录制的所谓"八音乐"，实际上只是"六音乐"了。八音乐是几种乐器的齐奏，调式是五声徵调式，节奏平稳，风格类似江南丝竹乐。其演奏的场合较为广泛，在喜事、丧事等民俗活动中均可以使用。

以上是对月亮河流域布依族音乐的描述，从中可以看出，该地区的音乐不仅内容丰富，风格也较独特。一些依托于具体民俗活动的音乐事象仍然有所保留，依然是人们文化生活中不可缺少的重要部分。因此，透过这些音乐，有利于我们认识该地区布依族人民的社会生活、礼俗特征、心理思维特征以及审美观念。

后　记

　　对贵州布依族的调查与研究一直是我们的心结。我于2005年从云南大学调入贵州大学，因机缘巧合走访了黔南布依族村寨，对布依族的音乐与文化产生了浓厚的兴趣。2008年，又被贵州民族大学吴秋林、李相兴带到六枝月亮河进行民族学田野调查，发现布依族稻作文化和婚姻制度具有极大的魅力，尤其是杨喜安歌师对布依族古歌的演唱和讲解，深深地吸引了我。2012年因参加贵州民族大学孙兆霞带队的扶贫开发研究，深入到黔西南兴仁县布依族村寨，了解了傍水而居的布依人，并对北盘江沿岸的布依族村寨进行了调查。但因时间和精力有限，该田野调查资料仍没有很好地整理与利用。

　　我们之所以能够完成这项成果，主要得益于我在贵州大学指导的两个硕士研究生杨元丽和刘倩倩。作为女研究生，能够深入偏僻的扁担山和月亮河，难能可贵，何况还要长期地与布依人共同生活和交流。当然，该成果离不开田野点的父老乡亲，忘不了他们热情的生活安排和详细讨论。贵州省布依族文化富有魅力，我们的研究不是终结，而是开启；目前，贵州大学又有一批研究生开始新的研究历程，祝愿他们可以取得新的成果。

　　我愿把该成果作为菲薄的礼物奉献出来，感恩布依族的父老乡亲和田野点布依人的热情好客。尽管该成果还有大量不如人意之处，但毕竟是田野之作，将其作为我们布依族研究的一个起点，尽自己应尽的义务。

曹端波

2018年5月于贵州花溪